复旦博学文库

本书由复旦大学出版基金资助出版

《水经》文本研究与地理考释

黄学超 著

复旦大学出版社

总　　序

　　为了进一步提高复旦大学人文社会科学高层次人才培养的影响力，传承中国文化和社会科学研究精神，展示我校博士研究生培养成果，2013年7月，复旦大学研究生院、党委宣传部和复旦大学出版社决定联合策划出版"复旦博学文库"，计划从每年毕业的人文社会科学类博士学位论文中评选若干篇优秀论文，以学术专著的形式结辑出版。2015年出版的"复旦博学文库"第一辑即收录了六篇博士论文。

　　入选各辑"复旦博学文库"的论文，是在各学位评定分委员会初评后推荐的几十篇论文基础上，经学校评选委员会遴选产生的。无疑，它们代表了我校目前人文社会科学优秀博士学位论文的水准，反映了我校博士研究生们在这些学科领域中创新性研究的广度与深度。需要说明的是，入选"文库"论文的指导老师们也都具有较高的学术造诣。尽管每篇论文都是各位博士研究生的独立之作，但与其导师的精心指导是分不开的。

　　编辑和出版"复旦博学文库"，对我们探索中国现阶段如何培养高质量的人文社科类博士研究生具有促进作用。近年来，我国所培养的文科类博士研究生数量在全世界名列前茅。这一方面反映了我国人文社会科学研究的繁荣，另一方面也让我们不免担忧所培养的博士研究生质量是否存在问题。从近年来各级论文盲审和抽检等渠道所获得的信息看，存在严重缺陷的博士论文比例依然高居不下。这些问题大致涉及以下几个方面：一是缺乏独到的见解和细致的分析。许多研究工作虽然不乏某些闪光点，但只对一些表面现象和统计数据进行浮光掠影似的探究，缺乏有洞察力的认识；二是投入研究的时间不够。人文社会科学研究通常需要较长时间的积累，但一些研究生原有的学术功底不太扎实，攻读博士学位期间研究生在学习和科研上投入时间又不够，达不到博士学位论文的要求；三是写作不规范，缺乏缜密的逻辑和推理。更有甚者，学术违规行为和抄袭现象屡禁不止。因而，进一步端正学风，提高博士研究生培养质量，成为我校导师、研究生和管理者需要共同承担的艰巨任务。

我们的博士研究生们应当清楚地意识到，博士研究生阶段的学习与研究是一个十分艰苦的探索过程。每一项具有一定深度的研究成果，均是师生们反复斟酌选题、认真设计方案、仔细分析结果后所获得的，是他们的智慧和努力的结晶，也是随时间而积累的产物。事实上，博士研究生们为修改和完善论文而延长培养期限的情况也日趋普遍。尽管此次入选的论文中还存在一些写作仓促的痕迹，但从总体质量上可以作为我校人文社会科学类博士研究生论文的标杆。出版"复旦博学文库"的初衷就是希望扭转当前较为浮躁的社会风气给研究生教育带来的不利影响，不仅能促进各相关学科领域的发展，而且能为人文社会科学方向在读博士生们的学习和科研提供可资借鉴的范例，促进我校博士研究生学位论文整体质量的提高，对提高我校博士研究生论文质量真正起到引领作用。

衷心祝愿我校研究生教育工作不断发展，收获越来越多高质量的博士学位论文，也期望"复旦博学文库"越办越好。

研究生院院长 钟扬

说明："复旦博学文库"是2013年在复旦大学研究生院钟扬院长大力支持下所推出的出版项目，是提高我校博士研究生培养质量的一项重要举措。钟扬院长生前非常重视这项工作，坚持每年都亲自为当年结辑出版的文库写序。2017年9月，就在他准备为第三辑文库撰写总序之时，突然遭遇车祸不幸离世。我们将钟扬院长为第一辑、第二辑文库所作的总序加以整合并略作删改，作为以后各辑文库的总序，以此铭记钟扬院长为复旦大学研究生教育事业所做出的卓越贡献。

序

中国古代是以农业为主的文明社会。先民由其所居住的周边自然环境，很早就对河流水道有所认识与了解，并逐渐形成较为系统的文字著述。流传至今的典籍中，即使是在《尚书·禹贡》《山海经·五藏山经》《淮南子·地形训》《汉书·地理志》以及《说文解字·水部》等这些非专论水文地理的篇什中，已有相当数量的关于水道的记载，遑论像晋代郭璞注《水经》①、北魏郦道元所注《水经》这种系统的水道专书了。因此，在中国古代显然存在着撰写水经的传统，且其时"水经"也不专指某一部书，而是水文地理一类专书的泛称。②

然而，北魏以后，由于郦道元注《水经》而形成的《水经注》的广泛流传，使得同时存在的其他几部"水经"著述皆隐而不彰，以致现在人们一提起"水经"，首先想到的便是郦注《水经》，而"水经"之名也成了郦注《水经》的专称。

不过，事物的存在与发展往往具有两面性。郦注《水经》固然因《水经注》一书而免于亡佚，但由于郦道元撰写的《水经注》太过精彩，成了一部"不可无一，不容有二"③的佳构，《水经》不仅自此之后不再单行，几成了《水经注》的附庸，而且在很长一段时间内，连《水

---

① 清代学者毕沅认为郭璞注《水经》后被保留在《山海经·海内东经》的附篇之中，周振鹤先生亦持此论。参见周振鹤：《被忽视了的秦代〈水经〉——略论〈山海经·海内东经·附篇〉的写作年代》，《自然科学史研究》1986年第1期。

② 周振鹤：《中国古代撰写水经的传统》，载《历史地理》第八辑，上海人民出版社1990年版。

③ 沈德潜：《沈炳巽〈水经注集释订讹〉序》，《水经注集释订讹》，《景印文渊阁〈四库全书〉》本，台北商务印书馆2008年版。

经》之名也成了《水经注》的同义语。①

或许有鉴于此，明代中叶，杨慎率先着手从《水经注》文本中重新辑出《水经》原文，以单行本刊行——目前可见最早的《水经》单行本为明正德年间的盛熼刊本②。然而，重新建立《水经》的独立地位并非如此简单。在《水经注》的传抄刊刻过程中，逐渐发生了《水经》的原文与郦道元的注文混淆的情况，而正确区分《经》《注》原本的文字又绝非一项可以轻松完成的任务。因而，杨慎《水经》辑本的实际成绩远逊于其学术象征意义。其后，经过研究《水经注》的清代著名学者王峻、全祖望、赵一清、戴震及清末民初学者杨守敬、熊会贞等人的相继努力，才最终大体解决了《水经注》经注混淆的问题。即便如此，一部校勘精良的《水经》单行本迄今未有出现。而针对《水经》而做的地理方面的系统而深入的专项探究，更鲜有人涉足。因此，在《水经注》之外的《水经》研究，显然还存在着很大的拓展空间。

黄学超自硕士阶段起，即在我的指导下从事历史地理专业方面的研究。进入博士阶段的学习以后，他起初试图以《水经注》某些方面的专题研究作为博士学位论文的选题。然而，当我看到他完成的论文初稿后，感觉并不理想。不仅论文的结构有些松散，其中所讨论的问题也显得重点不够突出，倒是其中涉及《水经》部分的讨论颇有一些亮点。于是，在与他仔细商议，并考虑前人在《水经》文本方面尚缺乏系统研究之后，我建议他的论文重心索性完全以《水经》为主，在仔细校勘文本的基础上，对《水经》本体进行全面而深入的探究。结果，经过他的不懈努力，最终完成了《〈水经〉文本研究与地理考释》这篇博士论文，并在随后的博士学位论文答辩

---

① 《隋书·经籍志》卷六《地理》载："《水经》四十卷（郦善长注），今存。"另，在明万历朱谋㙔《水经注笺》之前的今存宋、明《水经注》版本中，亦皆以《水经》称之，而仅在撰者信息位置注明"郦道元注"。

② 其后又复出有一些《水经》单行本，如明何士镇阅《水经》（抄本，日本东京大学综合图书馆藏）、清许旭惠校《水经》（清王谟辑《增订汉魏丛书》本，日本国立国会图书馆藏）等，然以抄写、刊刻质量而言，皆未超出盛熼本。

会上，获得了与会评审专家的一致好评。现在即将出版的这部有关《水经》研究的书稿，即是黄学超在其博士学位论文基础之上修订完成的。

《水经》成书甚早，有关其具体的成书年代与撰写作者，虽然不乏前人的相关研究，但一直都还没有定论。研究《水经》，这是首先遇到的难题，无法回避而又必须解决。黄学超在充分吸收前人研究成果的基础之上，本着实事求是、严谨治学的态度，赞同部分学者提出的"《水经》文本形成是一个渐进过程"的观点，并据《水经》记载所体现出的政区与水道情况，以为《水经》文本的写定时间应该是在三国曹魏初年。而对于世间流传甚广的"汉代学者桑钦为《水经》作者"的说法，黄学超则持否定态度，认为桑钦本人至多是《水经》一书部分材料的贡献者，而非写定者。

欲要从事《水经》本体的全面而系统的研究，文本本身的准确性便显得极其重要。在传抄与刊刻过程中形成的《水经》与《水经注》经注文字混淆的情况，虽然经过清代及民国治郦者的努力已经基本解决，但在个别的字句方面，仍存在一定的分歧。为此，黄学超以保留早期《水经》原文较好的明朱谋㙔《水经注笺》为底本，结合其他诸家的《水经注》版本，对现存《水经》所载水道的全文重新进行逐字逐句的厘定。另外，由于《水经注》原本四十卷的文字中有五卷自北宋以后出现散佚，也相应地影响到《水经》文字的流传，因而重订《水经》文本还不可避免地要涉及文字辑佚的问题。对此，黄学超也做了细致的工作。他利用《太平寰宇记》等传世文献，并吸收前人相关成果，讨论了目前已知《水经》所佚的14条水的篇目与现存文字的情况。此外，黄学超还将上述经过精良校勘与辑佚的《水经》文本重新加以标点，列于其书稿这部分的讨论之后。在供其后续相关研究之用的同时，也便利了读者了解与阅读经他整理之后的最新《水经》文本。

在《水经》文本的校勘完成之后，再探讨其书写体例也就显得顺理成章了。清代学者王峻、全祖望等人曾对《水经》与《水经注》的文字表述用例有所论及①，但在系统的探究方面，仍存不足。黄学超在认真分析了《水经》文本之后，注意到在材料充足的前提下，河流规模的大小是《水经》收录与否的一条准则。不仅如此，在《水经》所载河流的编排上，他也发现了隐含的规律——大致上是依照从北到南，从西到东的顺序叙述的。至于《水经》的具体行文，他也认为存在着比较规整的程式，在词例与句例上皆有章可循。这些创见有不少都是之前的学者忽略或没有充分注意到的，由此可见黄学超研究具体问题时的细致与深入。

《水经》所记载河流的地理考释，是有关《水经》研究的又一十分重要的方面。因此，在作为本书上篇的《水经》文本的研究大体完成之后，黄学超又花大气力，在下篇中对《水经》所记载的157条水道与相关的城邑的古今地理问题，以地域分章节，在既有研究的基础之上，利用相关传世文献与考古资料，重新进行系统而详细的考释，除补充已有研究尚未涉及之处外，还纠正了一些现有研究中的错漏。这些研究成果不仅将《水经》本体研究推向了一个新的高度，而且对进一步探讨《水经注》的相关问题也不无裨益。

此外，本书还附有黄学超自己制作完成的大量图表，对形象而直观地揭示书中的结论极有帮助，由此亦可见作者的用心。

学术研究是一项需要坐冷板凳的工作，尤其是涉及具体的古今地理考证之学，更需要花费超出常人多倍的精力才能完成。黄学超撰写的这部书稿也再次印证了这一点。衷心期待他能以此为起点，在未来的学术研究上做出新的成绩。

李晓杰

2021年8月9日

于复旦大学光华楼

---

① 如王峻、全祖望等人发现水道经过某地时，《水经》的表述一般用"过"字，而《水经注》的表述则一般用"迳"字，并以此作为区分《经》《注》文字的标准。不过，黄学超的最新研究指出《水经》中依然有用"迳"字之例。详见本书第三章第三节。

目　　录

绪论 ··· 1

上编　文本研究

第一章　《水经》文本校理 ································· 19
  第一节　自《水经注》中离析《水经》文字的再审订 ········ 19
  第二节　《水经》文本之校订 ································· 26
  第三节　《水经》辑佚 ·· 70

第二章　《水经》文本的形成 ································ 94
  第一节　《水经》著作年代初议 ······························· 94
  第二节　《水经》文本渊源考析与《水经》著作年代之再判断
  ·· 97
  第三节　《水经》地理信息断代与材料来源 ··············· 119

第三章　《水经》体例研究 ··································· 130
  第一节　《水经》的记述对象 ································· 130
  第二节　《水经》诸篇的编排 ································· 150
  第三节　《水经》行文程式 ···································· 155

第四章　《水经》的流传 ····································· 167
  第一节　郦道元作《水经注》之前《水经》的流传情况考略 ····· 167
  第二节　《水经》文本的隐沦与重新获取 ················· 177

下编　地理考释

第五章　河及以北诸篇地理考释 …… 205
- 第一节　《河水》篇 …… 205
- 第二节　河东诸水篇 …… 221
- 第三节　河内诸水篇 …… 231
- 第四节　河北诸水篇 …… 248

第六章　江河之间诸篇地理考释 …… 279
- 第一节　伊洛诸水篇 …… 279
- 第二节　关中诸水篇 …… 286
- 第三节　河淮间诸水篇 …… 297
- 第四节　沔潜两水篇 …… 328
- 第五节　南阳诸水篇 …… 336
- 第六节　江淮间诸水篇 …… 349
- 第七节　江沔间诸水篇 …… 355

第七章　江及以南诸篇地理考释 …… 360
- 第一节　《大江》篇 …… 360
- 第二节　西南诸水篇 …… 369
- 第三节　荆南诸水篇 …… 379
- 第四节　扬州诸水篇 …… 405
- 第五节　交州暨西陲诸水篇 …… 408

附表一　《水经》与战国秦汉各载水文献所收录河流对照表 …… 411
附表二　《水经注》各主要版本所见经注区分情况对照表 …… 445

参考文献 …… 556
后记 …… 578

图 目

图 1　河水中上游图 ………………………………… 211
图 2　河水中游及诸支流图 ………………………… 225
图 3　河水中下游、济水中下游、瓠子河、清河流域南部
　　　诸水图 ……………………………………… 255
图 4　清河流域北部、鲍丘水、濡水图 …………… 263
图 5　大辽水、小辽水、浿水图 …………………… 272
图 6　河水中上游、渭水流域诸水图 ……………… 290
图 7　淮水上游、汝水流域诸水、颍水流域诸水、蒗荡渠
　　　流域诸水图 ………………………………… 300
图 8　河水下游、济水下游、泗水流域诸水、汶水、淄水及
　　　以东诸水图 ………………………………… 324
图 9　大江中游、沔水流域诸水、江沔间诸水图 … 331
图 10　沔水（大江）下游、江淮间诸水、赣水、庐江水、
　　　浙江水图 …………………………………… 352
图 11　大江上游及诸支流、叶榆河上游图 ……… 362
图 12　湘水流域诸水图 …………………………… 390
图 13　浪水流域诸水、叶榆河下游图 …………… 397

绪　　论

　　北魏郦道元所撰《水经注》具有重大学术价值。是书在历史地理方面的意义毋庸赘言，于中古以前的城邑定点与水道复原有极大助益。除此之外，该书在流传中出现的复杂特殊的版本，保存了大量南北朝及之前文献的残篇断简，其优美瑰丽的文辞更具有独特的学术魅力，吸引着历代学者醉心于对此书的研究，终身以之为业者亦不在少数，乃至于形成专门研究《水经注》的学问——郦学。

　　顾名思义，《水经注》是为《水经》所作之注。《水经》是一部遍载天下水道的著作，是郦道元作注的凭依，其本身也有一万许字，蕴含了丰富的地理信息。然而，在通行的《水经注》文本中，由于《水经》的篇幅远远不如郦注，详细程度亦远逊郦注，且其内容往往有为郦注所驳斥者，所以治《水经注》者往往重郦注而轻《水经》。郦道元的注固然对后世人读《水经》大有帮助，但是郦氏本身也存在见识的局限，难免有误导世人之处。而且，阅读经注混合的文本，经文被注文所割裂，文气难以连贯，经文本身蕴含的价值就较容易为人所忽视。这就造成了无论与作为整体的《水经注》相比，还是单与郦注相比，历代学者对《水经》的研究都颇显单薄，甚至这部著作的本来面目都尚不清晰。本书的研究目的正是廓清《水经》的本来面目，进而发掘其所蕴含的历史地理价值。

　　本书将《水经》从《水经注》中剥离出来，强调《水经》作为一部单独的地理书的地位，对该书进行单独、专门的研究，但绝不是无视郦注而研究《水经》。从文本上来说，今本《水经》存在于经注混合的《水经注》中，甚至其文字与郦注颇有混淆，脱离郦注而研究《水经》是不可能的。而且，郦注作为专门为《水经》所作之注，其在《水经》研究的学术史上占据的地位是独一无二的，无疑必须作为研治《水经》最重要的参考。研治《水经》,对郦注的态度应该是熟玩而审辨之、倚重而不偏信的。

正是由于今天的《水经》文本完全自传世的《水经注》中而来,《水经》反过来对《水经注》存在着依附关系。所以,就如今之情形而言,即使是专门对《水经》的研究,也可以视为对《水经注》本身的研究。研究《水经》也是更好地研究《水经注》的一项基础。在郦学研究中,对《水经》的研究应当占有相当重要的地位。

一、学术史回顾

对《水经》的研究,依时代先后,可以分为前期研究与后期研究。前期研究是指《水经》尚未依托或尚未完全依托注本行世时,学者单独以此书为对象进行的研究。后期研究是指《水经》完全依托郦道元注本流传以后,学者对《水经》的研究。这类研究未必是单独以《水经》为对象的,而可能仅仅是对《水经注》整体研究的一个部分;即使以《水经》为研究对象,也与郦注具有密不可分的联系。两类研究的性质差异十分明显,前期研究是单纯的、直接的研究,而后期研究与《水经注》有强烈的依附关系,是郦学研究的一部分。

(一) 前期研究

前期研究属于魏晋南北朝时期比较传统的注释式研究,其内容比较庞杂,由于《水经》本身的地理属性,其注解的地理内容所占比例也要大一些。

对《水经》的研究,最早可以溯及两晋之际的郭璞注《水经》。《隋书·经籍志》《旧唐书·经籍志》《新唐书·艺文志》都载有《水经》郭璞注本。学术界对这部《水经》是不是郦道元所注《水经》(即本书所称之《水经》)有所争议,不过本书认为郭璞所注应确实是郦道元注的这本《水经》(详参第四章第一节)。《水经》本身的篇幅已约万字,而郭注本仅分三卷,可知郭注不可能有很大的篇幅。虽然如此,郭璞的注释也可以视为对《水经》的一项专门研究,而且研究范围应该是覆盖全书的。其具体研究内容由于郭注早已佚失而无从得知,大约与郭注《山海经》一般,包含简单的释义、释音及释地内容。

与郭璞相同,北魏人郦道元同样以注释的方法对《水经》进行了研究,撰成《水经注》,这项研究可谓全面而精深,影响极为深远。郦道元称《水经》"虽粗缀津绪,又阙旁通",所以他"辄述《水经》,布广前文"。① 郦注"布广"《水经》,事实上就是细考与审辨《水经》所载的内容,增添材料,补苴罅漏。大体而言,郦注对《水经》的研究内容可以分为"考经之实"与"补经之无"两类。考经之实,即在注文中考证、阐释经文的相关内容。具体而言,既包括对《水经》所叙水道的确认与解释,也包括歧说的并举,还包括指出经文的错误。补经之无,即在注文中补充经文未载之信息。其内容可分为增补地理信息与附记相关史事两类,而前者更为重要,又可分为经文所未提及的干流水地关系(详述河道)以及经文未载的支流情况(增广河流)两部分内容。从文字上来看,郦氏于可增补处,绝不拘泥于经文所限,努力搜罗以成其注,是一种以《水经》为依托而自成著述意识的体现;从地理上来看,郦氏的所有增补都是基于经文所描述的河流河道情况,是对此水流路的进一步解释,并没有溢出"注"的范畴。

(二) 后期研究

《水经》依托郦注本流传后,由于郦注的博赡精详,学者对《水经》本身的关注大大下降。更重要的是,经注混淆现象的出现使得《水经》研究再也无法完全独立于《水经注》研究:如果不进行经注的重新区分就去研究《水经》,势必误以部分郦注文字为研究对象;如果进行经注区分之后再去研究《水经》,那么这样的研究本就是建立在《水经注》研究的基础上的。

后期研究既有对《水经》的注释,也有对《水经》某一问题的专论,但总体而言,可以分为两类,即文本方面与地理方面,以下即分此二类言之。

---

① [北魏]郦道元:《水经注·序》。

1. 文本方面的研究

在《水经》早期流传时,学者对其文本并没有太多的疑问。这有两方面的原因:一是当时《水经》的流传情况还比较单纯,虽然已经存在文字讹误,但是远不如后世复杂;二是当时的学术风气如此,学者并无意考究该书的作者与成书年代,也不重视文字校勘,往往即书而注,重在阐释与补充。

但唐宋以后,去古既远,依托郦注本流传的《水经》在文本方面的问题渐渐凸显。经注相混、《水经注》流传中出现的文字讹误使得《水经》文本的面目变得不再清晰,而《水经》文本形成的相关问题也逐渐为学者所重视。历代学者对《水经》文本的研究大致可以分为复原类研究与溯源类研究两类,兹分别简述之。

(1)《水经》文本的复原类研究

《水经》文本的复原类研究,主要包括自经注混淆的《水经注》文本中钩稽《水经》文字、《水经》文本的校勘与《水经》辑佚等方面。历代学者往往在其校订《水经注》的过程中兼治及这些问题,请略陈之。

兹先并《水经》文本之离析与校勘而言之。

金人蔡珪撰《补正水经》,其书虽亡,但从元人欧阳玄所作之《补正水经序》[①]中仍可窥其概貌。《补正水经序》中提到,《补正水经》在厘定经注混乱方面能够"正蜀版迁就之失",这说明《补正水经》已经重视自经注混淆的《水经注》文本中提炼《水经》文字。

明人杨慎特重《水经》,作《水经序》,总结《水经》记载水道的"八例",是对《水经》行文体例的最早总结。[②] 他又自《水经注》中辑出《水经》文本单独刊行[③],这是《水经》依托郦注本流传数百年之后的第一个单行本。虽然由于不加辨析地自经注混淆的《水经注》文本中辑出经文,这一版本的《水经》文字并不准确,但仍不失其开创

---

① 《元文类》卷三六《补正水经序》。

② 见《升庵文集》卷二《水经序》。当然,由于杨慎使用的是混有郦注文字的《水经》文本,这"八例"其实有问题,参本书第三章第三节。

③ 即明正德十三年盛夔刻本《水经》。

之功。

明代中后期至今，产生了多部《水经注》校本，这些校本与原先传抄性质的旧本不同①，校者或将自己的思考批诸卷端，或更动文字，使《水经注》的文本产生了新的面貌。文字订讹是这些校本的共同研究内容，其中也包含许多对《水经》文本的离析与校勘。

涉及钩稽、判定与郦注相混的《水经》文字的诸校本包括吴琯校本、朱谋㙔《水经注笺》、陈仁锡校本、何焯校本、项絪刻本、沈炳巽《水经注集释订讹》、王峻校本、全祖望校本、赵一清《水经注释》、戴震自校本、戴震武英殿本、杨守敬与熊会贞《水经注疏》等，其中以王峻、全祖望、赵一清、戴震四家功绩尤著。关于这些校本判断《水经》文字的具体情况，本书第四章第二节将有详细介绍及考述，并可参附表二，在此不赘。

各校本以校郦注文字为主，但有时也涉及零星的《水经》文字校订。其中成绩比较显著的是全祖望、赵一清、戴震、杨守敬（熊会贞）四家。诸家的详细校订成果在本书第一章第二节将有具体的呈现，在此不赘。

除了体现在各校本中的成果之外，也有其他的一些相关研究。清人胡渭在所著《禹贡锥指》中就曾指出《水经注·江水》的部分经注混淆之处。近人孟森作《禹贡山水泽地所在篇中之熊耳山》②一文对前人所议论之《水经·禹贡山水泽地所在》篇中之"熊耳山"文字提出了自己的看法。陈怀荃作《〈水经·蒗荡渠〉及〈阴沟水〉篇补正》③一文对《水经·蒗荡渠》及《阴沟水》两篇之文字进行了校订。但总体来看，这些研究的数量并不多。这有三方面原因：其一，相对于郦注文字，《水经》文字本就不多，相应的文字讹误也少；其二，传

---

① 关于这两类《水经注》版本的区分，参李晓杰、杨长玉等著《〈水经注〉今存主要版本考述》（《历史地理》第三十一辑）。
② 孟森：《禹贡山水泽地所在篇中之熊耳山》，《禹贡》1937年第7卷第6、7合期。
③ 陈怀荃：《〈水经·蒗荡渠〉及〈阴沟水〉篇补正》，《安徽师范学院学报》1957年第2期。

统上对于《水经》文本的校勘一般都附于《水经注》的校本中,而罕有就某一处具体问题进行专论者;其三,自全、赵、戴、杨对经文详加审订之后,《水经》文字的质量确实得到了提高,非细读难究可说之处。然而,《水经》文本的这两方面的工作其实尚有许多可以进一步讨论之处。

在此,有必要简略说明一下《水经》单行本的情况。明人杨慎刊《水经》之后不久,唐顺之亦辑《水经》,收于其所纂《荆川稗编》中,其书以黄省曾校本为底,尽录黄本经文而别无发明。明代的许多丛书,如《五朝小说》、《说海汇编》、《广汉魏丛书》、《说郛》(陶珽续)、《格致丛书》、《百家丛书》等,皆收有《水经》单行本。① 这些丛书有些不易见及,就笔者所见的《说郛》本而言,仅是很粗率的节略本,价值不高。清代,戴震撰有《水经考次》,重订经文,并重排经文顺序,是一种焕然一新的《水经》单行本。不过该本是戴震的早期成果,在经注区分与经文编排方面都还存在一些问题。孔继涵在《水经考次》的基础上撰成《水经释地》,列《水经》文字而释其地,也可以视为《水经》的单行本。此后,《水经》未见单行本刊行。也就是说,目前并不存在一个自清人精校后勘定的比较理想的《水经》单行本。

相对于前两项工作,《水经》的辑佚工作开展得较晚。清人胡渭注意到了《水经》可能存在的部分佚文。② 全祖望、赵一清始在其各自校本中对《水经注》进行辑佚,当然也包括对《水经》文字的辑佚。全氏辑《水经注》十三篇之目,赵氏辑《水经注》十二篇之目,这些本身就是《水经》的篇目。由于赵一清《注释》本较早刊行于世,影响较大,后世学者多有在校本中采入赵辑篇目及文字者,如沈钦韩《水经注疏证》、王先谦《合校水经注》、杨守敬与熊会贞《水经注疏》(部分)、陈桥驿《水经注校释》等。两者相较,全辑较简,但明列经文,赵辑较繁,而经注混排,于所辑篇目而言,一些篇目的确定都缺乏可靠的根据。谢钟英《水经注洛泾二水补》辑补了《水经注》的《洛水》《泾

---

① 见《中国古籍总目·丛书部》。
② 《禹贡锥指》卷一二"导黑水,至于三危,入于南海"下。

水》两篇,其经文与注文分立,补得《洛水》经文一句、《泾水》经文两句。近人陈桥驿于《水经注》之辑佚用力甚勤,撰有《论〈水经注〉的佚文》及《〈水经注〉佚文》①二文,陈述方法,广辑郦佚,但同样未能指明具体的《水经》佚文。②

就《水经》文本的复原类研究而言,综合来看,全祖望、赵一清、戴震是一个高峰,在各方面都取得了卓越的成就,其后杨守敬、熊会贞也取得了显著的成绩。但杨、熊以后,这方面的成果并不多见。

(2)《水经》文本的溯源类研究

《水经》文本的溯源类研究主要是指关于《水经》作者与成书年份问题的探讨,也包括对《水经》的材料来源问题的探索。

历代学者均极为关注《水经》的作者与成书年份问题。在唐以前,未见有《水经》作者及成书年份的记载,至《唐六典》,始以《水经》为西汉桑钦撰。③ 其后,乃颇有学者对此问题进行讨论。唐人杜佑根据《水经》中所见地名"湖陆""永安"判定《水经》撰于汉顺帝以后④;宋人姚宽以《水经注》引桑钦说而疑桑钦作《水经》之说⑤;王应麟以《水经》中见魏晋时地名而疑桑钦作书而郭璞等后人附益⑥;元人欧阳玄举三国时期地名质疑桑钦作《水经》之说⑦;清人胡渭则据郦注谓桑钦所撰为"地理志",《水经》创自东汉而为魏晋人续成⑧;全祖望认为《水经》始撰于东汉初年,续成于曹魏初年⑨;戴震认为《水经》作者大抵为三国时人⑩;钱大昕说《水经》为桑钦所作而为后

---

① 载氏著《水经注研究》。
② 但该文各条佚文被分入相应篇中,有《补溢水》《补洺水》《补漳沱水》《补滋水》《补洑水》《补洛水》《补丰水》《补泾水》八篇,或可视为陈氏所认为的《水经》佚失篇目。
③ 《唐六典》卷七《工部·水部郎中》。
④ 《通典》卷一七四《州郡四》。
⑤ [宋]姚宽:《西溪丛语》卷下。
⑥ [宋]王应麟:《困学纪闻》卷十《地理》。
⑦ 《元文类》卷三六《补正水经序》。
⑧ [清]胡渭:《禹贡锥指·略例》。
⑨ 《水经题辞》,《全祖望七校王梓材抄本水经注》卷首。
⑩ 《水经注·目录》(殿本)。

人附益改窜①;杨守敬亦持三国魏人作经之说②;近人钟凤年则以《水经》成书早在新莽时,后人随时更改③;汪辟疆以桑钦、郭璞皆非《水经》作者,《水经》作于三国时确凿无疑④;王成组提出郦道元作《水经》之说⑤;常征认为《水经》成于东汉后期而为曹魏人所改⑥;陈桥驿驳正王成组说,亦信《水经》成于曹魏⑦;段熙仲支持曹魏人作《水经》之说,并进一步讨论了其背景与年代⑧;今人周振鹤梳理中国古代撰写《水经》的传统时,考证桑钦撰有《水经》,为郦注《水经》之祖本⑨。诸家之据,多为《水经》中之地名,考证可谓各有得失。本书第二章将就此展开讨论。

关于《水经》材料来源的议论,所见最早为唐人杜佑称《水经》对河源的记载来源于《禹本纪》《山海经》的说法。⑩ 不过,历代学者对这一问题似乎并不特别留意,除了偶有在各自的校本中提及之外⑪,并没有专门的论述。

2. 地理方面的研究

《水经》是一部地理著作,对《水经》内容的解读事实上就是地理

---

① [清]钱大昕:《三史拾遗》卷三《汉书地理志上》。
② 杨守敬:《水经注疏要删·凡例》。
③ 钟凤年:《水经著作时代之研究》,《齐鲁学报》1941年第1期。
④ 汪辟疆:《分析〈水经〉和〈水经注〉作者的纷歧问题》,《江海学刊》1958年第1期。
⑤ 王成组:《中国地理学史(先秦至明代)》,商务印书馆1988年版,第150—151页。
⑥ 常征:《〈水经〉作者及其成书年代》,《中国水利》1983年第6期。
⑦ 陈桥驿:《〈水经〉与〈水经注〉——就"经注同出一手"问题与王成组教授商榷》,载氏著:《郦学新论》,山西人民出版社1992年版,第159—171页。
⑧ 《〈水经注〉六论》,载段熙仲点校、陈桥驿复校:《水经注疏》,第3396—3410页。
⑨ 周振鹤:《中国古代撰写水经的传统》,载《历史地理》第八辑,上海人民出版社1990年版,第83—87页。
⑩ 《通典》卷一七四《州郡四》。
⑪ 如杨守敬于《水经注疏》卷二《河水二》经文"其一源出于阗国南山,北流,与葱岭河合,东注蒲昌海"下疏云《水经》"本《汉书》";陈桥驿于《〈水经·㳞水篇〉笺校》(《水经注研究四集》中称"《水经》本《说文》"等。

方面的研究。这项研究传统自《水经》流传早期就已经开始,一直延续至今。以下列举历代学者对《水经》地理方面的研究成果,主要指考释《水经》地理的比较完整、成体系的内容,利用《水经》来考证古地的以及较为零碎的释地内容不予列出。

唐人杜佑在《通典·州郡典》中广征文献,考辨地理,力驳《水经》对于河源的记载之非,而斥《水经》为"僻书"。虽然对《水经》的评价有失公允,但这确实是较早的对《水经》地理方面的研究。

金人蔡珪所撰《补正水经》前文已述,当是一部对《水经》的注释性研究成果。欧阳玄《补正水经序》云:"其详于赵、代间水,此固景纯之所难,若江自浔阳以北、吴淞以东,则又能使道元之无遗恨者也。"显然,《补正水经》中记载了大量的地理信息,无疑是《水经》地理研究的一项成果。

明人杨慎在所撰《水经序》①中极称《水经》之地理价值,谓其"限华夷,判疆域,利灌溉,通挽运,具考是焉,盖不刊之典也",堪为"《禹贡》之义疏,《山海经》之补逸",并且以实地踏勘力证《水经》地理信息的精确。他撰有《水经补注》一部②,其书佚,但从《水经序》的内容看,《水经补注》中应该有不少地理方面的注释内容。

清人胡渭撰《禹贡锥指》,极为倚重《水经注》资料。其于《导水》部分,常引《水经注》加以今地之释以注之,并有将《水经》与郦注分引者。如"导沇水,东流为济,入于河"下引《济水》经文,其下释以今地。这是目前所见最早的专释《水经》的文字。

稍晚于胡渭,沈炳巽撰《水经注集释订讹》,这是目前所见最早的对《水经注》进行全面释地的著作,其中对《水经》的释地也占了很大比例。沈氏释地,特重今地比定,亦重视河道变迁的考索。

乾嘉时期,地理考据之风大开。全祖望、赵一清、戴震的《水经注》校语虽间有涉及地理之处,但主要是释郦注之地,于《水经》则着墨无多。其于《水经》地理研究有较显著成绩者,有孔继涵、孙星衍、

---

① [明]杨慎:《升庵文集》卷二。
② [明]焦竑:《玉堂丛语》卷一《文学》。

张匡学、沈钦韩、董祐诚。

孔继涵撰有《水经释地》，是目前所见唯一一部专释《水经》地理的著作。该书以戴震《水经考次》为底本，对此本所勘定的《水经》文字进行地理注释。其注释内容最主要的是经文所载县的沿革，也包括今地的比定，还有对河流的注释及对地名的研究等，内容比较丰富。①

孙星衍有《水经注》校本②，其中不乏为《水经》释地之语。孙氏释地，主要是今地之比定，不过并不全面，质量也不高，恐怕只是读书之时随手而记，并没有专门释地的打算。

张匡学撰《水经注释地》，主释郦注地理，但也偶有涉及《水经》地理。不过张氏此书成于嘉庆初，却仍选择以经注混淆的旧本为底，对《水经》的认识已经落后，且其所释地理亦仅沿革与简要今地比定而已。

沈钦韩撰《水经注疏证》，特重地理。是书以武英殿本《水经注》为底，主要征引历代地理总志及方志等历史地理文献，为《水经注》之地理增添材料，并偶有考证。其中也包含了对《水经》地理的研究，如卷一九《渭水》"又东，丰水从南来注之"句下引《水道提纲》《元和志》《长安志》等典籍，为丰水之始末增添材料。其研究虽不甚精深，但与他人的研究方式却不相同，缺少今地的比定而重视文献的征引。

董祐诚曾绘《水经注图》，并撰《图说》，惜图亡而说未成，仅有残稿行世。作为一部图说，该书的最主要内容就是释地，当然也包括对部分《水经》所载水地的考释。董氏精于考辨，释地之语往往见精彩考证，与他人简单的今地比定或罗列材料颇不同。如卷二《河水》篇经文"又南过西河圁阳县东"下，董氏先叙圁阳沿革，再考辨"圁"字写法，次订正典籍之误，续考证今地所在，条理分明，论述允当。

---

① 参陈国忠：《孔继涵与〈水经释地〉》，《中国科技史料》1992年第3期。
② 按：孙氏原校本今藏于国家图书馆，笔者未见。王先谦《合校水经注》对孙氏校语"悉登之"（《合校水经注·例略》），今据之而言。

惜董氏残稿中对《水经》水地的考释也并不完整。

咸丰时，汪士铎编绘《水经注图》。其图虽依郦注而绘，但同样体现了《水经》的地理信息，虽然颇为粗糙，但毕竟是目前可见最早的将《水经》所载水地以地图的形式表现出来的研究成果。

几乎同一时期，陈澧撰《水经注西南诸水考》，重视爬梳文句，廓清地理事实，考订《水经注》西南诸水地理情况颇详。陈氏能够独立地看《水经》所载的水道情况，并指出郦注所载水道有时与《水经》所指不同。其见解颇有独到精辟之处。

清末，杨守敬、熊会贞开始编绘《水经注图》，撰作《水经注疏》，后者直到20世纪30年代方才完成。杨图从经注关系出发，在以郦注为主绘图的同时，也着力体现《水经》的水地信息，对《水经》与郦注记载相异之处进行了特殊处理："《水经》与注所不相合，郦氏往往驳正之，亦有明明差违而郦氏无说者，当是经文传写之误，故不别为图。""亦有经文不误而郦氏误指者，如庐江水经文之三天子都本指黟、歙之黄山，而郦氏移之庐山，今则两图之。"[①]而杨、熊《注疏》含有大量地理内容，于《水经》中所涉地名，往往亦叙其沿革，释其今地。

晚近以来，《水经》地理方面的研究成果颇有所见，但多数仍附于对《水经注》的研究中。

谭其骧主编《中国历史地图集》（中国地图出版社1982年版）是综合多种资料而绘制的历史地图集，所以其所示城邑、水道不可能完全与《水经》相应，但是在该图集的西汉、东汉、三国图幅中，仍然体现了许多《水经》所示的河流及城邑。

赵永复《水经注通检今释》（复旦大学出版社1985年版）以《水经注》列目水道（即《水经》列目各水）为主流排列，多数水名后皆释以今水名。虽然存在诸如缺乏依据或对应有误的一些问题，但是仍是第一次比较完整系统地对《水经》各水进行古今对照的研究。

陈桥驿《〈水经·浙江水注〉补注》（载《水经注研究》，天津古籍

---

① 杨守敬：《水经注图·凡例》。

出版社1985年版)及《〈水经·沔水篇〉笺校》(载《水经注研究四集》,杭州出版社2003年版)分别对《水经》的《浙江水》《沔水》两篇进行了释地,尤其是《〈水经·沔水篇〉笺校》一文,将《水经》与郦注文字分开校释,对《水经》的笺校部分考释地名、驳正经文,颇为精详。他所编著的《〈水经注〉地名汇编》(中华书局2012年版)也将《水经》所示地名进行了分类辑录。

谢鸿喜《〈水经注〉山西资料辑释》(山西人民出版社1990年版)中对包含《水经》在内的《水经注》所载今山西境内的多数水地进行了考释,取得了一定成果。

王守春《〈水经注〉中〈注〉否〈经〉之考释》(载《历史地理》第十四辑,上海人民出版社1998年版)着眼于郦注否定《水经》的文句,注意到了《水经》与郦注所示地理面貌的差距,提供了新的研究《水经》地理的角度。

张修桂对《水经注》江水中游、沔水中下游及洞庭湖流域诸水进行了地理考释[①],其中包含大量讨论《水经》所示地理情况的内容,包括指出经文于地理上的许多疑误之处,以及解释经文地理错误的原因等,颇见新意。

近年来,笔者参与业师李晓杰教授领衔的复旦大学《水经注》研读小组的系列研究,对《水经注》汾水、渭水等流域进行了校勘与笺释,主要成果有《〈水经注〉汾水流域诸篇校笺及水道与政区复原》(载《历史地理》第二十六辑,上海人民出版社2012年版)、《水经注校笺图释·渭水流域诸篇》(复旦大学出版社2017年版)、《〈水经·涑水注〉校笺及水道与政区复原》(《历史地理研究》2019年第1期)、《水经注校笺图释·汾水涑水流域诸篇》(科学出版社2020年版)、《〈水经·洛水注〉校笺及水道与政区复原》(《历史地理研究》

---

① 成果包括《〈水经·江水注〉枝江-武汉河段校注与复原》(载《历史地理》第二十三、二十四辑)、《〈水经·沔水注〉襄樊-武汉河段校注与复原——附:〈夏水注〉校注与复原》(载《历史地理》第二十五、二十六辑)、《〈水经注〉洞庭湖水系注与复原》(载《历史地理》第二十八、二十九辑),并见张修桂文集《粪江集》。

2020年第3期、2021年第1期)等。这些研究也涉及了相应篇中的《水经》水地的今释,更绘有《〈水经〉渭水流域图》《〈水经〉汾水流域图》等,专门体现《水经》所示地理情况。

既有的这些成果固然已经取得了不错的成绩,但仍有进一步深挖的空间。既有的对《水经》比较全面的地理考释成果皆为资料相对匮乏、技术手段落后时所为,在现在看来,其成果十分有限。而在当今的研究条件下,既有的对《水经》的考释与解读,或者与郦注并陈,或者局限于部分区域,也都存在不足之处。

最后,有必要略陈《水经》的仿写著作。

《水经》作为专载水道之典籍,其记载河流源流的方法是比较科学合理的,正因为此,其内容与格式受到后世学者的推崇,陆续有一些仿写著作出现。

郦道元的《水经注》尽管是为《水经》本身作注,但从其行文程式与记述内容来看,也可以近似地单独视为《水经》的一部仿写著作。

清人黄宗羲作《今水经》、李元作《蜀水经》、齐召南作《水道提纲》,以及胡渭《禹贡锥指》于《导水》部分作的部分注,乃至部分明清方志的《山川》部分,都利用了《水经》的格式,填以今水的内容,《今水经》《蜀水经》甚至直接以《水经》为名,明确说明了它们对《水经》的仿写性质。朝鲜人丁若镛撰《大东水经》,以朝鲜八道河流为纲,记录地理,也是一部典型的《水经》仿写著作。今《中国河湖大典》编纂委员会所编《中国河湖大典》虽然编纂形式与旧式著作完全不同,但同样以"当代《水经》"为称[①],行文中也确实仍可见到《水经》的影子。

二、研究思路与材料

本书分两方面来对《水经》进行研究,其一为文本研究,其二为地理考释,据以分为上下两编。上下两编有密切的联系,文本研究

---

① 陈雷:《编修当代水经,服务千秋伟业——〈中国河湖大典〉序》,载《中国河湖大典(黑龙江、辽河卷)》,中国水利水电出版社2014年版,第1页。

中利用了许多地理考释的成果，而文本研究的成果又能够成为许多地理考释的依据。

《水经》文本研究是《水经》研究的基础性工作，本书将这方面的研究分解为四章。第一章是"《水经》文本校理"，拟对《水经》的文本进行校勘整理，分为三个步骤：一是审订前人自《水经注》中离析《水经》文字的成果，明确在经注混淆的《水经注》文本（以明朱谋㙔《水经注笺》为代表）中，哪些文句应属《水经》文字；二是利用各种《水经注》版本，对所钩稽出的《水经》文句进行进一步校订，力求还其本来面目；三是对今本《水经注》不见的《水经》诸篇进行考订与辑佚。经由此三步骤，最终得出一部较为可靠的《水经》文本。第二章"《水经》文本的形成"，由历代学者所重视的《水经》作者与成书时代的问题引入，确认《水经》的著作年代，并联系《水经》的文本渊源及《水经》地理信息断代与材料来源等问题，来对《水经》文本的形成进行较全面的探索。第三章"《水经》体例研究"，先将《水经》所记述的对象归为河流与参照物两类，就所载河流的选择及所载参照物的特点展开讨论，再对《水经》诸篇的编排顺序进行解析，最后对《水经》的遣词造句等行文程式进行归纳。第四章"《水经》的流传"，依时间顺序，以郦道元作《水经注》为界，分别考述《水经》前期与后期的流传情况，在考述《水经》后期流传情况时，连带考证《水经注》之版本与历代学者对于离析经注的具体研究情形。

《水经》的地理考释包含两个方面：其一是考释《水经》所提及的河流及聚落之今水名与今地所在，相当于以《水经》为线索对汉魏时期的部分水地进行新的考释；其二是从《水经》中解读地理信息，即利用《水经》来复原其所载河道流经与水地关系，时人对河流的认知等信息。本书依《水经》文本次序，以河、江为界，分第五、六、七章进行考释，每章下各依文本次序及地理方位分为若干节。具体行文凡例于下编之首详说。

无论是文本研究，还是地理考释，郦道元注都可谓《水经》研究的最重要参考。《水经注》的版本繁多，文字差异比较明显。此书经清人之整理，如今之通行本主要有两种，其一是戴震所校武英殿本系诸本，其二则是杨守敬、熊会贞所撰《水经注疏》。乾隆年间武英殿本刊行后，由于其官方地位以及标榜据《永乐大典》本改定文字，故受到了学者的推重，研究《水经注》者，往往以之为底，如沈钦韩撰《水经注疏证》、杨希闵撰《水经注汇校》、王先谦刊《合校水经注》等均如此，乃至晚近的一些校本仍崇重殿本，以殿本为底而不敢更易一字，如陈桥驿《水经注校释》《水经注校证》等。① 但事实上，晚清以降，随着《大典》本为世人所见以及戴震攘袭赵一清成绩的事实愈加清晰，殿本的问题已经逐渐暴露。袭赵之外，殿本最大之病是为了疏通文句，而毫无根据地臆改原文，其中还有许多校者本人误以为不通之处，这样的文本虽然看似通顺，但许多地方已经违背《水经注》本旨。杨守敬、熊会贞撰《水经注疏》，其书虽然以《合校》本为底，但认识到全、赵、戴共有的臆改原文的问题，故远宗《注笺》本，敢于纠正殿本的一些臆改之处，而更有较精深之发明，其改动文字往往允当，纵仍有臆改之嫌，然与殿本相较，可远胜之。故《水经注疏》可谓迄今为止《水经注》之最适于利用的版本，本书也选择此本作为一般工作本。不过《水经注疏》本身在流传中也有版本之别，比较流行的版本包括江苏古籍出版社于1989年出版的段熙仲、陈桥驿整理本《水经注疏》，以及湖北人民出版社、湖北教育出版社于1997年出版的《杨守敬集》中所收谢承仁、侯英贤整理本《水经注疏》，两本都以《水经注疏》稍早的抄本（1956年由科学出版社影印出版，通称北京本）为底，而校以后期稿本（1971年由台湾中华书局影印出版，2014年由凤凰出版社重新影印出版，通称台北本）的成果，不过后者的校勘较为谨严，不更动文字而出校记，而前者往往径以台北本文字替代北京本旧有文字，导致郦注文字与杨、熊疏文字往往不能相应，文本不够理想，故本书选择后者作为主要工作本。

当然，以上的讨论是针对文中径行引用的《水经注》文字而言，

---

① 当然，称以上校本严格以殿本为底，并不包括在殿本之外增补的内容，如《合校》本据《水经注校释》补入卷首、末不少文字，《校释》本亦采入赵一清、谢钟英之辑佚成果。

而在文本研究部分，本书利用了比较丰富的《水经注》版本，来讨论《水经》文本的相关问题。为行文方便，文中提及《水经注》版本皆用简称（全称与简称之对照，见"参考文献"）。

在地理考释部分，传统的手段是文献排比与今地对照。近数十年来，随着测绘手段的进步，出现了大批精确的大比例尺地图；同时，地方志编纂工作开展普遍，尤其是各地地名资料的编纂成果非凡；又，出土文献资料与考古文物资料也日益丰富。善用这些新的材料，于《水经》地理考释方面无疑大有助益。

本书所欲呈现的成果包括：一部精校的《水经》文本；对《水经》文本形成的可信认识；对《水经》体例的深入了解；对《水经》流传与研究史的一定认知；《水经》所载水地较理想的今地比定；《水经》所示河流流路的概貌复原；利用新的制图方法绘制的《水经》图。

上　编
文本研究

　　本编对《水经》文本的各类问题进行研究。

　　本编凡涉及河流比定与聚落定点的，皆参见下编。第二、三、四章所据的《水经》文本，皆为第一章校理所得之《水经》全文，但若言今本《水经》，则泛指今通行本《水经注》(殿本、《注疏》本)中所见的《水经》文本，不包含辑佚的部分。凡但称某篇者，指《水经》某篇。但称"某水注"者，指某篇之郦注。

第一章　《水经》文本校理

《水经注》经注混乱现象由来已久，未经全面整理的各旧本的经注混乱情况也略有差异。历代学者研治《水经注》时，做了大量经注区分工作，也对《水经》文本（作为《水经注》整体文本之一部）进行了校勘，不过这些工作各家有所分歧，而且仍有不足。关于各种《水经注》版本区分经注的具体情形，可参看本书附表二。

本篇研究的对象既然是《水经》文本，那么，对《水经》文本进行校理，获得一部最佳的整理本《水经》，便是首先要做的一项基础性工作。

对《水经》的校理可以分为三个方面，即钩稽文句、文字校勘与文本辑佚。本章据此分为三节，分别审订前人研究的分歧，并且于前人未曾见及之处略做讨论。

第一节　自《水经注》中离析《水经》文字的再审订

自经注混淆的《水经注》中全面、系统地离析《水经》文字的工作，主要在清乾隆年间由王峻、全祖望、赵一清、戴震完成，此四家的研究过程及主要成绩，本书第四章将予以讨论，在此不赘。清末民初，杨守敬、熊会贞作《水经注疏》，对这一工作进行了一些补充，提出了一些新见，颇有见地。此后，虽尚有新的《水经注》整理本与研究著作问世，但对《水经注》的经注区分皆仍其所据底本之旧，并没有新的见解出现，故《水经注疏》仍然是迄今为止最新的全面区分经注的研究成果。

王、全、赵、戴与杨、熊五家之间所确定的经文虽然大多一致，但也不完全相同。所以，从《水经注》中钩稽出《水经》文本，只能说工作大体完成,一些文句究竟是《水经》文字还是郦注文字,仍然值得思考。本节就拟在一些有争议之处排比诸家之说,展开讨论,择善而从。在个别诸家未论及之处,也试图提出一些新的见解。兹试逐条分析之。①

王、全、赵、戴及杨、熊之共同所宗,是明朱谋㙔《水经注笺》②,这是一部具有代表性的经注混淆的《水经注》版本。为方便叙述,每条先举《水经注笺》本书字,于其下略陈诸家之不同及笔者之判断。

《注笺》卷三《河水三》有经文"东迳高阙南"一句,王、全、赵、戴皆改作注文,杨氏仍作经文。杨疏:"仍当从旧本作《经》,惟'过'误作'迳'耳。"③按:本句前经文为"屈从县北东流",后经文为"至河目县西","东流"后接"至某处"甚为通顺,但若接"东迳(过)"则未免语义重复,故此句不当作经,王、全、赵、戴改是。

《注笺》卷三《河水三》有经文"又南离石县西,奢延水注之"一句,其中"奢延水注之"五字,戴、杨改作注文。戴校:"今考《水经》必云某水从某来注之,不言从某来者乃注文。"其说是。

《注笺》卷五《河水五》有经文"河水又东燕县故城北,则有济水

---

① 王峻之成果,以复旦大学图书馆藏王氏校项绚刻本《水经注》为准。全祖望之成果,前五卷以台北故宫博物院藏朱墨校本《水经注笺》为准,第六卷以上海图书馆藏全氏重校本《水经注》残稿为准,其余卷以南京图书馆藏全氏校项绚刻本《水经注》为准。赵一清之成果,以乾隆五十一年初刻未修改本《水经注释》为准。戴震之成果,以乾隆三十九年武英殿聚珍本《水经注》为准。(以上所涉全、赵、戴相关《水经注》版本的具体情况,详参本书第四章第二节的介绍。)杨守敬、熊会贞之成果,以《杨守敬集》本《水经注疏》及台北定稿本《水经注疏》为准。本节所举之诸家说法,未特别说明者,皆系相应著作相应文字下之按语,不再一一注明。又,在本节的讨论中,利用了一些《水经》的用词与成句之例,这是历代学者区分经注一贯的方法,颇为可行,故予以继承,而关于这些文例的具体总结与讨论,详见本书第三章第三节。

② 王峻校本的底本及戴震殿本中所谓"近刻"(其实是事实上的底本)都是项绚刻本,但项绚刻本也是对《水经注笺》略加修改而刊成,其基本面貌仍沿《水经注笺》。

③ 此据《杨守敬集》本《水经注疏》。台北本《水经注疏》底本同,但"修订"将"东迳高阙南"五字又改为注,而全删杨氏按语。

自北来注之"一句。王、全、赵、戴以此句为注文,全、赵、戴又于"河水又东"下补一"迳"字,戴并删"则有济水自北来注之"九字。杨守敬则仍以此句为经文,更动文字作"又东过燕县北,淇水自北来注之",并疏云:"济水在河南,不在河北,且此地无济水入河,'济'为误字无疑。然既有此句,则必确指一水。考前汉之南燕县,后汉、魏曰燕县。燕县之北,正当淇水自北来注河之处,则知《经》本作'又东过燕县北,淇水自北来注之'。下注文'河水又东,淇水入焉',正应《经》'淇水自北来注之'说,足证此条是《经》非注也。……全、赵、戴见上句与《经》语不合,遂改《经》作注,戴并臆删下句,今为订正,顿见庐山真面,亦一快也。"笔者以为,杨氏之判断恐非。按此句行文本颇类注文:其一,《大典》本、吴本《水经注》"河水又东"下确有"迳"字,非经文所习用;其二,"燕县故城"之"故城"二字为注文之特征;其三,经文虽常有"某水来注之"之提法,但这种提法同样见于注文,而且"自某处来注之"的提法仅见于注文(《浊漳水注》"清漳水自涉县东南来注之",《渭水注》"渭水于县,斜水自南来注之"等,而经文常用"从某处来注之")。杨守敬修改文字,留作经文,似乎太过大胆,非有坚强论据,实难信从。杨氏之主要论据,是考《注笺》之"济水"为"淇水"之误,并将之与后文"淇水入焉"相对应。按:"济水"固误,但不必为"淇水"之讹。据《清水注》《淇水注》,清、淇二水入河之口相连,乃至可互受通称,但清流居西而淇流居东,终究有别,于河水而言,可谓先纳清水,又东而纳淇水。既有《河水注》文本提及"淇水入焉"而未提及清水,又"济""淇"形不似而"济(濟)""清"形似,疑此句"济水"当为"清水"之误而非"淇水"。若然,依文例而将此句判断为注文,毫无不妥。

《注笺》卷五《河水五》经"河水又东北为长寿津"下注有"河之故渎出焉"一句,全、赵提为经文,王、戴、杨仍作注文。胡适认为,全祖望之所以把此条提为经文,是因为"旧刻本误把注文'故渎东北迳戚城西'以下诸条都抬高一格,刻作经文。所以全氏提出'河之故渎出焉'一句在戚城条之前,也应抬高一格,写作经文,'河之故渎'才算是有来历",而"全氏当时大概承认此条是他很得意的一个发现。后来他用他的新系统去改定经注,也就舍不得这一条早年改定的经文"。① 此言有理,而此句"某水出焉"的句式也确实符合经文文例,与经文后文"瓠子河出焉""商河出焉"等颇相似,赵一清或即因此而接受了全祖望的观点。杨守敬则指出:"《经》皆叙当时之水,凡各篇称故渎者,乃郦氏追述旧迹,皆注文也。"按:杨氏此言甚确,且"某水出焉"并非经文所专有的用法,在注文中同样常见。又,"河之故渎出焉"后叙述水流之句,续以"东北迳戚城西",似直承而言,并不重举水名,若前句是经而后句为郦氏注之之语,于例似当先重举"故渎"之名。另,《水经注》"河之故渎出焉"上句为"《述征记》曰:凉城至长寿津六十里",因《太平御览》卷七一《地部·峡》有"《述征记》曰:凉城至长寿津六十里,河之故渎在焉"一句,文字与《水经注》略同,若《御览》此处确系自《述征记》引出,则《水经注》"河之故渎出焉"必与上句相连而亦为注文;若《御览》此处系转引自《水经注》,至少也能说明《御览》所据的《水经注》早期版本已经将"河之故渎在焉"一句归为注文。综上,笔者认为将"河之故渎出焉"判为注文是比较合理的。

《注笺》"河之故渎出焉"以后,有"又东北迳元城县故县西北而至沙丘堰","河之故渎自沙丘堰南分,屯氏河出焉","屯氏故渎水之又东北,屯氏别河出焉。屯氏别河故渎又东北迳信城县,张甲出焉"等经、注文字,全氏皆判为经文,赵氏判"河之故渎自沙丘堰南分,屯氏河出焉"一句为经文,王、戴、杨则皆以为注文。按:此诸句中所述河流(故渎),皆系自"河之故渎"分出,既"河之故渎出焉"一句不为经文,此诸句自然也不得为经文,王、戴、杨是。

《注笺》卷五《河水五》经"左会浮水故渎"句,全、赵判为经文,王、戴、杨判为注文。结合上下文文义及浮水与漯水之相对位置,此句确如熊疏所言"明是注文"。并参下条。

《注笺》卷五《河水五》经"又有漯水出焉"句,全、赵判为经文,

---

① 胡适:《试论朱墨校本〈朱笺〉里保存的全祖望、赵一清两家改定经注的记录》,载《胡适全集》第15卷,安徽教育出版社2003年版,第190页。

王、戴、杨判为注文。杨疏:"漯为著名之大川,故全、赵仍以此句作经,然《汉志》漯水出东武阳,而东武阳但见注中,经无过东武阳明文,如此注为经,则是与上瓠子河同出濮阳矣。故知非也。"此言颇为得宜。若归此句为注文,则上下文郦注即为:"河水又东北,迳委粟津。大河之北,即东武阳县也。左会浮水故渎。……又有漯水出焉。……河水又东,迳武阳县东,范县西,而东北流也。"是河水在东武阳县会浮水故渎而分出漯水,与《汉书·地理志》所言合。而若将此句视为经文,则其下"河水又东"等句为此句之注,与漯水并无直接关系,似颇不合理。故此处亦宜从王、戴、杨之说。

《注笺》卷六《汾水》经"又南入河东界,又南过永安县西"下注有"历唐城东"四字,戴、杨提为经文。戴校:"(四字)以体例考之,乃经之书法,与注异。"按:此四字非经文之书法,而正注文之书例,《河水》篇注文有"历北漯阴城南"一句,即为之证。① 是此句不应提为经,戴、杨误。

《注笺》卷六《洞涡水》经有"西入于汾。出晋水下口者也"句,全、赵将"出晋水下口者也"七字判为注文,王、戴、杨仍作经文。按:此七字似系对上文"西入于汾"的补充判断,全、赵所疑不可谓无理,但由于无强硬证据,而此卷并无大规模经注相混的现象,故此七字仍宜从旧本作经文为妥。

《注笺》卷八《济水二》经"南为荷水、北为济渎"下注"迳乘氏县,与济渠、濮沟合"句,全、赵氏提为经文,王、戴、杨皆仍作注,三家皆改"濮沟"作"濮渠",赵并改"迳"为"过",删"济渠"二字。此处赵氏显然是受到了郦注下文"又东北,与濮水合"的影响,认为前"与濮渠合"应系经文,而"与濮水合"是与其对应的注文。然杨守敬指出此处"济渠指北济,济与濮同流,故济、濮并称,若删济渠二字,则下接北济无根矣",所论至确。"与济渠、濮渠合"是说南北济汇流,"与濮水合"是指濮水注入北济,赵氏将两处汇流误以为一,是其误。故此

---

① 李晓杰、黄学超、杨长玉等:《〈水经注〉汾水流域诸校笺及水道与政区复原》,载《历史地理》第二十六辑,上海人民出版社2012年版,第34—64页。

处宜从戴、杨。

《注笺》卷八《济水二》经"又东北入海"句，王、全、赵仍为经文，戴、杨判作注文。戴校："今考《经》言济水入河，其文已终，观此下仍辩《经》济水入河之非，可证五字属注文甚明。"是。

《注笺》卷二九《沔水下》经"又东南迳涉都县东北"句，王、全、赵以为注文，赵、戴、杨均改"县"为"城"，戴、杨又改"迳"为"过"而仍判为经。按：后文《均水》篇经文有"涉都县邑"①，与此相应，盖为戴、杨之据，可以信从。郦氏于此注涉都城相关史事，遂于《均水》不复提，是详略互见之例。

《注笺》卷三四《江水二》经"又东过枝江县南，沮水从北来注之"句，王峻将"又东过枝江县南"提为经文，全、赵、戴、杨则将整句提为经文。按："沮水从北来注之"符合经文书例，且与《沮水》篇经"又东南过枝江县东，南入于江"相应，确应亦为经文。

《注笺》卷三五《江水三》经"鄂县北"句，全、赵以为注文，王、戴、杨仍为经文。按：此三字若在注中，则与上下文不相连属。郦注后文载有"鄂县故城"，恰可与之相应。王、戴、杨是。

《注笺》卷三六《延江水》经"酉水东南至沅陵县，入于沅"句，赵、杨以为注文，王、全、戴仍为经文。按：此句用语颇类经文，以之作经文，顺接前文更始水"入于酉水"之句，如此酉水之始末方才完整，与《沅水》篇于水道可相连接。否则，《水经》并无《酉水》一篇，载"入于酉水"而别处不见酉水，殊为可怪。

《注笺》卷三七《沅水》经"东迳无阳县"句，王、全、赵、杨改作注文，戴氏仍为经文，并改"迳"为"过"。杨守敬举《山海经》郭璞注引《水经》为证，并言此下实有脱文，此句不得为经，甚是。按：此下文字不叙沅水源流而径述无水，有脱文之判断盖当无疑，而由于下文郦注有"沅水东迳无阳县"句，与此句文字完全重复，更疑此五字实系衍文，系后人臆补所脱文字以疏通文义所致。

《注笺》卷三七《浪水》经"其一又东过县东南入于海"下注"其余

---

① 按：此处经文有误，详下节，不过不影响此处的判断。

又东至龙川,为浧水,屈北入员水",戴、杨提为经文。戴校:"考注称'浪水枝津衍注',即解'其余水'也,又称'迳博罗县西界龙川',即解'东至龙川'也,下经'员水又东南'即承此'员水'言也。"其说当是。

《注笺》卷三八《涟水》经"涟水出连道县西,资水之别"句,其中"资水之别"四字,全、赵改为注文,王、戴、杨仍作经文。杨疏:"《施水》经文有'肥水别'三字,与此同,全、赵改此入注,非也。"其说当是。

《注笺》卷四〇《斤江水》后,有经文"容容、夜、繡、湛、乘、牛渚、须无、无濡、营进、皇无、地零、侵黎、无会、重濑、夫省、无变、由蒲、王都、融、勇外,此皆出日南郡西,东东(按,此字衍,参下节)会于海"一句,其中"侵离"下夹有"侵离水出广州晋兴郡"等注文一句,"会于海"后有注文"容容水在南垂,名之以次转北也。右三(按,当作'二')十水,从江已南至日南郡也"一句。王峻将所有文字全部判为注文。戴、杨将"此皆出日南郡西,东入于海"改作注,而将"右三十水,从江已南至日南郡也"改作经。按:《注笺》本之貌承自吴本,不过之前《大典》、黄本诸本则将"容容水在南垂"后亦皆视为经文。"右三十水"句与前"此皆出日南郡西"相矛盾,不得皆作经文,此点应为吴氏改定经注之据,戴、杨亦将两句分作经注,应亦承认此点。"容容水在南垂,名之以次转北也"是郦氏注语,应无疑义,问题就在于"此皆出日南郡西"句与"右三十水"句何者为经、何者为注。笔者认为仍当以"此皆出日南郡西"句为经,而"右三十水"句为注为宜。首先,两句矛盾,于理而言,当是注驳经之语,则在后者宜为注,无驳经之语反在相应经文前之理。其次,"东入于海"是经文用语,顺接于水名之后,顺理成章;若以后句为经文,则经对诸水之源出、流归皆无交代,殊为可怪。再次,郦注明言,侵离水出广州晋兴郡,不在日南,其后自不得言"皆出日南郡",而"从江已南至日南郡"恰可与之地望相应。是此处《注笺》本不误,王氏及戴、杨所改均非。

《注笺》卷四〇《禹贡山水泽地所在》经"陇山"两字,赵氏以为系上句经"关(开,即汧)山在扶风汧县之西也"下之注文。赵释:"全氏曰此篇专释《禹贡》,而陇山非《禹贡》所及。……汧陇相接,道元或因汧及陇。本注中剩字,其后脱落谬置,误作经文,未可知也。"按:"陇山"两字下为经"终南山、惇物山在扶风武功县西南也",陇山在汧县西,不在武功县西南,全、赵所论是。赵氏以"关山在扶风汧县之西也"下脱《禹贡》北条山也"之注,甚为有据,则"陇山"两字当本与"《禹贡》北条山也"等字同为注文,因文字残脱而讹为经。

经由以上列举与分析,笔者以为,在区分经注的层面,上举五家的互异之处未必有一家独胜,也存在旧本不误而诸家误判的现象。在区分经注的层面,戴震、杨守敬的判断较为准确,而在两家分歧之处也互有高下。全祖望、赵一清于《水经注》全书前后文的把握稍嫌不足,故存在一些错误的判断,但也不多。王峻的遗漏较多,但无损其开创之功。

第二节 《水经》文本之校订

由于《水经注》版本众多,文字歧异比较严重,故欲获得较为准确的《水经》文本,需要经过仔细的校勘。明清以降,以全祖望、赵一清、戴震及杨守敬、熊会贞为代表的学者在整理校订《水经注》时,对《水经》的校勘工作也已颇有留意,取得了比较显著的成绩。不过诸家的成果仍然存在不少分歧,有必要对其正误进行判断。同时,《水经》中仍存在一些诸家未曾指出的可校之处,近人的一些研究成果已经有所指出,本书亦试图对一些尚可再校之处进行讨论、补校,冀能获得一部更为完善的《水经》文本。

本节校订之例,仍以朱谋㙔《水经注笺》为底,对《水经》全文逐句进行校勘。为方便对照,先将经本章第一节考辨之后确定的《水经》文句分篇在《注笺》之文本中列出,其中将曾为诸家所改动的文句涂以阴影。其中《注笺》不误而诸家误改的,不加下画线;《注笺》误而诸家所改有可从者,加下画横线;《注笺》误、诸家改动亦误的,加下画波浪线。又有《注笺》误而诸家不曾改动的,单加下画横线。以上涂阴影或加下画线的文句,在每篇之末予以讨论。校勘体例为以《注笺》本所示各句《水经》文本对校残宋本、《大典》本、杨本、黄本、吴本及在《注笺》基础上刊刻的谭本、项本,《注笺》本是而别本非者不出校(通校各本与《注笺》本书字的同异情况可参附表二)。同时,通校沈炳巽《订讹》本、全祖望《五校》本、《七校》抄本及《重校》本①、赵一清初抄本(即全祖望《五校》本底本)、《注释》本及《刊误》、戴震殿本、杨守敬与熊会贞《注疏》本,陈诸家校改情况。其后乃说明笔者之见解。校勘原则是以对校为主,非有坚实证据不改动经文。赵、戴、杨诸本多有据经文文例改者,然这些经文文例很多也是建立在他们修订后的文本基础上的,所谓"据改"其实根据并不充足,今对这些校改持谨慎态度,不需改而文义晓畅者,一般仍旧。避讳字、异体字不特出校,但对诸家对异体字的讨论予以吸收,定本采用的字形未加说明的,仍以《注笺》本为准。一些比较明显的、前人已经指出的错简(如《渭水》篇中之错简、《沔水》篇中之错简)所造成的经文顺序前后颠倒,因不涉及单句文本校勘,故不专门指出,为方便叙述,仍以《注笺》本所示顺序为准。各篇中某些经注的相对位置各本有时有差异,由于不涉及经文的文字,故亦不特提出。

【《注笺》原文】 昆仑墟在西北,去嵩高五万里,地之中也。其高万一千里。河水出其东北陬,屈从其东南流,入于渤海。又出海外,南至积石山,下有石门,河水冒以西南流。河水又南入葱岭山。其一源出于阗国南山,北流,与葱岭河合,东注蒲昌海。又东入塞,过敦煌、酒泉、张掖郡南,又东过陇西河关县北,洮水从东南来流注之。又东过金城允吾县北。又东过榆中县北。又东过天水北界。又北过武威媪围县东北,又东北过天水勇士县北。又东北过安定北界麦田山。河水又北过北地富平县西,又北过朔方临戎县西,屈从县北流至河目县西,屈南过五原西安阳县南,屈东过九原县南,又东过临沃县南,又东过云中桢陵县南,又东过沙南县北,从县东屈南,过沙陵县西,又南过赤城东,又南过定襄桐过县西,又南过西河

---

① 全祖望的后期成果,前六卷采用《重校》本,其余卷采用《七校》抄本。

囿阳县东，又南离石县西，又南过中阳县西，又南过土军县西，又南过上郡高奴县东，河水又南过河东北屈县西，又南过皮氏县西，又南出龙门口，汾水从东来注之。又南过汾阴县西，又南过蒲坂县西，又南至华阴潼关，渭水从西来注之。又东过河北县南，又东过陕县北，又东过大阳县南，又东过砥柱间，又东过平阴县北，又东至邓，清水从西北来注之。河水又东过平阴县北，湛水从北来注之。又东过巩县北，洛水从县西，北流注之。又东过成皋县北，济水从北来注之。又东过荥阳县，蒗荡渠出焉。又东北过武德县东，沁水从之。又东北过黎阳县南，又东北右过卫国县南，又东北过濮阳县北，瓠子河出焉。又东北过东阿县北，又东北过茌平县西，又东北过高唐县界，又东北过杨虚县东，商河出焉。又东北过漯阴县北，又东北过黎城县北，又东北过甲下邑，济水从西来注之，又东北，入于海。

【校勘】

［1］**昆仑墟在西北** 《大典》本作"河水昆仑墟在西北"，《注释》本改作"昆仑虚在西北"。按："河水"二字于此不通，当系卷首衍文；"墟""虚"本通，此处仍宜从旧本作"墟"。

［2］**入于渤海** 殿本删"于"字，非，杨疏辨之已详。

［3］**河水冒以西南流** 殿本删，非，杨疏辨之已详。

［4］**河水又南入葱岭山** 《注释》本改作"又南入葱岭山"；殿本、《注疏》本改作"又南入葱岭山，又从葱岭出而东北流"，是，熊疏辨之已详。

［5］**其一源出于阗国南山北流与葱岭河合东注蒲昌海** 殿本改作"其一源出于阗国南山北流与葱岭所出河合又东注蒲昌海"，非，杨疏辨之已详。

［6］**又北过武威媪围县东北** 《刊误》云应作"又东北过武威媪围县北"，殿本改作"又东北过武威媪围县南"，《注疏》本改作"又东北过武威媪围县东"。按：以河流流势而言，旧本"北过某县东北"之文确实可疑，然诸家皆以意改，亦未提出坚强之论据。媪围县故城

在今甘肃省白银市景泰县芦阳镇吊沟村，河水在其东侧自南而北流过，则旧本之"北过"并无问题，不必改作"东北过"，而"北过"当配"县东"以合地理，此处则《注疏》本可从。即本句宜作"又北过武威媪围县东"。

［7］**河水又北过北地富平县西**　殿本、《注疏》本改作"又北过北地富平县西"，是，依卷首不当重出水名之例。

［8］**屈从县北流**　《大典》本作"屈从县北东流"；殿本、《注疏》本改同《大典》本，是，戴校辨之已详。

［9］**又南离石县西**　《注释》本、殿本、《注疏》本改为"又南过离石县西"，是，依经文"某水过某县"之例。

［10］**河水又南过河东北屈县西**　殿本、《注疏》本删"河水"两字，是，依卷首不当重出水名之例。

［11］**又东过平阴县北又东至邓清水从西北来注之**　"又东至邓"四字，全、赵、戴、杨皆以为错简，《重校》本、《注释》本以四字易卷五经文首句"河水又东过平阴县（按，当作'平县'，参下条）北"，殿本、《注疏》本则析出四字独为一条，置于卷四之末。全校："（卷五'河水又东过平阴县北'）九字与上卷清水条复出，当是衍文，易以'又东至邓'四字在此，以注中有'洛阳西北四十二里故邓乡'之语及《湛水》篇注可参证也。"《刊误》："全氏云：'又东至邓'四字，诸本错简入清水条。清水即是瀍水，并不至邓，至邓者，湛水也。注于清水下并不志邓地所在，而下卷湛水下则云洛阳西北故邓乡，合观《湛水》篇注，则更了然矣。"戴校："考瀍水入河之后，河乃至邓，而平县又在其东。"所谓"清水即是瀍水"，是郦道元注驳经之语。诸家以河先纳瀍水而后过邓，又郦氏注文中关于"邓乡"之部分不与经文"又东至邓"相应，而经文叙邓地又不与湛水相应（《湛水》篇郦注云湛水自邓入河），从而认为"又东至邓"四字系错简。按，此句实无错简，诸家非，谨略陈之。为方便叙述，首先将该段经文及相应郦注所载之相关地点考之如次：平阴县，在唐宋洛阳城（今洛阳市区）北五十里，"东有平川"，"北枕黄河，西抵邙山北趾"，准其地望，当在今河南省洛阳市孟津县白鹤镇西北堡子村、平庄附近；邓城，在唐河阳县

(今孟州市南河漫滩中)①"西三十一里"②,地当今洛阳市吉利区东南;平县,在唐偃师县(今洛阳市偃师区东偃师老城)"西北二十五里"③,即今孟津县会盟镇花园村、丁家村附近;郦注所载河阳县故城,在唐宋河阳县(今孟州市南河漫滩中)"西北三十五里"④,元河阳县(今孟州市)"西南三十里"⑤,民国《孟县志》以野戍镇(今洛阳市吉利区冶戍村)为汉晋河阳县城所在⑥,准之地望,可以信从;郦注载有清水,指今亳清河,而所载之瀺水指今东阳河或大店河⑦;郦注所载湛水(卷六),源发轵城(今济源市轵城镇)南,南迳向城西,南流入河,又名椹水,向城在唐宋河阳县(今孟州市南河漫滩中)西北三十五里⑧,当今顺涧侧,顺涧发源于轵城南山中,又"顺""椹"音极近,可当湛水。首先,河水东流纳清水,又东纳瀺水,又东依次过平阴县、邓城、平县侧,即使《水经》的"清水"确实如郦道元所言是指瀺水,其入河处也在平阴之西,而不仅仅在邓之西,以河水流次而移动"又东至邓"四字,是毫无道理的。《水经》言某水注之,系就某一河段整体而言,与前句相应的地点并没有严格的先后顺序。其次,旧本郦氏注文中有"洛阳西北四十二里,故邓乡矣"一句,续于"郭缘生《述征记》曰:践土,今治(按:当作'冶')坂城。是名异《春秋》焉,非。今河北见者河阳城,故县也,在治(按:当作'冶')坂西北,盖晋之温地,故群儒有温之论矣。《魏土地记》曰:治(按:当作'冶')坂城旧名汉祖渡,城崄固,南临孟津河"一段之后。此为全、赵移经文于该段

---

① 据《太平寰宇记》(卷之五十二)所载,唐宋河阳县治北中府城,南一里即河桥。据《水经注》,北中郎府城(即北中府城)与平县隔河而对(卷五),则城当在今孟州南。《元史·地理志》怀庆路孟州:"金大定中为河水所害,北去故城十五里,筑今城,徙治焉。"孟州城即河阳县城,"今城"即今孟州,金以前孟州城当即北中府城,是益确知该城之所在。
② [唐]李泰等著,贺次君辑校:《括地志辑校》卷二。
③ [唐]李泰等著,贺次君辑校:《括地志辑校》卷三。
④ [宋]乐史:《太平寰宇记》卷之五十二。
⑤ 《元一统志》卷一《怀孟路·古迹》。
⑥ 民国《孟县志》卷一《地理上·山川》,卷二《地理下·古迹》。
⑦ 罗火金:《古瀺关考》,《中原文物》2006年第5期。
⑧ [宋]乐史:《太平寰宇记》卷之五十二。

注文之上之据,而戴、杨更将十二字移出至上卷以附"又东至邓"四字。按:冶坂城在河阳县故城东南,即今洛阳市吉利区东南一带,其方位与上考之邓城一致。《太平寰宇记》孟州河阳县下云:"践土城,《冀州图》云:'在县东七里,洛阳西北四十二里。'"①观其地名,应即郭缘生所述冶坂城;观其里距,又与"邓乡"相符。故可断冶坂城与邓乡实为一地,郦注所云"故邓乡矣",应该是转引《魏土地记》记述冶坂城沿革之语,也可能是郦氏自己的判断,但接续于此,十分自然,不必强行割裂,与经文"又东至邓"牵合。而经文"又东至邓"下无相应注文,盖因郦氏为避繁冗而不出,亦不足怪。② 再次,郦氏明言,《水经》湛水与郦注湛水并非同一河流(《湛水注》),考诸地理,河水当先纳郦注湛水,再纳《水经》湛水,郦注湛水迳邓,《水经》湛水入河之处自在邓之东,其叙述顺序亦毫无问题,不应因湛水之名而擅移经文。故此条宜一仍旧本之貌。

[12] 河水又东过平阴县北　《重校》本、《注释》本改作"又东至邓"(参上条);殿本、《注疏》本改作"又东过平县北",是,戴校辨之已详。

[13] 又东过荥阳县蒗荡渠出焉　《注释》本、殿本、《注疏》本于"荥阳县"后补"北"字,是,杨疏辨之已详。

[14] 沁水从之　《注释》本改作"沁水从西来注之",殿本、《注疏》本改作"沁水从西北来注之"。按:"沁水从之"似不通,宜依"某水从某方来注之"之例补字。赵氏系据胡渭《禹贡锥指》引《水经注》补③,差可谓有据;戴、杨再增"北"字,并无凭依,似有蛇足之嫌。沁水下游自西向东流而入河,此处但言"从西来注"足矣。故此处宜从《注释》本。

[15] 又东北右过卫国县南　《大典》本、黄本"右"作"有",《七

---

① [宋]乐史:《太平寰宇记》卷之五十二。
② 当然,郦氏似宜将"河阳县故城"整段注于经"平阴县"一句之下更为妥帖,如此则经注相应,诸家不致生疑。
③ 见《水经注笺刊误》。所据《禹贡锥指》文字在《禹贡锥指》卷一三中之上"东过洛汭,至于大伾"条下。

校》抄本、《注释》本改作"又东北右过卫县南";殿本改作"又东北过卫县南";《注疏》本改作"又东北过卫国县南",是,杨疏辨之已详。

[16] **又东北过高唐县界** "界",《注释》本、殿本、《注疏》本改作"东",是,《刊误》、戴校辨之已详。

[17] **又东北过漯阴县北** "漯阴县",《大典》本、黄本、吴本作"漯阳县",《注释》本、殿本改同。前经"又东北过高唐县界(东)"下,郦注云:"漯水又东北,迳漯阴县故城北,县故黎邑也。汉武帝元狩三年封匈奴降王昆邪为侯国,王莽更名翼城。历北漯阴城南,伏琛谓之漯阳城。南有汉兖州刺史刘岱碑。《地理风俗记》曰:平原漯阴县,今巨漯亭是也。"而本句经下,郦注云:"河水又(按,当作'右')迳漯阴县故城北,王莽之巨武县也。"是"漯阴县故城"两见,而郦氏于其下分注不同之王莽地名,则两城明为两处。赵氏因改经文"漯阴县"为"漯阳县",认为"漯阳县"下之"漯阴县故城"即前文之"北漯阴城(漯阳城)",欲说通之。① 按:本句经下郦注"漯阴县故城",吴本作"漯阳县故城",此更与其经文"漯阳县"相应。准之地望,此城在河水南,漯水北,名为"漯阳"较"漯阴"为妥,而上文之漯阴城自在漯水南。则赵、戴改经文是,惟当更改本句下注之"漯阴县故城"为"漯阳县故城",否则两"漯阴县故城"明不同址而郦氏不置一语,不可解。不过,漯阳县故城未必是前文之"北漯阴城(漯阳城)",否则郦氏不必特引伏琛语以言"漯阳"之名。至于前文郦注引应劭《地理风俗记》所言巨漯亭,由于应劭时漯阴县尚存,似不应释此县位于某亭,而郦注云漯水又名武水,则"巨漯"即"巨武",故此句应系释漯阳县故地而言,或因上文提及"漯阳城"而系于此处。

[18] **黎城县** 《注释》本、殿本改作"利县";《注疏》本改作"蓼城县",是,杨疏辨之已详。

【《注笺》原文】 汾水出太原汾阳县北管涔山,东南过晋阳县东,晋水从县东南流注之。又南,洞涡水从东来注之。又南过大陵

---

① 见《水经注笺刊误》。

县东,又南过平陶县东,文水从西来流注之。又南过寇爵津,又南入河东界,又南过永安县西,又南过杨县东,西南过高梁邑西,又南过平阳县东,又南过临汾县东,又屈从县南西流,又西过长修县南,又西过皮氏县南,又西至汾阴县北,西注于河。

【校勘】

[1] **从县东南流注之** 黄本作"从县南东流注之",殿本、《注疏》本改同。按:据《晋水》篇,晋水过晋阳县南而东流入汾,戴、杨改是。

[2] **洞涡水** 残宋本、《大典》本、杨本、黄本作"洞过水";殿本、《注疏》本改同残宋诸本,是,杨疏辨之已详。

[3] **寇爵津** 残宋本、《大典》本、杨本作"冠爵津"。《注释》本、殿本、《注疏》本改同残宋诸本,是,杨疏辨之已详。

【《注笺》原文】 浍水出河东绛县东浍交东高山,西过其县南,又西南过虒祈宫南,又西至王桥,注于汾水。

【校勘】

[1] **虒祈宫** 《大典》本、杨本、黄本、吴本作"虒祁宫";《注释》本、殿本、《注疏》本改同《大典》诸本,是,史籍通作"虒祁宫"甚明。

[2] **王桥** 殿本、《注疏》本改作"王泽",是,郦注有"王泽"无"王桥"。

【《注笺》原文】 涑水出河东闻喜县东山黍葭谷,西过周阳邑南,又西南过其县南,又西南过安邑县西,又南过解县东,又西南注于张阳池。

【校勘】 **又西南过其县南** "其县",殿本改作"左邑县",非,杨疏辨之已详。

【《注笺》原文】

文水出大陵县西山文谷,东到其县,屈南到平陶县东北,东入于汾。

原公水出兹氏县西羊头山,东过其县北,又东入于汾。

洞涡水出沾县北山,西过榆次县南,又西到晋阳县南,西入于汾,出晋水下口者也。

【校勘】 洞涡水　残宋本、《大典》本、杨本作"洞过水",黄本作"洞庭水";殿本、《注疏》本改同残宋诸本,是,杨疏辨之已详。

【《注笺》原文】　晋水出晋阳县西县瓮山,又东过其县南,又东入于汾水。

【校勘】
[1] 县瓮山　残宋本、《大典》本、黄本作"悬瓮山";《七校》抄本、《注释》本改作"县甕山";殿本、《注疏》本改作"悬瓮(甕)山"。按:考诸他籍,山名"悬瓮"无疑,"瓮"字误,而"县"与"悬"通,"甕""瓮(甕)"异体,全、赵、戴、杨所改皆可。因"悬瓮(甕)"写法较常见,兹从戴、杨。

[2] 又东过其县南　《注疏》本删"又"字,恐非。杨氏盖以晋水方出,未叙流向,故不当用"又"字,然经文常有此例,不宜谓皆为衍字。

【《注笺》原文】　湛水出河内轵县西北山,东过其县北,又东过皮县之北,又东过毋辟邑南,又东南当平阴县之东北,南入于河。

【校勘】
[1] 皮县　残宋本、《大典》本、黄本作"波县"。《注释》本、殿本、《注疏》本改作"波县",是,《刊误》辨之已详。

[2] 又东南当平阴县之东北　"平阴县",殿本、《注疏》本改作"平县",是,戴校、熊疏辨之已详。

【《注笺》原文】　济水出河东垣县东王屋山,为沇水。又东至温县西北,为济水。又东过其县北,屈从县东南流,过坟城西,又南当巩县北,南入于河。与河合流,又东过成皋县北,又东过荥阳县北,又东至北砾磎南,东出,过荥阳北。又东过阳武县北,又东过封丘县北,又东过平丘县南,又东过济阳县北,又东过冤朐县南,又东过定陶县南,又屈从县东北流,济水又东至乘氏县西,分为二：其一水南流，其一水从县东北流，入巨野泽。又东北过寿张县西界安民亭南，汶水从东北来流注之。又北过须昌县西，又北过谷城县西，又北过临邑县东，又东北过卢县北，又东北过台县北。又东北过菅县南，又东过梁邹县北，又东北过临济县南，又东北过利县西，又东北过甲下邑，入于河。其一水东流者，过乘氏县，又东过昌邑县北，又东过金乡县南，又东过东缗县北，又东过方与县北，为菏水。菏水又东过湖陆县南，东入于泗水。又东南过沛县东北，又东南过留县北，又东过彭城县北，睢水从西来注之。又东南过徐县北，又东至下邳睢陵县南，入于淮。

【校勘】

[1] **又东至温县西北** 《注疏》本删"又"字，恐非，此亦经文初叙河流流向即用"又"字之例。

[2] **坟城** 《注释》本、殿本改作"隤城"，非，杨疏辨之已详。

[3] **又东至北砾磎南** 《七校》抄本、《注释》本改作"又东北至砾溪南"；殿本改作"又东至砾溪南"。按：《七校》诸本是，《刊误》辨之已详，《注疏》本虽误从旧本，但杨疏亦辨殿本之非。惟"磎""溪"本异写，不必改。

[4] **荥阳** 《七校》抄本、《注释》本、殿本、《注疏》本改作"荥泽"，是，全校辨之已详。

[5] **又东过阳武县北** 殿本、《注疏》本改作"又东过阳武县南"，以郦氏于其下注云"迳阳武县故城南"也。按：此句经文下，郦氏先注"济水又东南流，入阳武县"以应经，其下乃叙南济流路，而非如后文于经文下径注"南济也""北济也"，是并不将经文"过阳武县南"与注文南济"迳阳武县故城南"相对应，况后文郦注亦明言北济"迳阳武县故城北"，经文无误，戴、杨改非。

[6] **济水又东至乘氏县西** "济水"，殿本、《注疏》本删，是，依卷首不当重出水名之例。

[7] **其一水南流** 残宋本、《大典》本作"其一水东南流"。《注释》本、殿本、《注疏》本改同残宋诸本，是，依山川形势，此水正东

南流。

[8] **其一水东流者过乘氏县** 残宋本、《大典》本、黄本、吴本句末有"南"字。《注释》本改同残宋诸本；殿本、《注疏》本于句末补"南"字同，而于"其一水东"下更增"南"字，是，杨疏辨之已详。

[9] **睢水从西来注之** "睢水"，《大典》本作"雉水"。殿本改"睢水"作"获水"；《注疏》本改同《大典》本，是，杨疏辨之已详。

【《注笺》原文】

清水 出河内修武县之北黑山，东北过获嘉县北，又东过汲县北，又东入于河。

沁水 出上党 <u>沮县</u> 谒戾山，南过谷远县东，又南过 <u>猗氏县</u> 东，又南过阳阿县东，又南出山，过沁水县北，又东过野王县北，又东过 <u>周县</u> 北，<u>又东过邢丘</u>，又东过武德县南，又东南至荥阳县北，东入于河。

【校勘】

[1] **沮县** 朱笺自云当作"涅县"，是；《注释》本、殿本、《注疏》本改作"涅县"。

[2] **猗氏县** 殿本、《注疏》本改作"陭氏县"，是，戴校辨之已详。

[3] **周县** 殿本改作"州县"，不必，杨疏辨之已详。

[4] **又东过邢丘** "邢丘"，《大典》本作"怀县之北"，《注释》本、殿本、《注疏》本改同。按："邢丘""怀县之北"皆可与郦注文字相应，但"过某县之某方"更符经文文例，作"怀县之北"是。

【《注笺》原文】 **淇水** 出河内隆虑县西大号山，<u>又东过内黄县南</u>，为白沟，屈从县东北与洹水合，又东北过馆陶县北，又东北过清渊县西，又东北过广宗县东，为清河。又东北过东武城县西，又北过广川县东，又东过脩县南，又东北过东光县西，又东北过南皮县西，<u>又东北迳浮阳县西</u>，又东北过灖邑北，又东北过乡邑南，<u>又东北迳穷河邑南</u>，又东北过漂榆邑，入于海。

【校勘】

[1] 又东过内黄县南　　殿本、《注疏》本删"又"字,恐非,此亦经文初叙河流流向即用"又"字之例。

[2] 又东北迳浮阳县西　　"迳",《注释》本、殿本、《注疏》本改作"过",谓依经文作"过"之例。按:《水经》全文,旧本用"迳"字之处亦颇有见,似经文本亦有作"迳"之例。按:《水经》载河流发源用"出"字,亦杂用"冒"字;载河流流及用"至"字,亦杂用"到"字;载河流归宿用"注""入"两字;即使是载河流流路用"过"字,亦杂用"行"字,则自然也能杂用"迳"字(关于这些动词的杂用情况,参本书第三章第三节)。《水经》固常用"过"字,郦道元作注欲别之而用"迳"字,自然谨严而不会杂用"过"字,然作《水经》者不能逆料郦氏作注而为之避"迳"字,赵、戴、杨以常用"过"字而全改数见之"迳"为"过",似不必。

[3] 又东北迳穷河邑南　　"迳",《注释》本、殿本、《注疏》本改作"过",不必,此亦经文用"迳"字之例。

【《注笺》原文】　　荡水出河内荡阴县西山东,又东北至内黄县,入于黄泽。

【校勘】　　又东北至内黄县　　《注释》本、殿本、《注疏》本删"又"字,恐非,此亦经文初叙河流流向即用"又"字之例。

【《注笺》原文】　　洹水出上党泫氏县,东过隆虑县北,又东北出山,迳邺县南,又东过内黄县北,东入于白沟。

【校勘】　　迳邺县南　　"迳",《注释》本、殿本、《注疏》本改作"过",不必,此亦经文用"迳"字之例。

【《注笺》原文】　　浊漳水出上党长子县西发鸠山之漳水焉,东过其县南,屈从县东北流注,又东过壶关县北,又东北过屯留县潞县北,又东过武安县,又东出山,过邺县西,又东过列人县南,又东北过斥漳县南,又东北过曲周县东,又东北过巨鹿县东,又北过堂阳县西,又东北过扶柳县北,又东北过信都县西,又东北过下博县之西,又东北过阜城县北,又东北至昌亭,与滹池河会。又东北至乐成陵县,别出北，又东北过成平县南，合清河，又东北过章武县西，又东北过平舒县南，东入海。

【校勘】

[1] 浊漳水出上党长子县西发鸠山之漳水焉　《注释》本、殿本、《注疏》本删"之漳水焉"四字，是，戴校、杨疏辨之已详。

[2] 屈从县东北流注　《注释》本、殿本、《注疏》本删"注"字，是，此处非言二水交汇，不当用"流注"。

[3] 又东北过屯留县潞县北　原句不通，《注释》本、殿本、《注疏》本于"屯留县"下增"南"字，以求通顺。今按：屯留县治疑在今山西省长治市屯留区李高乡古城村，浊漳过屯留之东，并非过其南，诸家增"南"字，应是为了与"潞县北"相对之故。但潞县治在今潞城市辛安泉镇古城村，两地相去悬远，虽临侧浊漳，但并不相直对，诸家所增非是。然"屯留县"与"潞县"间有脱文必矣，疑是"东又东北过"五字。

[4] 又东过武安县　《七校》抄本、《注释》本、《注疏》本于句末补"南"字，宜是，《刊误》辨之已详。

[5] 雩池河　"雩池河"，《大典》本、黄本作"零池河"，《七校》抄本改作"滹沱河"，《注释》本、《注疏》本改作"虖池河"，殿本改作"滹沱河"。"虖（雩）池""滹沱（池）"实同，为此水名之不同写法，今权从赵、杨，作"虖池"。

[6] 又东北至乐成陵县别出北　赵抄本、《七校》抄本、《注释》本改作"又东北至乐成陵县别出北滠"，殿本改作"又东北至乐成陵县北别出"，皆非，熊疏辨之已详。

[7] 又东北过成平县南合清河　"合清河"三字，《大典》本、黄本无，吴琯本始见，殿本删，《注疏》台北本亦删。按：经文用"合"字，往往用"与某水合"，三字不类经文，确当删去。

[8] 平舒县　《注疏》本改作"东平舒县"。熊疏："两《汉志》及《晋志》皆作'东平舒'，《地形志》始作'平舒'……今增。"按："东平

舒"县名可省作"平舒",自《汉书·地理志》即见①,不宜遽谓此处脱"东"字,熊改不宜从。

【《注笺》原文】 清漳水出上党沾县西北少山<u>大黾谷</u>,南过县西,又从县南屈东,过<u>沙县</u>西,屈从县南,东至武安县南黍窖邑,入于浊漳。

【校勘】

[1] 大黾谷　《注释》本、《注疏》本改作"大要谷",殿本改作"大要谷"。按:作"大要谷"是,《刊误》辨之已详。"要""要"本同字异体,相较之下,"要"更近旧本所讹之"黾(鼋)"字,当更近《水经》旧貌。

[2] 沙县　《大典》本、黄本、吴本作"涉县",殿本、《注疏》本改作"涉县",是,杨疏辨之已详。

【《注笺》原文】 易水出涿郡故安县阎乡西山。东过范阳县南,又东过容城县南。又东过安次县南,又东过<u>束州县</u>南,东入于海。

【校勘】 束州县　《大典》本、黄本作"泉州县",《五校》本、《七校》抄本、《注释》本、殿本、《注疏》本改作"泉州县",是,《刊误》辨之已详。

【《注笺》原文】 滱水出代郡灵丘县高氏山。<u>南过广昌县南</u>,又东南过中山上曲阳县北,恒水从西来注之。又东过唐县南,<u>又东迳安喜县南</u>,又东过安国县北,又东过博陵县南,又东北入于易。

【校勘】

[1] 高氏山　《注释》本作"高是山"。按:赵氏系据《山海经·北山经》改,然"是""氏"本通,不必改。

[2] 南过广昌县南　《大典》本作"东南过广昌县南",赵抄本、

---

① 例如《汉书·地理志》河间国弓高县自注:"虖池别河首受虖池河,东至平舒入海。"

《五校》本、《七校》抄本、《注释》本、殿本、《注疏》本改同,是,"南过某县南"于地理较不合。

[3]**又东迳安喜县南** "迳",《七校》抄本、《注释》本、殿本、《注疏》本改作"过",不必,此亦经文用"迳"字之例。"安喜县",《注释》本、殿本改作"安意县",不必,杨疏辨之已详。

【《注笺》原文】 圣水出上谷,东过良乡县南,又东过长乡县北,又东过安次县南,东入于海。

【校勘】 长乡县 《五校》本、《七校》抄本、殿本改作"阳乡县",非,杨疏辨之已详。

【《注笺》原文】

巨马河出代郡广昌县涞山,东过逎县北,又东南过容城县北,又东过渤海东平舒县北,东入于海。

湿水出雁门阴馆县,东北过代郡桑干县南,又东过涿鹿县北,又东南出山,过广阳蓟县北,又东过渔阳雍奴县西,入笥沟。

【校勘】 湿水 《五校》本、《七校》抄本、《注释》本、殿本、《注疏》本改作"灅水",是,赵释、戴校辨之已详。

【《注笺》原文】 湿余水出上谷居庸关东,又东流过军都县南,又东流过蓟县北,又北屈东南至狐奴县西,入于沽河。

【校勘】

[1]**湿余水** 《五校》本、《七校》抄本、《注释》本、《注疏》本改作"灅余水",是,全五校、赵释辨之已详。

[2]**又东流过军都县南** 殿本、《注疏》本删"又"字,恐非,此亦经文初叙河流流向即用"又"字之例。

[3]**又北屈东南至狐奴县西** 《注疏》本于"西"字下补"南"字,系熊氏据地理补,然"西"本即包括"西南"之意,熊增不必。

【《注笺》原文】 沽河从塞外来,南过渔阳狐奴县北,西南与湿余水合,为沽河;又东南至雍奴县西笥沟;又东南至泉州县,与清河合,东入于海。清河者,派河尾也。

【校勘】

［1］湿余水　《五校》本、《七校》抄本、《注释》本、《注疏》本改作"灢余水",是。

［2］沽河　《注释》本、殿本、《注疏》本改作"潞河",是,《刊误》辨之已详。

［3］又东南至雍奴县西笥沟　"笥沟"上,《五校》本、《七校》抄本、《注释》本增"入"字,殿本、《注疏》本增"为"字。按:郦注自云"笥沟,潞水之别名也",潞水即沽河,则戴增宜是。

［4］清河者派河尾也　"派河",《五校》本改作"沽河",无据。又《七校》抄本、《注释》本改作"派河",其说似有理,然杨疏疑之,此姑存疑。

【《注笺》原文】

鲍丘水从塞外来,南过渔阳县东,又南过潞县西,又南至雍奴县北,屈东入于海。

濡水从塞外来,东南过辽西令支县北,又东南过海阳县西,南入于海。

大辽水出塞外卫白平山,东南入塞,过辽东襄平县西。又东南过房县西,又东过安市县西,南入于海。

【校勘】　大辽水出塞外卫白平山　赵释:"《山海经·海内东经》曰'辽水出卫皋东',郭注云'出塞外卫皋山',似合白平二字为一。"赵氏发现了"卫皋"与"卫白平"的文本联系,甚是,则今本《水经》之"卫白平山"与《海内东经·附篇》郭注之"卫皋山"定有一误。今按:《海内东经·附篇》所载水多载出某山,而此处但言"卫皋",后不接山字。"皋"字本有"高地"之义,以"皋"结尾,自可不必再加"山"字,然若"卫白平"不加"山"字就难以索解。故此处文本当从《海内东经·附篇》及郭注,《水经》之"卫白平山"当是"卫皋山"之讹。至于《续汉志》玄菟郡高句丽县下刘昭注引《山海经》及郭注仍称"白平""卫白平",应也是与今本《水经》文本产生了同样的讹误,两者可能还有因果联系。

【《注笺》原文】 又玄菟高句丽县有辽山，**小辽水**所出，西南至辽隧县，入于大辽水也。

【校勘】 辽隧县 黄本作"辽遂县"，殿本、《注疏》本改作"辽队县"。按：史籍"辽队""辽隧"错出，不必改。

【《注笺》原文】 **浿水**出乐浪镂方县，东南过于临浿县，东入于海。

【校勘】 东南过于临浿县 殿本、《注疏》本删"于"字，是，杨疏辨之已详。

【《注笺》原文】

洛水出京兆上洛县灌举山，东北过卢氏县南，又东北过蠡城邑之南，又东过阳市邑南，又东北过于父邑之南，又东北过宜阳县南，又东北出散关南，又东北过河南县南，又东过洛阳县南，伊水从西来注之。又东过偃师县南，又东北过巩县东，又北入于河。

伊水出南阳南阳县西蔓渠山，东北过郭落山，又东北过陆浑县南，又东北过新城县南，又东北过伊阙中，又东北至洛阳县南，北入于洛。

【校勘】

［1］南阳县 《注释》本、殿本、《注疏》本改作"鲁阳县"，是，《刊误》辨之已详。

［2］蔓渠山 《大典》本、杨本、黄本作"荀渠山"，《御览》卷二十七《地部·伊》引《水经》亦作"荀渠山"，吴本以下诸本皆作"蔓渠山"而无说。按《洛水注》："洛水迳鹇渠关北，鹇渠水出南坞渠山，即荀渠山也。"此显系照应之语，准之地望，此山正伊水之源，则《伊水》篇必当作"荀渠山"是，作"蔓渠山"者，当系校者据《山海经》所臆改。

【《注笺》原文】

瀍水出河南谷城县北山，东与千金渠合，又东过洛阳县南，又东过偃师县,又东入于洛。

涧水出新安县南白石山,东南入于洛。

谷水出弘农黾池县南墦冢林谷阳谷,东北过谷城县北,又东过河南县北,东南入于洛。

甘水出弘农宜阳县鹿蹄山,东北至河南县南,入洛。

漆水出扶风杜阳县俞山东,北入于渭。

浐水出京兆蓝田谷,北入于灞。

沮水出北地直路县,东过冯翊祋祤县北,东入于洛。

渭水出陇西首阳县渭谷亭南鸟鼠山,又北过襄武县北,又东过獂道县南,又东过冀县北,又东过上邽县,又东过陈仓县西,又东迳武功县北,又东,芒水从南来流注之。渭水又东过槐里县南,又东,涝水从南来注之。又东,丰水从南来注之。又东过长安县北,又东过郑县北,又东过华阴县北,又东过霸陵县北,霸水从县西北流注之。东入于河。

【校勘】

[1] 渭谷亭 《注疏》本改作"渭首亭",所据为《说文》及郦注,证据略嫌不足,兹不从。

[2] 又北过襄武县北 "又北",殿本、《注疏》本改作"东北",是,戴校辨之已详。

[3] 又东迳武功县北 "迳",《注释》本、殿本、《注疏》本改作"过",不必,此亦经文用"迳"字之例。

[4] 渭水又东过槐里县南 "渭水",殿本、《注疏》本删,是,依卷首不当重出水名之例。

[5] 又东过霸陵县北霸水从县西北流注之 此句《订讹》本、《注释》本、赵抄本、《五校》本、《七校》抄本、《注释》本、殿本、《注疏》本皆以为错简,而移至"又东过长安县北"句下,是,所据为地理形势,诸家论述甚明,此不赘。

【《注笺》原文】 漾水出陇西氐道县嶓冢山,东至武都沮县,为汉水。又东南至广魏白水县西,又东南至葭萌县东北,与羌水合。

又东南过巴郡阆中县,又东南入汉州江津县,东南入于江。

【校勘】 又东南入汉州江津县东南入于江　赵抄本改作"又东南入江州县东南入于江",《七校》抄本改作"又东南至江州县东,南入于江",殿本改作"又东南过江州县东东南入于江",《注疏》本改作"又东南过江州县东南入于江"。汉州始置于唐,江津县始置于隋,且汉州并不辖江津县,两者亦皆不在漾水侧,所谓"汉州江津县"显误。清人阎若璩据《羌水》篇认为当将"东南入汉州江津"七字,改作"南至垫江"。① 胡渭亦知此误,据《汉志》以"江津"为"江州"之误。② 戴校:"盖因上句有'又东南入汉'句遂致讹衍。"极是,疑原作"又东南过江州县东,南入于江",传抄者因前文末"又东南入汉"句而误作"又东南入汉州县东,南入于江",而又为浅人所增改。戴改近是,惟不必更补一"东"字,宜从《注疏》本。

【《注笺》原文】 丹水出京兆上洛县西北冢岭山,东南过其县南,又东南过商县南,又东南至于丹水县,入沟。

【校勘】 沟　《注释》本改作"沟",殿本、《注疏》本改作"均"。按:史籍"均水""沟水"错出,两字本通。《水经》有《均水》篇,则此处似作"均"字更佳。

【《注笺》原文】 汝水出河南梁县勉乡西天息山,东南过其县北,又东南颍川郏县南,又东南过定陵县北,又东南过郾县北,又东南过汝南上蔡县西,又东南过平舆县南,又东至原鹿县,南入于淮。

【校勘】 又东南颍川郏县南　《注释》本、殿本、《注疏》本于"东南"下补"过"字,是,据文义可知。

【《注笺》原文】 颍水出颍川阳城县西北少室山,东南过其县南,又东南过阳翟县北,又东南过颍阳县西,又东南过颍阴县西南,又东南过临颍县南,又东南汝南㶏强县北,洧水从河南密县东流注

---

① [清]阎若璩:《尚书古文疏证》卷六下《第九十六》。
② [清]胡渭:《禹贡锥指》卷一四上"嶓冢导漾,东流为汉"下。

之。又东过西华县北,又南过女阳县北,又东南过南顿县北,㵽水从西来流注之。又东南至新阳县北,㵸荡渠水从西北来注之。又南至慎县东,南入于淮。

【校勘】 又东南汝南㵽强县北 "东南"下朱笺:"宋本有'过'字。"《注释》本、殿本、《注疏》本补,是。

【《注笺》原文】 洧水出河南密县西南马领山,又东南过其县南,又东过郑县南,潧水从西北来注之。又东南过长社县北,又东南过新汲县东北,又东南过茅城邑之东北,又东过习阳城西,折入于颍。

【校勘】 又东南过其县南 殿本、《注疏》本删"又"字,恐非,此亦经文初叙河流流向即用"又"字之例。

【《注笺》原文】
渠水出河南密县大騩山,东南入于颍。

潧水出郑县西北平地,东过其县北,又东南过其县东,又南入于洧水。

渠出荥阳北河,东南过中牟县之北,又东至浚仪县,又屈南至扶沟北,其一者,东南过陈县也,又东南至汝南新阳县北,又东南过山桑县北,又东南过龙亢县南,又东南过义成县西,南入于淮。

【校勘】
[1] 渠出荥阳北河 《注疏》本改作"渠水出荥阳北河"。杨疏:"此㵸荡渠也。《汉志》云荥阳有狼汤渠。《河水》《颍水》《阴沟水经》并称㵸荡渠,此立篇反略㵸荡字,殊不可解,疑《经》本有㵸荡两字,而传钞脱之。不然,《经》不言渠水出荥阳北河,而言渠出荥阳北河,语意未足,故知上有脱文也。……《注》不及㵸荡,郦氏所见,当已是脱误之本。"所言极是,然补"水"字不必。

[2] 又屈南至扶沟北 《大典》本作"屈南至扶沟县北",黄本作"又屈南至扶沟县北",《注释》本、殿本、《注疏》本增同黄本,是,据文义可知。

[3] 东南过陈县也 "也",殿本、《注疏》本改作"北",当是,据文义可知。

[4] 又屈南至扶沟北其一者东南过陈县北又东南至汝南新阳县北又东南过山桑县北又东南过龙亢县南又东南过义成县西南入于淮 以上为《渠》篇之末数句经文,其中当有脱失之处。《注疏》本"又屈南至扶沟县北"下熊疏:"据《注》'不得在扶沟县北便分为二水',则《经》此句下当有'分为二'三字,又当有'其一东南流'五字,虚提一句暂止,方接其一者云云,叙本水。"此句经文下有郦注"涡水于是(扶乐)分焉,不得在扶沟北便分为二水"一句驳经之语,又经文下句为"其一者,东南过陈县北",故熊氏有此议论。熊氏此说所据甚坚,此句下原当有"分为二"三字应无问题,不过认为尚有"其一东南流"等文字则有可疑,另一分流的情况完全也有可能在第一分流之后记载,而不必在此处。《渠》篇所叙蒗荡渠流路,南入于淮,此其一分流也;而《颍水》篇云"又东南至新阳县北,蒗荡渠水从西北来注之",是所脱之分流流路,当东南流入颍。近人陈怀荃据《渠》篇"又东南至汝南新阳县北"之"至"字用法,与《颍水》篇之相应关系及渠水与新阳、山桑等县的相对位置关系,参核《汉书·地理志》等相关文献的记载,认为"在'新阳县北'句下,当有'南入于颍',结束蒗荡渠的干流。接在此句之后,应是以'其一者'三字起的一句,导出另外一条支流。……当然,这是涡水无疑"①,所论至确。附于《水经注》的今本《水经》在"又东南至汝南新阳县北"之下,应脱去不少文字,郦注已将前后文字连缀而视,故言沙水不得经山桑故城北以驳之,是知在郦注写作以前,上述文字脱漏即已出现。不过,上所言"分为二"三字郦氏应尚见及,恐系后世传抄者不见另一分流之载而鲁莽删之耳。欲复《水经注》旧貌,则可只补"分为二"三字。本书目的既系确定较准确的《水经》文本,自当对经文进行专门议论,今权

---

① 陈怀荃:《〈水经·蒗荡渠〉及〈阴沟水〉篇补正》,原刊《安徽师范学院学报》1957年第2期,此据作者文集《黄牛集》,安徽教育出版社2000年版,第93—100页。

补作:"又屈南至扶沟县北,分为二。其一者,东南过陈县也,又东南至汝南新阳县北,南入于颍。其一水东南流,为涡水,又东南过山桑县北,又东南过龙亢县南,又东南过义成县西,南入于淮。"

【《注笺》原文】　阴沟水出河南阳武县蒗荡渠,东南至沛,为涡水,又东南至下邳淮陵县,入于淮。

【校勘】　涡水　各本皆同。然此水流路与《渠》篇及《淮水》篇所叙不同,陈怀荃认为此处"涡水"当为"涣水"之误①,可从。惟此误亦在郦氏之前即有。

【《注笺》原文】　汳水出阴沟于浚仪县北,又东至梁郡蒙县,为灘水,余波南入淮阳城中。

【校勘】

[1] 灘水　《大典》本作"睢水",《注释》本改作"雎水",殿本、《注疏》本改作"获水"。按:皆非,当作"獾水",即《獾水》篇之獾水也。

[2] 淮阳城　《注释》本、殿本、《注疏》本改作"睢阳城",是,赵释辨之已详。

【《注笺》原文】获水出汳水于梁郡蒙县北,又东过萧县南,获水北流注之。又东至彭城县北,东入于泗。

【校勘】

[1] 获水　《注疏》本据孙星衍校改作"獾水",是,杨疏辨之已详。

[2] 又东过萧县南获水北流注之　《注疏》本删"又"字,恐非,此亦经文初叙河流流向即用"又"字之例。"获水",《注释》本、殿本、《注疏》本改作"睢水",是,《刊误》、戴校、杨疏辨之已详。

【《注笺》原文】　睢水出梁郡鄢县,又东过睢阳县南,又东过相

---

① 陈怀荃:《〈水经·蒗荡渠〉及〈阴沟水〉篇补正》,原刊《安徽师范学院学报》1957年第2期,此据作者文集《黄牛集》,第104—107页。

县南,屈从城北东流,当萧县南,入于睢。

【校勘】

[1] **又东过睢阳县南** 殿本、《注疏》本删"又"字,恐非,此亦经文初叙河流流向即用"又"字之例。

[2] **入于睢** "睢",殿本改作"陂",《注疏》本改作"濉"。按:作"濉"是,杨疏辨之已详。

【《注笺》原文】

瓠子河出东郡濮阳县北河,东至济阴句阳县为新沟,又东北过廪丘县为濮水,又东北过东郡范县东北,为济渠。与将渠合。又东北过东阿县东,又东北过临邑县西,又东北过荏平县东,为邓里渠。又东北过祝阿县,为济渠。又东北至梁邹县西,分为二:其东北者为济河,其东者为时水。又东北至济西,济河东北入于海。时水东至临淄县西,屈南过太山华县东,又南至费县,东入于沂。

汶水出泰山莱芜县原山,西南过嬴县南,又东南过奉高县北,屈从县西南流,过博县西北,又西南过蛇丘县南,又西南过冈县北,又西南过平章县南,又西南过无盐县南,又西南过寿张县北,又西南至安民亭,入于济。

【校勘】

[1] **嬴县** 殿本、《注疏》本改作"其县",是,戴校辨之已详。

[2] **又东南过奉高县北** "东南",殿本改作"西南"。按:汶水于此恒向西南流,不曾东南流,且下句经文为"屈从县西南流",汶水只有西南流经城北,方可至城西折南,戴改是。

[3] **冈县** 殿本、《注疏》本改作"刚县",是,杨疏辨之已详。

[4] **平章县** 《注释》本、殿本、《注疏》本改作"东平章县",是,《刊误》辨之已详。

【《注笺》原文】 **泗水**出鲁下县北山,西南迳鲁县北,又西过瑕丘县东,屈从县东南流,漷水从东来注之。又南过平阳县西,又南过高平县西,洸水从北西来流注之。又南过方舆县东,荷水从西来注之。又屈东南,过湖陆县南,洧渭水从东北来流注之。又南过沛县东,又东南过彭城县东北,又东南过吕县南,又东南过下邳县西,又东南入于淮。

【校勘】

[1] 西南迳鲁县北　"迳",《注释》本、殿本、《注疏》本改作"过",不必,此亦经文用"迳"字之例。

[2] 洸水从北西来流注之　"北西",《注释》本、殿本、《注疏》本改作"西北",是,此系显误之方位词。

[3] 方舆县　《注释》本、殿本、《注疏》本改作"方与县",是,史籍通作"方与县"。

[4] 荷水　《大典》本作"菏水",《注释》本、殿本、《注疏》本改作"菏水",是,杨疏辨之已详,《济水》篇亦作"菏水"。

[5] 洧渭水　《大典》本作"渭渭水",《注释》本、殿本、《注疏》本改作"渭渭水",是,"渭渭"指水流貌,而"洧渭"无明确含义。

[6] 又南过沛县东　"又南",谭本、项本作"又东",殿本改作"又东"。按:此段泗水南偏东流,作"又南"是。

【《注笺》原文】　沂水出泰山盖县艾山,南过琅邪临沂县东,又南过开阳县东,又东过襄贲县东,屈从县西南流,又屈南过郯县西,又南过良城县西,又南过下邳县西,南入于泗。

【校勘】　屈从县西南流　"西南",殿本、《注疏》本改作"南西"。按:沂水既过襄贲县东,则不得又从县西南流也,戴改是,亦合地理形势。

【《注笺》原文】

洙水出泰山盖县临乐山,西南至卞县,入于泗。

沭水出琅邪东莞县西北山,东南过其县东,又东南过莒县东,又南过阳都县,东入于沂。

巨洋水出朱虚县泰山,北过其县西,又北过临朐县东,又北过剧县西,又东北过寿光县西,又东北入于海。

淄水出泰山莱芜县原山,又东北过临淄县东,又东过利县东,又东北入于海。

【校勘】 又东北过临淄县东　殿本、《注疏》本删"又"字,恐非,此亦经文初叙河流流向即用"又"字之例。

【《注笺》原文】　汶水出朱虚县泰山,北过其县东,又北过淳于县西,又东北入于县。

【校勘】 又东北入于县　"县",《注释》本、殿本、《注疏》本改作"潍",是,《刊误》辨之已详。

【《注笺》原文】　潍水出琅邪箕县,东北过东武城县西,又北过平昌县东,又北过高密县西,又北过淳于县东,又东北迳都昌县东,又东北入于海。

【校勘】

[1] 潍水出琅邪箕县　《注释》本、殿本于句末补"潍山"两字,非,杨疏辨之已详。

[2] 东武城县　《注释》本、殿本、《注疏》本删"城"字,是,此琅邪郡下之东武县,不得与清河之东武城县相混,郦注亦言"东武"。

[3] 又东北迳都昌县东　"迳",《注释》本、殿本、《注疏》本改作"过",不必,此亦经文用"迳"字之例。

【《注笺》原文】

胶水出黔陬县胶山,北过其县西,又北过夷安县东,又北过当利县西,北入于海。

沔水出武都沮县东狼谷中,又东过南郑县南,又东过城固县南,又东过魏兴安阳县南,浕水出自旱山北注之。又东过西城县南,沔水又东过襄阳县北,又从县东屈西南,淯水从北来注之。又东过中庐县东,淮水自房陵县淮山,东流注之。又南过邔县东北,又南过宜城县东,夷水出自房陵,东流注之。又东过荆城东,又东南迳江夏云杜县东,夏水从西来注之。又南至江夏沙羡县北,南入于江。沔水与江合流,又东过彭蠡泽,又东北出居巢县南,又东过牛渚县南,又东至石城县,分为二:其一东北流,其一又过毗陵县北,为北江。又东至会稽余姚县,东入于海。<u>又东过堵阳县,堵水出焉自上粉县,北流注之。又东过郧阳县南,又东北流,又屈东南,过武当县东北,又东南迳涉都县东北,又东南过酇县之西南,又南迳谷城东,又南过阴县之西,又南过筑阳东,筑水出自房陵县,东过其县南流注之。又东过山都县东北。</u>

【校勘】

[1] 又东过南郑县南　殿本、《注疏》本删"又"字,恐非,此亦经文初叙河流流向即用"又"字之例。

[2] 城固县　《注释》本、殿本改作"成固县",不必,杨疏辨之已详。

[3] 沔水又东过襄阳县北　"沔水",殿本、《注疏》本删,是,依卷首不当重出水名之例。

[4] 淮水自房陵县淮山　"淮水""淮山"殿本据《华阳国志》改作"维水""维山"。按:各本《水经注》皆作"淮水""淮山",《汉书·地理志》亦作"淮水""淮山",戴改不必。

[5] 又南过邔县东北　"邔县",《大典》本作"邟县",《注释》本、殿本、《注疏》本改作"邔县",是,《刊误》辨之已详。

[6] 房陵　杨本下有"县"字,《注释》本据补,《注疏》本从之,是。

[7] 又东南迳江夏云杜县东　"迳",《注释》本、殿本、《注疏》本改作"过",不必,此亦经文用"迳"字之例。

[8] 堵水出焉自上粉县　《注释》本、殿本、《注疏》本删"焉"字,是,《刊误》、戴校辨之已详。

[9] 又东过郧阳县南　"郧阳县",《大典》本、黄本、吴本作"郧乡县",《注释》本改作"郧乡县",殿本、《注疏》本改作"郧乡"。按:作"郧乡县"是,《刊误》辨之已详。戴、熊以史载郧乡县置于晋而判"县"字衍,然史载或容有缺漏,正可据《水经》补之,不宜径删"县"字以就史也。

[10] 又东南迳涉都县东北 "迳",殿本、《注疏》本改作"过",不必,此亦经文用"迳"字之例。"涉都县",《大典》本作"涉都城",《注释》本(此句改作注)、殿本、《注疏》本改作"涉都城"。杨疏并曰:"涉都邑互见《均水》篇。"按此句经文下郦注云:"故乡名也。按《郡国志》筑阳县有涉都乡者也。汉武帝元封元年,封南海守降侯子嘉为侯国。均水于县入沔,谓之均口也。""均水于县入沔"之"县",不会是指筑阳县,因为就文气而言,"筑阳县"属于郦氏引文,不会与末句发生关系,且经、注明叙筑阳县于后,与地理亦不合。本段郦注全系释"涉都"地名,"均水于县入沔"之"县",理当亦指涉都,《均水》篇载均水于涉都入沔,正可为之证。① 不过,这并不能说明此处当作"涉都县"。《河水》篇:"又南过赤城东,又南过定襄桐过县西。"郦注:"河水于二县之间,济有君子之名。"此处之"赤城"显非县,但郦注所言"二县"显然包括了赤城。故可知经文之一般城邑,于郦注中仍可能被称为"县",这很可能就是对城邑的泛指,又或者是郦氏笔误,但由之确实可知,不宜以郦注称"某县"而逆推经文当有相应的县名。另,《均水》篇叙均水入沔之经文,《注笺》本作"又南当涉都邑县北,南入于沔",《大典》本、黄本作"又南当涉都县邑北,南入于沔","涉都邑县""涉都县邑"均不通,县、邑二字必有一衍。《注释》本、殿本、《注疏》本删"县"字,作"涉都邑",当是。疑《沔水》篇本作"涉都城",后人因郦注而改为"涉都县",又并疑《均水》篇"邑"为"县"之误而增一"县"字,遂使文本混乱。《注释》诸本是。

[11] 又南迳谷城东 "迳",《注释》本、殿本、《注疏》本改作"过",不必,此亦经文用"迳"字之例。

[12] 又南过筑阳东 《注释》本、殿本、《注疏》本于"筑阳"下增"县"字,是,此系脱误甚明。

[13] "又东过堵阳县"至"又东过山都县东北"一段 《注释》

---

① 鲁西奇亦注意到郦注所言县可能指涉都,然未进行进一步讨论。见鲁西奇:《城墙内外:古代汉水流域城市的形态与空间结构》,中华书局2011年版,第41—42页。

本、殿本、《注疏》本移至前文"又东过西城县南之下",是,《刊误》、戴校辨之已详。

【《注笺》原文】 潜水出巴郡宕渠县,又南入于江。

【校勘】 又南入于江 《注疏》本删"又"字,恐非,此亦经文初叙河流流向即用"又"字之例。

【《注笺》原文】

湍水出郦县北芬山,南流过其县东,又南过冠军县东,又东过白牛邑南,又东至新野县,东入于淯。

均水出浙县北山,南流过其县之东,又南当涉都邑县北,南入于沔。

【校勘】

[1] 浙县　殿本、《注疏》本改作"析县",不必,史籍"析县""浙县"本错出。

[2] 涉都邑县　《注释》本、殿本、《注疏》本删"县"字,作"涉都邑",是,参上"又东南迳涉都县东北"条。

【《注笺》原文】

粉水出房陵县,东流过郢邑南,又东过谷邑南,东入于沔。

白水出朝阳县西,东流过其县南,又东至新野县西,东入于涓。

【校勘】

[1] 又东至新野县西　"西",殿本改作"南"。按:新野县在淯水东,白水在其西入淯,并无不妥,戴改非。

[2] 东入于涓　"涓",《注释》本、殿本、《注疏》本改作"淯",是,此水显指淯水,字讹甚明。

【《注笺》原文】 泚水出比阳东北太胡山,东南流迳其县南,泄水从南来注之。又东至新野县,南入于淯。

【校勘】

[1] 泚水　殿本、《注疏》本改作"比水",近是,戴校、杨疏辨之

已详,惟比水亦写作"沘水",与"沵水"形近,此处似作"沘水"佳。《后汉书·樊宏传》李贤注引《水经注》正作"沘水"①,可为之证。

[2] 东南流迳其县南 "迳",殿本、《注疏》本改作"过",不必,此亦经文用"迳"字之例。

【《注笺》原文】 淮水出南阳平氏县胎簪山,东北过桐柏山,东过江夏平春县北,又东迳新息县南,又东过期思县北,东过原鹿县南,汝水从西北来注之。又东过庐江安丰县东北,决水从北来注之。又东北至九江寿春县西,沘水、洪水合北注之。又东,颍水从西北来流注之。又东过寿春县北,肥水从县东北流注之。又东过当涂县北,涡水从西北来注之,又东过钟离县北,又东北至下邳淮阴县西,泗水从西北来流注之。又东过淮阴县北,中渎水出白马湖,东北注之。又东,两小水流注之。又东至广陵淮浦县,入于海。

【校勘】

[1] 东过江夏平春县北 《注疏》本于句上补"又"字,依文例,或是。

[2] 又东迳新息县南 "迳",《注释》本、殿本、《注疏》本改作"过",不必,此亦经文用"迳"字之例。

[3] 东过原鹿县南 殿本、《注疏》本于句上补"又"字,依文例,或是。

[4] 安丰县 《注疏》本改作"安风县",是,熊疏辨之已详。

[5] 沘水洪水合北注之 "沘水、洪水",《注释》本改作"沘水、洪水",殿本、《注疏》本改作"沘水、泄水",是,杨疏辨之已详。

【《注笺》原文】 潕水出南阳鲁阳县西之尧山,东北过颍川定陵县西北,又东过堰县南,东注于汝。

【校勘】 堰县 谭本、项本作"郾县",《注释》本、殿本、《注疏》本改同,是,史籍皆作"郾县"。

---

① 《后汉书》卷三二《樊宏传》。

【《注笺》原文】 淯水出弘农卢氏县攻离山，东南过南阳西鄂县西北，又东过宛县南，又屈南过淯阳县东，又南过新野县西，西过邓县东，南入于沔。

【校勘】
[1] 攻离山　殿本改作"支离山"，非，《注疏》本辨之已详。
[2] 西过邓县东　《注释》本上增"又"字，殿本改"西"为"南"，《注疏》本上增"又"字，改"西"作"西南"。按：据文例当有"又"字，此段淯水西南流，但"西过某县东"似有不协，《注疏》本宜是。

【《注笺》原文】
澺水出澺强县南泽中，东入颍。
瀙水出汝南吴房县西北兴山，东过其县北，入于汝。

【校勘】　兴山　《注释》本、殿本、《注疏》本改作"奥山"，以《山海经》及《瀙水注》中载奥山而以"兴山"为"奥山"之讹也。按：《山海经》及《瀙水注》并言奥水出奥山而不言瀙水，不宜引以为据，当仍作"兴山"是。

【《注笺》原文】
瀙水出沘阴县东上界山，东过吴房县南，又东过瀙阳县南，又东过上蔡县南，东入汝。
沅水出沅阴县西北扶予山，东过其县南，又东过西平县北，又东过郾县南，又东过定颍县北，东入于汝。

【校勘】　沅水出沅阴县西北扶予山东过其县南　沅水，即流经今河南方城、舞阳、西平等县之甘江河—三里河—洪河。沅阴县，《沅水》篇亦见，县治即今河南省驻马店市泌阳县羊册镇古城村舞阴故城遗址。以地望而言，谓沅水出沅阴县北大致不谬，但是却无论如何不能过其县南。郦道元注意到了这一点，注云："其故城在山之阳……沅水不得复迳其南也。"并说："且邑号沅阴，故无出南之理，出南则为阳也。非直不究，又不思矣。"郦氏以沅阴之地望及名称为据，指出他所见之《水经》文本存在错误，是非常准确有力的。不过，郦氏进而批评《水经》作者"不究""不思",似乎有失偏颇。水北为阳、水南为阴是浅显的道理,《水经》作者熟于地理,应该不至于意识不到犯了这样的错误。今按:汉魏有舞(沅)阳县,县治在今叶县东南、甘江河北侧,沅水发源于其西北,东流过其县南,若《水经》原文中之"沅阴县"作"沅阳县",则于地理形势莫不相合。故颇疑《水经·沅水》原文之"沅阴县"为"沅阳县"之误。《说文》载"沅水出南阳沅阴县",这于地理并不相违,但传抄《水经》者可能据之擅改"沅阳"作"沅阴",造成错误。这一讹误的形成肯定出现在《水经》早期流传时,郦氏所见本已误。

【《注笺》原文】 澺水出蔡阳县,东南迳隋县西,又南过江夏安陆县西,又东南入于夏。

【校勘】 东南迳隋县西 "迳",《注释》本、殿本、《注疏》本改作"过",不必,此亦经文用"迳"字之例。又,殿本改"隋"作"随",不必,二字本通。

【《注笺》原文】
漻水出江夏平春县西,南过安陆,入于澺。
蕲水出江夏蕲春县北山,南过其县西,又南至蕲口,南入于江。
决水出庐江雩娄县南大别山,北过其县东,又北过安丰县东,又北入于淮。
沘水出庐江灊县西南霍山东北,东北过六县东,北入于淮。

【校勘】 沘水 《注释》本、殿本、《注疏》本改作"沘水",是,《刊误》辨之已详。

【《注笺》原文】 泄水出博安县,北过芍陂西,与沘水合。西北入于淮。

【校勘】 沘水 《注释》本、殿本、《注疏》本改作"沘水",是,《刊误》辨之已详。

【《注笺》原文】 肥水出九江成德县广阳乡西,肥水别北过其县西,北入芍陂。又北过寿春县东,北入于淮。

【校勘】 肥水别北过其县西　殿本、《注疏》本将"肥水别"三字移入《施水》篇,是,三字在此并无意义,参下。

【《注笺》原文】 施水亦从广阳乡东南入于湖。

【校勘】 施水亦从广阳乡东南入于湖　殿本、《注疏》本自《肥水》篇移"肥水别"三字于"广阳乡"下。按:施水为肥水分流,"肥水别"三字自当在《施水》篇,此戴、杨所据。不过,"肥水别"三字系言施水之性质,若插于"广阳乡"下,则隔断文气,不若置于"入于湖"之下更佳。

【《注笺》原文】 沮水出汉中房陵县淮水,东南过临沮县界,又东南过枝江县东,南入于江。

【校勘】 淮水　《大典》本、杨本作"淮山",《注释》本改作"雎山",殿本仍作"淮水"而戴校云"当作东山",《注疏》本改作"景山"。按:《汉志》房陵县下有淮山,此作"房陵县淮山"则恰可与之相应。虽《汉志》房陵县下亦云沮水出东山,但《水经》究不必与《汉志》全同,所言"淮山"完全可能包括此"东山"。故此处宜从《大典》诸本,作"淮山"是。

【《注笺》原文】 漳水出临沮县东荆山,东南过蓼亭,又东过章乡南。又南至枝江县北乌扶邑,入于沮。

【校勘】 乌扶邑　《大典》本作"乌扶邑",《注释》本、殿本、《注疏》本改作"乌扶邑"。按:此邑名无考,未知孰是,可权从《大典》诸本,作"乌扶邑"。

【《注笺》原文】 夏水出江流于江陵县东南,又东过华容县南,又东至江夏云杜县,入于沔。

【校勘】

[1] 江流　《注释》本、殿本、《注疏》本改作"江津"。按:诸家据郦注改,然郦注虽见"江津",但并未明言系与经文对应,而经文作

"江流"完全可通,此不必改。

[2]**又东过华容县南** 《注疏》本删"又"字,恐非,此亦经文初叙河流流向即用"又"字之例。

【《注笺》原文】 羌水出羌中参粮,又东南至广魏白水县,与汉水合。又东南过巴郡阆中县,又南至垫江县东,南入于江。

【校勘】

[1]**参粮** 《注释》本、殿本、《注疏》本改作"参狼谷",是,《刊误》辨之已详。

[2]**又东南至广魏白水县** 《注疏》本删"又"字,恐非,此亦经文初叙河流流向即用"又"字之例。

【《注笺》原文】 涪水出广魏涪县西北,南至小广魏,与梓潼合。

【校勘】 **与梓潼合** 殿本、《注疏》本于"梓潼"下增"水"字,不必,"潼"字从水,"梓潼"即含"梓潼水"之义,似可不重"水"字。

【《注笺》原文】 梓潼水出其县北界,西南入于涪。又西南至小广魏县南,入于垫江。

【校勘】 **小广魏县** 《注释》本、殿本、《注疏》本删"县"字。按:此当指广魏县,亦名小广魏,即相对广魏郡而言也,不当呼作"小广魏县"。上经文作"小广魏",此处诸家删是。

【《注笺》原文】 涔水出汉中南县东南旱山,北至沔阳县南,入于沔。

【校勘】

[1]**南县** 《注释》本、殿本、《注疏》本改作"南郑县",是,戴校辨之已详。

[2]**沔阳县** 殿本、《注疏》本改作"安阳县",是,戴校辨之已详。

【《注笺》原文】 岷山在蜀郡氐道县,大江所出,东南过其县北。又东南过犍为武阳县,青衣水、沫水从西南来,合而注之。又东南过僰道县北,若水、淹水合从西南来注之;又东,注水北流注。又东过江阳县南,洛水从三危山,东过广魏洛阳南,东南注之。又东过符县北邪东南,鳋部水从符关东北注之。又东北至巴郡江州县东,强水、涪水、汉水、白水、宕渠水水合,南流注之。又江水东至枳县西,延江从牂柯郡北流西屈注之。又东过鱼复县南,夷水出焉。又东出江关,入南郡界。又东过巫县南,盐水从县东南流注之。又东过秭归县之南,江水又东过夷陵县南,又东南过夷道县北,夷水从佷山县南,东北流注之。又东过枝江县南,沮水从北来注之。又南过江陵县南,又东至华容县西,夏水出焉。又东南当华容县南,涌水出焉。又东南,油水从东南来注之。又东至长沙下巂县北,澧水、沅水、资水合,东流注之。湘水从南来注之。又东北至江夏沙羡县西北,沔水从北来注之。又东过邾县南,鄂县北。又东过蕲春县南,蕲水从北东注之。又东过下雉县北,刊水从东陵西南注之。

【校勘】

[1] 洙水 《注释》本、殿本、《注疏》本改作"沫水",是,后有《沫水》篇,此显误。

[2] 又东注水北流注 "注水",《注释》本、殿本、《注疏》本改作"渚水",是,《刊误》辨之已详。又,《注释》本、殿本、《注疏》本于句末补"之"字,是,依文例。

[3] 洛阳 《注释》本、殿本、《注疏》本改作"洛县",是,广魏(汉)郡有洛(雒)县而无洛阳,此显误也。

[4] 又东过符县北邪东南 "符县北邪"似不通,熊氏以为或是"符节县"之讹,可备一说。不过,据郦注,符县当在江水之南,则此句似当断作"又东过符县北,邪东南",疑"邪"是"又"之误,或是"又"讹为"丄(丘)",又转作"邱",又讹为"邪"。下《深水》篇之"燕室丘"误为"燕室邪"可资参证。

[5] 强水涪水汉水白水宕渠水水合 《注释》本、殿本据《注笺》所引宋本于"水合"上增"五"字,可从。

[6] 又江水东至枳县西 《注释》本、殿本、《注疏》本删"江水"

二字,是,此显系衍文。

[7] 延江从牂牁郡北流西屈注之 "延江",《注释》本、殿本、《注疏》本于其下增"水"字,不必,延江受江之名,"延江"即含"延江水"之义,似可不重"水"字。又,"牂牁郡",《注释》本、殿本、《注疏》本改作"牂柯郡",不必,此异写耳,下同不赘。

[8] 江水又东过夷陵县南 "江水",《注释》本、殿本、《注疏》本删,是,依卷首不当重出水名之例。

[9] 涌水出焉 "出",殿本改作"入",非,杨疏辨之已详。

[10] 又东南油水从东南来注之 "东南",《大典》本作"西南",《注疏》本改作"西南",是,熊疏辨之已详。

[11] 蕲水从北东注之 "从北东",《注疏》本改作"从北来",是,熊疏辨之已详。

[12] 刊水 《注释》本、殿本、《注疏》本改作"利水",是,《刊误》、杨疏辨之已详。

【《注笺》原文】

青衣水出青衣县西蒙山,东与沫水合也。至犍为南安县,入于江。

桓水出蜀郡岷山,西南行羌中,入于南海。

若水出蜀郡旄牛徼外,东南至故关,为若水也。南过越嶲邛都县西,直南至会无县,淹水东南流注。又东北至犍为朱提县西,泸江水,又东北至僰道县,入于江。

【校勘】

[1] 南过越嶲邛都县西 《注疏》本于句上补"又"字,或是,依文例。

[2] 淹水东南流注 《注释》本、殿本、《注疏》本于句末补"之"字,是,依文例。

[3] 又东北至犍为朱提县西泸江水 《注释》本于"泸江水"下补"注之"二字,殿本、《注疏》本于"泸江水"上补"为"字。按:戴、杨补是,杨疏辨之已详。

【《注笺》原文】

沫水出广柔徼外，东南过旄牛县北，又东至越巂灵道县，出蒙山南，东北与青衣水合，东入于江。

延江水出犍为南广县，又东至牂牁鳖县，东屈北流，至巴郡涪陵县，注更始水，又东南至武陵西阳县，入于酉水。酉水东南至沅陵县，入于沅。

【校勘】

[1] 又东至牂牁鳖县东屈北流　殿本、《注疏》本移"又"字于"东屈北流"之上，恐非，此亦经文初叙河流流向即用"又"字之例。

[2] 西阳县　《注释》本、殿本、《注疏》本改作"酉阳县"，是，《刊误》辨之已详。

【《注笺》原文】　存水出犍为郁鄢县，东南至郁林定周县，为周水，又东北至潭中县，注于潭。

【校勘】　郁鄢县　《注释》本、殿本、《注疏》本改作"郁郚县"，是，所据为《汉志》。

【《注笺》原文】　温水出牂牁夜郎县，又东至郁林广郁县，为郁水，又东至领方县东，与斤南水合。东北入于郁。

【校勘】　又东至郁林广郁县　《注疏》本删"又"字，恐非，此亦经文初叙河流流向即用"又"字之例。

【《注笺》原文】　淹水出越巂遂久县徼外，东南至蜻蛉县，又东过姑复县南，东入于若水。

【校勘】　蜻蛉县　殿本改作"青蛉县"，不必，熊疏辨之已详。

【《注笺》原文】　叶榆河出其县北界，屈从县东北流，过不韦县，东南出益州界，入牂牁郡西随县北为西随水，又东出进桑关，过交阯麊泠县北，分为五水，络交阯郡中，至东界，复合为三水，东入海。

【校勘】　过交阯麊泠县北分为五水络交阯郡中至东界　"东界"，殿本改作"南界"，非，熊疏辨之已详。又，"交阯"，殿本改作"交趾";"麋泠县",《大典》本作"麗泠县",殿本、《注疏》本改作"麊泠县",皆异写耳,今仍不改。

【《注笺》原文】 夷水出巴郡鱼复县江,东南过狼山县南,又东过夷道县北,东入于江。

【校勘】 狼山县 《大典》本、项本作"佷山县",《注释》本、殿本、《注疏》本改作"佷山县",是,地志皆作"佷山县"。

【《注笺》原文】

油水出武陵孱陵县西界,东过其县北,又东北入于江。

澧水出武陵充县西历山,东过其县南,又东过零阳县之北,又东过作唐县北,又东至长沙下雋县西北,东入于江。

【校勘】 下雋县 《注释》本、殿本、《注疏》本改作"下隽县"。按:"雋""隽"本异写,虽然"下隽"的写法更为常见,且《江水》《沅水》篇皆作"下隽",但《湘水》篇作"下雋",《禹贡山水泽地所在》篇作"下雋",写法本多样,不必尽统作"下隽"。

【《注笺》原文】

沅水出牂柯且兰县,为旁沟水,又东至镡成县,为沅水,又东北过临沅县南,又东至长沙下雋县西,北入于江。

浪水出武陵镡城县北界沅水谷,南至郁林潭中县,与邻水合,又东至苍梧猛陵县,为郁溪;又东至高要县,为大水。又东至南海番禺县西,分为二:其一南入于海,其一又东过县东,南入于海,其余又东至龙川,为涅水,屈北入员水。员水又东南一千五百里,入南海。

【校勘】

[1] **镡城县** 《注释》本、殿本改作"镡成县",不必,"城""成"本异写耳。

[2] **其余又东至龙川为涅水** 殿本、《注疏》本于"其余"后增"水"字,不必,此句直承前句经文"其一……其一……"而言,单用"其余"即可。

【《注笺》原文】　资水出零陵都梁县路山,东北过夫夷县,东北过邵陵县之北,又东北过益阳县北,又东与沅水合于湖中,东北入于江也。

【校勘】　东北过邵陵县之北　残宋本"北"上缺八字,《大典》本"东北"前有"又"字,《注释》本、《注疏》本补"又"字,是。又,《注疏》本删"之"字,不必,留之无碍。

【《注笺》原文】
连水出连道县西,资水之别。东北过湘南县南,又东北至临湘县西南,东入于湘。

湘水出零陵始安县阳海山,东北过零陵县东,又东北过洮阳县东,又东北过泉陵县西,又东北过重安县东,又东北过鄏县西,泰水从东南来注之。又东北过阴山县西,㴲水从东南来注之;又北过醴陵县西,漉水从东注之。又北过临湘县西,浏水从县西北流注之。又北,沩水从西南来注之。又北过罗县西,湄水从东来流注之。又北过下隽县西,微水从东来流注之。又北至巴丘山,入于江。

【校勘】
[1] 泰水　谭本、项本作"承水",《注释》本、殿本、《注疏》本皆作"承水"。熊疏:"此句有讹文。承水在湘西,是从西南来注,非东南。别有耒水在湘东,是从东南来注。此'东南'当'西南'之讹,否则,'承水'为'耒水'之讹,'承''耒'形近。"按:"泰""耒"形近,此当作"耒水"是。

[2] 漉水从东注之　《注释》本、殿本于"东"下增"南来"二字,《注疏》本于"东"下增"来"字。按:《注疏》本增较佳,杨疏辨之已详。

[3] "浏水从县西北流注之""湄水从东来流注之""微水从东来流注之"三句　《大典》本皆无句末"之"字,殿本从删,非,杨疏辨之已详。

【《注笺》原文】

漓水亦出阳海山,南过苍梧荔浦县,又南至广信县,入于郁水。

溱水出桂阳临武县南,绕城西北屈东流,东至曲江县安聂邑东,屈西南流,过浈阳县,出淮浦关,与桂水合,南入于海。

【校勘】 淮浦关 《注释》本、殿本、《注疏》本改作"洭浦关",是,《刊误》辨之已详。

【《注笺》原文】 汇水出桂阳县卢聚,东南过含洭县,南出洭浦关,为桂水。

【校勘】 汇水 《注释》本、殿本、《注疏》本改作"洭水",是,赵释辨之已详。

【《注笺》原文】 深水出桂阳卢聚,西北过零陵营道县南,又西北过营浦县南,又西北过泉陵县,西北七里至燕室邪,入于湘。

【校勘】 燕室邪 《注疏》本改作"燕室丘",是,杨疏辨之已详。

【《注笺》原文】 钟水出桂阳南平县都山,北过其县东,又东北过宋渚亭,又北过钟亭,与鸡水合。又北过魏宁县之东,又东北入于湘。

【校勘】

[1] 鸡水 《注释》本、殿本、《注疏》本改作"灌水",是,《刊误》辨之已详。

[2] 又东北入于湘 《大典》本作"又北入于湘",殿本改同。按:"东北"较"北"为详,亦不违逆此水流向,仍作"东北"是。

【《注笺》原文】 耒水出桂阳郴县南山,又北过其县之西,又北过便县之西,又西北过耒阳县之东,又北过酃县东,北入于湘。

【校勘】 又北过其县之西 《注疏》本删"又"字,恐非,此亦经文初叙河流流向即用"又"字之例。

【《注笺》原文】

洣水出茶陵县上乡，西北过其县西，又西北过攸县南，又西北过阴山县南，又西北入于湘。

漉水出醴陵县东漉山，西过其县南，屈从县西西北流，之漉浦，注入于湘。

浏水出临湘县东南浏阳县，西北过其县，东北与涝溪水合。西入于湘。

【校勘】

[1] 浏阳县　各本皆同。《刊误》："《宋志》，湘州刺史治临湘，领浏阳侯相，吴立。县字误。"赵释："浏阳县本汉临湘县地，孙吴析置，以县在浏水之阳，故名。……全祖望曰：《三国志·周瑜传》以下隽、汉昌、浏阳、州陵为奉邑，则浏阳自汉末已有其名，虽未为县，而已为邑。若作邑字，于经为合。"按："出某县东南之某县"不通，且如此则下句"其县"指代不明，文字当有讹误。全、赵所疑是。今改"县"字为"邑"字。

[2] 涝溪水　殿本删"溪"字，无据，今不从。

【《注笺》原文】　潕水出豫章艾县，西过长沙罗县西，又西累石山，入于湘水。

【校勘】　又西累石山　《注释》本、殿本、《注疏》本于"又西"下增"至"字，《刊误》云据全祖望校增，是，依文例。

【《注笺》原文】

赣水出豫章南野县，西北过赣县东，又西北过庐陵县西，又东北过石阳县西，又东北过汉平县南，又东北过新淦县西，又北过南昌县西，又北过彭泽县西，北入于江。

庐江水出三天子都，北过彭泽县西，北入于江。

渐江水出三天子都，北过余杭，东入于海。

斤江水出交趾龙编县，东北至郁林领方县，东注于郁。

【校勘】

[1] 斤江水　残宋本、《大典》本作"斤南水"。按:《温水》篇作"斤南水",此当亦作"斤南水"是。①

[2] 交阯　残宋本、《大典》本、黄本作"交阯",殿本、《注疏》本改作"交阯",宜从。杨疏辨之已详。

【《注笺》原文】　容容,夜,緧,湛,乘,牛渚,须无,无濡,营进,皇无,地零,侵黎,无会,重濑,夫省,无变,由蒲,王都,融,勇外,此皆出日南郡西,东东入于海。

【校勘】

[1] 侵黎　残宋本、《大典》本作"侵离"。殿本、《注疏》本改作"侵离"。按:"黎""离"本异写,不必改。

[2] 东东入于海　《注释》本、殿本、《注疏》本删一"东"字,是,此显系衍文。

【《注笺》原文】

嵩高为中岳,在颍川阳城县西北。

泰山为东岳,在泰山博县西北。

霍山为南岳,在庐江灊县西南。

华山为西岳,在弘农华阴县西南。

雷首山在河东蒲坂县东南。

砥柱在河东大阳县东河中。

王屋山在河东垣曲县东北也。

太行山在河内野王县西北。

恒山为北岳,在中山上曲阳县西北。

碣石山在辽西临渝县南水中也。

析城山在河东濩泽县西南。

太岳山在河东永安县。

壶中山在河东北屈县东南。

---

① 此点《水经注疏》台北定稿本之"修订"已经说明,但正文未有更动。

龙门山在河东皮氏县西。
梁山在冯翊夏阳县西北河上。
荆山在冯翊怀德县南。
岐山在扶风美阳县西北。
关山在扶风汧县之西也。
终南山、惇物山在扶风武功县西南也。
须山在陇西临洮县西南。
嶓冢山在陇西氐道县之南。
鸟鼠同穴山在陇西首阳县西南。
积石在陇西河关县西南。
都野泽在武威县东北。
合离山在酒泉会水县东北。
流沙地在张掖居延县东北。
三危山在燉煌县南。
朱圉山在天水北冀县南。
岷山在蜀郡湔氐道西。
嶓冢山在弘农卢氏县南。
荆山在南郡临沮县东北。
内方山在江夏竟陵县东北。
大别山在庐江安丰县西南。
外方山，嵩高是也。
桐柏山在南阳平氏县东南。
陪尾山在江夏安陆县东北。
衡山在长沙湘南县南。
九江地在长沙下巂县西北。
云梦泽在南郡华容县之东。
东陵地在庐江金兰县西北。
敷浅原地在豫章历陵县西。
彭蠡泽在豫章彭泽县北。
中江在丹阳芜湖县南，东至会稽阳羡县入于海。

震泽在吴县南五十里。

北江在毗陵北界,东入于海。

峄阳山在下邳县之西。

羽山在东海祝其县南也。

陶丘在济阴定陶县之西南。

菏泽在定陶县东。

雷泽在济阴成阳县西北。

菏水在山阳湖陆县南。

蒙山在太山蒙阴县西南。

大野泽在山阳巨野县东北。

大伾地在河南成皋县北。

明都泽在梁郡睢阳县东北。

益州沱水在蜀郡汶江县西南,其一在郫县西南,皆还入江。

荆州沱水在南郡枝江县。

三澨地之南在邔县之北。

右禹贡山水泽地所在,凡六十。

【校勘】

[1] 砥柱在河东大阳县东河中　残宋本、《大典》本"砥柱"下有"山"字,殿本、《注疏》本改同,当是。

[2] 王屋山在河东垣曲县东北也　《注释》本、殿本、《注疏》本删"曲"字,是,《刊误》辨之已详。

[3] 壶中山在河东北屈县东南　"壶中山",谭本、项本改作"壶口山",《注释》本、殿本、《注疏》本同,是,朱笺已自辨明。

[4] 关山在扶风汧县之西也　"关山",《注释》本改作"开山",殿本、《注疏》本改作"汧山"。按:《注释》本是,《刊误》辨之已详。

[5] 终南山惇物山在扶风武功县西南也　"惇物山",残宋本、《大典》本、黄本作"敦物山",《注疏》本改作"敦物山",可从,熊疏辨之已详。

[6] 须山在陇西临洮县西南　"须山",《注释》本改作"顷山",

殿本、《注疏》本改作"西顷山",是,《禹贡》本作"西顷"。

[7] 三危山在燉煌县南 "燉煌县",《注释》本、《注疏》本改作"敦煌县",不必,"燉煌""敦煌"本异写。

[8] 朱圉山在天水北冀县南 "冀县",《注释》本、殿本、《注疏》本改作"冀城"。《刊误》:"注故云即冀县。"按:《禹贡山水泽地所在》篇皆以某县为说,此若忽言某城,颇为可怪,赵说恐非。此句经下郦注"即冀县"当系郦氏将"北冀县"连读而释之之文字,不应据之而改"冀县"为"冀城"。惟杨氏以"北"字系因"冀"字上部而衍,甚是,此处原当作"冀县"无疑。此误发生甚早,郦氏所见本已如此。

[9] 嶓冢山在弘农卢氏县南 "嶓冢山",殿本、《注疏》本改作"熊耳山",是,赵释引全校辨之已详。① "南",殿本、《注疏》本改作"东",以合《汉志》,不必,熊耳山在卢氏东南,作"南"亦是,《水经》不必与《汉志》全同。

[10] 敷浅原地在豫章历陵县西 "西",残宋本、《大典》本作"西南",《注释》本改作"南",据《汉志》注也。按:作"西南"亦可与《汉志》注相吻合,宜从残宋本诸本改。

[11] 彭蠡泽在豫章彭泽县北 "北",《注释》本、殿本、《注疏》本改作"西北",据《汉志》注也,不必,"北"亦可概"西北"。

[12] 中江在丹阳芜湖县南 "南",《注释》本、殿本、《注疏》本改作"西南",据《汉志》注也,不必,"南"亦可概"西南"。

[13] 三澨地之南在邔县之北 《大典》本作"三澨池之南在邔县之北",《注释》本、《注疏》本改作"三澨池在南郡邔县之北",殿本改作"三澨地在南郡邔县之北沱"。按:后半句改作"在南郡邔县之北"是,《史记·夏本纪》"过三澨,入于大别"下《索隐》引《水经》"三澨,地名,在南郡邔县北"②可证。"三澨地",当作"三澨池"。郦注:"《经》云邔县北池,然池流多矣,论者疑焉,而不能辨其所在。""池"

---

① 殿本此处系阴取全、赵之说而伪托于《大典》本,见孟森:《禹贡山水泽地所在篇中之熊耳山》,《禹贡》半月刊1937年第7卷第6、7合期。

② 《史记》卷二《夏本纪》。又,吴本始改"三澨池"作"三澨地",恐是据此臆改。

当作"沱",经文上文有"益州沲(沱)""荆州沲(沱)",此"沲流多矣"之所指,"三澨沲"即继"益州沲""荆州沲"之后而言也。沲(沱)者,江之分流,如此亦可与郦氏所举"马融、郑玄、王肃、孔安国等,咸以为三澨,水名也"相应。

以上即对《水经》文本之重新校勘。经由以上校勘可知,全祖望、赵一清、戴震、杨守敬等人对于《水经》乃至郦注的校勘贡献的确是卓著的,做出了不少准确的校改,进行了一些精妙的考辨,其中以杨守敬、熊会贞《水经注疏》尤精。但诸家同样存在着明显的不足,即理校太过,臆改旧本文字太多。而以《注笺》为代表的诸旧本虽然存在不少讹误,但相较于赵、戴以后的新校本,也有其优长之处,在许多地方更能存《水经》之原貌。

第三节 《水经》辑佚

《水经》以郦道元《水经注》为依托而流传至今。《水经注》是一部残籍,部分卷篇早已缺佚,相应地,《水经》同样因此而有所残缺。对《水经》的辑佚工作,历代治郦学者于辑佚《水经注》的同时也在进行。不过由于《水经》的篇幅远小于郦注,其佚文更少,对《水经》的辑佚在《水经注》的辑佚中所居地位并不显著。本节即拟在前人的基础上,辑录《水经》佚文,以求尽可能地恢复《水经》旧貌。

今本《水经注》所保存的《水经》共有 125 篇[1],除最后两篇《日南郡水》及《禹贡山水泽地所在》外,各篇皆主载一水。也就是说,在今本《水经》中,有较详细记载的河流有 123 条。《唐六典》云:"桑钦《水经》所引天下之水百三十七,江河在焉。"[2]此处云《水经》载有 137 条水,实际上即《唐六典》所据《水经注》之 137 篇。不过,《唐六

---

[1] 《水经注疏》共 126 篇,但其中《滁水》篇系辑补入,实有 125 篇,殿本《水经注》即作此数。

[2] 《唐六典》卷七《工部·水部郎中》。

典》所统计的"《水经》所引天下之水",是不包括《日南郡水》篇中的20条水的,否则仅就今本《水经注》所存水目计,就已超出137之数。所以,可以由之判断,《唐六典》所据之《水经注》,较今本至少多出14篇,这很可能就是《水经注》全帙的旧貌。

　　清人全祖望、赵一清尝致力于补足《水经注》篇目。全祖望辑补丰、泾、汭、洛、滏、洺、渭、泜、滋、滹沱、涂(滁)、弱、黑13篇,赵一清辑补滏、洺、滹沱、泒、滋、洛、丰、泾、芮、滁、弱、黑12篇,并视《日南郡水》篇为1篇(称《日南水》),皆试图补足137之数。[①] 全、赵所补微有不同,虽然都建立在辑佚的基础上,但是所补篇目的确定依然显得比较随意。由于郦佚中所见某水之名虽不见于今本《水经注》,但是完全可能是某篇之中某水的支流,而未必独立成篇。赵氏虽然注意到此点,并采取征引其他先代文献作为辅证之法考订补篇之目,但一些补篇依然存在论据不坚的问题。本书试图在前人所辑《水经注》佚文的基础上[②],进一步挖掘今本《水经注》文本所提供的信息,参之以前人考订,对《水经注》所佚篇目进行考证。《水经注》篇目即《水经》篇目,所以,只要确定某条佚文是《水经》之文字,就可以确认《水经注》相应篇目的存在,此为考订篇目的一条重要原则。也因有此原则,在确认《水经》某一篇目存在的同时,可以方便地对相应篇目下的《水经》佚文进行辑佚。《寰宇记》等广载郦佚之书,常常将《水经》与《水经注》混称[③],所以确认某条佚文系《水经》之文

---

　　① 见《全校水经注》《水经注释》。然全、赵于篇数统计皆有问题:《全校水经注·序目》之三十八卷有"沮水"一目,然其相应正文处并无此篇,当系衍文,此误导致全氏误数其目为"一百二十四水";《水经注释》目录有"漯水"一目,然而,漯水系《河水》篇注混为经后误列之目,赵氏已分清经注而将叙漯水之文字尽归为注文,却仍将漯水列于目录并计入《水经》总水数,殊为不当,这也导致赵氏亦误数其目为124水。所以,全、赵二氏的辑补,实皆仅得136水,尚不足137之数。

　　② 前人于《水经注》辑佚成果最丰富者,当属陈桥驿《〈水经注〉佚文》(载氏著《水经注研究》)一文,本节即以其所辑佚文为主要资料基础。

　　③ 陈桥驿:《论〈水经注〉的佚文》,载氏著:《水经注研究》,天津古籍出版社1985年版,第440—441页,并参本书第四章第二节。

字,不能以佚文出处对所引书名之称呼为准,而应以其文辞是否符合《水经》之例为准(《水经》文例,见第三章)。以下分列篇目以论之。

1. 《滏水》

此篇全、赵有。《续汉志》刘昭注、《御览》等见有数条载"滏水"之佚文,然并无文辞类经文者。《浊漳水注》有"漳水又北,滏水入焉"句,戴震认为"滏水"佚文当在此下。清人沈垚则认为:"《水经》本有《釜水》篇,《御览》所引当是《釜水》篇注,非《漳水注》有夺落也。"①"漳水又北,滏水入焉"句下杨疏:"盖别有《滏水》篇而今亡之,《注》此句乃互见之例也。"滏水系浊漳之支流,郦氏既于《浊漳水注》提及,而不言其源流,显然是别有专篇而与此提二水交汇以照应,即杨氏所言"互见之例"。《滏水》篇之存在确然无疑,相关"滏水"佚文自当属该篇之郦注,惜未见有该篇之经文。

2. 《洺水》

此篇全、赵有。《寰宇记》磁州武安县:"洺水。……《水经》云:'洺水出易阳县西山。'"②此条佚文,依其文例,当确系《水经》文字。故可判断《水经注》本有《洺水》篇。全氏亦正以为经文。该篇经文之可辑者,亦独此一句。

3. 《湡水》

此篇全有,赵无。《浊漳水注》:"其水(漳水)与隅醴通为衡津。"湡水即今澧河,"隅醴"指湡水必矣,则此亦互见之例,《水经》当有《湡水》篇。《寰宇记》邢州沙河县:"《水经注》云:'湡水出赵郡襄国县西山东。'"③《通鉴·唐纪》武德五年胡注:"《水经》云:'湡水出赵郡襄国县西山,东过沙河县,沙河在县南五里。'"④此处《水经注》佚文记载湡水发源,其文辞绝类经文"某水出某郡某县某山"之例,可判为《水经》文字。全氏正以为经文。《通鉴》胡注所引《水经》文字,

---

① [清]沈垚:《落帆楼文集》卷三《漳北滏南诸水考》。
② [宋]乐史:《太平寰宇记》卷之五十六。
③ [宋]乐史:《太平寰宇记》卷之五十九。
④ 《资治通鉴》卷一九〇《唐纪六·武德五年》。

因沙河县始置于隋,故其"东过沙河县"以下当非郦佚。《寰宇记》所引《水经注》文字中最末之"东"字疑原当从佚失之下文。故《渨水》篇经文之可辑者,惟"渨水出赵郡襄国县西山"一句。

4.《虖池河》

此篇全、赵有,篇名分别作《滹沱河水》《滹沱水》。全、赵以前,清人胡渭已指出《水经注》本有《滹沱河》篇。① 此水系河北大川,佚文甚多,理当有专篇载之。《水经·浊漳水》:"又东北过阜成县北,又东北至昌亭,与虖池河会。"郦注:"衡漳又东北,左会滹池故渎,谓之合口。"此"滹池故渎"当即经文之"虖池河",然亦不载其源流,当亦是互见之例。又《易水注》:"东至文安县,与虖池合。"此处又提及"虖池",同样是互见之例。以上皆益证该水别有专篇。至于篇名,当从《浊漳水》篇经文所载,作《虖池河》方是。该篇佚文虽多,但竟未见符经文之例者。

5.《卫水》

此篇全、赵皆无。《寰宇记》镇州灵寿县:"卫水。……《水经注》云:'卫水出常山灵寿县西,东北入于滹沱河。'"②此句佚文完整叙述了卫水的发源及流归,并且完全符合经文之体例。可以推知《水经注》本亦有《卫水》篇。该篇仅有两句经文,而完整地为《寰宇记》所引。

6.《滋水》

此篇全、赵有。《寰宇记》镇州真定县:"滋水。……《水经》云:'滋水又东至新市县,入滹沱河。'"③此句佚文完全符合经文"至某县入某水"之体例(当然,句中"滋水"两字不应算入,可视为《寰宇记》以意补)。可以推知《水经注》本有《滋水》篇。该篇经文之可辑者,亦独此一句。

7.《泒河》

此篇全无、赵有(称《泒水》)。《初学记》《寰宇记》有"泒(派)水"

---

① [清]胡渭:《禹贡锥指》卷二。
② [宋]乐史:《太平寰宇记》卷之六十一。
③ [宋]乐史:《太平寰宇记》卷之六十一。

佚文。泒水即今大沙河,为河北大水,《水经》于其南漳、滏、洺、滱、滹沱及其北滱、易、巨马、圣等水皆立专篇,此水不当独遗,理当亦有专篇。《汉志》《说文》载泒水独流入海,若《水经》所据材料与之同,则泒水必有专篇载之,"泒水"佚文方有所归依。当然,河北平原诸水独流入海,是西汉后期至东汉前期的情况,而《水经》载河北平原诸水的各篇所反映的河势与时代存在不同①,未必定载泒水独流入海。不过即便如此,亦别有一证。《水经·沽河》:"又东南至泉州县,与清河合,东入于海。清河者,派河尾也。"此"派河尾",虽郦氏释为清、淇等诸水汇合入海之河流尾闾,但其实很有可能是"泒河尾"的讹误。②"泒河"不当突兀出现,宜别有《泒河》一篇。该篇无经文可辑。

8.《恒水》

此篇全、赵皆无。《滱水注》:"滱水又东,恒水从西来注之。"熊疏:"此处不本《汉志》详叙恒水,并详叙恒山,但如《经》说,以一语了之,盖别有《恒水》篇,而今亡矣。"其说甚是,此亦互见之例,《水经注》本当有《恒水》篇。该篇并无可见之佚文,自然也就无经文可辑。

9.《丰水》

此篇全、赵有。《长安志》等载有数条"丰水"之佚文,然并无文辞类经文者。不过,《水经·渭水》:"又东,丰水从南来注之。"郦注:"渭水又东与丰水会于短阴山内,水会,无他高山异峦,所有惟原阜石激而已。"此处仅提渭、丰之会之形势,而绝不提丰水源流,显然也是互见之例,《水经注》本当有《丰水》篇,而诸"丰水"佚文当系于其篇。该篇无经文可辑。

10.《泾水》

此篇全、赵有,又清人谢钟英有补篇。泾为关中之大水,《水经》理当有专篇。《渭水注》:"渭水又迳平阿侯王谭墓北,冢次有碑。左

---

① 邹逸麟、张修桂主编:《中国历史自然地理》,科学出版社2013年版,第398页。
② 谭其骧:《海河水系的形成与发展》,载《历史地理》第四辑,上海人民出版社1986年版,第1—27页。

则泾水注之。"此处仅一提泾水,而绝不提其源流,显系互见之例。又,《寰宇记》原州百泉县:"泾水。……《水经》云:'泾水出安定泾阳县高山泾谷。'郦道元注云:'《山海经》曰:高山,泾水出焉,东流注于渭。入关,谓之八水。'"①此处将《水经》与郦注分引,而其所引《水经》文句又完全与经文辞例相符,无疑是《水经注》有《泾水》篇之铁证。《寰宇记》所引此条佚文,全、谢正以为经文。此外,尚有一句经文可辑。《寰宇记》邠州新平县:"漆水。按郦道元注《水经》云:'漆水自宜禄县界来,又东过扶风漆县北。"②其中"又东过扶风漆县北"一句,完全符合经文之例,且漆水(今陕西省咸阳市彬州市徐家河—水帘河)实过漆县(治今陕西省咸阳市彬州市城区)西,而不过县北,是知该句应为《水经》文字,所述应为泾水流路,而为《寰宇记》所误引。又,谢钟英补"泾水东南流经瓠口,郑白二渠出焉"一句经文,无据,兹不从。

11.《芮水》

此篇全、赵有,篇名,全作《汭水》,赵作《芮水》。《寰宇记》等有"芮水""汭水"佚文。赵一清云:"泾、汭各源,汭流稍短,不若泾耳。《职方》以二水为雍州川,《水经》宜列于篇目。"今按:佚文有"芮水""汭水"两名,似乎是经、注水名之别,赵氏之说及所拟篇目似并可从。该篇并无经文可辑,其称"芮水"者,为《寰宇记》陇州汧源县下所引"芮水出小陇山,其川名汭"③一句,似已是注文释经之语。

12.《洛水》

此篇全、赵有,又有谢钟英补篇。洛为关中之大水,《水经》理当有专篇。《水经·渭水》:"又东过华阴县北。"郦注:"洛水入焉。"此处仅一提洛水,而绝不提其源流,显系互见之例。又,《史记索隐》:"《水经》云(洛水)出上郡雕阴县泰昌山,过华阴入渭。即漆沮水也。"④《史记索隐》撰作之时,《水经注》流传未广,其所称《水经》很

---

① [宋]乐史:《太平寰宇记》卷之三十三。
② [宋]乐史:《太平寰宇记》卷之三十四。
③ [宋]乐史:《太平寰宇记》卷之三十二。
④ 《史记》卷一一〇《匈奴列传》"放逐戎夷泾、洛之北"下司马贞"索隐"。

可能确实是经文,而"出上郡雕阴县泰昌山"也确实是经文的文例,则此条亦为《水经注》本有《洛水》篇之坚证。"出上郡雕阴县泰昌山"系载水源之句,其上理当有"洛水"二字。此句全、谢亦以为经文。至于其下之"过华阴入渭"很可能是"东南过华阴县北,南入于渭"这样的文句的节引,亦可权属之经文。两句之间似当附有一些记载流路的文字,然司马贞所引皆已略去,不可考。

13.《弱水》

此篇全、赵有。《史记索隐》:"按《水经》云:'弱水出张掖删丹县西北,至酒泉会水县,入合黎山腹。'"①《索隐》既称"水经",所引文句又符经文之例,应确为《水经》原文,是知《水经注》本当有《弱水》篇。全氏正以此句为经文。该篇别无经文可辑。

14.《黑水》

此篇全、赵有。《尚书正义》:"按郦元《水经》黑水出张掖鸡山,南流至燉煌,过三危山,南流入于南海。"②据此句所载,黑水独流入海,自然不可能附于他篇之下,理当独立成篇。全氏以此句为经文。按:此句虽与典型的《水经》文例未严格相符,不过,其中所言张掖、燉煌皆为郡名,又见有专用于经文之"过"字,其所描述之河流流路亦显大略,不类郦注文字,故确宜将此句判为经文。该篇别无经文可辑。

以上是对今本《水经注》篇目的辑补及相应就《水经》文字的辑佚。观察可知,这些佚篇所载之水集中于三地,其一是河北漳、滱之间,其二是关中泾、洛流域,其三是西陲徼外,这应与散佚之时整卷或相邻数卷一同佚失有关。今可辑之《水经》文字,全部属于这些残篇,虽然不多,但是仍然弥足珍贵。

经由本章考述,可得到一部较为准确可用的《水经》文本。本书

---

① 《史记》卷二《夏本纪》"弱水既西"下司马贞"索隐"。
② 《尚书》卷六《禹贡》"导黑水至于三危,入于南海"下孔颖达"正义",《十三经注疏(清嘉庆刊本)》。

之后续工作，即在此本上进行。今将全文加以标点，列于下。上文校勘中存疑者，一般不进行增删改动，惟在一些明显缺失文句、滞碍难通之处酌补入文字（以〇标示），以使文理通畅。本章所辑的各篇文字亦于适当位置补入（以〇标示，关于各篇合理位置的讨论，见第三章第二节）。

传统上，根据《水经》所记载的河流始末，可以将《水经》分篇，共125篇。除最末两篇以外，每篇载一水，此水名即可为此篇之名。各本《水经注》即以此列目，而清代诸家也已经订正了《注笺》等旧本关于篇名列目的一些错误，如删去"沅酉水"等，但即便是考证最详的《注疏》本，列目之篇名尚存在一些问题：《渠》下注以小字"沙水"，但沙水始末只是郦注内容，与《水经》篇名无关，不当列于目录中；《比水》当作《沘水》，《斤江水》当作《斤南水》，此系因所校订之文字而误；《江水》当作《大江》，《注疏》是因袭旧本，但该篇文字但称是水为"大江"，而不称"江水"，故篇名仍当取《大江》是；《江以南至日南郡二十水》，则是殿本根据所分的经文以意取之，而《注疏》本袭之，然根据本书所定之经文，此二十水当皆在日南郡，宜作《日南郡水》方是。① 此处所列文本，每篇一段，以粗体突出显示该篇之篇名（《日南郡水》篇例外，突出显示所叙二十水之名）。《禹贡山水泽地所在》部分，每山、水、泽、地一段。

---

① 《注释》本列目作《日南水》，近是，然此究非一水，宜加"郡"字。

(附《水经》全文)

水　经

　　昆仑墟在西北,去嵩高五万里,地之中也。其高万一千里。**河水**出其东北陬,屈从其东南流,入于渤海。又出海外,南至积石山,下有石门,河水冒以西南流。又南入葱岭山,又从葱岭出而东北流。其一源出于阗国南山,北流,与葱岭河合,东注蒲昌海。又东入塞,过敦煌、酒泉、张掖郡南,又东过陇西河关县北,洮水从东南来流注之。又东过金城允吾县北。又东过榆中县北。又东过天水北界。又北过武威媪围县东,又东北过天水勇士县北。又东北过安定北界麦田山。又北过北地富平县西,又北过朔方临戎县西,屈从县北东流至河目县西,屈南过五原西安阳县南,屈东过九原县南,又东过临沃县南,又东过云中桢陵县南,又东过沙南县北,从县东屈南,过沙陵县西,又南过赤城东,又南过定襄桐过县西,又南过西河圁阳县东,又南过离石县西,又南过中阳县西,又南过土军县西,又南过上郡高奴县东,又南过河东北屈县西,又南过皮氏县西,又南出龙门口,汾水从东来注之。又南过汾阴县西,南过蒲坂县西,又南至华阴潼关,渭水从西来注之。又东过河北县南,又东过陕县北,又东过大阳县南,又东过砥柱间,又东过平阴县北,又东至邓,清水从西北来注之。又东过平县北,湛水从北来注之。又东过巩县北,洛水从县西,北流注之。又东过成皋县北,济水从北来注之。又东过荥阳县北,蒗荡渠出焉。又东北过武德县东,沁水从西来注之。又东北过黎阳县南,又东北过卫国县南,又东北过濮阳县北,瓠子河出焉。又东北过东阿县北,又东北过茌平县西,又东北过高唐县东,又东北过杨虚县东,商河出焉。又东北过漯阳县北,又东北过蓼城县北,又东北过甲下邑,济水从西来注之,又东北,入于海。

汾水出太原汾阳县北管涔山，东南过晋阳县东，晋水从县南东流注之。又南，洞过水从东来注之。又南过大陵县东，又南过平陶县东，文水从西来流注之。又南过冠爵津，又南入河东界，又南过永安县西，又南过杨县东，西南过高梁邑西，又过平阳县东，又南过临汾县东，又屈从县南西流，又西过长修县南，又西过皮氏县南，又西至汾阴县北，西注于河。

浍水出河东绛县东浍交东高山，西过其县南，又西南过虒祁宫南，又西至王泽，注于汾水。

涑水出河东闻喜县东山黍葭谷，西过周阳邑南，又西南过其县南，又西南过安邑县西，又南过解县东，又西南注于张阳池。

文水出大陵县西山文谷，东到其县，屈南到平陶县东北，东入于汾。

原公水出兹氏县西羊头山，东过其县北，又东入于汾。

洞过水出沾县北山，西过榆次县南，又西到晋阳县南，西入于汾，出晋水下口者也。

晋水出晋阳县西悬瓮山，又东过其县南，又东入于汾水。

湛水出河内轵县西北山，东过其县北，又东过波县之北，又东过毋辟邑南，又东南当平县之东北，南入于河。

济水出河东垣县东王屋山，为沇水。又东至温县西北，为济水。又东过其县北，屈从县东南流，过坟城西，又南当巩县北，南入于河。与河合流，又东过成皋县北，又东过荥阳县北，又东北至砾磎南，东出，过荥泽北。又东过阳武县北，又东过封丘县北，又东过平丘县南，又东过济阳县北，又东过冤朐县南，又东过定陶县南，又屈从县东北流，又东至乘氏县西，分为二：其一水东南流，其一水从县东北流，入巨野泽。又东北过寿张县西界安民亭南，汶水从东北来流注之。又北过须昌县西，又北过谷城县西，又北过临邑县东，又东北过卢县北，又东北过台县北。又东北过菅县南，又东过梁邹县北，又东北过临济县南，又东北过利县西，又东北过甲下邑，入于河。其一水东南流者，过乘氏县南，又东过昌邑县北，又东过金乡县南，又东过东缗县北，又东过方与县北，为菏水。菏水又东过湖陆县南，东入于泗水。又东南过沛县东北，又东南过留县北，又东过彭城县北，雎水从西来注之。又东南过徐县北，又东至下邳睢陵县南，入于淮。

清水出河内修武县之北黑山，东北过获嘉县北，又东过汲县北，又东入于河。

沁水出上党涅县谒戾山，南过谷远县东，又南过陭氏县东，又南过阳阿县东，又南出山，过沁水县北，又东过野王县北，又东过周县北，又东过怀县之北，又东过武德县南，又东南至荥阳县北，东入于河。

淇水出河内隆虑县西大号山，又东过内黄县南，为白沟，屈从县东北与洹水合，又东北过馆陶县北，又东北过清渊县西，又东北过广宗县东，为清河。又东北过东武城县西，又北过广川县东，又东过脩县南，又东北过东光县西，又东北过南皮县西，又东北迳浮阳县西，又东北过潞邑北，又东北过乡邑南，又东北迳穷河邑南，又东北过漂榆邑，入于海。

荡水出河内荡阴县西山东，又东北至内黄县，入于黄泽。

洹水出上党泫氏县，东过隆虑县北，又东北出山，迳邺县南，又东过内黄县北，东入于白沟。

浊漳水出上党长子县西发鸠山，东过其县南，屈从县东北流，又东过壶关县北，又东北过屯留县〔东，又东北过〕潞县北，又东过武安县南，又东出山，过邺县西，又东过列人县南，又东北过斥漳县南，又东北过曲周县东，又东北过巨鹿县东，又北过堂阳县西，又东北过扶柳县北，又东北过信都县西，又东北过下博县之西，又东北过阜城县北，又东北至昌亭，与虖池河会。又东北至乐成陵县,别出北,又东北过成平县南,又东北过章武县西,又东北过平舒县南,东入海。

清漳水出上党沾县西北少山大黽谷,南过县西,又从县南屈东,过涉县西,屈从县南,东至武安县南黍窖邑,入于浊漳。

〔滏水〕

〔洺水出易阳县西山。〕

〔湡水出赵郡襄国县西山。〕

〔虖池河〕

〔卫水出常山灵寿县西,东北入于滹沱河。〕

〔滋水又东至新市县,入滹沱河。〕

〔泒河〕

〔恒水〕

易水出涿郡故安县阎乡西山。东过范阳县南,又东过容城县南。又东过安次县南,又东过泉州县南,东入于海。

滱水出代郡灵丘县高氏山。东南过广昌县南,又东南过中山上曲阳县北,恒水从西来注之。又东过唐县南。又东迳安喜县南。又东过安国县北,又东过博陵县南,又东北入于易。

圣水出上谷,东过良乡县南,又东过长乡县北,又东过安次县南,东入于海。

巨马河出代郡广昌县涞山,东过逎县北,又东南过容城县北,又东过渤海东平舒县北,东入于海。

㶟水出雁门阴馆县,东北过代郡桑干县南,又东过涿鹿县北,又东南出山,过广阳蓟县北,又东过渔阳雍奴县西,入笥沟。

㶟余水出上谷居庸关东,又东流过军都县南,又东流过蓟县北,又北屈东南至狐奴县西,入于沽河。

沽河从塞外来,南过渔阳狐奴县北,西南与㶟余水合,为潞河;又东南至雍奴县西,为笥沟;又东南至泉州县,与清河合,东入于海。清河者,派河尾也。

鲍丘水从塞外来,南过渔阳县东,又南过潞县西,又南至雍奴县北,屈东入于海。

濡水从塞外来,东南过辽西令支县北,又东南过海阳县西,南入于海。

大辽水出塞外卫皋山,东南入塞,过辽东襄平县西。又东南过房县西,又东过安市县西,南入于海。

又玄菟高句丽县有辽山,**小辽水**所出,西南至辽隧县,入于大辽水也。

浿水出乐浪镂方县,东南过临浿县,东入于海。

洛水出京兆上洛县讙举山,东北过卢氏县南,又东北过蠡城邑之南,又东过阳市邑南,又东北过于父邑之南,又东北过宜阳县南,又东北出散关南,又东北过河南县南,又东过洛阳县南,伊水从西来注之。又东过偃师县南,又东北过巩县东,又北入于河。

伊水出南阳鲁阳县西荀渠山,东北过郭落山,又东北过陆浑县南,又东北过新城县南,又东北过伊阙中,又东北至洛阳县南,北入于洛。

瀍水出河南谷城县北山,东与千金渠合,又东过洛阳县南,又东过偃师县,又东入于洛。

涧水出新安县南白石山,东南入于洛。

谷水出弘农黾池县南墦冢林谷阳谷,东北过谷城县北,又东过河南县北,东南入于洛。

甘水出弘农宜阳县鹿蹄山,东北至河南县南,入洛。

漆水出扶风杜阳县俞山东,北入于渭。

浐水出京兆蓝田谷,北入于灞。

沮水出北地直路县,东过冯翊祋祤县北,东入于洛。

〔**丰水**〕

〔**泾水**出安定泾阳县高山泾谷。〕〔又东过扶风漆县北。〕

〔芮水〕

〔洛水出上郡雕阴县泰昌山。〕

渭水出陇西首阳县渭谷亭南鸟鼠山,东北过襄武县北,又东过獂道县南,又东过冀县北,又东过上邽县,又东过陈仓县西,又东迳武功县北,又东,芒水从南来流注之。又东过槐里县南,又东,涝水从南来注之。又东,丰水从南来注之。又东过长安县北,又东过霸陵县北,霸水从县西北流注之。又东过郑县北,又东过华阴县北,东入于河。

漾水出陇西氐道县嶓冢山,东至武都沮县,为汉水。又东南至广魏白水县西,又东南至葭萌县东北,与羌水合。又东南过巴郡阆中县,又东南过江州县东,南入于江。

丹水出京兆上洛县西北冢岭山,东南过其县南,又东南过商县南,又东南至于丹水县,入于均。

汝水出河南梁县勉乡西天息山,东南过其县北,又东南颍川郏县南,又东南过定陵县北,又东南过郾县北,又东南过汝南上蔡县西,又东南过平舆县南,又东至原鹿县,南入于淮。

颍水出颍川阳城县西北少室山,东南过其县南,又东南过阳翟县北,又东南过颍阳县西,又东南过颍阴县西南,又东南过临颍县南,又东南过汝南㶏强县北,洧水从河南密县东流注之。又东过西华县北,又南过女阳县北,又东南过南顿县北,㶏水从西来流注之。又东南至新阳县北,蒗荡渠水从西北来注之。又南至慎县东,南入于淮。

洧水出河南密县西南马领山,又东南过其县南,又东过郑县南,潧水从西北来注之。又东南过长社县北,又东南过新汲县东北,又东南过茅城邑之东北,又东过习阳城西,折入于颍。

渠水出河南密县大騩山,东南入于颍。

潧水出郑县西北平地,东过其县也,又东南过其县东,又南入于洧水。

〔蒗荡〕渠出荥阳北河，东南过中牟县之北，又东至浚仪县，又屈南至扶沟县北，〔分为二。〕其一者，东南过陈县北，又东南至汝南新阳县北，〔南入于颍。其一水东南流，为涡水，〕又东南过山桑县北，又东南过龙亢县南，又东南过义成县西，南入于淮。

阴沟水出河南阳武县蒗荡渠，东南至沛，为浼水，又东南至下邳淮陵县，入于淮。

汳水出阴沟于浚仪县北，又东至梁郡蒙县，为获水，余波南入睢阳城中。

获水出汳水于梁郡蒙县北，又东过萧县南，睢水北流注之。又东至彭城县北，东入于泗。

睢水出梁郡鄢县，又东过睢阳县南，又东过相县南，屈从城北东流，当萧县南，入于获。

瓠子河出东郡濮阳县北河，东至济阴句阳县为新沟，又东北过廪丘县为濮水，又东北过东郡范县东北，为济渠。与将渠合。又东北过东阿县东，又东北过临邑县西，又东北过茌平县东，为邓里渠。又东北过祝阿县，为济渠。又东北至梁邹县西，分为二：其东北者为济河，其东者为时水。又东北至济西，济河东北入于海。时水东至临淄县西，屈南过太山华县东，又南至费县，东入于沂。

汶水出泰山莱芜县原山，西南过其县南，又西南过奉高县北，屈从县西南流，过博县西北，又西南过蛇丘县南，又西南过刚县北，又西南过东平章县南，又西南过无盐县南，又西南过寿张县北，又西南至安民亭，入于济。

泗水出鲁卞县北山，西南迳鲁县北，又西过瑕丘县东，屈从县东南流，漷水从东来注之。又南过平阳县西，又南过高平县西，洸水从西北来流注之。又南过方与县东，菏水从西来注之。又屈东南，过湖陆县南，涓涓水从东北来流注之。又南过沛县东,又东南过彭城县东北,又东南过吕县南,又东南过下邳县西,又东南入于淮。

沂水出泰山盖县艾山,南过琅邪临沂县东,又南过开阳县东,又东过襄贲县东,屈从县南西流,又屈南过郯县西,又南过良城县西,又南过下邳县西,南入于泗。

洙水出泰山盖县临乐山,西南至卞县,入于泗。

沭水出琅邪东莞县西北山,东南过其县东,又东南过莒县东,又南过阳都县,东入于沂。

巨洋水出朱虚县泰山,北过其县西,又北过临朐县东,又北过剧县西,又东北过寿光县西,东北入于海。

淄水出泰山莱芜县原山,又东北过临淄县东,又东过利县东,又东北入于海。

汶水出朱虚县泰山,北过其县东,又北过淳于县西,又东北入于潍。

潍水出琅邪箕县,东北过东武县西,又北过平昌县东,又北过高密县西,又北过淳于县东,又东北过都昌县东,又东北入于海。

胶水出黔陬县胶山,北过其县西,又北过夷安县东,又北过当利县西,北入于海。

沔水出武都沮县东狼谷中,又东过南郑县南,又东过城固县南,又东过魏兴安阳县南,涔水出自旱山北注之。又东过西城县南,又东过堵阳县,堵水出自上粉县,北流注之。又东过郧乡县南,又东北流,又屈东南,过武当县东北,又东南过涉都城东北,又东南过酂县之西南,又南过谷城东,又南过阴县之西,又南过筑阳县东,筑水出自房陵县,东过其县南流注之。又东过山都县东北,又东过襄阳县北,又从县东屈西南,淯水从北来注之。又东过中庐县东,淮水自房陵县淮山,东流注之。又南过邔县东北,又南过宜城县东,夷水出自房陵县,东流注之。又东过荆城东,又东南迳江夏云杜县东,夏水从西来注之。又南至江夏沙羡县北,南入于江。沔水与江合流,又东过彭蠡泽,又东北出居巢县南,又东过牛渚县南,又东至石城县,分为二:其一东北流,其一又过毗陵县北,为北江。又东至会稽余姚县,东入于海。

潜水出巴郡宕渠县,又南入于江。

湍水出郦县北芬山,南流过其县东,又南过冠军县东,又东过白牛邑南,又东至新野县,东入于淯。

均水出浙县北山,南流过其县之东,又南当涉都邑北,南入于沔。

粉水出房陵县,东流过郢邑南,又东过谷邑南,东入于沔。

白水出朝阳县西,东流过其县南,又东至新野县西,东入于淯。

沘水出比阳东北太胡山,东南流迳其县南,泄水从南来注之。又东至新野县,南入于淯。

淮水出南阳平氏县胎簪山,东北过桐柏山,又东过江夏平春县北,又东迳新息县南,又东过期思县北,又东过原鹿县南,汝水从西北来注之。又东过庐江安风县东北,决水从北来注之。又东北至九江寿春县西,沘水、泄水合北注之。又东,颍水从西北来流注之。又东过寿春县北,肥水从县东北流注之。又东过当涂县北,涡水从西北来注之,又东过钟离县北,又东北至下邳淮阴县西,泗水从西北来流注之。又东过淮阴县北,中渎水出白马湖,东北注之。又东,两小水流注之。又东至广陵淮浦县,入于海。

潕水出南阳鲁阳县西之尧山,东北过颍川定陵县西北,又东过郾县南,东注于汝。

淯水出弘农卢氏县攻离山,东南过南阳西鄂县西北,又东过宛县南,又屈南过淯阳县东,又南过新野县西,又西南过邓县东，南入于沔。

滍水出滍强县南泽中，东入颍。

濯水出汝南吴房县西北兴山，东过其县北，入于汝。

瀙水出沅阴县东上界山，东过吴房县南，又东过濯阳县南，又东过上蔡县南，东入汝。

沅水出沅阳县西北扶予山，东过其县南，又东过西平县北，又东过郾县南，又东过定颍县北，东入于汝。

溳水出蔡阳县，东南迳隋县西，又南过江夏安陆县西，又东南入于夏。

滠水出江夏平春县西，南过安陆，入于溳。

蕲水出江夏蕲春县北山，南过其县西，又南至蕲口，南入于江。

决水出庐江雩娄县南大别山，北过其县东，又北过安丰县东，又北入于淮。

沘水出庐江灊县西南霍山东北，东北过六县东，北入于淮。

泄水出博安县，北过芍陂西，与沘水合。西北入于淮。

肥水出九江成德县广阳乡西，北过其县西，北入芍陂。又北过寿春县东，北入于淮。

施水亦从广阳乡东南入于湖，肥水别。

沮水出汉中房陵县淮山，东南过临沮县界，又东南过枝江县东，南入于江。

漳水出临沮县东荆山，东南过蓼亭，又东过章乡南。又南至枝江县北乌扶邑，入于沮。

夏水出江流于江陵县东南，又东过华容县南，又东至江夏云杜县，入于沔。

羌水出羌中参狼谷，又东南至广魏白水县，与汉水合。又东南过巴郡阆中县，又南至垫江县东，南入于江。

涪水出广魏涪县西北，南至小广魏，与梓潼合。

梓潼水出其县北界,西南入于涪。又西南至小广魏南,入于垫江。

涔水出汉中南郑县东南旱山,北至安阳县南,入于沔。

岷山在蜀郡氐道县,**大江**所出,东南过其县北。又东南过犍为武阳县,青衣水、沫水从西南来,合而注之。又东南过僰道县北,若水、淹水合从西南来注之;又东,渚水北流注之。又东过江阳县南,洛水从三危山,东过广魏洛县南,东南注之。又东过符县北,又东南,鳛部水从符关东北注之。又东北至巴郡江州县东,强水、涪水、汉水、白水、宕渠水五水合,南流注之。又东至枳县西,延江从牂牁郡北流西屈注之。又东过鱼复县南,夷水出焉。又东出江关,入南郡界。又东过巫县南,盐水从县东南流注之。又东过秭归县之南,又东过夷陵县南,又东南过夷道县北,夷水从佷山县南,东北流注之。又东过枝江县南,沮水从北来注之。又南过江陵县南,又东至华容县西,夏水出焉。又东南当华容县南,涌水出焉。又东南,油水从西南来注之。又东至长沙下雋县北,澧水、沅水、资水合,东流注之。湘水从南来注之。又东北至江夏沙羡县西北,沔水从北来注之。又东过邾县南,鄂县北。又东过蕲春县南,蕲水从北来注之。又东过下雉县北,利水从东陵西南注之。

青衣水出青衣县西蒙山,东与沫水合也。至犍为南安县,入于江。

桓水出蜀郡岷山,西南行羌中,入于南海。

若水出蜀郡旄牛徼外,东南至故关,为若水也。又南过越巂邛都县西,直南至会无县,淹水东南流注之。又东北至犍为朱提县西,为泸江水,又东北至僰道县,入于江。

沫水出广柔徼外,东南过旄牛县北,又东至越巂灵道县,出蒙山南,东北与青衣水合,东入于江。

延江水出犍为南广县,又东至牂牁鳖县,东屈北流,至巴郡涪陵县,注更始水,又东南至武陵酉阳县,入于酉水。酉水东南至沅陵县,入于沅。

存水出犍为郁鄢县,东南至郁林定周县,为周水,又东北至潭中县,注于潭。

温水出牂柯夜郎县,又东至郁林广郁县,为郁水,又东至领方县东,与斤南水合。东北入于郁。

淹水出越嶲遂久县徼外,东南至蜻蛉县,又东过姑复县南,东入于若水。

叶榆河出其县北界,屈从县东北流,过不韦县,东南出益州界,入牂柯郡西随县北为西随水,又东出进桑关,过交阯麊泠县北,分为五水,络交阯郡中,至东界,复合为三水,东入海。

夷水出巴郡鱼复县江,东南过㡎山县南,又东过夷道县北,东入于江。

油水出武陵孱陵县西界,东过其县北,又东北入于江。

澧水出武陵充县西历山,东过其县南,又东过零阳县之北,又东过作唐县北,又东至长沙下巂县西北,东入于江。

沅水出牂柯且兰县,为旁沟水,又东至镡成县,为沅水,又东北过临沅县南,又东至长沙下雋县西,北入于江。

浪水出武陵镡城县北界沅水谷,南至郁林潭中县,与邻水合,又东至苍梧猛陵县,为郁溪;又东至高要县,为大水。又至南海番禺县西,分为二:其一南入于海,其一又东过县东,南入于海,其余又东至龙川,为涅水,屈北入员水。员水又东南一千五百里,入南海。

资水出零陵都梁县路山,东北过夫夷县,又东北过邵陵县之北,又东北过益阳县北,又东与沅水合于湖中,东北入于江也。

涟水出连道县西,资水之别。东北过湘南县南,又东北至临湘县西南,东入于湘。

湘水出零陵始安县阳海山,东北过零陵县东,又东北过洮阳县东,又东北过泉陵县西,又东北过重安县东,又东北过酃县西,耒水从东南来注之。又东北过阴山县西,洣水从东南来注之;又北过醴陵县西,漉水从东来注之。又北过临湘县西,浏水从县西北流注之。又北,㴩水从西南来注之。又北过罗县西,㵋水从东来流注之。又北过下隽县西,微水从东来流注之。又北至巴丘山,入于江。

漓水亦出阳海山,南过苍梧荔浦县,又南至广信县,入于郁水。

溱水出桂阳临武县南,绕城西北屈东流,东至曲江县安聂邑东,屈西南流,过浈阳县,出洭浦关,与桂水合,南入于海。

洭水出桂阳县卢聚,东南过含洭县,南出洭浦关,为桂水。

深水出桂阳卢聚,西北过零陵营道县南,又西北过营浦县南,又西北过泉陵县,西北七里至燕室丘,入于湘。

钟水出桂阳南平县都山,北过其县东,又东北过宋渚亭,又北过钟亭,与漼水合。又北过魏宁县之东,又东北入于湘。

耒水出桂阳郴县南山,又北过其县之西,又北过便县之西,又西北过耒阳县之东,又北过酃县东,北入于湘。

洣水出茶陵县上乡,西北过其县西,又西北过攸县南,又西北过阴山县南,又西北入于湘。

漉水出醴陵县东漉山,西过其县南,屈从县西西北流,之漉浦,注入于湘。

浏水出临湘县东南浏阳邑,西北过其县,东北与涝溪水合。西入于湘。

㵋水出豫章艾县,西过长沙罗县西,又西至累石山,入于湘水。

赣水出豫章南野县,西北过赣县东,又西北过庐陵县西,又东北过石阳县西,又东北过汉平县南,又东北过新淦县西,又北过南昌县西,又北过彭泽县西,北入于江。

庐江水出三天子都,北过彭泽县西,北入于江。

渐江水出三天子都,北过余杭,东入于海。

斤南水出交阯龙编县,东北至郁林领方县,东注于郁。

容容,**夜**,**繨**,**湛**,**乘**,**牛渚**,**须无**,**无濡**,**营进**,**皇无**,**地零**,**侵黎**,**无会**,**重瀬**,**夫省**,**无变**,**由蒲**,**王都**,**融**,**勇外**,此皆出日南郡西,东入于海。

〔**弱水**出张掖删丹县西北,至酒泉会水县,入合黎山腹。〕

〔**黑水**出张掖鸡山,南流至燉煌,过三危山,南流入于南海。〕

嵩高为中岳,在颍川阳城县西北。

泰山为东岳,在泰山博县西北。

霍山为南岳,在庐江潜县西南。

华山为西岳,在弘农华阴县西南。

雷首山在河东蒲坂县东南。

砥柱山在河东大阳县东河中。

王屋山在河东垣县东北也。

太行山在河内野王县西北。

恒山为北岳,在中山上曲阳县西北。

碣石山在辽西临渝县南水中也。

析城山在河东濩泽县西南。

太岳山在河东永安县。

壶口山在河东北屈县东南。

龙门山在河东皮氏县西。

梁山在冯翊夏阳县西北河上。

荆山在冯翊怀德县南。

岐山在扶风美阳县西北。

开山在扶风汧县之西也。

终南山、敦物山在扶风武功县西南也。
西顷山在陇西临洮县西南。
嶓冢山在陇西氐道县之南。
鸟鼠同穴山在陇西首阳县西南。
积石在陇西河关县西南。
都野泽在武威县东北。
合离山在酒泉会水县东北。
流沙地在张掖居延县东北。
三危山在燉煌县南。
朱圉山在天水冀县南。
岷山在蜀郡湔氐道西。
熊耳山在弘农卢氏县南。
荆山在南郡临沮县东北。
内方山在江夏竟陵县东北。
大别山在庐江安丰县西南。
外方山，嵩高是也。
桐柏山在南阳平氏县东南。
陪尾山在江夏安陆县东北。
衡山在长沙湘南县南。
九江地在长沙下巂县西北。
云梦泽在南郡华容县之东。
东陵地在庐江金兰县西北。
敷浅原地在豫章历陵县西南。
彭蠡泽在豫章彭泽县北。
中江在丹阳芜湖县南，东至会稽阳羡县入于海。
震泽在吴县南五十里。
北江在毗陵北界，东入于海。
峄阳山在下邳县之西。

羽山在东海祝其县南也。
陶丘在济阴定陶县之西南。
菏泽在定陶县东。
雷泽在济阴成阳县西北。
菏水在山阳湖陆县南。
蒙山在太山蒙阴县西南。
大野泽在山阳巨野县东北。
大邳地在河南成皋县北。
明都泽在梁郡睢阳县东北。
益州沱水在蜀郡汶江县西南,其一在郫县西南,皆还入江。
荆州沱水在南郡枝江县。
三澨在南郡邔县之北。
右禹贡山水泽地所在,凡六十。

第二章 《水经》文本的形成

研究一部典籍之文本,必须对其形成情形进行讨论。《水经》文本的形成,前人已多有留意,但主要集中讨论《水经》作者与著作时代的问题,不但着眼点较为狭小,而且论证不足,对这一问题也没有给出足够完整的解释。本书讨论《水经》文本的形成,仍然重视《水经》著作时代这一根本性问题,但拟采用一些新的手段,从《水经》文本渊源的角度,去进一步找寻合理的解答。同时拟对《水经》地理信息断限进行分析,推考《水经》所据材料,从而对《水经》文本的形成有一个较为全面的了解。

第一节 《水经》著作年代初议

前人对《水经》成书的讨论主要集中在《水经》的作者与著作时代上,这也是关于《水经》成书最直接的问题。

关于《水经》的作者与成书时间,自唐以降,颇有歧说。① 清代中叶以降,诸学者的观点虽然仍有分歧,但都共同承认一点,即《水经》文本的最终形成,大约是在三国曹魏时期。这一点之所以受到研究者的公认,有其坚实之证据。清人戴震云:"观其涪水条中,称广汉已作广魏,则决非汉时;钟水条中,称晋宁仍曰魏宁,则未及晋代。"② 杨守敬信从其说,并"更得数证":"《沔水经》:'东过魏兴安阳县南。'魏兴为曹氏所立之郡,《注》明言之,赵氏疑此条为后人所续

---

① 参汪辟疆:《分析〈水经〉和〈水经注〉作者的纷歧问题》,《江海学刊》1958年第1期;吴天任:《郦学研究史》,艺文印书馆1992年版,第4—12页。
② 见《水经注·目录》(殿本)。

增,不知此正魏人作经之明证。古淇水入河,至建安十九年曹操始遏淇水东入白沟,而《经》明云,'东过内黄县南为白沟',此又魏人作《经》之切证。又刘璋分巴郡置巴东、巴西郡,而《夷水》《漾水》经文只称巴郡。蜀先主置汉嘉郡、涪陵郡,而《若水》《延江水》经文不称汉嘉、涪陵。他如吴省沙羡县,而《经》仍称江夏沙羡;吴置始安郡于始安,而仍称零陵始安;盖以为敌国所改之制,故外之;此又魏人作《经》不下逮晋代之证也。"① 戴、杨所论,凿凿有据,二氏据此判断《水经》撰作于曹魏时期,后段熙仲、陈桥驿等学者信从其说。

不过,论定《水经》就是撰作于曹魏时期之说,亦有可疑之处。《水经》中除了有曹魏时期方存在的地名以外,还有一些只存在于西汉或者东汉前期的地名。所以,自宋代起不断有一类观点,即认为《水经》撰作时间较早,而后人续成。持这类观点的学者及其具体认识如下表所列。

表 2-1 认为《水经》文本系逐渐形成之学者及其观点②

学者	所持观点	观点依据
王应麟	"(桑)钦为此书而后人附益"	《水经》据载为桑钦所作,但又见寿张、临济、湖陆、永安、魏兴等西汉以后地名
胡渭	"《水经》创自东汉,而魏、晋人续成之,非一时一手作"	"往往有汉后地名,而首尾或不相应"
全祖望	"东京初人为之,曹魏初年人续成之"	《水经》既见东汉初年地名,又见东汉末年地名及水道情况
钱大昕	"《水经》为桑钦所作……后人附益改窜"	《水经》为桑钦所作,而其所载"郡县间有与西汉互异"

① 见《水经注疏要删·凡例》。
② 本表据王应麟《困学纪闻》卷十《地理》、胡渭《禹贡锥指·略例》、全祖望《水经题辞》(收于《全祖望七校王梓材抄本水经注》卷首)、钱大昕《三史拾遗》卷三《汉书地理志上》、钟凤年《水经著作时代之研究》(《齐鲁学报》1941 年第 1 期)、常征《〈水经〉作者及其成书年代》(《中国水利》1983 年第 6 期)、周振鹤《中国古代撰写水经的传统》(载《历史地理》第八辑)编制。

(续表)

学者	所持观点	观点依据
钟凤年	《水经》"原著成立甚早,乃后人遇其间地名已易者,就一己所知,随时更改"	《水经》所见地名出现于不同时期
常征	《水经》成于东汉后期,"曾经为传抄的魏人所加改"	《水经》既见东汉后期政区,又见曹魏政区
周振鹤	"郦注《水经》必定以桑钦《水经》为祖本,而加以多次增删改写而成"	《水经》有《禹贡山水泽地所在》篇,所载又有东汉制度

表中所列诸说并没有明显的传承关系,诸家对《水经》撰作年代的认定也不一致,但他们均认为今本《水经》"非一时一手作",而是有一个比较长的、渐进的撰作过程。当然,较晚近的持此类观点的学者也同意戴、杨之论证,从而承认《水经》文本最晚形成于曹魏。

相比之下,认为《水经》文本存在逐渐形成的过程的观点更加有包容性,似乎更为可取。持此说者之证据,首先是《水经》中见有不同时代的地名,然而这样的证据并非无可辩驳,如陈桥驿即认为"前代地名可为后代所长期袭用"①,从而不同意这类观点,不可谓无理。不同时代的地名可以作为辅证,但难以完全以之来说明《水经》有逐渐形成的过程。还有另一类证据。钱大昕发现,《汉志》中"称《古文》者十一,汧山、终南、惇物在扶风,外方在颍川,内方、陪尾在江夏,峄阳在东海,震泽在会稽,傅浅原在豫章,猪野泽在武威,流沙在张掖。皆古文尚书家说,与《水经》所载禹贡山泽,所在无不吻合"。钱氏据此认为《水经》可能为西汉末年的古文尚书家桑钦所作。② 周振鹤在钱氏的基础上,由《汉志》记水道时曾提及桑钦之异说推导出桑钦确有《水经》之作,并认为桑钦《水经》和郦注《水经》有

---

① 陈桥驿:《钟凤年与〈水经注〉》,《陕西师范大学学报(哲学社会科学版)》1992年第3期。
② [清]钱大昕:《三史拾遗》卷三《汉书地理志上》。

渊源,桑钦《水经》可谓是郦注《水经》的祖本。① 今按:《汉志》所引桑钦之语悉载水道,与今本《水经》内容不同;引古文尚书家语悉释山名,与今本《水经》之《禹贡山水泽地所在》篇所载一致。从《汉志》所征引的方式来看,"桑钦"之语与"古文"之语似乎并不是同一部著作,内容有比较明显的区别。作为古文尚书家的桑钦固然有释水道之作,或可称为桑钦《水经》,但没有证据表明与今本《水经·禹贡山水泽地所在》相应的"古文"之说也是桑钦《水经》的一部分。《汉志》所引古文尚书家语可能是《水经》的材料来源,但是并不能说就是《水经·禹贡山水泽地所在》原文,而桑钦《水经》与今本《水经》的文本关系也没有直接的证据来说明。所以,依《汉志》所引材料推论《水经》祖本之作在西汉末也并不可靠。

经由以上讨论可知,无论是认定《水经》为三国曹魏人所作,还是认为《水经》文本有一个逐渐形成的过程,诸学者其实都没有举出足够坚实的证据。基于以上讨论唯一可以认定的是,《水经》文本的写定确实是在三国曹魏时。至于其作者,更加无从查考。始见于《唐六典》的"作者"桑钦,最多是《水经》部分材料或观点的贡献者,而不可能是《水经》的写定者。

段熙仲已经注意到,今本《水经》之中所见之魏兴郡,设于魏文帝黄初二年(221),此为推测《水经》成书年代之参考,信然。魏人写定《水经》必定在此之后。

第二节 《水经》文本渊源考析与《水经》著作年代之再判断

虽然上文的讨论说明考证《水经》的成书情况十分困难,但对这一问题的考索其实仍可更进一步。对《水经》文本渊源进行考析,或可成为进一步探索《水经》成书情况的一道门径。

战国秦汉时期,随着对中原及周边地区的开发日渐成熟,世人

---

① 周振鹤:《中国古代撰写水经的传统》,载《历史地理》第八辑,第83—87页。

对于地理环境的认识也逐渐深入,于是出现了不少记载地理的著作。在众多的地理事物中,河流对人类的影响至为深刻,也特为人们所重视,所以在许多记载地理的书籍中,着重对河流进行了记录,更有专门记载河流的著作出现。在三国时期《水经》写定以前,地理文献如《尚书·禹贡》《周礼·职方》《山海经·五藏山经》《汉书·地理志》等都有对河流水道的专门记载,而《山海经·海内东经·附篇》更是我国地学史上已知的第一部《水经》,甚至字书《说文解字》的《水部》也可以被视为一部重要的水道著作。①

《尚书·禹贡》(以下简称《禹贡》)中的"导水"部分是目前可见的最早的专门记载河流的文献。其中比较清晰地记载了九条大水的源流,并载其支流汇入的情况,水系概貌颇可概览。《禹贡》的"九州"部分、《周礼·职方》(以下简称《职方》)中也记载了一部分河流名称,虽然不载源流,但是明确记载了这些河流所处地域及对于时人的重要性。《山海经·五藏山经》(以下简称《山经》)虽然言辞迂怪,但是也收录了大量可以考实的河流,指明了它们的源出与流归。《山海经·海内东经·附篇》(以下简称《海经·附篇》)、《汉书·地理志》(以下简称《汉志》)、《说文解字·水部》(以下简称《说文·水部》)更是以平实凝练的语言详细、准确地记载了数量庞大的大小河川之流路。除了《汉志》《说文》外,各书的成书时间都有一些争议而难以精确指明,不过就所载水地情况而言,《禹贡》《职方》《山经》《海经·附篇》要早于《水经》,而《汉志》《说文·水部》则几乎与《水经》同时。而无论如何,生活于曹魏时期的《水经》写定者,已经完全可以掌握其他诸书。

撰作《水经》必须广搜资料,而上述先代典籍无疑是可资利用的极好材料。《水经》对所录河流的选择,确实受到了这些典籍的部分影响,但是总体看来并不具有严格的对应性,关于此点,本书第三章第一节将加以讨论,此处不赘。本节拟就《水经》之文句与上举诸文

---

① 周振鹤:《中国古代撰写水经的传统》,载《历史地理》第八辑,第83—87页。

献的对应关系进行探索,从而对《水经》的文本渊源获得一些整体性的认识。

关于《水经》文句与先代典籍的对应关系,学者已经有了一些认识。郦道元注《水经》时,即常举《山经》文句与《水经》对照。明清诸家校郦书时,也经常列举《山经》《汉志》《说文》的文句与《水经》相参证①,其中杨守敬更径称部分文句与先代文献的继承关系,如"沿《禹本纪》之误""本《汉书》"②等。而若郝懿行注《山海》③、王先谦注《汉志》④、段玉裁注《说文》⑤等,亦皆举《水经》文本以与相应典籍中之文字相对照。及至晚近,陈桥驿也认识到了一些"《水经》本《说文》"的情况。⑥ 周振鹤比较了《海经·附篇》《汉志》《说文》《水经》对沅水的记载,指出《水经》所载较先代典籍更加精详。⑦ 但是这些认识都比较零碎,缺乏整体的整理与认知。

《禹贡·导水》《山经》《海经·附篇》《汉志》《说文》记载河流,特重发源与归宿,而对流经之地说明较少。与它们不同,《水经》对河流的记载,则对"中间沿历之地""备著之","出某县,向某方流,迳某县某方,至某县合某水,某县入某水,一一明确"。⑧ 显然,《水经》之撰作不可能完全根据这些典籍来完成。虽然如此,但仍可将这些典籍对河流的发源、归宿的记载与《水经》所载相对照,如表 2-2 所示。

---

① 至有据以校《水经》文字者,如戴震据《山经》校《洧水》篇"攻离山"为"支离山",据《汉志》校《沔水》篇"淮水"为"东山",杨守敬据《说文》校《渭水》篇"渭谷亭"作"渭首亭"等。当然这些校改未必准确,参第一章第二节。

② 分见《水经注疏》卷一《河水一》经文"去嵩高五万里"及卷二《河水二》经文"其一源出于阗国南山,北流,与葱岭河合,东注蒲昌海"下。

③ [清]郝懿行:《山海经笺疏》。

④ [清]王先谦:《汉书补注》。

⑤ [清]段玉裁:《说文解字注》。

⑥ 陈桥驿:《〈水经·浿水篇〉笺校——兼考中国古籍记载的朝鲜河川》,原载《韩国研究》第二辑,今据作者文集《水经注研究四集》,杭州出版社 2003 年版,第 315—330 页。

⑦ 周振鹤:《中国古代撰写水经的传统》,载《历史地理》第八辑,第 83—87 页。

⑧ [清]胡渭:《禹贡锥指·例略》。

表 2-2 《水经》与战国秦汉各载水文献对河流始末记载对照表①

河名	水经	禹贡	山海经	汉志	说文
河水	昆仑墟在西北,去嵩高五万里,地之中也。其高万一千里。河水出其东北陬,屈从其东南流,入于渤海。又出海外,南至积石山,下有石门,河水冒以西南流。又南入葱岭山,又从葱岭出而东北流。其一源出于阗国南山,北流,与葱岭河合,东注蒲昌海。……又东北,入于海	道河积石,至于龙门……入于海	积石之山,其下有石门,河水冒以西流(《山经》)		河水出敦煌塞外昆仑山
汾水	汾水出太原汾阳县北管涔山……西注于河		汾水出上窳北,而西南注河(《海经·附篇》)管涔之山,汾水出焉,而西流注于河(《山经》)	汾阳。北山,汾水所出,西南至汾阴入河	汾水出大原晋阳山,西南入河。……或曰出汾阳北山
浍水	浍水出河东绛县东浍交东高山……注于汾水				浍水出河东𪓟霍山,西南入汾
涑水	涑水出河东闻喜县东山黍葭谷……又西南注于张阳池				
文水	文水出大陵县西山文谷……东入于汾				

① 表中不同的下画线表示不同的对应关系。各典籍中或存在文字的讹误,但所指地名明显相同的,则视为对应。

(续表)

河名	水经	禹贡	山海经	汉志	说文
原公水	原公水出兹氏县西羊头山……又东入于汾				
洞过水	洞过水出沾县北山……西入于汾,出晋水下口者也				
晋水	晋水出晋阳县西悬瓮山……又东入于汾水		县雍之山,晋水出焉,而东南流注于汾(《海经·附篇》)	晋阳。晋水所出,东入汾	
湛水	湛水出河内轵县西北山……南入于河				
济水	济水出河东垣县东王屋山,为沇水……南入于河。……分为二:其一水……入于河。其一水……入于淮	道沇水,东流为泲……东入于海	济水出共山南东丘,绝巨鹿泽,注渤海,入齐琅槐东北(《海经·附篇》)	垣。《禹贡》王屋山在东北,沇水所出,东南至武德入河	沇水出河东垣东王屋山,东为泲
清水	清水出河内修武县之北黑山……又东入于河				
沁水	沁水出上党涅县谒戾山……东入于河		沁水出井陉山东,东南注河,入怀东南(《海经·附篇》) 谒戾之山……沁水出焉,南流注于河(《山经》)	谷远。羊头山世靡谷,沁水所出,东南至荥阳入河	清水出上党谷远羊头山

(续表)

河名	水经	禹贡	山海经	汉志	说文
淇水	淇水出河内隆虑县西大号山……入于海			共。北山，淇水所出，东至黎阳入河	淇水出河内共北山，东入河。或曰出隆虑西山
荡水	荡水出河内荡阴县西山东……入于黄泽			荡阴。荡水东至内黄泽	荡水出河内荡阴，东入黄泽
洹水	洹水出上党泫氏县……东入于白沟				
浊漳水	浊漳水出上党长子县西发鸠山……东入海		漳水出山阳东，东注渤海，入章武南（《海经·附篇》）发鸠之山……漳水出焉，东流注于河（《山经》）	长子。鹿谷山，浊漳水所出，东至邺入清漳	浊漳出上党长子鹿谷山，东入清漳
清漳水	清漳水出上党沾县西北少山大要谷……入于浊漳		少山……清漳之水出焉，东流于浊漳之水（《山经》）	沾。大黾谷，清漳水所出，北至阜成入大河	清漳出沾山大要谷，北入河
易水	易水出涿郡故安县阎乡西山……东入于海			故安。阎乡，易水所出，东至范阳入濡也	
滱水	滱水出代郡灵丘县高氏山……又东北入于易		高是之山……滱水出焉，东流注于河（《海经·附篇》）	灵丘。滱河东至文安入大河	滱水起北地灵丘，东入河
圣水	圣水出上谷……东入于海				

(续表)

河名	水经	禹贡	山海经	汉志	说文
巨马河	巨马河出代郡广昌县涞山……东入于海			广昌。涞水东南至容城入河	涞水起北地广昌,东入河
㶟水	㶟水出雁门阴馆县……入筒沟			阴馆。累头山,治水所出,东至泉州入海	㶟水出雁门阴馆累头山,东入海
㶟余水	㶟余水出上谷居庸关东……入于沽河			军都。温余水东至路南入沽	
沽河	沽河从塞外来……东入于海			渔阳。沽水出塞外,东南至泉州入海	沽水出渔阳塞外,东入海
鲍丘水	鲍丘水从塞外来……屈东入于海				
濡水	濡水从塞外来……南入于海			肥如。濡水南入海阳	
大辽水	大辽水出塞外卫皋山……南入于海			潦水出卫皋东,东南注渤海,入潦阳(《海经·附篇》)	望平。大辽水出塞外,南至安市入海
小辽水	又玄菟高句丽县有辽山,小辽水所出……入于大辽水也				高句骊。辽山,辽水所出,西南至辽队入大辽水
浿水	浿水出乐浪镂方县……东入于海			浿水。水西至增地入海	浿水,出乐浪镂方,东入海

(续表)

河名	水经	禹贡	山海经	汉志	说文
洛水	洛水出京兆上洛县灌举山……又北入于河	道洛自熊耳……又东北入于河	洛水出上洛西山，东北注河，入成皋西（《海经·附篇》）	上雒。《禹贡》雒水出冢领山，东北至巩入河	
伊水	伊水出南阳鲁阳县西蔓渠山……北入于洛		蔓渠之山……伊水出焉，而东流注于洛（《山经》）	卢氏。熊耳山在东，伊水出，东北入雒	
瀍水	瀍水出河南谷城县北山……又东入于洛			谷成。《禹贡》瀍水出潜亭北，东南入雒	
涧水	涧水出新安县南白石山，东南入于洛		白石之山……涧水出于其阴，西北流注于谷水（《山经》）	新安。《禹贡》涧水在东，南入雒	涧水出弘农新安，东南入洛
谷水	谷水出弘农黾池县南幡冢林谷阳谷……东南入于洛		其（传山）西有林焉，名曰幡冢，谷水出焉，而东流注于洛（《海经·附篇》）	黾池。谷水出谷阳谷，东北至谷城入雒	
甘水	甘水出弘农宜阳县鹿蹄山……入洛				
漆水	漆水出扶风杜阳县俞山东，北入于渭		㯗次之山，漆水出焉，北流注于渭（《海经·附篇》）	漆。水在县西	漆水出右扶风杜陵岐山，东入渭

(续表)

河名	水经	禹贡	山海经	汉志	说文
浐水	浐水出京兆蓝田谷，北入于灞			南陵。沂水出蓝田谷，北至霸陵入霸水	浐水出京兆蓝田谷，入灞
沮水	沮水出北地直路县……东入于洛			直路，沮水出西，东入洛	濾水出北地直路西，东入洛
渭水	渭水出陇西首阳县渭谷亭南乌鼠山……东入于河	道渭自乌鼠同穴，东……入于河	渭水出乌鼠同穴山，东注河，入华阴北（《海经·附篇》）乌鼠同穴之山……渭水出焉，而东流注于河（《山经》）	首阳。《禹贡》乌鼠同穴山在西南，渭水所出，东至船司空入河	渭水出陇西首阳渭首亭南谷，东入河
漾水	漾水出陇西氐道县嶓冢山……南入于江	嶓冢导漾，东流为汉……南入于江……东为北江，入于海	嶓冢之山，汉水出焉，而东南流注于沔（《山经》）	氐道。《禹贡》养水所出，至武都为汉	漾水出陇西豲道，东至武都为汉
丹水	丹水出京兆上洛县西北冢岭山……入于均			丹水。水出上雒冢领山，东至析入钧	
汝水	汝水出河南梁县勉乡西天息山……南入于淮		汝水出天息山……入淮，极西北（《海经·附篇》）	定陵。高陵山，汝水出，东南至新蔡入淮	汝水出弘农卢氏还归山，东入淮
颍水	颍水出颍川阳城县西北少室山……南入于淮		颍水出少室……入淮西鄢西北（《海经·附篇》）	阳城。阳乾山，颍水所出，东至下蔡入淮	颍水出颍川阳城乾山，东入淮

(续表)

河名	水经	禹贡	山海经	汉志	说文
洧水	洧水出河南密县西南马领山……折入于颍			阳城。阳城山,洧水所出,东南至长平入颍	洧水出颍川阳城山,东南入颍
溱水	溱水出河南密县大騩山,东南入于颍			密。有大騩山,密水所出,东至临颍入颍	溱水出河南密县大隗山,南入颍
潧水	潧水出郑县西北平地……又南入于洧水				潧水出郑国
渠	渠出荥阳北河……南入于淮			荥阳。有狼荡渠,首受泲,东南至陈入颍	
阴沟水	阴沟水出河南阳武县蒗荡渠……入于淮				
汳水	汳水出阴沟于浚仪县北,又东至梁郡蒙县,为雎水,余波南入睢阳城中			浚仪。睢水首受狼汤水,东至取虑入泗	汳水受陈留浚仪阴沟,至蒙为雎水,东入于泗
雅水	雅水出汳水于梁郡蒙县北……东入于泗				
睢水	睢水出梁郡鄢县……入于雅				
鉽子河	鉽子河出东郡濮阳县北河……分为二；……济河东北入于海。时水……东入于沂				

(续表)

河名	水经	禹贡	山海经	汉志	说文
汶水	汶水出泰山莱芜县原山……入于济			泰山郡。汶水出莱毋，西入济。莱芜……又《禹贡》汶水出，西南入泲。汶水，桑钦所言	桑钦说：汶水出泰山莱芜，西南入泲
泗水	泗水出鲁卞县北山……又东南入于淮		泗水出鲁东北……而东南注东海，入淮阴北（《海经·附篇》）	下。泗水西南至方与入泲	泗水受泲水，东入淮
沂水	沂水出泰山盖县艾山……南入于泗			盖。沂水南至下邳入泗	沂水出东海费东，西入泗
洙水	洙水出泰山盖县临乐山……入于泗			盖。临乐子山，洙水所出，西北至盖入池水	洙水出泰山盖临乐山，北入泗
沭水	沭水出琅邪东莞县西北山……东入于沂			东莞。术水南至下邳入泗	沭水出（下阙）
巨洋水	巨洋水出朱虚县泰山……又东北入于海			临朐。石膏山，洋水所出，东北至广饶入钜定	洋水出齐临朐高山，东北入钜定
淄水	淄水出泰山莱芜县原山……又东北入于海			莱芜。原山，甾水所出，东至博昌入泲	
汶水	汶水出朱虚县泰山……又东北入于潍			朱虚。东泰山，汶水所出，东至安丘入潍	汶水出琅邪朱虚县泰山，东入潍

(续表)

河名	水经	禹贡	山海经	汉志	说文
潍水	潍水出琅邪箕县……又东北入于海			箕。《禹贡》潍水北至都昌入海	潍水出琅邪箕屋山,东入海
胶水	胶水出黔陬县胶山……北入于海			邞。胶水东至平度入海	
沔水	沔水出武都沮县东狼谷中……南入于江。沔水与江合流……东入于海	嶓冢导漾,东流为汉……南入于江……东为北江,入于海	汉水出鲋鱼之山(《海经·附篇》)	武都。东汉水受氐道水,一名沔,过江夏,谓之夏水,入江。沮。沮水出东狼谷,南至沙羡南入江	沔水出武都沮县东狼谷,东南入江
潜水	潜水出巴郡宕渠县,又南入于江			宕渠。潜水西南入江	濳水出巴郡宕渠,西南入江
湍水	湍水出郦县北芬山……东入于淯		翼望之山,湍水出焉,东流注于济(《山经》)		
均水	均水出析县北山……南入于沔				
粉水	粉水出房陵县……东入于沔			房陵。又有筑水东至筑阳,亦入沔	
白水	白水出朝阳县西……东入于淯				
沘水	沘水出比阳东北太胡山……南入于淯				
淮水	淮水出南阳平氏县胎簪山……入于海	道淮自桐柏……东入于海	淮水出余山……入海,淮浦北(《海经·附篇》)	平氏。《禹贡》桐柏大复山在东南,淮水所出,东南至淮浦入海	淮水出南阳平氏桐柏大复山,东南入海

(续表)

河名	水经	禹贡	山海经	汉志	说文
滍水	滍水出南阳鲁阳县西之尧山……东注于汝			鲁阳。滍水所出,东北至定陵入汝	滍水出南阳鲁阳尧山,东北入汝
淯水	淯水出弘农卢氏县攻离山……南入于沔		支离之山,济水出焉,南流注于汉(《山经》)	郦。育水出西北,南入汉	淯水出弘农卢氏山,东南入沔
㶏水	㶏水出㶏强县南泽中,东入颍				㶏水出颍川阳城少室山,东入颍
灈水	灈水出汝南吴房县西北兴山……入于汝				灈水出汝南吴房,入瀙
瀙水	瀙水出潕阴县东上界山……东入汝		葴山,视水出焉,东南流注于汝水(《山经》)	舞阴。中阴山,瀙水所出,东至蔡入汝	瀙水出南阳舞阴中阳山,入颍
潕水	潕水出潕阳县西北扶予山……东入于汝		朝歌之山,潕水出焉,东南流注于荥(《山经》)		潕水出南阳潕阴,东入颍
溃水	溃水出蔡阳县……又东南入于夏				溃水出南阳蔡阳,东入夏水
漻水	漻水出江夏平春县西……入于溃				
蕲水	蕲水出江夏蕲春县北山……南入于江				
决水	决水出庐江雩娄县南大别山……又北入于淮			雩娄。决水北至蓼入淮	

(续表)

河名	水经	禹贡	山海经	汉志	说文
沘水	沘水出庐江灊县西南霍山东北……北入于淮			灊。沘山，沘水所出，北至寿春入芍陂	
泄水	泄水出博安县……西北入于淮				泄水受九江博安洵波，北入氐
肥水	肥水出九江成德县广阳乡西……北入于淮				
施水	施水亦从广阳乡东南入于湖，肥水别				
沮水	沮水出汉中房陵县淮山……南入于江		景山，雎水出焉，东南流注于江（《海经·附篇》）	房陵。东山，沮水所出，东至郢入江	沮水出汉中房陵，东入江
漳水	漳水出临沮县东荆山……入于沮		荆山……漳水出焉，而东南流注于雎（《山经》）	临沮。《禹贡》南条荆山在东北，漳水所出，东至江陵入阳水	南漳出南郡临沮
夏水	夏水出江流于江陵县东南……入于沔			华容。夏水首受江，东入沔	
羌水	羌水出羌中参狼谷……南入于江		白水出蜀，而东南注江，入江州城下（《海经·附篇》）	羌道。羌水出塞外，南至阴平入白水	
涪水	涪水出广魏涪县……与梓潼合			刚氐道。涪水出徼外，南至垫江入汉	涪水出广汉刚邑道徼外，南入汉

(续表)

河名	水经	禹贡	山海经	汉志	说文
梓潼水	梓潼水出其县北界……入于垫江				潼水出广汉梓潼北崂，南入垫江
涔水	涔水出汉中南郑县东南旱山……入于沔				
大江	岷山在蜀郡氐道县，大江所出……	岷山道江，东别为沱……东为中江，入于海	岷三江：首大江出岷山……入海。岷山，江水出焉。崃山，江水出焉。崌山，江水出焉（《山经》）	湔氐道。《禹贡》岷山在西徼外，江水所出，东南至江都入海	江水出蜀湔氐徼外崏山，入海
青衣水	青衣水出青衣县西蒙山……入于江		濛水出汉阳西，入江，聂阳西（《海经·附篇》）	青衣。《禹贡》蒙山谿大渡水东南至南安入渽	浅水出蜀郡汶江徼外，东南入江
桓水	桓水出蜀郡岷山……入于南海			蜀郡。《禹贡》桓水出蜀山西南行羌中，入南海	
若水	若水出蜀郡旄牛徼外……入于江			旄牛。若水亦出徼外，南至大莋入绳	
沫水	沫水出广柔徼外……东入于江			汶江。渽水出徼外，南至南安，东入江	沫水出蜀西南徼外，东南入江
延江水	延江水出犍为南广县……注更始水，又东南……入于酉水。酉水东南……入于沅				
存水	存水出犍为郁鄢县……注于潭				

(续表)

河名	水经	禹贡	山海经	汉志	说文
温水	温水出牂柯夜郎县……东北入于郁			符。温水南至鳖入黚水。镡封。温水至广郁入郁	温水出犍为符,南入黔水
淹水	淹水出越巂遂久县徼外……东入于若水			遂久。绳水出徼外,东至僰道入江	
叶榆河	叶榆河出其县北界……东入海				
夷水	夷水出巴郡鱼复县江……东入于江			巫。夷水东至夷道入江	
油水	油水出武陵孱陵县西界……又东北入于江			高成。繇水南至华容入江	油水出武陵孱陵西,东南入江
澧水	澧水出武陵充县西历山……东入于江			充。历山,澧水所出,东至下隽入沅	
沅水	沅水出牂柯且兰县……北入于江		沅水出象郡镡城西,东注江,入下隽西(《海经·附篇》)	故且兰。沅水东南至益阳入江	沅水出牂柯故且兰,东北入江
浪水	浪水出武陵镡城县北界沅水谷……分为二:其一南入于海,其一又东过东,南于海,其余又东至龙川,为涅水,屈北入员水。员水又东南一千五百里,入南海		郁水出象郡,而西南注南海,入须陵东南(《海经·附篇》)祷过之山,浪水出焉,而南流注于海(《山经》)	广郁。郁水首受夜郎豚水,东至四会入海	

(续表)

河名	水经	禹贡	山海经	汉志	说文
资水	资水出零陵都梁县路山……东北入于江也			都梁。路山,资水所出,东北至益阳入沅	
涟水	涟水出连道县西,资水之别。……东入于湘				
湘水	湘水出零陵始安县阳海山……入于江		湘水出舜葬东南陬,西环之,入洞庭下(《海经·附篇》)	零陵。阳海山,湘水所出,北至酃入江	湘水出零陵县阳海山,北入江
漓水	漓水亦出阳海山……入于郁水			零陵。阳海山……又有离水,东南至广信入郁林	
溱水	溱水出桂阳临武县南……南入于海		肄水出临武西南,而东南注海,入番禺西(《海经·附篇》)	临武。秦水东南至浈阳入汇	溱水出桂阳临武,入汇
洭水	洭水出桂阳县卢聚……南出洭浦关,为桂水		潢水出桂阳西北山,东南注肄水,入敦浦西(《海经·附篇》)	桂阳。汇水南至四会入郁	洭水出桂阳县卢聚,南出洭浦关为桂水
深水	深水出桂阳卢聚……入于湘				深水出桂阳南平,西入营道
钟水	钟水出桂阳南平县都山……又东北入于湘				
耒水	耒水出桂阳郴县南山……北入于湘			郴。耒山,耒水所出,西南至湘南入湖	

(续表)

河名	水经	禹贡	山海经	汉志	说文
洣水	洣水出茶陵县上乡……又西北入于湘			茶陵。泥水西入湘	
漉水	漉水出醴陵县东漉山……注入于湘				
浏水	浏水出临湘县东南浏阳邑……西入于湘				
溳水	溳水出豫章艾县……入于湘水				溳水出豫章艾县,西入湘
赣水	赣水出豫章南野县……北入于江		赣水出聂都东山,东北注江,入彭泽西（《海经·附篇》）	于都。湖汉水东至彭泽入江	
庐江水	庐江水出三天子都……北入于江		庐江出三天子都,入江,彭泽西（《海经·附篇》）	庐江郡。庐江出陵阳东南,北入江	
浙江水	浙江水出三天子都……东入于海		浙江出三天子都……入海,余暨南（《海经·附篇》）	黝。浙江水出南蛮夷中,东入海	渐水出丹阳黟南蛮中,东入海
斤南水	斤南水出交阯龙编县……东注于郁			临尘。又有斤南水	
日南郡水	皆出日南郡西,东入于海			临尘。又有侵离水	

(续表)

河名	水经	禹贡	山海经	汉志	说文
弱水	弱水出张掖删丹县西北,至酒泉会水县,入合黎山腹	道弱水,至于合黎,余波入于流沙			
黑水	黑水出张掖鸡山,南流至燉煌,过三危山,南流入于南海	道黑水,至于三危,入于南海			

由表可知,即使在河流的发源与归宿方面,既有典籍的记载不与《水经》完全一致,也确实有很多可相对应之处。

兹先讨论《水经》记载河流发源的各项地理要素。

《水经》记河流源出之山名,分为以下几种情况。第一,诸典籍说法一致,则亦沿袭此说法。如《禹贡》《山经》《海经·附篇》《汉志》皆称渭水出鸟鼠同穴山,《水经》亦称渭水出鸟鼠山;又如《禹贡》《山经》《海经·附篇》《汉志》《说文》皆称江水出岷山,《水经》亦称大江出岷山。第二,《山经》称水出某山而他书或不载、或有其他说法的,《水经》所载往往与《山经》相应。《水经》所录之水中,《山经》确载其发源者凡22处,而只有湍水、灢水(《山经》视水)、沅水、沮水(《山经》雎水)四处,《水经》所载河流源出之山与《山经》完全不同。除此四处外,当《山经》记载的河流源出之山与《汉志》《说文》甚至《海经·附篇》相矛盾时,《水经》一律取《山经》之说。如沁水,《山经》称出谒戾山,《海经·附篇》称出井陉山,《汉志》《说文》称出羊头山,《水经》独从《山经》称出谒戾山。即使是湍水等四处不从《山经》之说的,《水经》所载发源之山也与《汉志》《说文》不同。第三,《山经》不载某水所出山而他书见载者,《水经》所载此水所出山可能与他书相同,也可能与他书不同,没有明显的标准。如"汝水""颍水"同于《海经·附篇》而异于《汉志》《说文》;"淮水"与《禹贡》《海经》《汉志》《说文》皆异;"湍水"同于《说文》而异于《汉志》;"沘水"只有《汉志》一种说法,而《水经》亦与之不同,但"澧水"只有《汉志》一种说法,而

《水经》又与之相同等。第四,他书皆不载而独见于《水经》者。这种情况当然无法比较,也并不少见。可知,《水经》记载河流源出地的山名,除了与《山经》的记载有比较明显的文本联系之外,与其他典籍并没有明确的对应关系。

政区是《水经》记河流源出的另一要素。与山名不同,上述诸典籍中载有河流源出之政区的只有《海经·附篇》《汉志》《说文》。《海经·附篇》所载的政区面貌比较模糊,数量也不多,《水经》载河流源出政区多与之不同,只有溱水、洭水两条与之相同,不过这两条也与《汉志》《说文》所载相同,所以不宜视为《水经》与《海经·附篇》文本关系的证据。相比之下,《水经》在河流源出政区方面与《汉志》《说文》的文本联系则比较明显。《汉志》于某水所出之县条下载该水始末(偶有例外),其所载之水见于《水经》者共有 83 条,绝大多数都系于该水所发源之县下,其例外者也都说明了河流发源的政区信息。《水经》所载河流发源政区信息(主要是县,也包括郡、徼外等)与《汉志》相同的一共有 56 条。《说文》所载之水见于《水经》者共有 61 条,其中 59 条于《说文》中见有发源地政区信息,而《水经》所载相应河流发源政区信息与《说文》相同者共有 44 条。在《汉志》《说文》均载的情况下,《水经》所载河流发源政区信息既同于《汉志》又同于《说文》者,共有 30 条;同于《汉志》而不同于《说文》的,共有 3 条;同于《说文》而不同于《汉志》的,共有 5 条;与《汉志》《说文》皆不同的,共有 9 条(其中 8 条《汉志》《说文》所载一致,只有"汝水"一条《汉志》《说文》所载亦不相同)。当然,还有为数不少的河流《水经》载其发源政区信息,而《汉志》《说文》皆不见载。

此外,《水经》载河流发源尚有少量"谷"的信息,这些信息完全与《汉志》相同,即清漳水出大黾谷,谷水出谷阳谷,浐水出蓝田谷,沔水出东狼谷。其中除"谷阳谷"外,也都与《说文》相同。但《汉志》载沁水出世靡谷,《水经》却不见此信息。

可见,《水经》记载河流发源的各项地理要素与先代典籍存在一定的对应关系,并且不同的地理要素与各典籍的对应程度也有差异。在可以对应的部分中,河流发源之山地,《山经》之说与其他典籍相比明显更受重视；而河流发源之政区，《汉志》《说文》文本与《水经》的对应关系也比较明显。一种典型的情况是，《水经》将《山经》所载山与《汉志》《说文》所载县、谷连缀成句，以形成自己的文本。如《清漳水》篇"清漳水出上党沾县西北少山大黾谷"，其中"上党沾县""大黾谷"与《汉志》《说文》同①，而所出"少山"却同于《山经》；又如《涧水》篇"涧水出新安县南白石山"，其"新安县"与《汉志》《说文》同，而所出"白石山"则同于《山经》。从这个角度看，《水经》的文本有一种"博采众家之长"的意味。

次论《水经》完整文句与他书的相似性。

观察表 2-2 可知，《水经》的文句结构，乃至全句之文字，与《说文》有很强的相似性。《水经》与《说文》叙河流发源，一般都是采用"某水出（某郡）某县某山"的格式，而由于格式的一致，只要《水经》所载内容与《说文》近同，那么两者的文本就显得极为相似。如《水经》："荡水出河内荡阴县西山东……入于黄泽。"《说文》："荡水出河内荡阴，东入黄泽。"两者极为相似。而记载了同样内容的《汉志》却在荡阴县下载："荡水东至内黄泽。"与两者明显不同。通检全表，《水经》与《说文》存在如上严格对应关系的一共有 18 处，而若放宽标准，将两书所载县名、山名微有差异而大体文字一致的也纳入的话，则可达 33 处，为数不可谓不多。

而《水经》全句文字与《山经》《汉志》等先代文献近同者，亦有所见。最典型的是叙述河水发源之文字。《水经·河水》首句"昆仑墟在西北，去嵩高五万里，地之中也"，郦道元已经指出，"《禹本纪》与此同"。次句"其高万一千里"，杨守敬指出，"此《河图括地象》文"，而《淮南子·墬形训》也载昆仑墟"高万一千里百一十四步三尺六寸"。次句"河水出其东北陬，屈从其东南流，入于渤海，又出海外，南至积石山，下有石门，河水冒以西南流"与《海经·海内西经》"河

---

① 《说文》作"沾山大要谷"，其"沾山"当解作"沾县之山"，或者就是"沾县"之误，而"要"即"夒"之异写。《汉志》"大黾（鼋）谷"则应是"大夒谷"之形变。

水出东北隅,以行其北,西南又入渤海。又出海外,即西而北,入禹所导积石山"及《山经·西次三经》"积石之山,下有石门,河水冒以西流"文字大致相同。次句"又南入葱岭山,又从葱岭出而东北流,其一源出于阗国南山,北流与葱岭河合,东注蒲昌海"与《汉书·西域传》"其河有两原,一出葱岭山,一出于阗。于阗在南山下,其河北流,与葱岭河合,东注蒲昌海"文字大致相同。又有如《水经·桓水》"桓水出蜀郡岷山,西南行羌中,入于南海"与《汉志》蜀郡"《禹贡》桓水出蜀山,西南行羌中,入南海"文字基本一致。又有如《水经·深水》"又西北过泉陵县,西北七里至燕室丘,入于湘"与东汉王充《论衡·验符》"湘水去泉陵城七里,水上聚石曰燕室丘"文字相似等。这些都是《水经》与其他典籍文字近同的完整文句,而且如《深水》篇特别指出燕室丘距泉陵城七里,与《水经》一般的写法颇为不同,《水经》与这些典籍肯定存在着文本上的同源或者继承关系。

由上文讨论的两个方面来看,无论是记载河流发源的各项地理要素,还是完整文句的结构与内容,《水经》都与《山海经》《汉志》《说文》等典籍的内容有许多相似之处,并且有许多将各种典籍的记载加以糅合的迹象。对于这种现象的出现,最合理的解释就是《水经》在撰作之时,对先代典籍的相关内容进行了不同程度的剪裁与吸收,从而形成了《水经》的文本。

当然,要证实此说,尚必须排除这样一种可能,即《水经》同样掌握《汉志》《说文》所本的材料(《说文》所载多与《汉志》同,两者所据当是同样的材料),而造成其文本有许多与《汉志》及《说文》相似者(《山海经》等书,由于时代太早,故可以直接视为《水经》文本对它们的继承而不必多加讨论)。分析《汉志》《水经》关于郁水的记载能够很好地帮助我们探讨这一问题。方国瑜指出,《汉志》记载了两条郁水,分别是郁林郡广郁县下的"郁水首受夜郎豚水,东至四会入海"之郁水(其支流有出自镡封县的温水),与牂牁郡句町县下文象水所入及郁林郡领方县下斤员水所入之郁水,两郁水分别对应当今的北盘江-红水河与右江。但《水经·温水》载:"温水出牂牁夜郎县,又东至郁林广郁县,为郁水,又东至领方县东,与斤南水合。东北入于郁。""取《汉志》说而错乱",混两郁水为一。① 两郁水不能通流,且《水经》文句不通,其误显然。《温水》篇的记载确实与《汉志》有着文本对应的关系,《汉志》所据原始材料应当是比较准确的记载,所以《汉志》才能完整准确地叙述两条郁水的信息。而作为一部记载水道的专著,倘《水经》同样用这份原始材料记叙郁水,很难想象反而会误载如此。而且,在用这份原始材料写成的《汉志》中,两郁水的信息分见于各县下,就很容易造成读者误以两者为一,后世人在寻绎郁水资料时,极易将所见关于郁水的记载简单缀联。《水经》此处文本应当就是将《汉志》广郁县下的郁水信息与领方县下的郁水信息简单拼凑而成。换言之,如果《水经》作者掌握《汉志》《说文》所据的原始资料,《水经》就不应当犯这样的错误。所以,笔者相信,《水经》所据材料应当不包括《汉志》《说文》所据的原始资料,而其与《汉志》《说文》相应的文句,则确实是袭自两书。

以上就是对可以查证的《水经》文本渊源的考析。由之可以判定,《水经》的撰作一定是在东汉中期《汉志》《说文》成书之后的,而且,从《水经》作者已经难以掌握《汉志》《说文》所据原始资料,而只能以两书作为材料来源来看,其所处时代可能上距东汉中期已有一段时间,而最可能在汉末战乱、图籍散乱以后,也就是曹魏时期,这与本章第一节所考定的曹魏人写定《水经》的事实正相符合。所以,《水经》完全可以坐实为曹魏人所撰作。

第三节 《水经》地理信息断代与材料来源

虽然曹魏人撰作《水经》的事实可以确定,但是细核《水经》文本,尚有许多易生疑窦之处,值得讨论。

上文提及,《水经》中颇常见前代地名,这与《水经》中见载曹魏时期地名的情况似相龃龉。《水经》中还有一种情况与此相似:《浊

---

① 方国瑜:《中国西南历史地理考释》,中华书局 1987 年版,第 161—163 页。

漳水》《滱水》《易水》《巨马水》《圣水》诸篇载诸水独流入海,而《淇水》《沽河》两篇却载两水合流入海,由于淇水(清河)、沽河位于浊漳诸水的南北两侧,两水合流入海就说明浊漳诸水也必须与两水汇合为一方入海,这样,《淇水》《沽河》两篇所载河道就与《浊漳水》诸篇所载河道相矛盾。谭其骧、张修桂发现了这一情况,并将之解释为《水经》一书"各篇所反映的情况,有先有后,大不相同"①。这样的解释其实是最为客观谨慎的。《水经》中之所以存在时代前后矛盾的地理信息,当然可能是因《水经》形成于不同时期,但完全也有可能是后世作书时采用的材料来源不同所致。书中存在时代不同的地理信息,固然不能作为否认《水经》作于曹魏时期的证据,但是对于解读《水经》地理信息的时代、分析著作《水经》所据之材料仍十分有必要,是进一步了解《水经》文本形成的可行之道。

(一) 政区时代

前文已述,《水经》中见有时代各异的政区名目。《水经》所载政区中可自其他文献寻得存在时代的主要是郡县,而存在明显时代差异的主要是县。《水经》所载的县名大部分都可在两《汉志》中找到,不过有一些县见于《汉志》但不见于《续汉志》,也有一些县见于《续汉志》而不见于《汉志》,兹列表分述之。

《水经》中《汉志》有而《续汉志》不见之县目,钟凤年曾对之进行了列举,今重新整理,列表如下:

表 2-3　今本《水经》所见《汉志》有而《续汉志》无之县目

篇目	县名	篇目	县名
河水	河目县	沮水	直路县

---

① 谭其骧:《海河水系的形成与发展》,载《历史地理》第四辑,第 1—27 页;张修桂:《海河流域平原水系演变的历史过程》,载《历史地理》第十一辑,上海人民出版社 1993 年版,第 89—110 页;张修桂:《中国历史地貌与古地图研究》,社会科学文献出版社 2006 年版,第 319—352 页;邹逸麟、张修桂主编:《中国历史自然地理》,第 398 页。

（续表）

篇目	县名	篇目	县名
河水	土军县	瓠子河	华县
河水	杨虚县	潍水	箕县
汾水	汾阳县	存水	郁邹县
汾水	长修县	沅水	无阳县
巨马水	容城县	禹贡山水泽地所在	怀德县
小辽水	辽队县	禹贡山水泽地所在	蒙阴县

除此表所列之外，《河水》篇见"漯阳县"，《禹贡山水泽地所在》篇见"金兰县"，均不见于《汉志》及《续汉志》。漯阳县，郦注云"王莽之巨武县也"（此处文本之校订参本书第一章第二节），赵一清据之认为，"今本《汉书》脱去'漯阳县'，故并王莽所改臣（按：当作'巨'）武之名并失之"①，"尚赖《水经》'漯阳'一语，郦以'巨武'释之，可补《汉志》之缺"②，所论极是。金兰县，《汉志》庐江郡本注有"金兰西北有东陵乡，淮水出"之文，故周寿昌③、钟凤年④、周振鹤⑤、后晓荣⑥等学者皆疑今本《汉志》文句有讹，《汉志》本亦当载有金兰县之目，此说可从。故而，此两县同样可以视为《汉志》有而《续汉志》无之县目。《续汉志》："凡《前志》有县名，今所不载者，皆世祖所并省也。"据此，表中诸县，除疑为《续汉志》漏载之辽队县⑦及华县⑧外，当皆在光武帝建武六年（30）"并省四百余县"之中。《青衣水》篇见

---

① 《水经注释》卷五《河水五》。
② 《水经注笺刊误》卷二。
③ [清]周寿昌：《汉书校注补》卷二二。
④ 钟凤年：《水经著作时代之研究》，《齐鲁学报》1941年第1期。
⑤ 周振鹤：《汉书地理志汇释》，安徽教育出版社2006年版，第148页。
⑥ 后晓荣：《〈汉书·地理志〉脱漏九县补考》，《中国历史地理论丛》2012年第4期。
⑦ 李晓杰：《东汉政区地理》，山东教育出版社1999年版，第117页。
⑧ [清]钱大昕：《廿二史考异》卷一一《后汉书二》。

"青衣县",《汉志》有,《续汉志》无此县,然于"汉嘉县"条下明言该县系顺帝阳嘉三年由青衣县所更名,这与上表所列的各县不见建置的情况并不相同,故附列于此。

《水经》中《续汉志》有而《汉志》无之县目如下表:

表2-4　今本《水经》中《续汉志》有而《汉志》无之县目

篇目	县目	说明
汝水、淮水	原鹿县	县始置于东汉建武十五年(40)①
沅水	定颍县	县始置于东汉永初二年(108)②
淮水	平春县	县始置于东汉建初四年(79)前③
赣水	石阳县	县始置于东汉永元九年(97)④

表中所列四县,皆为东汉前期始置,故《汉志》不载。又,《汾水》篇见"永安县",《滱水》篇见"安喜县",《汉志》皆无,《续汉志》皆有("安喜"写作"安意"),且于相应条下分别说明两县系西汉彘县与安险县之更名,而《汉志》正有彘县、安险县,这也与上表所列的各县不见建置的情况并不相同,故附列于此。

尚有个别县,两《汉志》皆无载。这分为三种情况。第一种是设置时间晚于《续汉志》标准年[汉顺帝永和五年(140)]之县。除了小广魏、魏宁这种遥改性质的县名外,今本《水经》所见《续汉志》不及载之晚设之县只有《赣水》篇之"汉平县"一处,该县设于东汉中平年

---

① 李晓杰:《东汉政区地理》,第27页。
② 《水经·沅水注》:"汉安帝永初二年,分汝南郡之上蔡县,置定颍县。"是知定颍县之置年。
③ 李晓杰:《东汉政区地理》,第205页。
④ 《水经·赣水注》:"汉和帝永平九年,分庐陵立。"《舆地志》庐陵郡石阳县:"后汉和帝分新淦立为石阳县,属豫章郡。献帝割属庐陵郡。"([南朝陈]顾野王:《舆地志辑注》卷一五《扬州》)按:汉和帝有永元年号,无永平年号。李晓杰师认为《赣水注》"永平"当作"永元"(《东汉政区地理》,第238页),是。则知石阳县置于永元九年。

间(184—189)。① 第二种是于《续汉志》标准年之后更名的,这包括《浊漳水》篇的"乐成陵县"(郦注云其更名于桓帝时)以及三国时才更名(遥改)的广魏、魏宁等县。第三种是他书皆不载之县目,共有两处,即《浿水》篇之"临浿县"与《沔水》篇之"牛渚县"。这两县可能是因为存在时间较短等而为两《汉志》所不载②,在此只能暂不予讨论。

虽然《水经》所载县在其他书中见载的时代不一,但是若要说《水经》所载的地名没有统一的时间断限,尚必须排除这样一种可能——在《水经》写定的曹魏时期,上述仅见于《汉志》的诸县又被恢复,而《水经》全书仍体现的是三国时期的建置情况。从逻辑上来说,这些为数不少的县在被废置200年以后再全数恢复,其实可能性已经很小。今实有能够排除这种可能的确证。表2-3中有长修、河目、郁郅、无阳四县,均为《汉志》有,而《续汉志》无者,当为东汉所废置。《三国志·魏志·三少帝纪》云:"(正始八年)夏五月,分河东之汾北十县为平阳郡。"③平阳郡所领十县,为平阳、杨、蒲子、襄陵、永安、皮氏、临汾、北屈、绛邑、狐讘,向无异说。《水经·汾水》所见长修县本属河东,其地亦在汾北,若曹魏复立,则河东之汾北地有十一县,分立平阳郡时,不会有"汾北十县"这样的说法。又,《水经·河水》所见河目县地,自汉末即陷于匈奴,而《存水》所见郁郅县与《沅水》所见无阳县地亦皆不在魏境,曹魏不可能于故地复置此三县。故可言,这些仅见于《汉志》而不见于后世的县,确实是西汉故县。

《水经》中常有"某郡某县"的写法,这体现了郡县的统属关系。《水经》文本虽最终形成于曹魏,但是其中之郡县统属关系多有与曹魏不符者。兹列表如下:

---

① 《宋书·州郡志》:"吴平侯相,汉灵帝中平中立曰汉平,吴更名。"(《宋书》卷三六《州郡志二》)是知汉平县之置年。
② 陈桥驿:《〈水经注〉记载的行政区划》,载氏著:《水经注研究》,第149—163页。
③ 《三国志》卷四《魏志·三少帝纪》。

表 2-5　今本《水经》所见郡县统属关系与曹魏时期郡县统属关系不符者①

篇目	统属关系	说　明
荡水	河内荡阴县	荡阴县两《汉志》属河内，献帝建安十七年(212)划属魏郡，曹魏仍之
清漳水	上党沾县	沾县两《汉志》属上党，献帝建安二十年(215)后为乐平郡治，曹魏仍之
巨马河	勃海东平舒县	东平舒县《汉志》属勃海，《续汉志》属河间，其改之年为和帝永元二年(90)。至汉末建安间，东平舒改属章武郡。魏齐王嘉平中，章武郡废，复改属河间郡，至晋武帝泰始元年(265)复属章武国
沭水	琅邪东莞县	东莞县两《汉志》属琅邪，献帝建安初置东莞郡，东莞县属之。终曹魏一代，东莞郡未废，东莞郡辖东莞县的情况亦无改变
沮水	汉中房陵县	至迟东汉建安二十四年(219)，房陵县自汉中郡割属房陵郡。汉魏之际房陵郡废而新城郡立，房陵县属之，终曹魏一朝不改
禹贡山水泽地所在	张掖居延县	居延县《汉志》属张掖，《续汉志》属张掖居延属国，献帝建安间张掖居延属国改为西海郡，曹魏因之
禹贡山水泽地所在	会稽阳羡县	阳羡县《汉志》属会稽，《续汉志》属吴郡，三国吴初属吴郡，宝鼎元年(266)后属吴兴郡

相比之下，仅存在于曹魏时期的政区统属关系只有《沔水》篇所见"魏兴安阳县"一例(《漾水》《羌水》篇所见"广魏白水县"、《涪水》篇所见"广魏涪县"、《江水》篇所见"广魏洛县"显然属于遥改，不计入)。"魏兴安阳县"恰可与上表所列"汉中房陵县"做一比较：房陵与安阳皆《续汉志》汉中郡辖县，曹魏时房陵属新城，安阳属魏兴，

---

① 本表据《汉书·地理志》《续汉书·郡国志》、吴增仅《三国郡县表》(《二十五史补编》)、周振鹤等《中国行政区划通史·秦汉卷》、周振鹤《西汉政区地理》、李晓杰《东汉政区地理》、孔祥军《三国政区地理研究》、胡阿祥等《中国行政区划通史·三国两晋南朝卷》等编制。

《水经》载安阳属魏兴,但仍载房陵属汉中。显然,两者所据材料有所不同,写定《水经》之魏人可能只掌握了魏兴郡统安阳县的材料,而没有掌握新城郡统房陵县的材料,故载房陵县仍籍属汉中。故颇疑《水经》全书所体现的政区统属关系仍然是汉代某一时期的面貌。

笔者对《水经》全书所出现的约 200 处郡县统属关系进行整理,发现除上表所列之外,对确定郡县统属关系断限年具较大参考价值的尚有下表所列诸条:

表 2-6 今本《水经》所见郡县统属关系中对确定其断限年具较大参考价值者①

篇目	统属关系	说明
河水	陇西河关县	河关县西汉属金城郡,东汉光武帝建武十二年(36)改属陇西郡
济水	下邳睢陵县	睢陵县西汉属临淮郡,东汉章帝建初四年(79)改属下邳国
滱水、禹贡山水泽地所在	中山上曲阳县	上曲阳县西汉皆属常山郡,大约至东汉章帝建初四年(79)方划属中山国
巨马水	代郡广昌县	广昌县西汉及东汉初属代郡,东汉章帝元和三年(86)以后属中山国
漯水	广阳蓟县	东汉光武帝建武十三年(37)至和帝永元八年(96)间,广阳废,蓟县属上谷郡
洛水	京兆上洛县	上洛县西汉前期属京兆尹,后期属弘农郡,东汉光武帝建武十五年(39)改属京兆尹
渭水	弘农华阴县	华阴县西汉属京兆尹,东汉光武帝建武十五年(39)改属弘农郡
蒗荡渠	汝南新阳县	东汉章帝建初四年(79)至和帝永元十年(98)间,新阳县不属汝南郡

① 本表据《汉书·地理志》《续汉书·郡国志》、吴增仅《三国郡县表》、周振鹤等《中国行政区划通史·秦汉卷》、周振鹤《西汉政区地理》、李晓杰《东汉政区地理》、孔祥军《三国政区地理研究》、胡阿祥等《中国行政区划通史·三国两晋南朝卷》等编制。

(续表)

篇目	统属关系	说明
阴沟水	下邳淮陵县	淮陵县西汉属临淮郡,东汉章帝建初四年(79)改属下邳国
睢水	梁郡鄢县	鄢县西汉未曾属梁郡(国),东汉章帝建初四年(79)以后属梁国
瓠子河	太山华县	华县西汉属泰(太)山郡,东汉明帝永平二年(59)划属琅邪国,章帝建初五年(80)还属太山郡
沂水	琅邪临沂县	临沂县西汉属东海郡,东汉章帝建初五年(80)后属琅邪国
淮水	江夏平春县	平春县始置于东汉前期
淮水	庐江安丰县	安丰县西汉前期属九江郡,后期属六安国,东汉建武十三年(37)后属庐江郡
淮水	九江寿春县	东汉章帝章和元年(87)至和帝永元二年(90)间属阜陵国
淮水	下邳淮阴县	淮阴县西汉属临淮郡,东汉章帝建初四年(79)改属下邳国
淮水	广陵淮浦县	淮浦县西汉属临淮郡,东汉章帝建初四年(79)改属下邳国,汉末改属广陵郡
禹贡山水泽地所在	庐江安丰县	安丰县西汉前期属九江郡,后期属六安国,东汉建武十三年(37)后属庐江郡

可见,上举诸郡县统属关系在时间上并无交集,郡县统属关系也并没有明确的时间断限。除"陇西河关县""下邳睢陵县""中山上曲阳县""京兆上洛县""弘农华阴县""下邳淮陵县""梁郡鄢县""琅邪临沂县""江夏平春县""庐江安丰县""下邳淮阴县""广陵淮浦县""庐江安丰县"及"魏兴安阳县"等十四条外,《水经》全书其他郡县统属关系均与《汉志》所示相符。所以,倘将这十四条视为曹魏人撰书时根据所掌握的资料随手更改,仍可大体将全书郡县统属关系视为《汉志》时期情形。

综上,可以肯定地说,《水经》所载政区确实没有一个严格的时间断限。从绝大多数县名都见于《汉志》、郡县统属关系亦与《汉志》相符的情况来看,《水经》之政区大致是以《汉志》时期资料为据的。只不过作者尚以其所掌握的一部分晚近政区资料加以增补改写,使得全书所见政区有了比较长的时间跨度。

(二) 水道时代

《水经》所载的多数河流流路难以确认其时代,不过,依然有一部分河流流路的时代可以在一定程度上考明。

1. 河水

《水经·河水》载:

> (河水)又东北过黎阳县南,又东北过卫国县南,又东北过濮阳县北,瓠子河出焉。又东北过东阿县北,又东北过茌平县西,又东北过高唐县东,又东北过杨虚县东,商河出焉。又东北过漯阳县北,又东北过蓼城县北,又东北过甲下邑,济水从西来注之,又东北,入于海。

根据河水流经诸县地望可知,《水经》所载之河水流路实基本相当于东汉王景治河后、长期安流数百年之黄河河道。然此河道最初形成却是在新莽时。《汉书·王莽传》载:

> (始建国三年,)河决魏郡,泛清河以东数郡。先是,莽恐河决为元城冢墓害。及决东去,元城不忧水,故遂不堤塞。①

河水自此不再循临近元城的故道东北流,而自魏郡界改道东流,此为黄河历史上第二次重要的改道。② 故可言,《水经》所载河水流路是新莽始建国三年(11)之后的情形。

---

① 《汉书》卷九九中《王莽传中》。
② 中国科学院《中国自然地理》编辑委员会:《中国自然地理·历史自然地理》,科学出版社 1982 年版,第 46 页。

2. 淇水、沽河

上文曾提及,《水经》载此二水合流入海。这种情况在东汉末年方形成①,《淇水》《沽河》两篇所体现的也是汉末曹魏时的情形。

3. 浊漳水、易水、巨马水、圣水

上文曾提及,《水经》载此四水分别独流入海。这种情况在西汉后期及东汉前期渤海湾西岸大海侵之时才可能存在②,《浊漳水》《易水》《巨马水》《圣水》诸篇所体现的应是西汉后期至东汉前期的情形。

4. 谷水、瀍水

上文已述,《水经》之《谷水》《瀍水》篇所载的二水反映的是曹魏初年的情况,兹不赘。

以上是部分可考明时代之河流流路。可见,这些河流流路也并没有一个明确的时代断限,《水经》各篇所载之河流流路也是来源于不同时期的材料的,这些材料最早不过西汉末年,最晚不过曹魏初年。不过,可以确考的《水经》所载为曹魏初年情况的各水都有一共同特点,即在汉末三国时期曾经有水利工程之兴修,人工干预使得河流改道。《淇水》篇所示淇水—清河流路形成于汉末曹操引淇水入白沟之后;《谷水》《瀍水》篇所涉千金渠等水利工程在汉魏兴修之际,已如上考;《沽河》篇所载该水下游之别名"笥沟"史籍无征,但系一人工河道应无疑义,意者,曹操北征乌桓,开平虏、泉州诸渠,笥沟盖亦于同时开通。有较晚近的水利工程,也就有较新的资料供作

---

① 谭其骧:《海河水系的形成与发展》,载《历史地理》第四辑,第 1—27 页;张修桂:《海河流域平原水系演变的历史过程》,载《历史地理》第十一辑,第 89—110 页;张修桂:《中国历史地貌与古地图研究》,第 319—352 页;邹逸麟、张修桂主编:《中国历史自然地理》,第 398 页。

② 谭其骧:《历史时期渤海湾西岸的大海侵》,原载《人民日报》1965 年 10 月 8 日,今据作者文集《长水集》下册,人民出版社 1987 年版,第 95 页;谭其骧:《海河水系的形成与发展》,载《历史地理》第四辑,第 1—27 页;张修桂:《海河流域平原水系演变的历史过程》,载《历史地理》第十一辑,第 89—110 页;张修桂:《中国历史地貌与古地图研究》,第 319—352 页;邹逸麟、张修桂主编:《中国历史自然地理》,第 398 页。

《水经》之魏人参考,所以这几篇所体现的河流情况可能晚至曹魏初年。至于其余各水,颇疑与地名的情况一样,主要体现的是西汉末年的情形。

综合而言,《水经》所示地理信息,并不存在整齐划一的断代,自西汉末年至曹魏初年的地理信息,在《水经》中都有所体现。由之可以推测《水经》的成书情形:《水经》所依据的主体材料应是体现西汉末年至新莽时期全国水道、政区面貌的资料,《水经》作者以这一材料为基础,同时搜集当时所能获取的政区地名及水道资料,进行《水经》的著作。

与上节所列举的《汉志》《说文》等典籍相比,《水经》作者似乎更信赖这批主体材料,因此《水经》所载信息与《汉志》《说文》同者,可能是这批主体材料的记载也与《汉志》《说文》相同,但《水经》所载信息与《汉志》《说文》不同者,则应是从这批材料而不从《汉志》《说文》之说。只是这批材料似乎不太完整,所以出现了如上举《温水》篇记载郁水信息只能从《汉志》中剪裁拼凑之类的情形。综观《水经》全书,以益州、扬州、交州三块地域所载之水甚为疏略,颇多错误(参下编),似乎这批材料缺少这三州的信息,《水经》作者只能另寻材料以填之,所以质量要差一些。

这批材料的最可能形式是地图。张修桂在指出《水经·涟水》《延江水》两篇关于涟水源头分自资水与延江水,通过更始水注入酉水的记载的错误时,认为这样的错误可能是由于涟水源头、更始水源头与另一侧资水、酉水的支流源头相近,从而使《水经》作者"被当时粗略的地图所误导",导致记载错误。① 这样的推测有理有据,可以信从。这也可以更好地解释为何《水经》的记水笔法似乎因袭了并非其主要材料来源的《说文》。学者以为注《水经》之郦道元"据图以为书"②,其实《水经》本身盖已如此矣。

---

① 张修桂:《〈水经注〉洞庭湖水系的校注与复原》上下,载《历史地理》第二十八辑,上海人民出版社 2013 年版,第 1—19 页;第二十九辑,上海人民出版社 2014 年版,第 1—33 页。

② [清]杨守敬:《水经注图·序》。

第三章 《水经》体例研究

《水经》作为汉魏时期记载河流传统的一部集大成的著作,内容丰富,篇幅不小,作者之书写,必有其用心。研究《水经》体例,就是去研究作者如何行文,从而帮助我们更好地了解《水经》所记载的内容,便于更深入地对《水经》进行解读。兹就《水经》的记述对象、《水经》诸篇的编排及《水经》行文程式三方面来分析《水经》之体例。

第一节 《水经》的记述对象

《水经》既以"水"为名,那么其记述对象无非各种水体。但除了水体之外,《水经》还记载了大量自然地理实体与政区聚落,它们也同样可以被视为《水经》的记述对象。自然地理实体以两种形式存在于《水经》中,其一是为《禹贡山水泽地所在》篇所载,其二是广布于各篇之中为记述河流流路提供参照,前者具有作为直接记述对象的性质,而后者只能被视为间接记述对象。政区聚落在包括《禹贡山水泽地所在》之内的各篇之中都有所见,但全部是作为记述河流等自然地理实体的参照物而出现的,全都应归为间接记述对象。从这一角度看,《水经》的记述对象可以分为本体与参照物两类,本体即水体,参照物即为记述河流流路提供参照的自然地理实体与政区聚落(由于《禹贡山水泽地所在》篇的附属性质,暂不予讨论)。

《水经》所载的参照物自然可以全部归为间接记述对象,但其所载水体却并不适宜全部归为直接记述对象。《水经》所见水体有河流、湖泊和海洋。不过,《水经》诸篇都是记载河流之源流,并不见为湖泊与海洋立专篇,只是在记载河流之源出与流归时,对湖泊与海洋有所记载。也就是说,《水经》的直接记述对象应当以立有专篇为判断标准,仅仅包括河流。

本节拟从《水经》所载河流的选择及《水经》所载参照物的种类与特点两方面,来对《水经》的记述对象展开讨论。

一、《水经》所载河流的选择

今本《水经》立专篇记载之水共 123 条,又《日南郡水》篇载水 20 条,合 143 条。又,本书第一章辑补 14 篇各载一水,合 157 条。当然,《水经》初撰成时所载及的河流可能更多些①,但难以确考,纳入此处讨论也没有太多意义。故此处仅就可以确认立有专篇之 157 条水来进行讨论。

上章已提及,三国时期《水经》成书之前,已经有几部记载全国河流的著作传世,即《尚书·禹贡》《周礼·职方》《山海经·五藏山经》《山海经·海内东经·附篇》《汉书·地理志》《说文解字·水部》。这些典籍见载之水与《水经》所录之水可做一比较,即附表二。由表可窥《水经》所录河流与各典籍所收河流之关系。

《禹贡》中有数条不见于《水经》之水。其一,灉、沮。两者分别是河水与济水之汊流的泛称②,难以指实为某水,故《水经》自然无法立专篇("沱""潜"作为江水、汉水分汊河道的泛称,同样可以多指,只是亦有比较明确的实指之水,故《水经》载之。"沱"可对应为《禹贡山水泽地所在》之"益州沱水""荆州沱水""三澨沱","潜"即潜水)。其二,漯水。郦注载,"商河首受河水,亦漯水及泽水所潭也",则《水经·河水》提及之河水分流商河,应就是《禹贡》漯水的对应,

---

① 如今本《水经》文本中,尚见别叙而可能有专篇之水 24 条(见第四章第一节),又可再加上《禹贡山水泽地所在》篇中所见之中江、北江、益州沱水、荆州沱水、三澨沱,则共可得水 183 条。

② 《尔雅·释水》:"灉反入。"郭璞注:"即河水泆出复还入者,河之有灉犹江之有沱。"《释水》又曰:"水自河出为灉,济为濋,汶为澜,洛为波,汉为潜,淮为浒,江为沱,过为洵,颍为沙,汝为濆。""灉"即《禹贡》"雍","濋"或即《禹贡》"沮",是知《禹贡》雍、沮、沱、潜应是河、济、江、汉的分汊河道,或许也具有泛指的性质(参顾颉刚:《禹贡(全文注释)》,载侯仁之主编:《中国古代地理名著选读》第一辑,科学出版社 1959 年版,第 1—54 页)。

惟其名有异耳。其三,荥、波。《禹贡》"荥波既潴"有不同解释①,今《职方》以荥为豫州川,波为豫州浸,视之为二水名,此处从之。荥水是济水分流,济水通过荥水,溢为荥泽,《水经·济水》载有荥泽,可视为与荥水相应。波水是洛水分流②,《水经》之不载,与不载灉、沮同,盖无所实指。故大约可言《禹贡》所载之可记录之水已完全为《水经》所收录。

《职方》所载各州之川、浸,有荥、溠、波、卢四水未见《水经》收录。荥、波已如前述。溠水即今湖北随州溠水,系溳水支流;卢水即今山东潍坊芦河③,系潍河支流。《水经》有《溳水》《潍水》篇,但不见载溠水、卢水。

《五藏山经》所载水多有难以考实者,与上述他籍相应之水亦不多。除了与《说文》相应的"泺水"外,其他与他籍相应之水《水经》皆有记载。关于泺水,《说文》仅云"齐鲁间水",由于《说文》的材料来源与《水经》近同(参上章),故《水经》作者对泺水的认知恐怕也只能是"齐鲁间水",这样模糊的记载是无法立以专篇的。又"浪水""晋水"为仅有的两条上述诸籍中仅见于《五藏山经》而《水经》为之立专篇之水。

《海内东经·附篇》所载诸水《水经》皆立专篇载之。

《汉志》共载有304条水,其中有106条于《水经》立有专篇④,大约占1/3。就今本《水经》而言,所载约2/3的水见于《汉志》。

《说文·水部》共载有109条水,其中62条于《水经》立有专篇⑤,占近2/3。就今本《水经》而言,所载约1/3的水见于《说文》。

---

① 参《禹贡锥指》卷八。
② 参顾颉刚:《禹贡(全文注释)》,载侯仁之主编:《中国古代地理名著选读》第一辑,第1—54页。
③ 《水经注释》卷二六《潍水》。
④ 据附表一统计。表中根据需要对《汉志》所载的个别水进行了合并、拆分,故采取不同统计方式所得水数可能略有出入,特此说明。
⑤ 据附表一统计。表中仅统计《说文》所记确指之水,并对个别水名进行了合并,故采取不同统计方式所得水数可能略有出入,特此说明。

上述诸典籍未载而《水经》立有专篇之水共有 48 条（其中《日南郡水》篇有 19 条）。

由上可知，《水经》对于收录河流的选择受到之前记水之典籍的影响并不十分明显，除了《禹贡》与《海经·附篇》之外，并不能包括其他典籍所载的所有水。由于古文尚书学对《水经》成书的影响，《水经》应是有意对《禹贡》所载的河流进行了介绍，而《海经·附篇》所载皆大川，且为数不多，与《水经》的契合或者只是巧合。

既称《水经》，那么该书在撰作时似乎应当尽可能完整地记载当时所能了解的所有水。不过，哪怕是与《汉志》相比，《水经》所收录的河流也要少得多，而《说文》中也有不少《水经》无载的河流。《水经》写定之时，作者无疑完全可以掌握《汉志》《说文》等载有众多河流的典籍，但其列目却并不依从两者。也就是说，《水经》并没有搜罗当时可知之所有河流而悉载之的规划。《水经》记水必完整记述其流路，但《汉志》《说文》则只能提供河流的发源地与归宿地信息，这是不能满足《水经》记载河流的需求的，所以《水经》作者似乎并没有采用《汉志》《说文》作为增广《水经》篇目内容的材料，这从上章所述《水经》所载河流情况与《汉志》《说文》多有不同也可以看出来。故可言《水经》作者重视详记河流流路要多过广收河流名目，可以近似地理解为"重质不重量"。

《水经》所收录河流的地理分布较广。最东为浿水（今朝鲜大同江），最西为河水上段（今塔里木河），最南为日南郡诸水（今越南中部沿海诸河流），最北为大辽水（今辽河）。就三国时魏蜀吴三国境域而言，全位于曹魏境内的有 95 条（包括自徼外入境者，下同），全位于蜀汉境内的有 9 条，全位于孙吴境内的有 42 条（含《日南郡水》20 条），流跨魏、蜀的有 1 条（漾水），流跨魏、吴的有 3 条（沮水、漳水、溳水），流跨蜀、吴的有 6 条（大江、延江水、存水、温水、夷水、沅水），流跨魏、蜀、吴的有 1 条（沔水）。显然，《水经》记水存在明显的北详南略的特点。曹魏境内较大的河流，基本都立有专篇记述，而南方诸水则不尽然。南方诸水又因荆、益、扬、交、广五州而详略不同：《水经》载荆州之水最为详细，规模较大之水几无遗漏；载益州之水也较为丰富,但远少于《汉志》所记之益州河流;载广州之水数量较少;载交州之水面目甚为模糊;载扬州之水最少。扬州、荆州相邻且开发程度相似,并且三国时期两州大部皆为孙吴所有,但《水经》载两者之间河流的详略程度差异非常明显。就规模相当的湘水与赣水流域来说,位于荆州的湘水流域,《水经》除为湘水立专篇外,尚为其支流涟水、深水、钟水、洣水、漉水、浏水、㵋水立有专篇,而位于扬州的赣水流域,《水经》仅立《赣水》一篇简述赣水流路,其规模不小的支流如盱水、蜀水、余水、修水、鄱水等,皆一语未及,这样的对比是非常强烈的。孙吴境内扬州东部是《水经》最为疏略的地方,仅载有庐江水、渐江水两水,江水下游载于《沔水》篇中,且这几篇的文字均十分简略,渐江水以南的东南沿海诸水更无一语提及。之所以出现这种现象,应与《水经》作者掌握的材料有关,也就是说,材料来源限制了《水经》对于记述对象的选择。

　　《唐六典》对《水经》所录之水进行归纳,即视江、河为大川,其余为中川。① 这可以被视为对《水经》记录河流的选择标准的一种认识。一般来说,《水经》所收录的当然是流程较长、流域面积较广的河流,以流程言,大部分都在 100 千米以上。但《水经》同样收录了一些流程短小的河流,与许多被《唐六典》目为"小川"的郦注所列之水相比,流域面积不如其广,经流长度不如其长,实在难副"中川"之名。是以《水经》对所录河流的选择,应不完全以河流规模为标准。《水经》立有专篇的流程不足 100 千米的河流有浍水、原公水、晋水、湛水、荡水、瀍水、涧水、甘水、滱水、漠水、潧水、漻水、施水、涔水 14 条(《日南郡水》篇所载诸水难以指实,故从略),这些河流之所以得立专篇,应与世人对它们的了解有关。浍水流经春秋晋国故地,且为汾水下游最大支流,流域开发程度高;晋水流经太原郡治晋阳城侧,且《汉志》即有提及;滱水自西汉即为关中名川;湛水、荡水、瀍水、涧水、甘水、漠水、潧水都位于东汉、曹魏统治的核心区,受到重视理所应当;漻水可能是"溠水"之误(参下编 90),若然,则可与《职

---

① 《唐六典》卷七《工部·水部郎中》。

方》呼应,且若据《水经》之误载,此水自平春流至安陆,流程也并不短;施水由于与肥水同源异流,故有必要特别提出;涔水既是唯一位于蜀汉境内且流程短小而《水经》为之立专篇之水,同时也是唯一在别篇(《沔水》)完整述其源流而又另立专篇载之之水(参第一章第四节),在《水经》全书中显得颇为特殊。按:《史记·夏本纪》引《禹贡》"沱、涔已道",而《禹贡》本作"沱、潜既道",《索隐》云"涔亦作潜","涔""潜"两字音韵本同,是涔水即潜水,《水经》有涔水,又有潜水,两水源头相近,恰相背而流,故涔水之所以得到《水经》的特别记载,应是因自《禹贡》即被重视的"潜水"一名之故,或者可以被视为南流潜水的延伸,即"北流之潜"。如此看来,以上诸水虽然短小,但见载于《水经》也并非偶然。同时,流程较长的河流《水经》也并没有完整收录。如河水上游的重要支流湟水(今湟水)、乌水(今清水河)、荒干水(今大黑河),渭水重要支流汧水(今千河)等,《汉志》皆有记载,可知在汉代应已颇为人所知,但《水经》都没有提及的迹象。这当然可能与材料不足或者流传中的佚失有关,不过也有可能是撰《水经》者有意为之。观察可知,与方位、规模相近的其他河流相比,上举诸河流的知名度与重要性确实要稍逊一些:如与湟水方位、规模相当的洮水,《水经·河水》篇中作为别叙之水出现,可能本尚有《洮水》篇,这当是因为洮水流经陇西郡腹地,所过之临洮亦为西陲重镇,而湟水之源流,大部分已在徼外;渭水流域,规模与汧水相当的漆水、沮水以及逊于汧水的浐水于《水经》皆有专篇,芒水、涝水、丰水、霸水等亦在《渭水》篇中作为别叙之水出现,可能本亦有专篇,这当是因为漆、沮自《禹贡》即载其名,知名度高,而芒、涝、丰、浐、霸临近长安,同样为汉人所熟知,汧水与此诸水相比,似于经典及现实两方面的重要性都有所不及。大致可说,在材料充足的前提下,河流规模的大小当然是《水经》收录河流的一条基本标准,而河流的知名度与重要性也是一项参照标准。

二、《水经》所载河流参照物的种类与特点

《水经》所载地理参照物数量庞大,这些地理参照物在《水经》中的地位十分重要,它们是描述一条河流流路的凭依,若无,则《水经》记载的河流面目将十分模糊,甚至徒列水名而已。兹试分析其种类与特点。

《水经》所载之地理参照物种类比较丰富,其性质也有不同。首先可分为自然地理参照物与人文地理参照物两大类,大类以下,又可就其通名,更分小类。兹分别列举,略概述之。

(一) 自然地理参照物

1. 山

山是《水经》中出现频次最多的自然地理参照物,共有 82 次、78 处。既包括明确称"山"的,也包括虽不称"某山"但实质上可以视为山的(如"昆仑墟""砥柱""燕室丘"等)。《水经》以山作参照,可以有两种用法,即说明河流源头与指示河流流路。说明河流源头的用法最为常见,除《日南郡水》外的 123 篇中,以"某山"来说明河流源头的有 69 篇,占一半以上。这当然是因为河流往往发源于山中。未载明发源自某山的诸水,主要包括发源于塞外的、发源于平地的和作为其他河流之分流的,当然也有一部分是发源于山中但不载山名的。相比之下,指示河流流路的用法并不多,共有 9 处。指示河流流路之山,一般位于河流之侧,这与说明河流源头之山的情况也不相同。

2. 谷

谷也是《水经》中较常见的自然地理参照物。谷的用法比较单一,专作为河流发源地而出现。《水经》所载河流中,共有 8 条记载发源于"某谷"。这些谷或附于"某山"之后出现,或单独出现。当然,由于谷的地理特征就是为两山所夹,所以即使是单独出现的"某谷",事实上也是位于山区的。

3. 门、阙

《河水》篇中见有"石门""龙门口",《伊水》篇中见"伊阙"。龙门口即今黄河龙门,系河水出峡之口;伊阙即今伊河龙门,系伊水流经之峡。石门虽无确考,但究其字面意义,也应与龙门、伊阙相似,系河水所经之峡。"门""阙"近义，《水经》记载的这些"门""阙"所指系河流所经之受两岸山地约束形成的束狭地带，属于峡的一种，但并非绵延的峡谷。

4. 碛

《济水》篇中见"砾碛"地名，为《水经》中仅见之"碛"。"碛"的本义就是山谷，故此地名与"谷"相似。不过，《水经》中"碛""谷"除了名称不同以外，用法也有差异："谷"专用于记载河流发源，而"碛"系河流流经地之参照。

5. 林

《谷水》篇中见"嶓冢林"地名，为《水经》中仅见之"林"。此名袭自《山海经》，所指不详，大约就是一片森林。在《水经》中，林系河源参照物。

6. 陂泽

《济水》篇中见"荥泽"地名。一般来说，《水经》所载湖泽与河流之水相流通，本书将其视为河流本体。但《济水》篇云"又东过荥泽北"，此处的荥泽只能被视为河流流经地的参照物。又《泄水》篇见"芍陂"，情况与荥泽相同。虽然芍陂系人工所筑之水利工程，但仍具湖泽形态，为方便叙述，权也归于此类。

《水经》所载自然地理参照物的种类不多，遍布全书者只有山一种，其余除了谷的数量还算稍多之外，都属偶见。究其原因，首先当然与可资参照的自然地理实体的种类本来就不太多有关。另外，自然地理参照物虽然在存在的持续性上较人文地理参照物更为稳定，但是与之对应地名的所指地点与范围的明确性，却不如与行政管理相联系的郡县乡亭等人文地理参照物。而且，与遍布全国的郡县乡亭相比，自然地理实体中即使是最常见的山的地域分布也是具有局限性的，而即使是临水之山，在很多情况下也没有命名或者记载行世的必要，并不存在像行政区划体系那样遍布全国的细致的山岳体系，所以当然也就难以全面地为河流的完整流路提供参照。

（二）人文地理参照物

1. 郡

《水经》中记载了许多郡名，但往往只举专名，而不在其后列出"郡"字。不过，通过对历史文献的爬梳以及对《水经》本身文义的揣摩，依然不难择出《水经》中所列举的郡名。兹先将全书所载郡名列举于下表中，其条例为：在各篇下列出其中所涉及的郡名；若某篇不提及郡名，则该篇从略；若某篇重复提及某郡名，则全部列出。

表 3-1 《水经》各篇所见郡名列表

篇名	郡名	篇名	郡名	篇名	郡名	篇名	郡名	篇名	郡名
河水	敦煌	洛水	京兆	沔水	武都	延江水	犍为	禹贡山水泽地所在	河东
河水	酒泉	伊水	南阳	沔水	魏兴	延江水	牂牁	禹贡山水泽地所在	河东
河水	张掖	瀍水	河南	沔水	江夏	延江水	巴郡	禹贡山水泽地所在	河东
河水	陇西	谷水	弘农	沔水	江夏	延江水	武陵	禹贡山水泽地所在	河东
河水	金城	甘水	弘农	沔水	会稽	存水	犍为	禹贡山水泽地所在	冯翊
河水	武威	漆水	扶风	潜水	巴郡	存水	郁林	禹贡山水泽地所在	冯翊
河水	天水	沪水	京兆	淮水	南阳	温水	牂牁	禹贡山水泽地所在	扶风
河水	安定	沮水	北地	淮水	江夏	温水	郁林	禹贡山水泽地所在	扶风
河水	北地	沮水	冯翊	淮水	庐江	淹水	越嶲	禹贡山水泽地所在	扶风
河水	朔方	渭水	陇西	淮水	九江	叶榆河	益州	禹贡山水泽地所在	陇西
河水	五原	漾水	陇西	淮水	下邳	叶榆河	牂牁	禹贡山水泽地所在	陇西
河水	云中	漾水	武都	淮水	广陵	叶榆河	交阯	禹贡山水泽地所在	陇西
河水	定襄	漾水	广魏	澮水	南阳	夷水	巴郡	禹贡山水泽地所在	陇西
河水	西河	漾水	巴郡	澮水	颍川	澧水	武陵	禹贡山水泽地所在	武威
河水	上郡	丹水	京兆	淯水	弘农	澧水	长沙	禹贡山水泽地所在	酒泉
河水	河东	丹水	河南	淯水	南阳	沅水	牂牁	禹贡山水泽地所在	张掖
汾水	太原	汝水	颍川	濉水	汝南	沅水	长沙	禹贡山水泽地所在	敦煌
汾水	河东	汝水	汝南	濉水	江夏			禹贡山水泽地所在	天水

(续表)

篇名	郡名	篇名	郡名	篇名	郡名	篇名	郡名	篇名	郡名
浍水	河东		颍川	潕水	江夏		武陵		蜀郡
涑水	河东	颍水	汝南	蕲水	江夏	泿水	郁林		弘农
湛水	河内		河南	决水	庐江		苍梧		南郡
济水	河东	洧水	河南	沘水	庐江		南海		江夏
	下邳	潩水	河南	肥水	九江	资水	零陵		庐江
清水	河内	蒗荡渠	汝南	沮水	汉中	湘水	零陵		南阳
沁水	上党		河南	夏水	江夏	漓水	苍梧		江夏
淇水	河内	阴沟水	沛郡	羌水	广魏	溱水	桂阳		长沙
荡水	河内		下邳		巴郡	钟水	桂阳		长沙
洹水	上党	汳水	梁郡	涪水	广魏	耒水	桂阳		南郡
浊漳水	上党	雎水	梁郡	涔水	汉中	溳水	豫章		庐江
清漳水	上党	瓠子河	东郡	大江	蜀郡		长沙		豫章
易水	涿郡		济阴			赣水	豫章	禹贡山水泽地所在	丹阳
滱水	代郡		东郡		广魏	斤南水	交阯		会稽
	中山		齐郡？		巴郡		郁林		东海
圣水	上谷		太山		牂柯	日南郡水	日南		济阴
巨马河	代郡	汶水	泰山		南郡		颍川		济阴
漯水	雁门		东平		长沙		泰山		山阳
	代郡	泗水	鲁郡		江夏		庐江		太山
漯余水	上谷		泰山	青衣水	犍为		弘农		山阳
沽河	渔阳	沂水	琅邪	桓水	蜀郡		河东		河南
濡水	辽西	洙水	泰山		蜀郡		河东		梁郡
大辽水	辽东	沭水	琅邪	若水	越巂		河东		蜀郡
小辽水	玄菟	淄水	泰山		犍为		河内		南郡
浿水	乐浪	潍水	琅邪	沫水	越巂		中山		南郡
							辽西		

除《禹贡山水泽地所在》篇之外,共出现郡名 165 次、78 个,《禹贡山水泽地所在》篇则出现郡名 53 次、39 个。

观察可知,《水经》对郡的记载有如下可说之处。

其一,郡名的出现形式有二,即单独形式与统县形式。单独形式即单举某郡之名,郡名并不与某县之名一同出现。这种情况较少,仅见《河水》篇敦煌、酒泉、张掖、安定,《汾水》篇河东,《圣水》篇上谷,《㶟余水》篇上谷,《阴沟水》篇沛郡,《桓水》篇蜀郡,《叶榆河》篇益州、交阯,《日南郡水》篇日南等例,其中《河水》篇安定,《㶟余水》篇上谷,《桓水》篇蜀郡下虽不带县目,但带山、关之名,所指为河流发源、流经的具体地点①,而其余皆指河流发源、流经于该郡之境。统县形式即在某县名之前冠以该县所属之郡名,使得郡名以"某郡某县"的形式出现。这种情况占《水经》全书中郡名出现形式的绝大多数。

其二,《水经》记载某郡,皆将其视为一块区域。郡作为统县政区,本来就具有比较大的范围,以之为参照来记述河流流路,一般而言肯定要以"河流流经郡境"这种关系来说明。上文所述的单独形式中,往往有"某郡界"的用法,如"安定北界""河东界""益州界"等,这就是河流与郡境关系的直接阐述。上文所述单独形式中带山、关之名者,以及所有的统县形式,都是确指河流发源、流经的具体地点,但是这一"具体"仅仅表现在山、关、县上,而冠于它们之前的郡,依然是一块区域的概念。也就是说,这依然是河流与郡境关系的描述。郡有治城,一般治城也可获该郡之名,但《水经》记载河流流经郡治城时,仍举县名,而不单举郡名。如鲁郡治鲁县,《泗水》篇言"迳鲁县北"而不言"迳鲁郡北";南海郡治番禺县,《浪水》篇言"至南海番禺县西"而不言"至南海郡西"等,最能说明《水经》作者有意不以郡为地点名,而专指区域。当然,《水经》中并不是所有的水郡关系都是"某水过某郡境",如记载河水"过敦煌、酒泉、张掖郡南",河

---

① 虽然这样的形式与统县形式相似,但是毕竟不像统县形式那样存在政区统属关系,所以这些例子仍归为单独形式。

水并不过这三郡之境,在此,应该是就河水与三郡领域的相对位置而言,这是《水经》作者对今青海以上河水流路不了解而进行的模糊记载(事实上也是错的)。由于这段河流流路不明,而且当地也没有设县,无法以县目来明确说明这段河水的流路,所以采取了这样的方法。不过,这并不影响《水经》中的郡皆系就其郡境而言的判断。

其三,在《水经》文本中,记载某郡的出现位置有其规律。观察可知,《水经》中郡名的出现位置可分为叙水源时举郡名与初入郡境时举郡名两类。叙水源时举郡名,即《水经》在记载河流发源地时,往往举发源地所在之郡名。但这有两类例外:一为河流发源地在徼外,这些地区并无郡的设置,自然无从举郡名,故代以"塞外""羌中"等提法;一为一些较小河流的发源地,这些河流一般流程短小,为某郡内之水,或者仅跨一郡,《水经》不载其发源地之郡名而仅言出某县地,或者是为与河流规模相匹配之故,这样可以更明确地提示该河流的规模不大。叙初入郡境时举郡名,即《水经》记载某水流路时所举之"又过某郡某县"就表示此水于此县入此郡之境,由之可以确定在此县之前此水所流经之地不属此郡。这一原则可以适用于《水经》全书,也就是说,在《水经》各篇中出现的"又过某郡某县"句式都指明了一处郡界。但必须说明的是,并不是每篇都完整记载了相应河流所流经的所有郡,也就是说,《水经》所载各水事实上所过的郡界并没有被完全明确记载。《水经》全书的部分卷篇,如卷二至卷四的《河水》篇确实完整地记载了河水所过诸郡,河水"又过某郡某县"之前所过之县无疑属于上一个提及之郡。但就《水经》全书而言,完整记载某水流经之所有郡境的写法并不被普遍遵循。这可能与作者掌握的材料有关,有些地方也可能是作者的疏忽,总之带有一定的随意性。

其四,关于《水经》所载郡的存在时间。核对《汉志》《续汉志》等典籍及《西汉政区地理》《东汉政区地理》等研究著作可知,《水经》所载郡绝大多数都是两汉的郡,但有两个例外,即魏兴与广魏。魏兴郡为曹魏初年所立，而广魏郡更是其他史籍所未见①，由于该郡显系广汉郡更名，倘若不是魏人遥改，那么其真正更名的时间就必须迟至曹魏末年魏灭蜀汉以后。当然，由于其余两汉所立之郡至三国依然存续，所以很容易就此认为，《水经》所载郡的标准年是在三国时期，但是经过对郡县统属关系的分析可知，实际情况并非如此，本书第二章第三节已对此问题进行了详细的讨论。

其五，关于《水经》所载郡的地域分布。将《水经》郡目与两《汉志》所载郡目进行对比可知，两《汉志》所载绝大多数的郡在《水经》中都有出现。以《续汉志》为参照，未出现的郡有两种：一种是没有为《水经》所收的河流流经的郡，这类郡不多，多在边鄙之地，如合浦、九真、右北平等，这并不足为怪。另一种却颇值得注意，《水经》记载的流经青州、冀州、兖州地区的河流是十分多的，对这些河流流经的县邑，《水经》也记载得比较详细，但是这些地区的郡名却多有不载者，尤其是青州、冀州所属之郡，仅有冀州中山一郡之名曾经在《水经》中出现，而其余诸郡却完全未被提及（暂不算《瓠子河》篇中存疑的"齐郡"）。青、冀、兖之地是两汉三国时期开发极为成熟之区域，郡县设置也非常密集，此区域的郡名少被提及不可能是因为作者不熟悉，反而可能是因为太熟悉而认为不必说明。例如，《河水》篇最后提及的郡名是河东郡，其后河水南入冯翊、河南这个两汉统治的核心地区，进而东流，《水经》便不再进行说明，这或许就是作者这种心态的反映。

2. 县

县是《水经》记载最多的人文地理参照物名称。《水经》大量记载县目，以尽可能详细地说明河流的发源与流路。全书共记载县目674个/次。本书下编已经悉数列举其具体名目，此处不赘。

县与郡一样，是汉魏时期政区序列中的重要一环。县有幅员，有治所，单称某县之名，在地理方面，可能指该县辖境，也可能指县

---

① 此处所言广魏郡，指原名广汉郡之广魏；曹魏雍州有广魏郡，非此郡，特此说明。

治所在。《水经》所载县则兼有二指。《水经》在记载河流源头时,往往采用"出某县某山"的写法,此时的文义无疑只能是此水"出某县境内的某山"。更为明显的是,在行文中有时还会明确指明县以下的统属关系,如"易水出涿郡故安县阎乡西山""(济水)又东北过寿张县西界安民亭南"等,这些文句中都将县视为一块区域,其确指之地是在县境内的一处更为具体的所在。当然,也有指县境外的,《若水》篇"若水出蜀郡旄牛徼外",《沫水》篇"沫水出广柔徼外",分别指若水、沫水出旄牛、广柔徼外,这是因为水源地在徼外,无县可指,只能以相应的边境之县境为参照加以记载。还有一种情况,《漳水》篇云"(漳水)出临沮县东荆山,东南过蓼亭,又东过章乡南,又南至枝江县北乌扶邑,入于沮",郦注明言"漳水又南历临沮县之章乡南",是章乡属临沮县,《水经》载漳水过章乡,在过"枝江县北乌扶邑前",则可理解为下一县目出现之前的乡亭地名皆属上一县目,这同样是县境的体现,与上文所讨论对郡境的体现是相似的。不过,在《水经》中最为常见的"过某县某方"的写法,却完全可以理解为过某县治所之某方。因为"过某地某方"的写法不仅有"过某县某方",也有"过某城某方","某城"无疑是一个确定的地点而非区域,那么,一般来说,在文句中与之用法相同的"某县"当然也应该指地点。而且,《水经》中有"城""县"互称者,《汳水》篇之"睢阳城"与《睢水》篇之"睢阳县"明指一城,此处"睢阳县"确实就是指睢阳县治所在。又《睢水》篇云"又东过相县南,屈从城北东流",《溱水》篇云"溱水出桂阳临武县南,绕城西北屈东流",此两条更是明确说明"相县""临武县"指的就是相城、临武城,即两县之治所。况据理言之,由于某县治所通常就在该县境内,而且往往位于比较居中的位置,河流流经某县治所的某个方位,也就相当于流经县境内的某个方位,故"过某县某方"之"某县"指县治或县境,并没有本质区别。在这种情况下,《水经》作者似乎没有必要仔细考究县境与河流的相对位置关系,而只需要指明较易得知的县治与河流的相对位置关系即可。所以,在一般情况下(即排除如上所举的明确指县境等情况),将《水经》中所载的"某县"视为指县治应无问题。

与既有的文献核对可知,《水经》记载的县并没有一个统一的标准年。其中既载有西汉建置而东汉以后废置的县份(如长修县),也载有晚至东汉末年方建置的县份(如汉平县),甚至三国时期才可能出现的县名(如魏宁县)。这与《水经》所据材料及成书过程相关,详参本书第二章。

　　《水经》记载的县的地域分布是完全以《水经》所收水为依托的,河流分布密集的地区,记载的县就要多一些,反之,河流分布稀疏的地区,记载的县也自然少。就某篇内部而言,河流自源头至尾闾所流经地区所举县的分布密度大致也比较均匀。

3. 城、邑

　　《水经》中载有"城""邑"两种人文地理参照物,兹将两者一同讨论。

　　《水经》中记载的城有:《河水》篇"赤城"、《济水》篇"坟城"、《洧水》篇"习阳城"、《汳水》篇"睢阳城"、《沔水》篇"谷城""荆城"。另外,《睢水》篇、《溱水》篇也提及城,事实上就是相城与临武城,但未明确说明(参上文)。若加上相城与临武城,总计有8处。

　　《水经》中记载的邑有:《河水》篇"甲下邑"(《济水》篇重见)、《汾水》篇"高梁邑"、《浍水》篇"周阳邑"、《湛水》篇"毋辟邑"、《淇水》篇"瀽邑""乡邑""穷河邑""漂榆邑"、《清漳水》篇"黍窖邑"、《洛水》篇"蠡城邑""阳市邑""于父邑"、《洧水》篇"茅城邑"、《淮水》篇"白牛邑"、《粉水》篇"郢邑""谷邑"、《漳水》篇"乌扶邑"、《溱水》篇"安聂邑",共18处、19次。

　　据郦注及今地之对应,《沔水》篇"谷城"即《粉水》篇"谷邑"无疑,是城与邑可以互称。郦注中亦曾称甲下邑为"甲下城",故郦氏亦以城、邑通。

　　"城"一般指的是有城墙的聚落,汉魏时期,不曾作为一级政区通名出现。当然,"城"有时会作为"县"的别称,最典型的就是《续汉志》中的某郡辖几城之"城",其实就是"县"的代称。但是《水经》中的城除了"睢阳城"及相、临武两城之外,却都未言是县治,核诸地志,也并没有相应的县名出现,可以说这些城并不能等同于县,而应是就其本义,特指有城墙的聚落而言,所指对象与行政区划并无关系。

"邑"自先秦时期即被广泛使用,大约可以概括为"先民定居以后经过人为规划而建筑起来的、大小不等且有垣墙或城郭围护的居住空间"①。汉代的行政区划序列中有"邑",包括汤沐邑、陵园奉邑、奉郊邑三种。② 这几种"邑"都为郡所辖,与县同级,并且往往为县所改制,这是汉魏时期"邑"字极为常见的意涵。但《水经》所在之邑,无一可与两《汉志》所载之县名相对应,而且由《水经》行文看,这些邑无疑应该是县以下的一种单位,兹试举两例。其一,《水经·涑水》云:"涑水出河东闻喜县东山黍葭谷,西过周阳邑南,又西南过其县南。""其县"指的不可能是周阳邑(因为不可能两次过其南),而只能是闻喜县,周阳邑的存在并不能够隔断后句"其县"对前句所提及的"闻喜县"语义上的继承,说明周阳邑绝不是一个县级建置。其二,《水经·清漳水》:"(清漳水)东至武安县南黍窖邑,入于浊漳。"《水经·漳水》:"(漳水)又南至枝江县北乌扶邑,入于沮。"邑依县以明方位,知邑不可能与县同级,而只能附属于县。县下之邑在秦汉时期也有记载,如《史记·高祖本纪》及《汉书·高帝纪》称刘邦为"沛丰邑中阳里人",应劭注云"沛,县也,丰,其乡也",颜师古注则明确指出此处是"邑系于县"。又有乡、邑联称者,如《史记·樊哙传》:"(樊哙)与诸将共定代乡邑七十三……定燕县十八、乡邑五十一。"不过这些记载的时代都在秦汉之际,与《水经》时代不同,虽然可以用作参考,但很难以之为据来判断《水经》中邑的性质。从《水经》中城、邑互称的现象来看,《水经》中的"邑"很可能与"城"一样,系就其本义而言,而与行政区划无关。

为了对城、邑之性质有进一步的了解,可以对《水经》所载诸城

---

① 王彦辉:《秦汉时期的乡里控制与邑、聚变迁》,《史学月刊》2013年第5期。

② 周振鹤:《西汉县城特殊职能探讨》,载《历史地理研究》第1辑,复旦大学出版社1986年版,第81—103页;马孟龙:《荆州松柏汉墓简牍所见"显陵"考》,《复旦学报(社会科学版)》2015年第3期。

邑的相关史事进行考察。除睢阳、相、临武三个县城之外，其余诸城邑于汉魏时期及之前有相关史事可考者如下。

（1）习阳城

《金楼子·志怪》："青龙元年五月庚辰，芝产于长平之习阳。"此为魏明帝时事，此习阳是长平县属地，即《水经》习阳城无疑。又，《晋书·司马顺传》云，司马顺于曹魏世封习阳亭侯。此习阳亭盖即习阳城。

（2）谷城（谷邑）

《沔水注》："城在谷城山上，春秋谷伯绥之邑也。墉隍颓毁，基堑亦存。"《续汉志》南阳郡"筑阳侯国"条刘昭注："杜预曰：谷国在县北。《博物记》曰：今谷亭。"城自先秦即有，汉魏时或稍晚为筑阳县谷亭。

（3）荆城

《三国志·魏书·文聘传》："（文聘）又攻（关）羽重辎于汉津，烧其船于荆城。"《三国志·魏志·卫臻传》："（诸葛）亮又出斜谷，征南上：朱然等军已过荆城。"杨守敬以为荆城"在三国时为重地"，是。

（4）高梁邑

郦注："（汾水）又南迳高梁故城西，故高梁之墟也。《春秋》僖公二十四年，秦穆公纳公子重耳于晋，害怀公于此。《竹书纪年》：'晋出公十三年，智伯瑶城高梁。'汉高帝十二年，以为侯国，封恭侯郦疥于斯邑也。"《续汉志》河东郡："杨，有高梁亭。"高梁在春秋时即为晋国重要城邑，至东汉乃为杨县之一亭。《水经》之高梁邑正出现于汾水过杨县之后，与《续汉志》高梁亭完全相应。

（5）周阳邑

汉文帝元年（前179），汉廷封赵兼为周阳侯，封地在淮南，不久，迁往河东。① 河东郡新建立的周阳侯国名称显然是因周阳侯而新立，《水经》周阳邑应就是此侯国废置之后（应是并入闻喜县）的

---

① 马孟龙：《西汉侯国地理》，上海古籍出版社2013年版，第305—306页。

后身。

(6) 蠡城邑

《三国志·魏书·贾逵传》:"时(渑池)县寄治蠡城,城堑不固。"时在汉末。

(7) 白牛邑

郦注:"建武中,世祖封刘嵩为侯国。"《后汉书·安成孝侯赐传》:"(建武)三十年,帝复封闵弟嵩为白牛侯,坐楚事,辞语相连,国除。闵卒,子商嗣,徙封为白牛侯。商卒,子昌嗣。"知东汉初年,白牛尝为侯国。

就以上有相关史事可考之城邑来看,《水经》所载城的性质可以是县城,也可以是亭城;邑同样可能是亭邑,也可能与曾经存在的侯国有关。《水经》中的城、邑确实与行政区划没有必然的联系,往往系因其为人所知的重要程度而被记载。城、邑本义没有本质的区别,但在《水经》的记载中还是略有不同。城的适用性更广泛些,可以指县城,而邑则不可。特别值得注意的是,《水经》所载的各个邑在其他文献中(除郦注外)从未以"邑"之名出现过。由于邑可以与亭对应,而且可以与曾经存在、后明显废弃而并入他县的侯国对应,史籍中常见亭与城互称,而侯国与县同级,当亦如县筑有城郭,故疑《水经》所载之"邑"是县以下的乡、亭有城郭的治所的统称。

城、邑的地域分布没有特别明显的规律。《洛水》《淇水》两篇所见"邑"稍多。

4. 乡、亭、聚

汉魏时期,乡、亭、聚都是明确的县以下的聚落形态。其中乡与亭既有治所,也辖有一定地域。聚的性质尚不清晰,由于《水经》中聚仅一见,记载笔法与乡、亭相当(用于指示河流发源地),故暂视为与乡亭有着近似的性质。

《水经》中明确记载的乡有《易水》篇"(故安县)阎乡"、《汝水》篇"(梁县)勉乡"、《肥水》篇"(成德县)广阳乡"(《施水》篇重见)、《沮水》篇"(临沮县)章乡"、《涞水》篇"(茶陵县)上乡",共五处、六次。又,《河水篇》有地名"邓",郦注指其为邓乡,则亦可视为乡。他籍有载者有五。

其一为邓。《史记·秦本纪》："（昭襄王）十六年，左更错取轵及邓。"杨守敬以此"邓"即《水经》之邓，是。

其二为阎乡。《汉志》涿郡："故安。阎乡，易水所出，东至范阳入濡也。"

其三为勉乡。《海内东经》："汝水出天息山，在梁勉乡西，南入淮，极西北。"

其四为广阳乡。《三国志·魏书·武宣卞皇后传》："封（卞）琳妻刘为广阳乡君。"《荀彧传》："（荀勗）为散骑常侍，进为广阳乡侯。"《晋书·汝南王亮传》："（司马亮）仕魏为散骑侍郎、万岁亭侯，拜东中郎将，进封广阳乡侯。"当然，"广阳"是汉魏时人喜用的地名，没有证据表明这些作为封地的"广阳乡"就是《水经》的广阳乡，但列出存照可矣。

其五为章乡。郦注："（漳水）又南历临沮县之漳乡南。昔关羽保麦城，诈降而遁，潘璋斩之于此。"《三国志·吴书·孙权传》："（建安二十四年）十二月（潘）璋司马马忠获（关）羽及其子平、都督赵累等于章乡，遂定荆州。"《三国志·吴书·吕蒙传》："（关）羽自知孤穷，乃走麦城，西至漳乡，众皆委羽而降。"

《水经》中记载的亭有《济水》篇"（寿张县）安民亭"（《汶水》篇重见）、《浊漳水》篇"（阜城县）昌亭"、《渭水》篇"（首阳县）渭谷亭"、《漳水》篇"（临沮县）蓼亭"、《钟水》篇"（南平县）宋渚亭""（南平县）钟亭"，共六处、七次。他籍有载者有二。

其一为昌亭。郦注："衡漳又迳东昌县故城北，经所谓昌亭也。"《汉志》信都国："东昌。侯国。莽曰田昌。"《续汉志》无，是东昌于汉末新莽时为侯国、县，而东汉以后废为昌亭。

其二为渭谷亭。《说文·水部》："渭。水出陇西首阳渭首亭南谷，东入河。"所言与《水经》近，"渭首亭"当即"渭谷亭"。

《水经》中记载的聚只有《洭水》篇及《深水》篇所提及的"（桂阳县）卢聚"一处。《说文·水部》："洭。水出桂阳县卢聚山。"

《水经》所载之乡、亭、聚中，他籍有汉魏时期该地史事者并不多,但是在《海内东经》《汉志》《说文》中出现同样的乡、亭、聚的比例却比较高。细究之可知,这些乡、亭、聚都是出现于《水经》记载河流源头之语句中,而该语句也与《海内东经》《汉志》《说文》叙相应河流发源之语句颇为近似。这说明该水之发源情况是汉魏时期一个习惯性的认识,或者诸书文本之间存在一定的因袭关系。

与《水经》载县的情况一样,《水经》载乡、亭,于河流发源地应是指其领域,而于河流流经地则指其治所。此点一望可知,不再赘述。

5. 津、关

津即渡口,关即关隘,皆系交通要冲。汉代已经有比较完善的津关制度,遍布全国的各津、关于行政与军事方面均具有重要的地位,对记载河流流路也具有明显的参照价值。

《水经》中记载的津仅见一例,即《汾水》篇"冠爵津"。

《水经》中记载的关有《河水》篇"潼关"、《灅余水》篇"居庸关"、《洛水》篇"散关"、《江水》篇"符关""江关"、《若水》篇"故关"、《叶榆河》篇"进桑关"、《溱水》篇"湟浦关"(《湟水》篇重见),共八处、九次。

在《水经》的记述体例中,津、关无疑系描述河流流路的参照地点。但津、关与河流的关系要更加紧密,与城、邑颇不同。津位于河流之上,自不必言;关往往位于山谷之中,谷中往往正为水流所经,所以关与河流的关系其实也非常紧密。《水经》在记载河流流经某关时,多用"出某关"而少用"过某关某方",很好地体现出了这种关系。《水经》所指的这些关,更多的是指关隘所在的河流两侧的一小片地域(当然,相对于《水经》所指的郡、县境域,这样的一小片地域仍然是可以视为一个点的),而不仅仅是关隘建筑本身。

6. 宫室

《水经》中见载宫室一处,即《浍水》篇"虒祁宫"。此系春秋晋之宫室,地处汾、浍之交,在浍水下游具有比较强的地理位置指示作用,故为《水经》作者所采入。宫室自然不会有领域,《水经》系视其为一处参照地点甚明。

7. 国族地域

《水经》中见载国族地域两处、三次,分别是《河水》篇"于阗国"

与《羌水》篇、《桓水》篇"羌中"。于阗国系西域国名,汉魏时期持续存在,领域在今新疆和田附近。《水经》在记载河水之一源时提及了于阗国,其笔法与各篇记载某水出某郡县地之笔法同,当系指其境域而言。羌中系西陲羌人聚居之地,汉魏时期颇见记载,《汉志》中所见尤多,其所指地域范围比较广大,也有时代上的差异。①

8. 边塞

《水经》也会用边塞作为记载河流的地理参照。如《沽河》《鲍丘水》《濡水》《大辽水》等篇皆言水出"塞外",而《若水》《沫水》《淹水》三篇则言水出"徼外",又《河水》《大辽水》两篇皆言水"入塞"。这些地方明确说明了所载河流发源于境外、流入境内的情况,与之前的所有情况不同,这里的"塞"与"徼"既不是点,也不是面,而是可以视为一条边境线。《水经》所载的边塞大约相当于东汉时的情形。

《水经》中所载的人文地理参照物种类比较丰富,各种可资利用来描述河流流路的人文地理参照物都有被收录,但最主要的仍然是郡县。郡县是遍布全国的一套体系,有明确的地理位置,举郡则使人明大致方位,举县则使人明具体流路。县以外,用城邑、乡亭、津关等作为参照物对河流流经地进行补充说明,可以使经文对河流流路的描述更加精确,在涉县较为稀疏的地区也可以很好地说明河流的具体流路,而一些需要精确说明的地点(如河流交汇处)更是需要这些小地名来体现。

第二节 《水经》诸篇的编排

今本《水经》各篇之排列,即《水经注》各篇排列,承袭自宋明以来的旧本《水经注》。然《水经注》自北宋初年亡佚五卷,宋人割裂所余三十五卷以足四十卷之数,导致其后研究者对传本《水经注》篇目的次序产生了怀疑,如清人全祖望及戴震都认为这一篇目次序已经

---

① 参王明珂:《华夏边缘——历史记忆与族群认同》,允辰文化实业股份有限公司1997年版,第243—248页。

散乱而不复旧貌,故重新整理了篇目顺序。① 但亦有认为今本《水经》各篇排列自有其道理者,如钟凤年就认为今本《水经注》篇目较好地保留了古《水经》分三卷的本来面目。②

根据钟氏所总结出的规律,《水经》按"河北之水""江河之间诸水""江南诸水"的顺序记载无疑是准确的,《水经》著作之时,将这三部分河流安排为三卷也是合适的。③ 既然今本《水经》所列各篇依然能够找得到排列的大致规律,那么似乎就没有重新整理各篇顺序的必要,毕竟,宋人即使割裂各篇凑齐四十卷,也只需要在卷数上做文章即可,并不一定需要移动各篇的顺序。

今本《水经》篇目的排列顺序虽然与《说文·水部》列字顺序相比多数不同,但仍存在一些相应之处。如两书均列"渭水"(此处兼指《水经》之《渭水》篇与《说文·水部》之"渭"字,下同)在"漾水"前,列"漆水"在"沔水"前,列"淇水"在"荡水"前,列"颍水"在"洧水"前,列"涪水"在"(梓)潼水"前等。《水经》对《说文》的文本颇有因袭(参本书第二章第二节),相信这样的排列一致并不完全是巧合,而是有意为之。而如全祖望割裂《渭水》《漾水》篇及《漆水》《沔水》篇,貌似合理,但恐反失其旧貌,似不可取。此点可以为今本《水经注》所保留的《水经》次序很可能还是《水经》原貌的一项佐证。

下面具体分析今本《水经》所见诸篇的排列次序。又,本书第一章辑《水经》14 篇之目,此处也先顺便讨论这 14 篇可能所在的位置。

《水经》首列《河水》篇。自三代以降,河水毫无疑问是最为人所

---

① 全氏序目见《全校水经注》;戴氏序目见戴震校订:《水经注》卷首。关于全、戴改定《水经》各水次第的情况,可参胡适:《全祖望戴震改定〈水经〉各水次第的对照表》,载《胡适全集》第 15 册,第 418—427 页。

② 钟凤年作,刘乃中参订:《评我所见的各本〈水经注〉》,《社会科学战线》1979 年第 2 期。

③ 钟文云三卷为:(一)河北之水:卷六至卷十四;(二)江河之间诸水:卷十五至卷卅二;(三)江南诸水:卷卅六至卷四十。不知为何未将河水、江水本身列入。按:依《水经》次序及篇幅揣摩,钟氏本意当是将《河水》篇归于第一卷,《江水》篇归于第三卷。

知、最重要的一条大川，《水经》首序之，理所当然。

次列河水以北诸水。河水既出，乃有河南、河北之分，《水经》遂以河水为界，先列河北之水。河北诸水首序《汾水》篇，水系河水北岸支流。以下依次为《浍水》《涑水》《文水》《原公水》《洞过水》《晋水》诸篇，除涑水内流入湖外，诸水皆为汾水支流，但诸篇的排列似乎没有规律可循。涑水虽然不是汾水支流，但与汾水支流诸篇混排，这大约是这些河流同处于"河东"这一地理小单元的缘故。

《晋水》篇后为《湛水》篇，水系河水北岸支流，为河水纳汾水后东流所成。以下为《济水》篇，发源、入河处在湛水以东，虽然下游分河而出、独流入海，但《水经》序《济水》篇于此，应仍是将其视为河水北岸支流。以下依次为《清水》《沁水》《淇水》《荡水》《洹水》诸篇，自湛水至洹水，就其源流而言，大致自西向东排列，只有清水在沁水之东，而《清水》篇却序于《沁水》篇之前，是一例外。

《洹水》篇后依次为《浊漳水》《清漳水》《易水》《滱水》《圣水》《巨马河》《㶟水》《㶟余水》《沽河》《鲍丘水》《濡水》《大辽水》《小辽水》《浿水》诸篇，这些篇目的顺序大致也是按照河流的相对位置自西南向东北排列，例外的是《巨马河》篇，依序应在《圣水》篇之前。① 这块区域尚有八条水，《水经》为其立有专篇而今本《水经》已佚（参本书第一章第三节），据其各自地理位置可知，这些篇目应是相连续的，当以《滏水》《洺水》《渨水》《虖池河》《卫水》《滋水》《㴇河》《恒水》的顺序置于《清漳水》篇与《易水》篇之间。通观之，《水经》排列河北诸水，自汾水始，至浿水终，依河水流次及海岸由西及东，遇支流水系循先干后支之顺序记述，虽偶有次序颠倒之例，但整体而言，可称秩序井然。

次列河南江北诸水。河北之水列毕，乃可及于河南之水。《浿水》之后，首序《洛水》篇，次接《伊水》《瀍水》《涧水》《谷水》《甘水》诸篇。《水经》写定时，洛阳是曹魏都城，其所在的伊洛流域自然受到

---

① 若依流路相对位置，则《滱水》亦当序于《易水》之前，不过《水经》视滱水为易水支流，故置《滱水》于后，可以说通。

特别的重视，故《水经》序伊洛诸水于河南诸水之首，亦属理所当然。洛水是河水支流，伊水等水是洛水支流，《水经》此处先举干流，再列支流，但支流诸篇的排列没有明显规律。

《甘水》篇后为《漆水》《浐水》《沮水》《渭水》诸篇，载关中渭水流域诸水。这几篇的排列是先支流后干流，而以记载渭水支流的《漆水》《浐水》《沮水》三篇来说，同样没有明显的规律①，故这块区域所佚失的《丰水》《泾水》《芮水》《洛水》四篇也难以安置于明确的位置，今权置于《沮水》篇之后。

《渭水》篇之后，是《漾水》《丹水》两篇，漾水、丹水虽然南流，但其源头在秦岭北麓，就发源地而言，与渭水流域相距很近，同属秦岭以北的地理区块，所以《水经》也将漾水、丹水视为关中之水，而序于渭水流域诸篇之后。

《丹水》篇后是《汝水》篇，其后是《颍水》《洧水》《潩水》《潧水》诸篇，颍在汝东，两水南入淮，洧、潩为颍水支流，潧水为洧水支流。其后是再往东的蒗荡渠水系诸篇：首《〔蒗荡〕渠》篇，渠水南入淮；次《阴沟水》篇，水系蒗荡渠分流；次《汳水》篇，水系阴沟水分流；次《获水》篇，水系汳水分流；次《睢水》篇，水系获水支流。其后是《瓠子河》篇，水在蒗荡渠东、同样是河水分流。

《瓠子河》篇后，是《汶水》《泗水》《沂水》《洙水》《沭水》诸篇，汶、泗、沂皆出泰山之阳，就方位而言，皆在瓠子河以东，三水亦次第及东，洙水为泗水支流，沭水为沂水支流，故《洙水》《沭水》两篇附于《汶水》等三篇之后。其后是《巨洋水》《淄水》《汶水》《潍水》《胶水》诸篇，诸水在泰山之阴，北流入海（汶水为潍水支流），大致次第向东排列（但巨洋水实在淄水东），胶水为极东者。

《胶水》篇后为《沔水》篇，其后为《潜水》篇，沔、潜皆为发源于秦岭以南之江北大川。其后是《湍水》《均水》《粉水》《白水》《比水》诸

---

① 或可视为自西向东排列，不过地跨渭水南北，似显牵强。且若然，则佚失的四篇将散插于《漆水》《浐水》《沮水》三篇之间，如此编排似乎难以形成今日四篇佚而三篇存的结果，故不取这种"规律"。

篇，诸水皆为南襄盆地附近的沔水支流，但只有粉水是沔水南岸的一级支流，其余四水皆是沔水北岸的二级支流，排列也没有明确的规律。其后为《淮水》篇，再后为《㶏水》《渒水》《滱水》《濄水》《溹水》《汍水》诸篇。㶏、渒、濄、汍皆汝水支流，滱水为颍水支流，溹水为沔水支流，这部分的篇目似乎显得有些混乱无序。不过，若将前列之《湍水》以下诸篇合而观之，可见除滱水外，诸水都流经两汉南阳郡境，而㶏、溹、渒、濄、汍诸水，则都发源于南阳郡北境，所以河流的方位是《湍水》等篇相接续置于此的原因。而㶏、溹等篇由于以发源地而论更在一小区域内，故相邻而置。至于滱水，虽然位置稍东，但其纬度大致与㶏水相当，其经度也与濄水相近，倘在该处绘制一幅有㶏水、濄水的地图，则此图幅必包含滱水，故完全可以将滱水视为与㶏、濄诸水同处一块小区域。

《汍水》篇之后，是《涢水》《澺水》《蕲水》《决水》《沘水》《泄水》《肥水》《施水》八篇，涢水等八水的共同特点是位于江、淮之间，而八篇的排列顺序大致是自西向东，先叙南入江之三水，再叙北入淮之四水，施水作为肥水向东之分流，序于最后。

《施水》篇之后，是《沮水》《漳水》《夏水》《羌水》《涪水》《梓潼水》《涔水》七篇，沮水等七水虽然相距遥远，但是有一共同特点，即皆在江、沔之间。沮、漳、夏三水在荆州江、沔间，排列方式是自西向东；羌、涪、梓潼、涔四水在益州江、沔间，没有明显的排列规律。

次列《大江》篇。江水是与河水地位等同的一条大川，《水经》将江北之水叙毕，方叙及大江，其后乃叙江南之水。《水经》对《大江》篇的处理方式与《河水》篇相似，颇有尊崇其地位之意。

《大江》篇之后，是《青衣水》《桓水》《若水》《沫水》《延江水》《存水》《温水》《淹水》《叶榆河》诸篇，相应诸水皆位于益州南部江水西、南侧，或东、北流入江，或南流入海，各篇排列没有特定的规律。

《叶榆河》篇之后，是《夷水》《油水》《澧水》《沅水》《浪水》《资水》《油水》《湘水》《漓水》《溱水》《洭水》《深水》《钟水》《耒水》《洣水》《漉水》《浏水》《㵋水》诸篇，相应诸水皆位于或发源于荆州江水南侧，《水经》叙西南诸水毕，次东乃叙及。诸水的排列具有极强的规律性,以洞庭湖一带为轴,自《夷水》篇始,依水源方位以逆时针方向次第排列诸篇,直至《溳水》篇,十分规整,只有溱水在湘水、深水之东,而《溱水》篇却在《湘水》篇之前一处似乎是例外。不过由于《水经》以湘水为溱水支流,漓水以下,次及湘水,那么在此处先列《溱水》篇,再列《湘水》篇,也颇有条理,这一"例外"并不是紊乱无章的。

《溳水》篇之后,是《赣水》《庐江水》《浙江水》三篇,相应诸水皆位于扬州之江水南侧,《水经》叙荆南诸水毕,次东乃叙及。三水排列,自西向东,与之前诸篇可相承接。

《浙江水》篇后,是《斤南水》及《日南郡水》两篇,相应诸水位于交州,远在南陲,故又列于扬州诸水之后。

又有散佚的《弱水》《黑水》两篇,远在西陲,似乎没有理想的处所可安置,今权列于最末。

总体而言,《水经》对其各篇的排列顺序虽然没有严格的准则,但也并不随意,还是有一些比较明确的规律的。总体的原则仍然是依照地域进行编排,大致是从北到南、从西到东。具体而言,有如下几项特征:第一,以大川为分界线编排诸篇。《水经》将河水、淮水、沔水、江水四条大川作为地域划分的界线,诸篇所载之水与四大川之相对位置为诸篇次序编排最基本的依据。第二,小区域河流集中编排。《水经》中之邻近各篇常载一小区域内之诸水,各小区域诸篇间有比较明显的地域区分,但小区域内部诸篇的排列就比较随意。第三,在一小区域内部,如果存在多水间的干支流关系,那么叙述顺序一般是先干流,后支流。

第三节 《水经》行文程式

细读《水经》文字可知,其文句是比较规整的,作者在著作之时应是有意采用了一种较为严整的笔法,其词汇使用与句型结构均有例可循。在记述河流的发源与流路时,使用较为科学、严谨的语言进行较为准确的描述,有利于读者对此河流特征的掌握。本节即拟对《水经》之行文程式进行归纳分析,以深入对《水经》的了解,更好地解读《水经》所提供的信息。

一、《水经》词例

请先论《水经》用词之例。①《水经》规整之面貌与严谨的用词之例有很大关系,兹分类简述之。

（一）动词

明人杨慎在其所撰《水经序》中说:"桑钦《水经》旧录凡三卷,纪天下诸水,首河终斤江,凡一百十有一。曰出、曰过、曰迳、曰合、曰分、曰屈、曰注、曰入,此其八例也,而水道如指掌矣。"②由于当时流行的《水经注》版本中经注相混的情况还比较严重,杨慎所说的这八项《水经》用字之例,许多是自注文而来,并不准确。然而他指出《水经》为描述水道而有较严整之体例,仍不失有开创之功。清人王峻、全祖望、赵一清、戴震在进行区分经注的工作时,事实上也提出了《水经》的字例,即用"过"字来描述水道所经(详本书第四章第二节)。杨慎所言"八例"实际上就是对《水经》中常出现的八个动词的归纳。由于《水经》中描述水道所经的动词丰富、严谨,故受到了研究者的重视,甚至被视为区分经注的锁钥。

《水经》中的动词是用来描述河流源流的。河流是流动的,故河源、归宿都必须用动词来描述,方能体现出河流之流势,所以《水经》对动词的使用遍布全书各篇及篇中各句。杨慎所举诸字虽然由于经注混淆而存在根据不尽合理之处,但确实是《水经》常见的动词,然亦有尚可补入者。兹分类穷举以简析之。

---

① 关于《水经注》中的词汇,已有一些综合性的研究成果,如王东《〈水经注〉词汇研究》(四川大学博士学位论文,2003年)、何世和《〈水经注〉方位词研究》(辽宁师范大学硕士学位论文,2011年)等。不过这些成果重在讨论语言学上的"词汇"本身,而且基本上是针对郦注的研究,而本小节探讨的是《水经》用词之例,研究各类词在《水经》中的具体含义与地位,尤重其如何呈现《水经》所记载之地理信息,故这些成果于本小节仅具有一定的提示作用,内容上则没有直接关系。

② [明]杨慎:《升庵文集》卷二。

其一,表示河流发源。《水经》表示河流发源,最主要用"出"。"出"共出现 148 次,水皆有源,故该字在《水经》绝大多数篇中都有使用。① 广义上的河流发源包括单独发源与分自他水两种情况,而不论是导源之地还是枝分之始,《水经》皆以"出"来指示。此外,又有"冒",仅见于《河水》篇"河水冒以西南流"句,同样也表示河之所出,只是表达的似乎是重源再发,与一般意义上的发源有所区别。

其二,指示河流流路。《水经》用以指示河流流路的动词又可具体分为三种。第一,指示河流流经某地。这种情况最典型的是"过",共出现 426 次,《水经》绝大多数篇中都有使用。《水经》往往以河流附近之城邑、聚落作为河流流路之参照,而以"过"来说明河流与这些城邑、聚落之关系,所以"过"极为常见,只有在记载一些较短的河流时不需要用到此字。又有"迳",共出现 11 次,其用法与"过"全同,是"过"之变例。又有"行",仅见于《桓水》篇"桓水行羌中"句,与"过"相比,"行"所表示的参照地域似乎要大一些。又有"络",仅见于《叶榆河》篇"络交阯郡中"句,含义与"行"相近,但更体现出水系盘络之形态。又有"绕",仅见于《溱水》篇"绕城西北屈东流"句,表示水绕城,其形态最为具体。第二,指示河流流及某地。这种情况最典型的是"至",共出现 97 次。"至"字的使用,同样是以政区城邑作为河流流路之参照,但与"过"等的不同之处在于,"至"具有提示意义,其下一定接表示该水在此处有一些需要说明的情况的语句,这些情况包括河流即将流归别水或海、有他水流入、有分流流出、有较大曲折、名称有变易等。② 又有"到",于《文水》《洞过水》两篇出现 3 次,与"至"的用法似无区别,是其变例。③ 又有"之",仅见于《㶟水》篇"之㶟浦",这显然也是流及的意思。又有"出",表示

---

① 例外的几篇是《沽河》《鲍丘水》《濡水》《施水》,前三者谓"从塞外来",盖不知其所出;后者系自肥水分出,亦为特殊情形。

② 陈怀荃:《〈水经·蒗荡渠〉及〈阴沟水〉篇补正》,原载《安徽师范学院学报》1957 年第 2 期,今据作者文集《黄牛集》,第 95 页。

③ 《文水》篇经"东到其县,屈南到平陶县东北"下杨疏:"此不言'过'而言'到'……是为变例。"

"向某处流",如《济水》篇"东出过荥泽北",《洈水》"又东北出居巢县南"等。第三,单纯表示河流流动。"流"共出现 63 次,表示河流流动。"流"本是用以记载河流流动的最基本动词,在《水经》中也很常见,且常与"过""注"等字搭配。事实上,《水经》中所有单称"过""至""注""入"者都是"流过""流至""流注""流入"的简称,只是往往为求语言之凝炼,而略去"流"字。在某篇中,"流"字往往出现于首次说明河流向之时,由于此时不适用"过""至""注""入"等字,故"流"字于此处单用,与方位词相连,同样可以达到指示河流流路的效果。虽然"注""入"等字被特别用来说明河流归宿,但冠于其上的"流"字则仍然是体现河流流路的,故在此类中一并言之。第四,提示河流流向。"来"共出现 48 次,提示河流趋近的流向,一般用于记述支流汇入,也用于记述河流入境,用例如《济水》篇"雒水从西来注之",《鲍丘水》篇"鲍丘水从塞外来"等。

其三,描述河流形态。《水经》描述河流间的汇流形态,一般用"合",共出现 26 次,用例如《济水》篇"与河合流",《淮水》篇"沘水、泄水合北注之",《溱水》篇"与桂水合"等。又有"会",仅见于《浊漳水》篇之"与虖池河会"句,语义与"合"全同。《水经》描述河流分流形态,用"分",共出现 5 次,其中有 4 次是河流"分为二"(《济水》《瓠子河》《洈水》《浪水》),一次"分为五"(《叶榆河》)。需要说明的是,此处的"合""分"皆系就该篇主述之水而言,所体现的汇流、分流形态就所涉另一水而言,可能是流归,也可能是源出,此时用"注""入"或"出"等表示,各归于其类中,不纳于此。又有"屈",共出现 33 次,表示河流曲流形态,用例如《汾水》篇"又屈从县南西流",《鲍丘水》篇"屈东入于海"等。又有"折",仅见于《洧水》篇"折入于颖"句,同样表示河流曲流形态,只是其后不加方位词。又有"直"字,仅见于《若水》篇"直南至会无县"句,与"屈"相对,表示河流直流形态。由于河流弯曲之处更加值得强调,故《水经》中对"屈"的使用远远多过"直"。

其四,说明河流归宿。这方面的动词有"注""入"。"注"共出现 80 次,"入"共出现 137 次,两者在各篇中的分布皆比较均匀,同样表达河流注入的意思，但也略有区别。"注"更多地用来表示某水支流汇入，如《渭水》篇"又东，涝水从南来注之"，《沔水》篇"堵水出自上粉县，北流注之"等；"入"更多地用来表示某水最终流归，如《汶水》篇"又东北入于潍"，《桓水》篇"入于南海"等。当然，两者的区别并不绝对，在许多地方还是可以通用的，也有两字连用的，如《漓水》篇"注入于湘"。

其五，提示河流别名。《水经》中河流有别名，提及时，称"为某水"，此处"为"字为判断动词。"为"字共出现34次，除《禹贡山水泽地所在》篇所见5次用以提示五岳之名外，其余29次皆用以提示河流别名。

《水经》文本中尚有个别动词与河流流势没有直接关系，如"有"，共出现2次，用例分别是《河水》篇"下有石门"及《小辽水》篇"玄菟高句丽县有辽山"，皆用于提示其他自然地理实体的存在。

（二）方位词

《水经》中方位词的数量也是很庞大的。作为一部载水的地理书，方位词显然极为重要。

《水经》中的方位词，最主要是"东""南""西""北"。作为方位词，"东"共出现615次，"南"共出现439次，"西"共出现251次，"北"共出现425次，"东南""西南""东北""西北"也常连用以表示更具体的方位。此外，尚有"中"出现9次，"上"出现1次，"下"出现2次，"外"出现8次，"间"出现1次。

中古汉语中，方位词的使用比较灵活，故《水经》中方位词的用法也比较多样，大致可以分为如下三类。

其一，作名词，单纯表示某方位。用例如《河水》篇"又东过砥柱间"之"间"，《易水》篇"东过范阳县南"之"南"，《沽河》篇"沽河从塞外来"之"外"，《伊水》篇"又东北过伊阙中"之"中"，《沘水》篇"沘水出庐江灊县西南霍山东北"之"西南""东北"，《禹贡山水泽地所在》篇"梁山在冯翊夏阳县西北河上"之"上"等（作补语）；又如《涑水》篇"涑水出河东闻喜县东山黍葭谷"之"东"，《洞过水》篇"出晋水下口者也"之"下"等（作定语）；又如《渭水》篇"芒水从南来流注之"之"南"，《湘水》篇"耒水从东南来注之"之"东南"等（与"从"结合作状语）。这种用法在《水经》中虽数量不占绝对多数，但所包含方位词的名目是最多的，除"东""南""西""北"外，其余所有的方位词用法都属此类。

其二，作副词，表示"向某方"。用例如《河水》篇"屈从其东南流"之"南"，《大江》篇"盐水从县东南流注之"之"东南"等。

其三，作动词，表示河流"向某方流"。这种用法在《水经》中最为普遍，凡言"东过""又东""屈东"之类均属此类，兹不赘举。

由于用作记述河流流势的动词的用法最多，《水经》中的方位词数量也存在明显的不同。由于地势原因，《水经》所载河流以东流为最多，间或有南北偏向，或有南北向支流流入，而西流者最少。这直接导致"东"的出现次数要远多于"南""西""北"三字，而"南""北"两字出现的次数也要明显多于"西"字。

《水经》中方位词的语义明确，与今日所指并无二致。不过，在《水经》中"东""南""西""北"四字尚有需要说明之处。不论是上述何种用法，《水经》中的四正方向词皆可以表示与之分别相邻的四隅方向："东"可该"东南""东北"，"西"可该"西南""西北"，"南"可该"东南""西南"，"北"可该"东北""西北"。最典型的是，表"某地之某方"时，其"某方"常常以四正该四隅，如《汝水》篇"东南过其（梁）县北，又东南过颍川郏县南，又东南过定陵县北，又东南过郾县北，又东南过汝南上蔡县西，又东南过平舆县南"，汝水东南流过诸县，则诸县必在汝水之东北或西南，而《水经》文字但称过某县"北""西""南"，其以"北"代指"东北"，以"西""南"代指西南甚明。不过，这样的指代并不是一种疏忽或者单纯的简省：本来，某水"东南"过某地已经说明了该水在某地的西南或东北侧的事实，这样，在地名之后再一律赘以"西南""东北"显然显得繁冗，而以"西""南"分别指代西南，可以突出该水究竟流经该地的西南偏南还是西南偏西，这样就在使语言精炼的同时，也达到指示更精确的效果，更加明确了河流的走向以及水地关系。在记述河流流向时，也有以四正该四隅的情况。例如,蕲水实西南流,而《蕲水》篇但称"南过其(蕲春)县西,又南至蕲口,南入于江",通篇但称南而不言西南。这种情况虽然以"南"表示西南方向,但有可能是所据材料不够精确的原因。不过,还有另一种情形。如,《清漳水》篇"又从(沾)县南屈东,过涉县西"句中之"东"字,显然表"东流"之义,但水东流过县西似不符常理。核诸地形,清漳水在涉县西一段实为东南流向,则此句事实上表达的应当是"清漳水东南流过涉县西南"之意,"东"指东南甚明。又如,《颖水》篇"又南过女阳县北",水南流过县北亦不符常理,核诸地形,此处"南"也当指东南。这种情形应确实是经文对方位词的简省用法,不过或由于可能会造成误解,这样的用法也并不很多。在更多的情况下,《水经》能够精确地指出四隅方向的,一般不会用四正方向去指代。

虽然《水经》使用方位词力求精确,但是仍然不可避免地存在一些失实之处。有些模糊之处可以用上述四正该四隅的情形去解释,但有些确实属于误载。这是在阅读与使用《水经》过程中需要特别注意的。具体误载情形,本书第五章将会详细列举,此处不赘。

(三) 名词

《水经》中的名词最主要是地名词。地名词在《水经》中数量极为庞大,地位极为重要。《水经》中的地名词包括河流名、山名、政区聚落名等,种类繁多,其实就是本章第一节所说的《水经》本体与参照物的具体名称。地名依其性质可分为通名与专名两类,本章第一节事实上已经对参照物通名进行了讨论,而本书之下编其实也可以视为对这些地名专名的研究,故此处仅就《水经》所载水体的通名进行一些简单的列举。①

"水"是最常见的水体通名,指河流,此毋庸赘言。此外,作为河流通名的尚有"河""江""渠""沟""溪"等。称"河"的有商河、虖池

---

① 当然,参照物已经包含部分水体,但是为了叙述的完整性,这里不采用与参照物对举的"本体"概念,而采用包含"本体"的"水体"。

河、洬河、巨马河、潞河、清河、沽河、瓠子河、济河、叶榆河10例,除了叶榆河外,应该都与河水有关,或曾为河水故道所经,或为河水之分流。称"江"的除了"大江"及其分流"北江"之外,尚有垫江、延江(也作延江水),而泸江水、浙江水之"江"字其实也可以视为通名,这些河流也多为江水之支流。称"渠"的有蒗荡渠、千金渠、济渠、将渠、邓里渠5例,称"沟"的有白沟、笃沟、阴沟(也作阴沟水)、新沟4例,此皆为人工沟渠之专称。称"溪"的有砾磜(溪)、郁溪2例,难以指明明显特征。此外,又有"浦",指河流的小分汊,仅见"濉浦"1例。

湖泊的通名比较多样。称"湖"的有白马湖、施水所入湖、沅水所入湖3例,称"泽"的有王泽、荥泽、巨(大)野泽、黄泽、彭蠡泽、潕强县南泽、都野泽、云梦泽、震泽、菏泽、雷泽、明都泽12例(其中后6例仅出现于《禹贡山水泽地所在》篇),称"池"的有张阳池1例,称"陂"的有睢水所入陂及芍陂2例。

海洋的通名只有"海"一种。

又有不是通名但也指水体的名词。有"流",见1例,即《夏水》篇"江流",指的就是大江之水流;又有"别",见《施水》篇"肥水别"、《涟水》篇"资水之别"2例,指的是某水的分流。

除地名词外,《水经》中尚见有一些其他名词。如《河水》篇"其高万一千里"之"高","出其东北陬"之"陬"等,不过这些名词的出现非常偶然,不必专论。

(四) 连词

《水经》文本分句较为细碎,且句式比较严谨,上下相承以完整记述一水之流路,故各句间当有必要之连词。

《水经》中最重要的连词当属"又",共出现467次,主要用于提示河流顺接上文所载流路而流。《水经》叙某水发源之后,一般先指明流向,其后乃用"又"字承接下句,直至该篇末句,以完整呈现河流流路。不过也有直接用"又"字承接叙述发源之句来说明流向的,这种方式虽然较前种显得突兀,但是于语法及地理上均无碍。又有

"与",共出现 21 次,用于提示两水相会,用例如《浪水》篇"与邻水合"等。又有"而",仅见于《河水》篇"又从葱岭出而东北流"及《江水》篇"合而注之"句。又有"以",仅见于《河水》篇"河水冒以西南流"句,两者皆表承接,无特殊意义。

(五)介词

《水经》中最常见的介词是"于",共出现 131 次。"于"字最常见与"入"连用,作"入于",以提示水流之归宿。也有如《汳水》篇"出阴沟于浚仪县北"这样使用的。其次是"从",共出现 80 次,主要有两种用法:一种是提示某水自某处来,如《濡水》篇"濡水从塞外来",《洧水》篇"夏水从西来注之"等;一种是与"屈"连用,下接地名,如《淇水》篇"屈从县东北流"等。再次是"在",共出现 60 次,除了《河水》《大江》各见 1 处外,其余 58 处全在《禹贡山水泽地所在》篇中,用于提示山水泽地所在。又有"当",共出现 5 次,其中 4 处(《湛水》《济水》《睢水》《均水》)用以提示河流归宿之地点,1 处(《江水》)用以提示河流枝分之地点。又有"自",共出现 5 次,都在《洧水》篇,提示某水自某处来,其中有 4 次与"出"连用,作"出自",提示该水发源地。

(六)代词

《水经》中亦颇见代词之使用,主要是"之"与"其"。"之"共出现 71 次,用于记载河流支流注入时在句末指代河流,如《泗水》篇"潞水从东来注之""洸水从西北来注之""菏水从西来注之""涓涓水从西北来流注之"等。"其"共出现 56 次,主要有两种用法,即指代前句所述而需要重提之县名及指代前句所述之河流分流,用例分别如《颍水》篇"颍水出颍川阳城县西北少室山,东南过其县南"及《浪水》篇"又东至南海番禺县西,分为二:其一南入于海,其一又东过县东,南入于海,其余又东至龙川,为涅水"等。此外又有"焉",共出现 6 次,分布于《河水》《大江》两篇,续于"出"之后,在记载河流分流而出时指代主载之水。又有"此",仅见于《日南郡水》篇"此皆出日南郡西"句,指代其上所陈之二十水。

除以上所举六类外,《水经》中尚有少量的形容词(如"余")、助词(如"之""也")、数量词(如"五万里""二""一")、副词(如"亦""皆"),因其在是书中之重要性较低,且使用似较为偶然,故不特别列举。

综合而言,《水经》在词汇使用方面还是比较严谨的。各种词汇的使用不吝重复,具有一定的科学性;同时也不拘泥,不失其丰富性。一切以准确指示河流之源流为标准。

二、《水经》句例

联词成句,《水经》既有比较严谨的词例,当然也有比较严谨的句例。兹就《水经》中记述河流源流之各种情况的句式分类言之。

(一) 记河流发源

除《河水》《小辽水》《施水》《大江》《日南郡水》五篇之外,《水经》各篇载河流发源通以"河流名+出+参照地名"之句式。"河流名"即该篇主载水之名,"参照地名"即河流发源地,可能是"某县""某郡某县""某县某山""某县某山某谷"等多种形式,相对比较灵活。至于例外五篇,《河水》《大江》是因为地位较高而获得特笔之书,《小辽水》是因"辽水"之名而顺接于《大辽水》篇之后,《施水》流程短而流路类于肥水,《日南郡水》则是多水合为一篇的情况,各有其特殊原因,故不采此例。

(二) 记河流一般性流势

《水经》记载河流一般性流势的文句最多,这是指记载河流未有曲流、分流、汇流等特殊情况而流过某地的文句。某水河道越单一、顺直,则这样的文句在相应篇中所占比例越大。《水经》各篇通以"又+方位词+过(迳)+参照地名+方位词"的句式来记述河流的一般性流势。在承接河流发源句的时候,"又"字往往省略。此基础句式大致能够被比较严格地遵循使用,惟有时仍偶增助词或偶减方位词,皆其变例。

(三) 记河流纳支流

河流常有支流汇入,《水经》各篇也有很多这种情况,故有河流纳支流之句例。其例以"又+方位词+至+参照地名(+方位词)"先导,后续以"河流名+从(+参照地名)+方位词+来(流)注之"或"与+河流名+合(会)",其后续句之河流名即该篇主载之水所纳支流。先导句提示河流交汇地点,后续句具体说明何水从何处来会。后续句的两种形式大致与支流规模有关,称"来注"之水规模当小于主载之水,而称"合"之水规模大约与主载之水相当,甚至在交汇之后河道可能兼具两水之名。①

(四) 记河流分流

河流有时也具有分流的形态,《水经》各篇中也有所涉及。其句例以"又+方位词+至+参照地名(+方位词)"先导,后续以"分为+数词"或"河流名+出焉",其后续句之河流名即该篇主载之水所分之分流。

(五) 记河流转向

河流常有转向,《水经》各篇中多见记载。其句例主要有"屈+从+参照地名+方位词+流"及"屈+方位词+过(至)+参照地名(+方位词)"两种形式,当然,有时也仅简单地以"屈+方位词+流"表示。需要特别说明的是,"屈+从+参照地名+方位词+流"句式中,两方位词应当分而视之,不宜连缀视为一个方位词。如《济水》篇"屈从(温)县东南流"(前句为"又东过其县北"),应断作"屈从县东/南流",即理解为济水东过温县北后折向南而流经县东,而不能将"东南"视为一方位词,理解为济水过县北后在县境流向东

---

① 例如,《青衣水》篇言"与沫水合",《沫水》篇言"与青衣水合",其后皆续言水入于江,显然是两水合流之后河段兼具两水之名。

南;同篇"又屈从(定陶)县东北流"(前句为"又东过定陶县南"),同样应断作"屈从县东/北流",即理解为济水东过定陶县南之后折向北而流经县东,而不能将"东北"视为一方位词,理解为济水过县南后载县境流向东北。

(六) 记河流归宿

河流必有归宿,今所见《水经》多数篇中也都记载了相应各水的归宿。其句例十分明确,一般即作"方位词+入(注)于+所注河流名或海",其前也常见以"又+方位词+至(当)+参照地名(+方位词)"先导的情况。

第四章 《水经》的流传

三国时期《水经》之成书,距今已有 1 800 年。这部详细记载了汉魏时期许多地理信息的典籍流传至今,其过程并不简单。本书第一章自《水经注》中离析《水经》文本以及《水经》本身的辑校,都说明了《水经》在流传过程中出现了一定程度的残脱与讹误。对《水经》的流传过程进行考察,是研究《水经》文本不可或缺的一环。由于郦道元《水经注》在《水经》的流传中居特殊的地位,本章即以郦道元作《水经注》为界,分别考述《水经》于郦氏作《水经注》之前的流传情况及《水经》文本附于《水经注》流传之后的隐沦与重新获取过程。

第一节 郦道元作《水经注》之前《水经》的流传情况考略

今本《水经》文本完全来自郦道元注本,但《水经》之成书,下距郦道元作注时尚有 300 年,对此 300 年间《水经》之流传过程亦须了解。虽史籍匮乏,文献难征,但这一流传过程仍有可考说之处,兹略陈之。

一、郭璞与《水经》

西晋人晋灼曾经征引《水经》。《汉书·诸侯王表》师古注:"晋灼曰:《水经》云:泗水出鲁卞县。"今本《水经·泗水》:"泗水出鲁卞县北山。"晋灼所引,文字与今本《水经》完全一致,其所称《水经》当即郦道元所注之《水经》。晋灼去曹魏之时不远,可见,《水经》在成书之后不久,即受到了注释家的重视,并且已经专具《水经》之名。

不过,与《水经》早期流传最有关系的注释家,是东晋初年人郭璞。《隋书·经籍志》见"《水经》三卷,郭璞注",又见"《水经》四十卷,郦道元注",《旧唐书·经籍志》及《新唐书·艺文志》亦见郭、郦两注本《水经》。① 按:唐人杜佑撰《通典》时,曾对《水经》郭注、郦注进行过一番议论②,从他将两者并陈的做法来看,郭璞、郦道元所注的应是同一部《水经》。郭注本今不传,他书亦未见明确征引,只有杜佑的"景纯注解,又甚疏略,亦多迁怪"一句评价,为郭注本样貌之大致描述。不过,笔者以为,郭注本或尚有一则佚文可考。《溠水注》:"刘澄之著《永初记》云,《水经》:濮水源出大騩山,东北流注泗,卫灵闻音于水上。殊为乖矣。余按《水经》为溠水,不为濮也。"刘澄之为南朝宋、齐间人,此处系郦道元引其所著《永初山川记》之语。其所引《水经》文字,为今本所不见,郦氏亦斥之为妄。然纵如郦氏所言,改"濮"为"溠",该处文字所述河流流路仍与今本《水经》溠水不符。郦注亦云此处有濮渠出溠水,则刘澄之所引《水经》原文亦当作濮水不误。不过,准之地望,发源于大騩山的濮水既非卫灵公闻音之濮水,也不可能流入泗水,此记载大有问题。刘澄之虽称此系《水经》文字,然《水经》于河淮间河流记载基本准确,罕有出现类似的大错误者,而且"卫灵闻音于水上"也绝不类《水经》文句。联系上述杜佑对《水经》郭注"迂怪"的评价,颇疑刘澄之此处所引是《水经》郭注之文字。郭璞注《水经》之后,《水经》很可能便以郭注本流传,而后人引及,可能并不仔细区分经文与郭注,正如后世人引郦氏《水经注》,亦不严格区分经文与郦注一般。

除了注《水经》之外,郭璞尚在注《山海经》时引用了一些《水经》的文字,分见于《五藏山经》及《海内东经·附篇》。③ 先言《海内东经·附篇》所见四处。"汉水出鲋鱼之山"下郭注:"《书》曰:'嶓冢导

---

① 《旧唐书》卷四六《经籍志上》载"《水经》二卷,郭璞撰",此当即《隋书·经籍志》所见"《水经》三卷,郭璞注"之书,而以注为撰,观其前"《山海经》十八卷,郭璞撰"之载亦可知。又,《新唐书》卷五八《艺文志二》载"桑钦《水经》三卷,一作郭璞撰",显然也是承袭《旧唐书》,就该本而言。
② 《通典》卷一七四《州郡四·雍州》。
③ 清人郝懿行作《山海经笺疏》,已注意到此点,于所附《山海经订讹》中专辟《郭注引水经》一节,尽列此八条,但并没有进一步的论述。

漾,东流为汉。'按《水经》,汉水出武都沮县东狼谷,经汉中魏兴至南乡,东经襄阳至江夏安陆县入江。别为沔水,又为沧浪之水。""沅水出象郡镡城西,东注江,入下隽西,合洞庭中"下郭注:"《水经》曰:'沅水出牂牁且兰县,又东北至镡城县,为沅水。又东过临沅县南,又东至长沙下隽县。'"郭注所引"沅水"部分的《水经》文字,与今本《水经·沔水》的文字几乎全同,但"汉水"部分与今本《水经·沔水》所载文字则仅有河流源头一句一致。"洛水出上洛西山,东北注河,入成皋西"下郭注又云:"《书》云:'道洛自熊耳。'按《水经》洛水今出上洛冢领山,东北经宏农至河南巩县入河。"此处所言《水经》,但其下文字几乎完全与今本《水经·洛水》篇无关,仅于巩县入河一处一致。不过,郭氏其实也已说明了这是"今"之情形,亦即他自己掌握的晋代情况,与"沅水"部分称"《水经》曰"不同,"洛水"两部分郭注虽提及《水经》,但应只是提示水名而已,所载洛水源流文字并非《水经》原文。而郭注"汉水"部分的首句应顺接其前之提示语"按《水经》",是《水经》原文,其后叙汉水流路之语亦当与"洛水"部分相同,系郭氏以当世情形为说,而与《水经》原文无关。不过,这寥寥数句已经足以说明郭璞所言《水经》确实是郦道元所注《水经》[1],他在注释这本《水经》的同时,也以之作为注释《山海经》之材料。郭注"汉水""洛水"部分既然绝大部分文字与《水经》无关,为何却举《水经》之名,值得思考。观察可知,郭氏在这两处提及《水经》之前,皆先征引《尚书·禹贡》,《水经》内容本来就有大量古文尚书家释《禹贡》之语,则当时《水经》之流传,可能与《禹贡》有依附关系,故郭璞作注时,先提《禹贡》文句,顺提出《水经》所释之《禹贡》水名,其后再释以当世之地。

《海内东经·附篇》注中,郭璞之于《水经》,尚有一语。"济水出共山南东丘,绝巨鹿泽,注渤海,入齐琅槐东北"下郭注:"今济水自

---

[1] 又"潦水出卫皋东"下郭注:"出塞外卫皋山。玄菟高句骊县有潦山,小潦水所出,西南注大潦。"此数句虽不言出处,但与今本《水经》之《大辽水》《小辽水》篇文字几乎全同,很可能也是征引《水经》文字。

荥阳卷县，东经陈留至潜阴北，东北至高平，东北经济南至乐安博昌县入海，今碣石也。诸水所出，又与《水经》违错。以为凡山川或有同名而异实，或同实而异名，或一实而数名，似是而非，似非而是，且历代久远，古今变易，语有楚夏，名号不同，未得详也。"此句议论虽注于"济水"下，但观其遣词，似是就诸水综合言之。郭氏在此对《附篇》《水经》所载诸水源流情况与其当世诸水的情况进行了对比，对三者之间存在明显的差异而发表议论。今本《水经》确实与《附篇》所载相应诸水源流有所差异（参第三章），也与郭注所举颇有不同，郭氏在当时已经注意到了这种差异，并给出了合理的解释，是其卓见。

　　郭注本《水经》虽出，但《水经》仍有单行本传世。郦道元为《水经》作注，若曾见及郭璞注，不可能完全不提及，然郦注中虽提及郭璞说甚多，而完全没有提及郭璞的《水经注》，这说明郦氏应该从未见过郭注，也就是说他所采用的《水经》应该是一部单行本。北魏前期，官方收集图书态度积极，南朝书籍也颇有流入北魏者，《水经》单行本可能正于此时传入，而为郦道元所见。①

　　依以上之分析，《水经》的早期流传似乎是这样一种情况：曹魏写定之后，《水经》成为一部独立的书，但因其原据材料有大量为《古文尚书》作注释之内容，故习惯上仍然依附于《尚书》而传世，或者说学者仍然习惯于将其视为《尚书》的注释作品；东晋初年，郭璞为《水经》作注，《水经》郭注本传世，这对于后人将《水经》视为完全独立的著作应该是有推进作用的，郭注本也在东晋南朝有所流传；而同时也有单行本《水经》传世，流传入北魏，而为郦道元所见。这样的分析虽然未必完全可靠，但就目前可考的材料而言，应该是比较合理的推论。

---

　　① 关于南朝书籍流入北魏与郦道元作《水经注》之资料基础，参陈识仁：《〈水经注〉与北魏史学》，花木兰文化出版社2008年版，第98—107页。

二、《水经》早期流传时的文本面貌

《水经》于早期流传间已有文本的更动。可以确考者有一处：《资水》篇见"邵陵县"，按该县系晋灭吴后由旧昭陵县改名①，魏人写定《水经》时尚在魏初，不会预避司马昭之讳，故此条显系传抄之晋人依讳例而改。

然而，笔者怀疑《水经》早期流传时面貌尚有大的更易：郦道元作注时所见《水经》已非全帙，《水经》原书之中，所立之篇可能还要远多于此数。《水经》各篇之中，除主叙之水外，往往还提及该水的一些支流或分流，本书将其称为别叙之水，这些水有些《水经》有专篇叙之，有些却无。兹将各篇所见别叙之水的情况罗列如下。

表 4-1 《水经》各篇所见别叙之水表②

篇名	别叙之水相关文句	别叙之水相应专篇	篇名	别叙之水相关文句	别叙之水相应专篇
河水	**洮水**从东南来流注之	无	比水	**泄水**从南来注之	**《泄水》**
河水	**汾水**从东来注之	《汾水》	淮水	**汝水**从西北来注之	《汝水》
河水	**渭水**从西来注之	《渭水》	淮水	**决水**从北来注之	《决水》
河水	**清水**从西北来注之	《清水》*	淮水	**沘水、泄水**合北注之	《沘水》《泄水》
河水	**湛水**从北来注之	《湛水》	淮水	**颍水**从西北来流注之	《颍水》

---

① 周振鹤主编，胡阿祥、孔祥军、徐成著：《中国行政区划通史·三国两晋南朝卷》，复旦大学出版社 2014 年版，第 722 页。

② 本表之篇目及文字，悉从《水经注疏》。"别叙之水相应专篇"栏下黑体字者，系上文所辑补之篇目。

(续表)

篇名	别叙之水相关文句	别叙之水相应专篇	篇名	别叙之水相关文句	别叙之水相应专篇
河水	洛水从(巩)县西,北流注之	《洛水》	淮水	肥水从县西北流注之	《肥水》
河水	济水从北来注之	《济水》	淮水	涡水从西北来注之	《涡水》
河水	蒗荡渠出焉	《渠》	淮水	泗水从西北流注之	《泗水》
河水	沁水从西北来注之	《沁水》	淮水	中渎水出白马湖,东北注之	无
河水	淇水自北来注之	《淇水》	淮水	两小水流注之	无
河水	瓠子河出焉	《瓠子河》	泄水	西与沘水合	《沘水》
河水	商河出焉	无	羌水	与汉水合	《漾水》
河水	济水从西来注之	《济水》	江水	青衣水、沫水从西南来,合而注之	《青衣水》《沫水》
汾水	晋水从县南东流注之	《晋水》	江水	若水、淹水合从西南来注之	《若水》《淹水》
汾水	洞过水从东来注之	《洞过水》	江水	渚水北流注之	无
汾水	文水从西来流注之	《文水》	江水	洛水从三危山,东过广魏洛县南,东南注之	无
济水	汶水从东北来流注之	《汶水》	江水	鳛部水从符关东北注之	无

(续表)

篇名	别叙之水相关文句	别叙之水相应专篇	篇名	别叙之水相关文句	别叙之水相应专篇
济水	获水从西来注之	《获水》	江水	强水、涪水、汉水、白水、宕渠水五水合，南流注之	《羌水》《涪水》《漾水》《潜水》
淇水	与洹水合	《洹水》	江水	延江水从牂牁郡北流而西屈注之	《延江水》
浊漳水	与庠池河会	《庠池水》	江水	夷水出焉	《夷水》
滱水	恒水从西来注之	《恒水》	江水	盐水从县东南流注之	无
洛水	伊水从西来注之	《伊水》	江水	夷水从佷山县南，东北注之	《夷水》
瀍水	东与千金渠合	无	江水	沮水从北来注之	《沮水》
渭水	芒水从南来流注之	无	江水	夏水出焉	《夏水》
渭水	涝水从南来注之	无	江水	涌水入焉	无
渭水	丰水从南来注之	《丰水》	江水	油水从东南来注之	《油水》
渭水	霸水从（霸陵）县西北流注之	无	江水	澧水、沅水、资水合，东流注之	《澧水》《沅水》《资水》
漾水	东北与羌水合	《羌水》	江水	湘水从南来注之	《湘水》
颍水	浿水从河南密县东流注之	《浿水》	江水	沔水从北来注之	《沔水》

(续表)

篇名	别叙之水相关文句	别叙之水相应专篇	篇名	别叙之水相关文句	别叙之水相应专篇
颍水	㶏水从西来流注之	《㶏水》	江水	蕲水从北东注之	《蕲水》
颍水	蒗荡渠水从西北来注之	《渠》	江水	利水从东陵西南注之	无
洧水	潧水从西北来注之	《潧水》	若水	淹水东南流注之	《淹水》
阴沟水	阴沟水出河南阳武县蒗荡渠	《渠》	沫水	东北与青衣水合	《青衣水》
瓠子河	与将渠合	无	温水	与斤南水合	《斤江水》***
泗水	漷水从东来注之	无	泿水	与邻水合	无
泗水	洸水从西北来流注之	无	湘水	承水从东南来注之	《耒水》****
泗水	菏水从西来注之	《济水》	湘水	洣水从东南来	《洣水》
泗水	涓涓水从东北来流注之	无	湘水	漉水从东南来	《漉水》
沔水	淯水出自旱山北注之	《淯水》	湘水	浏水从县西北流注	《浏水》
沔水	堵水出自上粉县,北流注之	无	湘水	㵋水从西南来注之	无
沔水	筑水出自房陵县,东过其县南流注之	《粉水》	湘水	㵎水从东来流注	《㵎水》
沔水	淯水从北来注之	《淯水》	湘水	微水从东来流注	无

(续表)

篇名	别叙之水相关文句	别叙之水相应专篇	篇名	别叙之水相关文句	别叙之水相应专篇
沔水	**淮水**自房陵县淮山，东流注之	无	溱水	与**桂水**合	《洭水》
沔水	**夷水**出自房陵，东流注之	无	钟水	与**灌水**合	无
沔水	**夏水**从西来注之	《夏水》	浏水	东北与**涝水**合	无

* 今本《水经》之《清水》篇所叙清水与《河水》篇所见清水不相应，或是后人改作所致。今此处仍权将《清水》篇视为与《河水》篇之清水相应。

** 今本《水经》之《泄水》篇所叙泄水与《比水》篇所见泄水不相应，此问题郦道元作注时已指出。《泄水》篇之泄水与沘水合流入淮，则《比水》篇此句或本当为《沘水》篇文字而误附于此。今此处仍权将《泄水》篇视为与《比水》篇之泄水相应。

*** 今本《水经》之《斤江水》篇实当作《斤南水》篇，详《水经注疏·温水》（第2983页）及《斤江水》（第3339页）。

**** 《湘水》篇此处"承水"实为"耒水"之误，参第一章第二节。

    由表可知，别叙之水多有相关专篇对之进行详细说明。其无者，许多有一共同特征，即在所见篇中，以简单的一两句话交代其源流。如，《沔水》篇中之堵水、筑水、淮水、夷水均无专篇记载，但在《沔水》篇中简单介绍了源出与流向。与之形成对比的是，《沔水》篇仅云消水、夏水从某处来注之，并未介绍水源，句式与筑水等不同，而消水、夏水正有专篇对之进行详细说明。可见《水经》对于某篇中河流介绍的详略以及各篇之间的照应皆有所留意。也就是说，由于一些河流流程相对短小，《水经》并不安排专篇加以记载，而是在此水所流归之大水的相应篇中对此水进行简要的介绍。这或许就是一些别叙之水没有相关专篇进行详细说明的原因。①

    但是这样的解释并不能覆盖所有未立专篇说明的别叙之水，许

---

① 当然，也有在一水所流归之大水的相应篇中对之进行简要介绍而又为该水立有专篇者，如《沔水》篇见涔水而复有《涔水》篇，不过这种情况很罕见，可以视为例外的情况，并不影响这一解释的成立。

多别叙之水依然只是依照"从某处来注之"的简单格式,本书将这些水称为"简单别叙之水"。在郦注中有相似的情况,即上文所提及的"互见之例":注文叙及某水某支流汇入,若此水别有专篇,则仅于两水交汇之处一提而已,而支流之源流自置于该水之专篇中详加记载。郦注行文体例对《水经》颇有承袭,而《水经》中多数简单别叙之水也正有专篇记述,这说明郦注"互见之例"也很可能袭自《水经》,而《水经》本身确实应有类似的"互见之例",各篇中简单别叙之水似皆当别有专篇。上表所列简单别叙之水,无专篇记述的有洮水、商河、千金渠、芒水、涝水、霸水、将渠、潮水、洸水、涓涓水、堵水、维水、夷水、渚水、鳛部水、白水、盐水、涌水、利水、邻水、汭水、微水、漼水、涝水,共24条水。单看今本《水经》文字,除了于相关篇中说明这些河流的归宿之外,对该水的源流并没有交代,这使得这些水的存在显得颇为突兀,颇疑这些水也当如其他简单别叙之水一样,本有专篇记述。

自《水经》本身,可寻得以上假设的一处有力证据。《渭水》篇有"霸水从(霸陵)县西北流注之"一句,而今本《水经》无《霸水》篇。不过,《水经》有《浐水》篇,云"浐水出京兆蓝田谷,北入于灞"。浐水为霸(灞)水支流,系渭水二级支流,《水经》既为浐水列专篇,则也应为霸(灞)水列专篇方才合理。如此,浐水之"北入于灞"方不至于无着,亦可与《渭水》篇霸水流注的记载相联系。若此推测不错,则《霸水》本自当有专篇。郦道元在《渭水注》中详载灞水源流,可见他所见到的《水经》文本已经没有《霸水》篇,《霸水》篇的散佚在郦氏之前。既然郦氏之前《水经》已经存在散佚情况,而散佚的恰好是与简单别叙之水相应的《霸水》篇,那么,上举的24条简单别叙之水本有专篇,而在《水经》早期流传中散佚的可能性其实是非常大的。

当然,有一种情况必须注意,即一水多名。《浪水》篇所见邻水可能是《存水》篇存水下游周水的别名;而《存水》篇言周水"注于潭"之"潭"可能也正是浪水的别名。那么,《水经》当然就不会另有《邻水》篇和《潭水》篇。

若以上推测成立,则原本《水经》篇目至少当有:今本所存125

篇,又上文所补 14 篇,又《洮水》《商河》《千金渠》《芒水》《涝水》《霸水》《将渠》《灂水》《洸水》《涓涓水》《堵水》《淮水》《夷水》《渚水》《鳛部水》《白水》《盐水》《涌水》《利水》《沩水》《微水》《灌水》《涝水》等各篇中别叙之水之相应专篇 23 篇,合 162 篇。

若然,则《水经》在早期流传时,已经出现了比较严重的散佚情况,郦道元为之作注的《水经》已经是一部残籍。虽然以上的推测并不绝对准确,但无疑是对《水经》流传情况以及《水经》原初面貌的一项有益的探索。

第二节 《水经》文本的隐沦与重新获取

在对《水经注》的整理与研究中,此书的经注相混现象向来是一个受关注的问题。所谓经注相混,即《水经注》中《水经》文字与郦道元的注相混淆的情况。这种情况无疑是在传抄中产生的,也为阅读与使用此书增加了不便,所以离析经文与注文也成为许多治郦学者的一项重要工作。

《水经注》初撰成时,经注自然是分离的,但如今所能见到的各本《水经注》均非经注相混以前的原貌。清代中期以前的旧本《水经注》存在着极为严重的经注相混情况,全祖望、赵一清、戴震三家厘定经注后,方形成较为接近《水经注》原貌之经注概貌,大致即今之通行本《水经注》[①]所示情形。

本节即拟对《水经注》经注相混现象的产生与纠正过程进行一番探索与梳理。

一、《水经注》经注相混现象的产生

自北魏郦道元作《水经注》之后,《水经》一书再无单行本传

[①] 本文所称之通行本《水经注》主要指今日较为通行、易于获取的各本《水经注》,包括清乾隆武英殿本及殿本系诸本(王先谦《合校水经注》、陈桥驿《水经注校释》、陈桥驿《水经注校证》等)与杨守敬、熊会贞《水经注疏》。

世。上节已述,《隋书·经籍志》《旧唐书·经籍志》及《新唐书·艺文志》均见郭璞、郦道元两注本《水经》。郦注本《水经》的通行程度应广于郭注本,影响力亦当较郭注本为大,此由唐人著作如《初学记》《元和郡县图志》等多引郦注而不见引郭注可以窥知。也许是由于郦注本的优长,郭注本渐渐不传,北宋《崇文总目》即已不见郭注本之记载而仅见郦注本①,南宋《郡斋读书志》《直斋书录解题》亦同②,元人欧阳玄更明言郭注本与郦注本两《水经》"一存(郦注本)一亡(郭注本)"。③ 是知宋元之后,《水经》乃专以郦注本传世。

　　《水经》郦注本篇帙繁多,郦注与经文又存在相似之处,故在流传过程中产生了经注相混的现象。目前所见最早的《水经注》版本是民国傅增湘所辑宋刊残本,此本之经注已然相混,且其相混情形与今所见明代诸本大致相同。明代诸本,包括今日尚存者(如《永乐大典》本、铁琴铜剑楼旧藏明抄本、海盐朱氏旧藏明抄本、黄省曾本、吴琯本、朱谋㙔《水经注笺》本等)及已佚但为后世校本所参引者(如柳佥校本、赵琦美三校本等),皆各承自或曾参校不同的宋本④,而未见云所见宋本之经注区分有异于他本者。由此可知,今所见各种版本《水经注》应拥有一种经注相混的共同祖本,并且在宋代已经有了这种版本的各种衍生版本。除了该本系统诸本之外,似乎并无别的《水经注》版本流传于后世,足见此本影响之大。

　　清人袁廷梼曾自其友顾之逵所藏一部影印宋抄本《水经注》中,手模一段宋人跋语于所校孙潜校本《水经注》之后。今照录如下:

----

① ［宋］王尧臣等编:《崇文总目》卷二《地理类》。
② ［宋］晁公武:《郡斋读书志校证》卷八《地里类》;［宋］陈振孙:《直斋书录解题》卷八《地理类》。
③ ［元］欧阳玄:《补正水经序》,收于［元］苏天爵:《国朝文类》卷三六。
④ 郑德坤:《〈水经注〉板本考》,《燕京学报》1934 年第 15 期。

右《水经》旧有三十卷,刊于成都府学官。

元祐二年春,运判孙公始得善本于何圣从家,以旧编校之,才载其三分之一耳。于是乃与运使晏公委官校正,削其重复,正其讹谬,有不可考者,以疑传焉。用公布,募工镂板,完缺补漏。比旧本凡益编一十有三,共成四十卷,分为二十册。其篇秩小大,次序先后,成以何氏本为正。

元祐二年八月初一日记。

涪州司户参军充成都府府学教授彭戬校勘。

朝奉大夫成都路转运判官上护军赐绯鱼袋孙□。

朝议大夫充成都路计度转运副使兼劝农使上柱国赐紫金鱼袋晏知止。①

胡适认为,此跋所示元祐二年(1087)刻本"无疑的是后来一切宋刻本(如现存的残宋刻本)与一切明钞宋本(如《永乐大典》本,如柳佥钞本,如现存的冯氏、瞿氏、朱氏钞本)的祖本。因为这部元祐二年成都官刻本太风行了,北宋私家所藏的几个可能四十卷完足的《水经注》写本都没有雕刻行世的机会,后来就都不存在了"②。胡氏之根据,当是此本既曾为后人用于校勘,其内容必当与后世大致相当,同样是一部残本,而又是将残缺不全的《水经注》重新编订为四十卷之始(胡文在提出上述结论时,先揭跋语中"凡益编一十有三,共成四十卷,分为二十册"一句,并于"共成四十卷"下加着重号)。其说完全可以信从。故可言,元祐二年刻本即今所见各种经注相混《水经注》版本的共同祖本。

清人赵一清在《读书敏求记》所引元祐本跋语下按云:"元祐二年之刻,大抵与今书相仿。"同时又说:"而经注淆混,又必始于

---

① 《明钞本水经注》,《国学基本典籍丛刊》影印稽瑞楼旧藏明抄本第八册,国家图书馆出版社2018年版,第211页。

② 胡适:《记孙潜过录的柳佥〈水经注〉钞本与赵琦美三校〈水经注〉本并记此本上的衰廷梼校记》,载《胡适文集》第16卷,第419—420页。

蜀版迁就之失。"①元祐本《水经注》中经注相混的情况的确必已存在,然"蜀版迁就"固然有失②,而经注相混,并不始于此,赵氏所言非是。

撰成于北宋初年的《太平寰宇记》中多有引用《水经注》。虽然《寰宇记》引《水经注》时不太注意区分经注(称引《水经》者往往系引郦注文,称引《水经注》者亦有时系引经文),但是偶尔也采用"《水经》云某,注云某"的格式,明确表示对所引经注的区分。这种格式在今本《寰宇记》全书中出现九次,兹表列如下:

表 4-2 《太平寰宇记》对《水经注》经注分引例

序号	《寰宇记》出处	《寰宇记》原文	相应通行本《水经注》文字
(1)	卷六 陕州灵宝县	《水经》云:"河水又东,合柏谷水。"《注》云:"水出弘农县南石堤山。"	注:河水又东,合柏谷水。水出弘农县南石堤山。(卷四《河水》)
(2)	卷六 陕州阌乡县	《水经》云:"河水又东北,玉涧水注之。"《注》云:"水南出玉溪,北流经皇天原。"	注:河水又东北,玉涧水注之。水南出玉溪,北流迳皇天原西。(卷四《河水》)
(3)	卷三三 原州百泉县	《水经》云:"泾水出安定泾阳县高山泾谷。"郦道元注云:"《山海经》曰:'高山,泾水出焉,东流注于渭。'入关,谓之八水。"	缺

---

① [清]赵一清:《水经注释·附录下》。
② "蜀版迁就之失"出自元欧阳玄《补正水经序》,用以说明《补正水经》之功([元]欧阳玄:《补正水经序》,收于[元]苏天爵:《国朝文类》卷三六)。其中,"蜀版"当指元祐刊本。成都府学宫本与元祐本皆刊于蜀,但前者之失已为后者校订,而后者流传较广,具有代表性;自上引元祐本跋语亦可见此本编订过程中有"迁就"之迹。

(续表)

序号	《寰宇记》出处	《寰宇记》原文	相应通行本《水经注》文字
(4)	卷四一 汾州灵石县	《水经》云:"汾水又南过冠爵津,与桐水合。"按《注》云:"汾水关名也,在雀,一名爵津谷,俗谓之雀鼠谷。"	注:汾水又南与石桐水合,即绵水也。经:又南过冠爵津。注:汾津名也,在界休县之西南,俗谓之雀鼠谷。(卷六《汾水》)
(5)	卷四五 潞州涉县	《水经》云:"清漳水东过涉县西,屈从县南。"郦道元注《水经》云:"漳水于此由涉河之称,盖名因地变也。"	经:东过涉县西,屈从县南。注:按《地理志》,魏郡之属县也。漳水于此有涉河之称,盖名因地变也。(卷十《清漳水》)
(6)	卷五二 孟州河阴县	《水经》云:"河水又东过荥阳北,蒗荡渠出焉。"郦道元注云:"大禹塞荥泽,开渠以通淮、泗。"	经:又东过荥阳县北,蒗荡渠出焉。注:大禹塞荥泽,开之以通淮、泗,即《经》所谓蒗荡渠也。(卷五《河水》)
(7)	卷一二七 光州光山县	按《水经》云:"淮水又东,有垩水注之。"郦善长注云:"水出白沙山,东北经柴亭西,俗谓之柴水。"	注:淮水又东,右合垩水,水出台沙山,东北迳柴亭西,俗谓之柴水。(卷三十《淮水》)
(8)	卷一三五 兴州顺政县	《水经》云:"沔水出武都沮县东狼谷中。"郦道元注云:"沔水,一名沮水。阚骃以其初出沮洳然,故曰沮水也,县亦因水为名。"	经:沔水出武都沮县东狼谷中。注:沔水一名沮水。阚骃曰:以其初出沮洳然,故曰沮水也,县亦受名焉。(卷二十七《沔水》)

(续表)

序号	《寰宇记》出处	《寰宇记》原文	相应通行本《水经注》文字
(9)	卷一四八 夔州巫山县	《水经》曰:"江水又东迳巫峡。"《注》云:"夏水襄陵,沿沂阻绝,王命急宣,有时朝发白帝,暮到江陵,其间千二百里,虽乘奔御风,不以疾也。"	注:江水又东迳巫峡,杜宇所凿,以通江水也。郭仲产云:按《地理志》,巫山在县西南,而今县东有巫山,将郡、县居治无恒故也。江水历峡东迳新崩滩,此山,汉和帝永元十二年崩,晋太元二年又崩,当崩之日,水逆流百余里,涌起数十丈。今滩上有石,或圆如箪,或方似笥,若此者甚众,皆崩崖所陨,致怒湍流,故谓之新崩滩。其颓岩所余,比之诸岭,尚为竦桀。其下十余里有大巫山,非惟三峡所无,乃当抗峰岷、峨,偕岭衡、疑,其翼附群山,并概青云,更就霄汉,辨其优劣耳。神孟涂所处,《山海经》曰:夏后启之臣孟涂,是司神于巴,巴人讼于孟涂之所,其衣有血者执之。是请生居山上。(卷三十四《江水》)

表中所示《寰宇记》所引《水经注》经注之别,除了第(3)条因今本《水经注》相关文字已经散佚而无从比对以外,只有第(5)、(6)、(8)条中《寰宇记》所分引经注的情况与今通行本《水经注》基本相符,而第(1)、(2)、(7)、(9)条中《寰宇记》所称《水经》文字,于今通行本《水经注》中全为注文。不过,全、赵、戴厘定经注之前的所有版本中,《寰宇记》所称的这四则"《水经》曰"之文字恰皆为经文,可见《寰宇记》并非随意窜改,而确实是本自经注混淆的《水经注》。也就是

说,《水经注》经注相混的情况在宋初的某个版本中已经存在。

《寰宇记》南康军都昌县"石钟山"条下引李渤《辩石钟山记》云:"《水经》云彭蠡之口有石钟山,郦道元以为下临深潭,微风鼓浪,水石相搏,响若洪钟,因受其称。"①此处亦系将《水经》与郦注分引。虽然今本《水经》已佚此段文字,但"彭蠡之口有石钟山"一句绝不类《水经》文字,此亦当是注混为经。按:李渤唐人,此记作于贞元十四年(798),若此判断不误,则当时通行之郦注本《水经》已有经注相混的现象存在。

这种经注相混的《水经注》版本究竟如何产生,已无可考。探索今所见各本《水经注》经注混淆面貌之出现,只能对元祐本《水经注》之文本形成加以考说。

虽然颇有所印证,但并不能简单地说元祐本《水经注》经注混淆的状貌就是直承自《寰宇记》所据本而来。上举第(4)条《寰宇记》所引经注与今所见各本《水经注》颇不同,其引经文"与桐水合"四字颇类注文,而各本《水经注》经文并无此句,而于经"又南过冠爵津"前一段注中,有"汾水又南与石桐水合"一句,似是《寰宇记》所据本该句错入下段经文。若然,则《寰宇记》所据本的此处亦存在经注相混,但后世各本并没有沿袭这个错误。而且,揣摩文义,《寰宇记》所引此处文字系先言津在谷中,再叙谷之别名,而后世各本之文字则系言谓津为谷,两相比较,《寰宇记》所引文本显然更佳,当别有所本。② 故此笔者怀疑,《寰宇记》所据《水经注》的这一部分(可能是

---

① [宋]乐史:《太平寰宇记》卷之一百一十一。按:北宋苏轼作《石钟山记》,其文首即此句,同样是分引《水经》、郦注而文字微异。苏氏此文大量引用李渤之观点,是其必见李氏文,此句很可能系转引自李文,不宜据该句而判断苏氏藏有或见及较今本更完整之《水经注》版本。

② 《寰宇记》该句下有宋人原校勘:"按今《水经》及《注》,与此皆小异,大抵今《记》所引古籍,但取其意,而增损其文,务要通俗,不尽与古书合,他皆类此。"([宋]乐史:《太平寰宇记》卷之四十一校勘记〔二十三〕)此校语所言固是,但不宜用来简单解释所有《寰宇记》引《水经注》文与后世传本《水经注》文字不同的现象,如此条《寰宇记》引文语义显胜者就颇可信从,并以之来说明其他问题。

《汾水》全篇)与元祐本不同,该部分的经注混淆在元祐本中不存在。也就是说,元祐本的一部分文本具有与《寰宇记》所据本相同的经注混淆状况,而一部分文本没有,这种现象的形成原因应该与元祐本的两种来源版本有关——成都府学宫刊本(以下简称"学宫本")与何郯(圣从)所藏本(以下简称"何本")两者,其一经注混淆,其一不混。

  清人全祖望注意到,《水经注》经注混淆的情况仅存在于河、济、江、淮、渭、洛、沔七篇,"若其余则无有焉,盖居然善长之旧本也"①。这一判断十分准确,以今本《水经注》篇幅而言,此七篇内容大约占全书的三分之一。元祐本跋语明言,学宫本的篇幅仅仅是何本的三分之一,这两项数目恐怕不仅仅是巧合。元祐本较学宫本多出"编一十有三",而"分为二十册",此处之"编"既不可能指卷(因为仅多十卷),也不可能指篇(今本《水经注》任何十三篇都无法凑到三分之二的篇幅),故最可能指册。若然,则学宫本当有七编(册),亦正合七篇之数。按:此七篇所载皆最要之大川,若刊刻《水经注》时考虑到成本等因素需要摘要刊刻,那么选择这七篇无疑最为合理。学宫本很可能就是这样的一种摘刻本,则其底本应与《寰宇记》所据本一脉相承,经注严重相混。何本则是一种经注基本不混的佳本,元祐本之河、济等七篇之外盖皆据何本刊刻,故《汾水》篇不见如《寰宇记》经注相混之貌。据元祐本跋语,其校者似以学宫本为底而以何本校补之,这或许是元祐本之河、济等七篇经注之分不据何本的原因。《永乐大典》本、黄省曾本等明代旧本《水经注》之《渭水》篇中存在严重的错简,记载渭水长安城以东段的文字颠倒错乱,不堪卒读,但这些颠倒错乱的文字却恰不存在经注相混的情况,这很可能就是编订元祐本时利用何本校补学宫本的痕迹。

  据以上所考,可对《水经注》的早期流传略做申说。何本虽然经

---

  ① [清]全祖望:《水经题辞》,《全祖望校王梓材抄本水经注》卷首。按:全氏又夹注云:"一百十七篇中,漳水、获水、泗水三篇亦尚各溷一条,乃是偶误,非若七篇中之寸寸分裂也。"

注不混，但是并不完全，缺佚情况应与今本相近。元欧阳玄《补正水经序》称"宋《崇文总目》……但云郦注四十卷，亡其五"①，此为宋代中央藏书机构崇文院之藏书目录，据其所载，北宋景祐（1034—1038）时郦注本《水经》已经残缺五卷。以篇帙量之，何本缺佚之文字大抵正当五卷之数，颇疑何本即本自崇文院本。而由《寰宇记》多见引今本《水经注》佚文来看，《寰宇记》所据本很可能是一部没有缺佚的足本，此本与学宫本同源，亦或即学宫本之底本。这是《水经注》在北宋流传的两个系统。

两个系统并行的情况在中唐可能就已出现。与上引李渤撰《辩石钟山记》几乎相同时期，杜佑撰《通典》，其书曾议及《水经》，其中云：

> 按《水经》云"昆仑墟在西北，去嵩高五万里，地之中也。其高万一千里，河水出其东北陬，屈从其东南流，入于渤海。又出海外，南至积石山，下有石门。又南入葱岭山，又从葱岭出而东北流。其一源出于阗国南山，北流与葱岭所出河合。又东注蒲昌海，又东入塞，过燉煌、酒泉、张掖郡南，又东过陇西河关县北"云云。②

此处全引用《水经》文字，与今通行本《水经注》之经文大致相同，而经注相混的旧本《水经注》于其间有多处注混为经的文字（参附表二），这些错误的经文并未在《通典》引文中出现。虽然《通典》别处引《水经》也常常指郦道元注文，但此处系分别讨论《水经》及郭璞、郦道元注，所引必确实为经文，而且是郭璞、郦道元两注本共同的经文。若郦注混入经文，则与郭注本经文必生矛盾，而难以为杜氏所径引。是知其所据郦注本《水经》应仍是经注分明、不相混淆的原貌，则李渤、杜佑所见或即同时存在的两种不同的郦注《水经》版本，两者之经注区分似已不同。

---

① ［元］欧阳玄：《补正水经序》，收于［元］苏天爵：《国朝文类》卷三六。按：此条今本《崇文总目》无，盖为其佚文。
② 《通典》卷一七四《州郡四》。

元祐本之刊行可以被视为对两系统之共同承继。此本影响较大,流布较广,于《水经注》之流传有大功,然两系统之各本亦自此渐湮,终竟不传。

二、清初以前学者对《水经》文本的简单汇辑

清人全祖望、赵一清、戴震于纠正《水经注》的经注相混现象有较大贡献,故后世学者言是书经注之分,皆称三子之功。① 不过,在三人以前,治郦学者已对《水经注》经注混淆现象有所认识,并为纠正这一现象进行了一些工作。这些工作有些已很精深,亦为全、赵、戴区分经注成就之基石,实有爬梳说明之意义,故兹请略陈之。

今所见的几种早期《水经注》版本,如宋刊残本、明《永乐大典》本、明嘉靖黄省曾刻本等,其经注之分并无明显不同(参附表一)。早期的《水经》单行本,如明正德杨慎本、嘉靖唐顺之《荆川稗编》本(刊于万历九年,1581),经文亦与上述诸本所见无明显差别。② 以上诸本经注未经校订,其所呈现的大约仍是元祐本经注相混之旧貌。

不过对经注相混的认识也出之甚早。元欧阳玄《补正水经序》云:

> 今《经》言"江水东迳永安宫南",永安宫,昭烈托孤于孔明之地也,今特著于斯,又若因其人而重者,得非蜀汉间人所为也?不宁惟是,其言北县名多曹氏置,南县名多孙氏置,余又未暇一二数也。斯则近代宇文氏以为经传相淆者,此说近之也,然必作经作传之人定而后可分也。③

---

① 当然,略早于三人,王峻于区分经注方面已经取得了很大的成果,只是未为后世学者所知(参下文),故此处不列。
② 胡适云,杨慎本仅仅是"直抄旧刻的经文"而已(胡适:《〈水经注〉版本展览目录》,收于《胡适文集》第10册,第655页),是。又,唐顺之本《水经》间有较旧本文字为少之处,观其性质,应系抄脱,而非改经为注也。
③ [元]欧阳玄:《补正水经序》,收于[元]苏天爵:《国朝文类》卷三六。

宇文氏，全祖望谓殆是宋金时人宇文虚中①，宜是。其所言"经传相淆"，即《水经》文字与郦道元注文相混，这是目前所见关于《水经注》经注相混的最早议论。欧阳玄承认宇文氏所言有理，但并未深究。

全祖望言，其六世祖全元立曾校《水经注》，时盖在明嘉靖中后期。全祖望《五校水经注》稿本《涟水》经本作"涟水出连道县西，资水之别"，全氏将"资水之别"四字勾改为注，并出校语云："先司空据宋本改正。""先司空"即指嘉靖间曾任南京工部右侍郎的全元立。若全祖望所言非虚，则此校是目前可见及的最早的分辨、改正经注的举措。但这似乎恰是全祖望假托先人以阐己意之举，所谓"先司空据宋本改正"的可信度并不高。② 今权列出于此。

迨至明万历十三年（1585），吴琯校《水经注》刊行。此本经吴琯、陆弼校订，经注面貌虽大致承袭旧本，但已出现一些不同之处（参附表二）。虽然吴本并未出校记，但通过对一些经注面貌不同之处的分析，还是可以得知这些异处并非抄刻之失，而是有意之校。如《大典》本、黄本卷三《河水三》有经"又南过中阳县西。中南县故城在东，东翼汾水，隔绝重山"一句，下注为"不滨于河也"五字，吴本将"中南县故城在东，东翼汾水，隔绝重山"一句改作注文，与"不滨于河也"相连，郦氏驳经之意立显，甚是。又如《大典》本、黄本卷四十《斤南水》后有经文"容容、夜、繡、湛、乘、牛、须无、无濡、营进、皇无、地零、侵离、无会、重濑、夫省、无变、由蒲、王都、融、勇外。此皆出日南郡西，东东（按：此处衍一'东'字）入于海。容容水在南垂，名之以次转北也。右三十水，从江已南至日南郡也"一段，吴本将"容容水在南垂"以下改为注文。按："此皆出日南郡西，东入于海"与

---

① ［清］全祖望：《水经题辞》，《全祖望七校王梓材抄本水经注》卷首。
② 王国维认为，"全氏好以已所订正之处托于其先人所见宋本"（王国维：《明抄本水经注跋》，载氏著：《王国维全集》第十四册，浙江教育出版社、广东教育出版社 2012 年版，第 497 页），胡适更撰专文直斥全氏"三世先人校《水经》本是他假托的"（胡适：《所谓"全氏双韭山房三世校本"〈水经注〉》，载《胡适全集》第 16 卷，第 490—515 页），此说历历有据，颇可信从。

"右三十水,从江已南至日南郡也"明显矛盾,不应皆为经文,改后者为注文甚为合理(参第一章第一节)。由上可知,吴琯、陆弼已颇留意于更易经注,于一些经注相混、文义不畅之处对经注进行了重新区分,为数不少,且颇有章法,是确实可信的校订《水经注》者区分经注的最早举措,此亦吴本之一大功绩。

　　谢兆申校《水经注》,时盖在万历中期,其书不传,但朱谋㙔《水经注笺》(以下简称《注笺》)中保留了谢氏的大量成果。谢氏曾经指出其所用底本《水经注》中多处经注相混的情况,如《注笺》卷二《河水》经"其一源出于阗国南山,北流与葱岭河合,东注蒲昌海。河水又东与于阗河合"一句下,朱笺云:"谢兆申云:疑其一源以下至与于阗河合三十字是注。㙔按:《玉海》引《水经》,其一源以下至蒲昌海皆经文,河水又东与于阗河合是注文。"再如卷十四《巨马水》经"又东南过容城县北"下注"又东南至泉州县西南,东入八丈沟,又南入巨马河,乱流东注也"句下,朱笺曰:"原本以又东南至又南十六字作经文,以入巨马河乱流东注也作注文。谢耳伯云:宋本又东南至注也二十五字接石勒也俱作注文。"又如卷二七《沔水》经"沔水又东迳沔阳故城南"句下,朱笺曰:"原本此十字是注文,谢云据宋本作经文,今从之。"谢氏以宋本校底本,发现底本之经注区分存在与所据宋本不同之处,而以宋本为是。① 盖即因此,他也有了《水经注》存在经注混淆的意识,上举对《河水》篇一段经文的质疑似乎就是这种意识的体现。

　　赵琦美三校《水经注》,分别在万历三十四、三十七、三十八年,其书今不传。全祖望在《五校水经注》稿本《河水》经"屯氏故渎又东迳甘陵县故城北,迳灵县北,又东北迳鄃县,与鸣犊河故渎合"下注"东北迳灵县东,东入鄃县,而北合屯氏渎"句下,校云:"以上十六字旧误列之经文,赵琦美改入注。"若此言不误,则赵琦美亦有区分经

---

① 按:谢氏所据宋本并非佳本,但已颇能正黄、吴本之不足。

注之校。① 按：赵氏曾见谢兆申本，其廓清经注之意识可能继承自谢氏，当然也可能是与谢氏相同，是以所据宋本校底本而得。

朱谋㙔作《水经注笺》，刊于万历四十三年，其中多采其友人谢兆申之观点，上举已详。而朱氏本人显然受到谢氏的影响，同样对区分经注有所留心。上举《河水》篇之例，谢氏生疑而朱氏援《玉海》为之补正，即是一例。朱氏亦有自己的见解，如《注笺》卷三七《沅水》经"沅水出牂柯且兰县，为旁沟水，又东至镡成县，为沅水，东迳无阳县"句下，朱笺曰："旧本此六（按：似当作'五'）字作注文，据宋本是经文，今改正。"虽然朱氏所言"据宋本"未必真确②，但其试图廓清经注之举确实无疑。

朱之臣似亦曾改订经注。全祖望《五校水经注》之《河水》经"河水又东南迳金城县故城北"下，全氏校云："一清曰：十二字旧误入注文，今依朱无易本改正。"朱无易即之臣，著有《水经注删》，万历四十六年刊行。笔者未见《水经注删》，然胡适云《水经注删》并无此语。③ 疑赵氏系据所见本编排而言，又或为误记也，此姑存疑。

同样生活在万历年间的冯梦祯亦曾对《水经注》存在的经注混淆进行了一番校订④，惜其书未传，不知详情。

---

① 按：据胡适所考，全氏见过赵本的可能性不大（胡适：《记孙潜过录的柳佥〈水经注〉钞本与赵琦美三校〈水经注〉本并记此本上的袁廷梼校记》，载《胡适全集》第16卷，第400—406页），其所录赵琦美说当系目录有赵氏校语的孙潜校本而来。不过，孙潜校本所引柳佥、赵琦美校语已不尽加识别（王国维：《孙潜夫校水经注残本跋》，载《王国维全集》第十四册，第498页），全氏据此本所引孙潜说也有不尽准确之处，故此处所引赵琦美说也存在误引的可能。王国维校《水经注笺》将此十六字勾连为注，校云"此条亦是注"（王国维：《水经注校》，载《王国维全集》第十二册，第180页），不知是否来自孙潜本所录之赵琦美校。

② 王国维云，《水经注笺》"所云'宋本作某'者，不必尽出宋本"，而往往是朱谋㙔自己的观点（王国维：《朱谋㙔水经注笺跋》，载《王国维全集》第十四册，第499页），其说是。

③ 胡适：《伪全校本诬告朱之臣》，载《胡适全集》第15卷，第330—331页。

④ ［清］赵一清：《水经注释》卷首《参校诸本》。

崇祯(1628—1644)末,冯舒校《水经注》,亦曾有区分经注的尝试。如卷四《河水》注"河水又南,瀔水入焉"句,冯校:"河水又南八字疑经文。"又如卷一二《巨马水》注"泉州县西南东入八丈沟又南"句,冯校:"此皆注也。"冯舒所校底本为一部独特的明抄本,其中除了沿袭旧有的经注混乱情形外,又偶见抄手误植经注之情况。冯舒除了偶尔出校语厘订经注外,也常随手更正这方面的手民之误。

入清以后,继续有学者从事订正经注混淆的工作。胡渭撰《禹贡锥指》(刊于康熙四十年,1701),多引述《水经注》,其《例略》中说:"《水经》不知何人所作……或曰汉后地名,乃注混于经,并非。……《水经》创自东汉,而魏晋人续成之,非一时一手作,故往往有汉后地名,而首尾或不相应,不尽由经注混淆也。"胡渭所言"或曰",或是上举宇文虚中之语,胡氏虽不赞成《水经》中之所以出现汉以后地名是因为"注混于经"的观点,但所言"不尽由经注混淆"无疑说明他是同意《水经注》存在经注混淆的情况的。基于此观点,他在《禹贡锥指》中也有厘订经注之处。如其书"三江既入,震泽底定"条下引《水经》"又东北为长渎,历湖口",云:"按经文此下有'东则松江出焉,江水奇分谓之三江口',盖注也,而混入于经。何以知之?南江既入太湖,而东为松江,则无更从余姚入海之理。故知郦元曲为此说,以应《汉志》南江在吴南之文也。"此处,胡渭准之地理,揣摩文义,准确地判断出了《水经注》中一处注混于经的错误。

何焯三校《水经注》,毕功于康熙五十七年(1718)。何氏在其校本中于经注相混颇有是正,如将卷三《河水》经"河水又北迳薄骨律镇城""河水又迳典农城东""河水又迳北典农城东""河水于二县之间,济有君子之名"四句皆判为注,又如将卷二八《沔水》经上举胡渭判为注之"东则松江出焉,江水奇分,谓之三江口"一句亦判为注。何焯厘订经注的方法与胡渭近似,但亦有不同,如"东则松江出焉"一句,何焯云据《续吴郡图经》校",按朱长文《吴郡图经续记》:"郦善长云:松江,自湖东北迳七十里,江水分流,谓之三江口。"[1]当是

---

① [宋]朱长文:《吴郡图经续记》卷中《水》。

何氏所本。是知其廓清经注,尚自他书寻佐证。

纵观清中期王、全、赵、戴勘定经注以前历代治郦学者对《水经注》经注混淆之订正情况,大致可以分作两类。一类是将当时通行本与各自所见宋本等别本《水经注》对校,以勘订经注,明万历中期以后的诸学者基本皆持此法。由于当时可见的各本《水经注》已全是宋元祐二年刊本的传本,所以这样的对勘只能纠正个别传抄、传刻之误,甚至以误为正,虽然对后世学者对经注混淆的认识有一定的启发作用,但是其本身的成绩并不算显著。另一类是推求文义,审订经注,明吴琯与清孙潜、何焯都采用了这样的方法,这无疑可以突破版本的窠臼,所取得的成绩也多为后世学者所承认,对于后世大规模、成体系地订正具有显著的引导意义。

三、王峻、全祖望、赵一清、戴震对《水经》面貌的全面恢复

清乾隆间,王峻、全祖望、赵一清、戴震分别对《水经注》经注相混现象进行了纠正,其后《水经注》之经注面貌乃焕然一新。

世人论及清人区分经注成绩卓著者,莫不言全祖望、赵一清、戴震。不过,稍早于三人而有大功于区分经注者,尚有王峻,因其校本流传不广,故知者甚少,其成果罕有提及者。王峻精于地理之学,有志于治郦,拟作《水经广注》而不成,不过有手校本流传于世,现藏复旦大学图书馆。[①] 其本以项本为底,批以校语,据其跋语,当校于乾隆十三年(1748)。对全书经注进行区分,是该本的一项重要内容。王氏于书中采用以"○"标于文句上方以确定经文的方式来区分经注。这种方式基本贯穿全书,只有卷二九《潜水》《湍水》《均水》《粉水》《白水》《比水》六篇未见,可能是因为这六篇中经注结构较为简单,旧本中不存在经注相混的问题而为其所略。此外,在一些有必要说明的地方,王氏尚批以校语,陈判断经注之依据。在校语中,王

[①] 对王峻校本的介绍,详参李晓杰、杨长玉、王宇海等:《〈水经注〉现存主要版本考述》,载《历史地理》第三十一辑,上海人民出版社2015年版,第1—23页。本书关于此本的一些观点也取自此文,特此说明。

峻提出了他区分经注的基本原则:"凡言'迳'者皆注也。"①"'过''迳'二字乃经与注之分,断不可误。"②又提出一条《水经》书例:"经文言所迳之水必云自何处来。"③这都是具有开创性的重要发现。王氏依据他所发现的《水经》书例,加上对文句间关系的仔细观察,对《水经注》全书进行经注区分,其成果见附表二。观察可知,其所获成果其实已经与若干年以后全祖望、赵一清、戴震的成果非常接近,虽然个别地方仍然存在思之不慎的粗疏之处,但其成绩已经极为显赫,是值得在郦学史上大书一笔的。以"过""迳"之分作为区分经注的主要原则,在其后十余年之内先后为全祖望、赵一清、戴震所发现,为后世区分经注最主要之凭依。由于王氏校本并没有流传开,全、赵、戴显然没有受到他的影响与启发,是可谓闭门造车、出门合辙。不过全、赵发现这条原则花费了很长的时间,他们是先尝试经由文义区分经注,最后才渐渐发现了这一条原则(参下文),而王氏似乎是用比较短的时间就悟出了这一条原则,并在校本中加以实践,所以一些需要揣摩文义区分经注的地方,他似乎并没有留意。

全、赵、戴三家对区分经注的认识有一个渐进的过程,关于此,胡适已颇有留意,并进行了详细考订。由于胡氏珠玉在前,笔者亦无法完全掌握他所利用的各种版本《水经注》及相关资料,故本书在此处对这一过程再详加考订,既不现实,也无必要。不过胡氏的研究稍嫌杂乱,可加整理,有微谬之处亦宜订正,为本书叙述之完整,此节亦不容略过。故笔者拟于此校核相关材料,参酌胡氏之说,对三家区分经注的过程依时间序列略陈之。

今所见全祖望《五校水经注》本系以赵一清早年抄本为底校成,其中保留了全、赵两家关于区分经注的早期成果,十分珍贵。此本

---

① 《水经注》(王峻校本)卷二《河水二》经"河水东北流迳安定祖厉县故城西北"下。
② 《水经注》(王峻校本)卷五《河水五》经"又东北迳杨墟县东商河出焉"下。
③ 《水经注》(王峻校本)卷二《河水二》经"河水又东洮水注之"下。此本

底本为赵一清抄成于乾隆十一年(1746)①,关于此本对于经注混乱问题的处理,胡适说:"东潜(赵一清)在乾隆十一年'录竟'这部定稿时,他还没有注意到这个经注互相混乱的问题。但在'录竟'之后的两三年之中,他渐渐感觉到这个问题的重要了,于是他开始整理河水卷五沙丘堰以下的经文,想把混乱的经注分开。但这个工作他刚开始,还没有寻出条理头绪来,他就暂时搁下,出门远行了。"②胡适注意到此本录成之后赵一清有用朱笔标注经注的痕迹,这当然很重要,但是赵氏区分经注其实并非始于录成此本之后两三年间所作的这些标注,乾隆十一年此本初录成之时,其实已经体现了赵氏的许多区分经注的成果。如该本卷二《河水》经"南河又东迳精绝国北""又东,右会阿耨达大水""河水又东南迳金城县故城北"三句,卷五《河水》经"大河故渎又东迳艾亭城南,又东迳平晋城南""大河故渎又东北迳灵县故城南""大河故渎又东迳鄃县故城东"三句,之前的各本《水经注》皆作注文,而赵氏提出作经。又如该本卷八《济水》经"一水东南流,其一水从县东北流,入巨野泽""北济自济阳县北,东北迳煮枣城南"两句亦为赵氏提为经文,其下分别有全祖望校语"一清改正""一清曰此十四字旧本误入注文",同卷"济水故渎又北,右合洪水"句下更分明有赵氏自校语"据胡三省通鉴注疑此句是经"。这些证据都能够证明赵一清在其抄本中已有厘订经注的事实。赵氏此番厘订不成章法,反而将一些注文倒提为经,是其误。其后,赵氏在此本的卷五《河水》以朱笔再做区分经注的尝试,从史事及地理的角度重新审订经注,其方法相对较为科学,所得成绩亦较抄本中之区分有所进步。

乾隆十五年夏秋,全祖望以赵一清朱笔批校过后的抄本为底,完成了他的《水经注》五校。在该年八月为自己的五校本所作的《水

---

① 胡适:《记赵一清的〈水经注〉的第一次写定本》,载《胡适全集》第15卷,第522—525页。
② 胡适:《记赵一清的〈水经注〉的第一次写定本》,载《胡适全集》第15册,第535页。

经题辞》中,全祖望说:

> 经文与注文颇相似,故能相溷,而不知熟玩之,则固判然不同也。经文简,注文繁;简者必审择于其地望,繁者必详及于渊源,一为纲,一为目,以此思之,盖过半矣。若其所以相溷者,其始特钞胥之厉耳,及板本仍之,而世莫之疑矣。犹幸割裂所及,止于河、济、江、淮、渭、洛、沔七篇,若其余则无有焉,盖居然善长之旧本也。故取其余之一百十有七篇,而熟玩之,而是七篇者可校矣。然是七篇者大川也,被溷而莫之正,则其书无可观者,是以不可不急定也。今以予所定《河水》经文,不过五十三条,而旧以注溷之,为二百五十四条;《济水》不过三十二条,而旧为一百二十八条;《淮水》不过八条,而旧为二十四条;《沔水》不过一十八条,而旧为一百二条。然则其缠络之所以不相贯通者,皆由于此,一旦更张而合并之,遂觉星罗棋布,经文固无重复支离之失,而注亦益见章法矣。①

这段文字确实揭示了《水经注》存在的经注混淆的情况,总结了离析经注的方法,并进行了实践,具有十分重要的意义。于理而言,《题辞》所云《河水》《济水》《淮水》《沔水》四篇之经文条数,应与五校本相应篇之经文条数相符。五校本中有全氏判断经注文字的各种标示。底本作经而全氏以为当作注者,或以长曲线相勾连,或于该句上下各标一短斜线;底本作注而全氏以为当作经者,则会进行剪裁与重抄;底本经文上又或有以"○○○"表示确认为经文者,亦有完全未标示者。这些应该是全氏反复勘订经文的痕迹,但是其最后确定的经文却显得并不明白。不过,无论是以标"○○○"为标准,还是以未加标示者为标准,上述《河水》《济水》《淮水》三篇中统计所得的经文条数皆不能与《题辞》所言条数相符(以标"○○○"为标准统计,《沔水》篇得经文十八条,与《题辞》相符,参附表一)。这说明

---

① [清]全祖望:《水经题辞》,《全祖望七校王梓材抄本水经注》,《全祖望校水经注稿本合编》,中华全国图书馆文献缩微复制中心 1996 年版,第 68—69 页。

在《题辞》写定以前，全氏就已经不在五校本上改订经注了，《题辞》上所示的经文数目，应来自全氏记在别处的研究成果。五校本前附有先后两条短跋，记校毕时间分别为"戊午中夏展午日"及"戊午夏杪"，其中"戊午"当为"庚午"之误。在两跋所载的该年五六月间，全祖望晤沈炳巽，并参校其《水经注集释订讹》。① 沈炳巽在其《水经注集释订讹》最后稿本上有一些与全氏《题辞》文字相同的关于区分经注的按语，相信就系于此时抄录。② 由此可知，早在五校初毕之后不久，全祖望就对区分经注有了一些新的认识，并开始撰写部分《题辞》的文字，在六月末再校毕之前就已经颇有心得了。《题辞》所示的各篇经文条数，当是六月末至八月之间的进一步研究成果，可能由于五校本上的标示已经足够混乱，全氏遂未在五校本上进一步做区分经注的标示。自五校本的各种标示至《题辞》写定，全氏对离析经注的认识显然在不断地深入。五校本中，全氏开始试图以文例来区分经注，如卷五《河水》有"又屈迳其城东，故渎广四十步"一句，底本作经，全氏改作注，校云："旧本以此十二字连下为经。按，是书凡云若干步者，其文例皆注也。"以文例区分经注，是一项新的尝试，也是日后分清经注的正确方法，全氏的这一意识虽然当时尚嫌幼稚，但对于他日后区分经注来说，已是一项良好的探索。

乾隆十五年完成五校本以后，全祖望仍然继续进行区分经注的工作。传世有全祖望《七校水经注》，系清道光间王梓材所辑，其原残稿"以端溪书院卷粘缀"，可知大约完成于乾隆十七年全氏作广东端溪书院山长之时③，此亦与全氏年谱乾隆十七年在肇庆七校《水经注》的记载相符。④ 此本由于刊刻行世，流传较广，是全祖望最为

---

① 胡适：《记全祖望的五校水经本》，载《胡适全集》第16卷，第6—8页。按：中华全国图书馆文献缩微复制中心出版影印的《五校水经注》中，只见后跋，盖因后跋覆于前跋之上故未印出。

② 胡适：《记沈炳巽的〈水经注〉校本的过录本》，载《胡适全集》第16卷，第212—220页。

③ ［清］陈劢：《七校水经注再跋》，《全祖望七校王梓材抄本水经注》。

④ ［清］董秉纯：《全谢山年谱》，《鲒埼亭集内编》卷首，《全祖望集汇校集注》，第24页。

人所知的一部代表性校本。除此之外，今南京图书馆藏有清项绚群玉堂刻本《水经注》一部（上有校语），上海图书馆藏有全祖望《水经注》重校本残稿一部（存卷一至卷六），台北"故宫博物院"藏有北平图书馆旧藏朱墨校本《水经注笺》一部，三本上皆有全氏（手校或过录）区分经注的标注与记录，而各不相同，是全氏后期区分经注情况的珍贵资料。① 从判断经注的情况上看，这些本子的校成顺序大致是：七校本—南京本—重校本—台北本。兹举一例证之。《河水》篇（卷五）中，有"又东北过东阿县北""又东北过茌平县西""又东北过高唐县界"三句，在七校本中，全祖望原是将三句都处理为注文的②；在南京本中，"又东北过高唐县界"一句以"〇〇〇"判为经文，其余两句判为注文；在重校本中，"又东北过高唐县界"一句抄为经文，其余两句抄为注文，但以"〇〇〇"标示判为经文；台北本中体现全氏观点的墨笔批注则将此三句明确判为经文。③ 这样的变化无疑是全氏思考过程的呈现。当然，由于认识的逐渐深化，无论上述何本，其《河水》等篇经文条数皆与《题辞》所言不同，而更近其真。

赵一清云："（《水经注》）河洛济渭沔江诸篇经注混淆，（全祖望）卧病中忽悟其义，驰书三千里至京师告予。予初闻之，通夜不寐，竟通其说，悉加改正。今秋下榻春艸园之西楼，各出印证，宛然符契，

---

① 关于这些版本的简要情况及各本之间经注情况的一些区别，参胡适：《跋北平图书馆藏的朱墨校本〈水经注笺〉》，载《胡适全集》第15卷，第169—176页；胡适：《上海合众图书馆有叶揆初先生收藏的全谢山〈水经注〉校本三种》，载《胡适全集》第16卷，第138—200页；胡适：《全谢山改定〈水经注〉卷五的经文有先后各本的异同》，载《胡适全集》第16卷，第230—236页；胡适：《赵一清与全祖望辨别经注的通则》，载《胡适全集》第16卷，第241—252页。

② 今所见《七校水经注》王梓材抄本中，三句皆作经文，但在"又东北过东阿县北"句下有王梓材按语云："此条与茌平、高唐两条皆经文之犹杂注中者，并为改正。"是知七校原本三句仍作注文。

③ 据胡适的研究，北平图书馆旧藏朱墨校本《水经注笺》中墨笔校改不说明来历的，都是全祖望最终校本的成果，《河水》篇关于区分经注的墨笔批注系统也是全祖望改定《河水》篇经注的系统。参胡适：《跋北平图书馆藏的朱墨校本〈水经注笺〉》，载《胡适全集》第15卷，第169—176页。另外，需要说明的是，体现全祖望区分经注最后成果的"墨笔批注系统"仅见于《河水》篇（卷一至卷五），其他篇中全祖望区分经注的最后成果似未能以类似方式准确反映。

举酒大笑,因制序焉。"①赵一清于乾隆十五年秋至十八年秋在北京(其中十六年夏、十七年冬、十八年春夏曾短暂离开)②,全祖望之致书必在其间。乾隆十五年三月后,全祖望在杭州,十六年曾短暂赴苏州、扬州,后回宁波家中,十七年三月往广东,至十八年七月回宁波。③ 赵氏所云之"三千里"虽是约数,但仍具大致的地点指示意义,以里数量之,约当江浙一带,而断不能在岭南,是全氏之致书,只能在乾隆十五年秋至十七年三月以前。全祖望在重校本中,有用淡墨笔改数处经文之"迳"为"过"之处,这应是他对《水经》例用"过"而不用"迳"字文例的确认;重校本中亦言明"经文例不复出水名"④及"凡经文无'故城'之名,其言'故城'者皆注也"⑤这两条义例。但这些区分经注的原则在七校本中并没有体现,在乾隆十七年三月以前,他显然不可能总结出来并告知赵一清。所以,赵氏所言"忽悟其义"之"义",不会是像其所言的"经仿《禹贡》,总书为'过',注以'迳'字代之"⑥这样明确的原则,而应是与《水经题辞》所述接近的内容。最可能的情况是,全氏在乾隆十五年秋发现经注不相混淆的诸篇可以用来作为廓清《河水》等篇经注的参考以及"经文简,注文繁"等区分经注的方法后,立即致书赵一清告诉他这一思路,随后全、赵两氏各自领悟出了区分经注的一些原则,从而得到了"宛若符契"的文本。

赵一清在将其早期抄本交予全祖望后,仍在继续对《水经注》的研究。由上引赵氏语可知,在全祖望告知其区分经注的心得之前,赵氏关于《水经注》经注的区分似乎并没有显著的进展。不过,当赵

---

① [清]赵一清:《水经注释》卷首《参校诸本》"全氏七校本"下自注。
② 李宗侗:《赵东潜年谱稿》,载氏著:《李宗侗文史论集》,中华书局2011年版,第468—473页。
③ 蒋天枢:《全谢山先生年谱》,商务印书馆1930年版,第143—157页。
④ 《水经注》(全氏重校本)卷二《河水二》经"河水又南入葱岭山"下。
⑤ 《水经注》(全氏重校本)卷五《河水五》经"又东北迳元城县故城西北而至沙邱堰"下。
⑥ [清]赵一清:《水经注释·附录》卷上。

氏"竟通其说,悉加改正"之后,其校本上的经注面貌就发生了很大的改变,与全氏的校本已经极为接近。台北藏朱墨校本《水经注笺》中,既保留了赵氏早期非系统的区分经注的校语,又保留了赵氏接受全氏之义例之后所改定的经文面貌,是赵氏对区分经注认识过程的集中体现。① 不过赵一清的最后成果《水经注释》及《水经注笺刊误》中所示经文与朱墨校本《水经注笺》中所示赵氏判断的经文仍然不同,这应是赵氏得到全祖望校本之后吸收了全氏成果的表现。不过总体来看并没有太大变化,这说明赵一清对区分经注的原则也有了比较准确的把握。

乾隆二十九年,《水经注释》及《水经注笺刊误》尚未完全写定而赵一清卒。② 次年八月,戴震完成了他的自定《水经》一卷(又名《水经考次》),其经文与全、赵所定颇为相近。③ 戴氏于其《书后》自云:

> 《水经》立文,首云某水所出,已下不复重举水名。而注内详及所纳小水,加以采摭故实,彼此相杂,则一水之名不得不循文重举。《水经》叙次所过郡县,如云"又东过某县南"之类,一语实赅一县。而注内则自县西至东,详记水历委曲。《水经》所列,即当时县治。至善长作注时,已县邑流移。注既附经,是以

---

① 胡适:《试论朱墨校本〈朱笺〉里保存的全祖望、赵一清两家改定经注的记录》,载《胡适全集》第 15 卷,第 177—192 页。
② 胡适:《论赵一清的〈水经注释〉稿本的最终状态》,载《胡适全集》第 15 卷,第 206 页。
③ 今哈佛燕京图书馆藏有一部清黄晟刊本《水经注》,上有无名氏过录"东邍氏"(即戴震)校语,并以朱笔勾画以判断经注。此本仅勾画卷一、卷二、卷五之部分,其改定文字与《水经考次》近同(但如卷五首条,原作"河水又东过平阴县北,湛水从北来注之",哈佛本朱笔勾去"河水""平阴县北",仅留"又东"两字,而《考次》复将"又东"删去,此是微异),胡适认为此本是戴震早期《水经注》校本的过录本,保留了戴震最初改定经注的情形(胡适:《戴震自定〈水经〉一卷的现存两本修改稿》,载《胡适全集》第 15 卷,第 400 页),盖是。戴震自云,他是自乾隆三十年六月开始发现《水经注》经注混乱的问题的,并加以校订离析,至八月乃成自定《水经》([清]戴震:《水经考次·书后》,载氏著:《戴震全书》第四册,黄山书社 1995 年版,第 482 页),而哈佛本之戴震校记明言"余以两月之力,方得其绪"(《水经目录》),时间恰与之相合。

云迳某县故城。经无有称故城者也。凡经例云"过",注例云"迳"。①

此处,戴震提出了区分经注的四条原则,这些原则与全、赵所提的几乎相同,而更加明确。由此本《水经》所附《附考》中可知,戴氏此时并未见到全、赵的校本,这些原则应是他自己研究所得。②

自定本《水经》所进行的经注区分事实上已经是戴震对于经注区分成果的集中体现,戴氏后期的两个校本,即乾隆三十七年自刻本③与乾隆三十九年武英殿聚珍本,于经注区分方面并没有大的变动,只是对经文有一些字词上的增删改补而已。④ 在武英殿本《水经注》的"校上案语"中,戴震重新对他所归纳的区分经注原则进行了更为精炼的总结,即"凡水道所经之地,经则云过,注则云迳;经则统举都会,注则兼及繁碎地名;凡一水之名,经则首句标明,后不重举,注则文多旁涉,必重举其名以更端;凡书内郡县,经则但举当时之名,注则兼考故城之迹"⑤。这样的区分经注原则随着殿本《水经注》的通行而广为人知。

以上即对王峻、全祖望、赵一清、戴震四家区分经注情况的简单梳理。四家所共同承认的区分经注的原则,简易可行而有说服力,经过四家的整理,《水经》与郦注分明的面貌概复旧观,区分混淆经

---

① [清]戴震:《水经考次·书后》,载《戴震全书》第四册,第482页。
② 胡适:《跋戴震自定〈水经〉的"附考"》,载《胡适全集》第15卷,第283—290页;胡适:《再跋戴震自定〈水经〉的〈附考〉》,载《胡适全集》第15卷,第383—390页。
③ 该本初刻在乾隆三十七年,然至次年仍"未及四之一","后在都踵成之"([清]段玉裁:《戴东原先生年谱》,载[清]戴震:《戴震文集》附录,中华书局1980年版,第232页),今暂以乾隆三十七年列。按:该本即今所见孔继涵刻微波榭《戴氏遗书》本。
④ 个别判断经注文字的变动也是建立在改定文字的基础上的,如《漾水》篇经"又东南过巴郡阆中县"后,自刻本《水经注》及殿本《水经注》较自定本《水经》增加了"又东南过江州县东"一句,系自更改原注文"又东南入汉州江津县东"一句而来。
⑤ [清]戴震:《水经注·校上案语》,上海古籍出版社1990年版,第16页。

注的工作可谓大体完成。此后,孙星衍、杨守敬等人在区分经注方面也提出了自己的一些判断,然孙氏所云多属无端臆测,无甚价值①,杨守敬、熊会贞师兄弟之说则有一定价值,本书第一章已经说明,兹不赘言。

在王、全、赵、戴大致恢复了《水经》在《水经注》中的面貌之后,《水经》依旧依附于《水经注》而流传。由于殿本《水经注》所具备的官方权威性质,其中所示的《水经》成为最广为通行的《水经》文本。及至清末,杨守敬、熊会贞所校定的《水经》文本,由于其所依附的《水经注疏》也有很大的影响力,故也成为另一种通行的《水经》文本,直至今日。

---

① 如《浊漳水》篇经"又东过壶关县北,又东北过屯留县南"下,孙校曰:"星衍详注有'不得先壶关而后屯留'之辨,则下文'漳水东迳屯留县南'至'有绛水注之'四句经文也,故《地理志》引之。戴君以注所辨,求其说不得,乃欲取注中'东迳屯留县南'移作经文,何太割裂也。"([清]王先谦校:《合校水经注》卷十《浊漳水》,中华书局2009年版,第164页)此论为疏通文义,不详考辨,罔顾经文书例而欲乱经为注,更诬戴震提注为经,实属不经,杨守敬已斥其非。孙校他处议重分经注者,亦大体皆此类。

下 编
地理考释

本编对《水经》所载的地理内容进行考释。

本编考释据《水经》篇次分篇列目,各加编号。每篇下先以今河流名释该篇所载之水,这一比定仅就其概要言之,一条古水可能对应多个今水之名,这些今水名间以连接符"-"表示有水流承接关系,而以间隔符"·"表示不相通流。每篇下根据该篇所叙河流所流经之地理单元分段,以期突出该段河流的地理特征,也便于叙述。每段下之"【释地】"释该段所载的地名,包括水体、自然地理参照物以及人文地理参照物,三类各自编号,以求眉目清晰,水体以连接符"-"编号,自然地理参照物以"( )"编号,人文地理参照物以"[ ]"编号。同篇中重见同一水地者,不重举。若该段文字涉及河流取源古今相异,或河流有改道,或《水经》与郦注所指河道不同等值得指出说明之处者，则出"【考说】"之目，以详述之。

关于《水经》河流的古今对应，前人已经做了不少工作。杨守敬《水经注疏》及《水经注图》、赵永复《水经注通检今释》、陈桥驿《水经注校释》等都做了比较全面的水名今释，其中又以杨守敬《水经注图》最为直观、细致与完整。本编对河流的对应以《水经注图》为基本对照，若判断与之相同者，一般是比较直观、没有争议的，或者杨氏已经在《水经注疏》中说明原因，故无须特别说明的，则不再出考证之语。少数河流的古今对应与《水经注图》有所出入，则加以考辨，并用着重号点出。绝大多数水名都是没有问题的，只需理清水道，易以今名即可，但少数河流的今水比定仍有值得商榷之处。

本书第三章所概述之人文地理参照物可分为点、线、面三类。其中，呈现线状的边塞与呈现面状的郡县国族境，由于《水经》记载的只是一些模糊的片段，因此全面复原这些境界与对《水经》本身的研究并不吻合，况且材料的缺乏以及这些参照物本身具有的模糊特性，也使完整而准确地复原这些境界成为极为困难之事。相比之下，对《水经》记载的点状人文地理参照物的地望进行考释是可行的。《水经》记载的点状人文地理参照物最为丰富全面，这些城邑、乡亭、津关都有一个确定的地点，传世及出土文献对这些地点有着丰富的记载，近年来又有丰富的考古资料可以参证。对这些城邑、乡亭、津关的地望进行考释，足以观察各水与其所经地点之关系，足以为更精确地复原《水经》所载河道作参考。故本编专考释点状人文地理参照物之地望。需要说明的是，本编之考释包括《水经》中出现的所有县的治所，哪怕该县仅仅作为一个地域单位而出现，这样一方面可以完整呈现《水经》记载的所有县份，一方面也可以观察水过县治与水出县境两种情况下河流与县治关系的差异。

由于《水经》所载各县基本体现的是西汉末年的情况，也有东汉至三国时期的例子，故本编所考释之县地今址可以大致地视为两汉三国时期的县治所在，其有迁徙者，则以西汉之址为优先考量。本编所考之县治等地点，谭其骧主编《中国历史地图集》（以下简称《图集》）第二、三册中皆已见（有些为不定点标注），虽然《图集》的释文并未全面刊行，但通过对相关史料的复核可知，应该说《图集》的许多标注是准确的、信而有征的。但这样一部大的地图集，在每处地点的标注上对史料的掌握与运用未必完全精当，加上时代的局限，使得《图集》上的标注难免存在一些错误。本编考释《水经》人文地理参照物地望，在参考《图集》的基础上，努力重新核验、解读相关史料，结合近年来考古遗址的调查与出土文献的发现为一些具体地点的定点所提供的全新的、坚实的证据，对相关县治、城邑、乡亭、津关进行定点。为行文简洁，文中不再提及《图集》的说法，所定县治等之地望若与《图集》所定不符（《图集》绘《水经》所载之城邑、乡亭信息于《三国》幅，当系以《水经》所呈现为三国时面貌，故此处亦以《图集》第三册之《三国》图幅为对照标准，若其无者，或宜对照早期图幅者，则以第二册之《西汉》或《东汉》图幅为准），则以着重号标明，以示区别。当然，由于《图集》比例尺小，地点的精确位置或有偏差，所以标明的只是与《图集》所示地望有明显不同者。

对于这些具体地点，尤其是县治的定点，往往已经有比较多的讨论。本编考释凡与传统说法一致者，语言从略，已有较精当之考述者，则径引用其结论；与传统说法不同、或多说取一者，则论述稍详。地望有多种互相矛盾说法而郦注有明确记载，并且没有比郦注更强之证据者，则径从郦注，不再专门考辨。某县建置今仍存（或存在有直接继承关系的市县区建置）而公认汉魏时期县治就在今址（或近数十年内迁徙前之旧址）者，径行指出而不另加说明。文中所言某市市区或某县城区者，若无特别说明，即指其近代以来城市扩张之前的传统城区。所参考材料中的近人、今人著作，考释地名当然以写作时之今地释古地，但数十年来行政区划变动频繁，时之今地已非今之今地，今引用时保留原意，但若涉及的区划有更改，则径替以新更改之区划情况（以 2019 年底的情况为准），不特加说明。

当然，面状地理参照物在一些地方也不能完全不加说明。《水经》有时也用某郡之境进行参照，其郡境虽不能详考，但理应予以大致描述。今对《水经》中单独列出作为参照的郡之境域进行简单描述，表示统属关系的郡则但释其县，不专门描述郡境。

郦注往往有对相关地点的记载，考释中将特别点出，或者直接引出相关文字以作考释之用，或者以简要方式点明。简要方式包括：郦注的相关记载在《水经》记载该地的同一篇中，则行文中径称"郦注有"；若在别篇，则指明篇名。

本编考说《水经》所示水道，目的仅在于利用《水经》本身的记载来复原其所示的河流大致流路，旨在突出《水经》本身的历史地理价值。例如，若《水经》所示流路与郦注可以相应，似可利用记载更加详细的郦注来复原相应的河流流路，不过，这事实上已是对郦注所载河流的复原，而非《水经》所载河流，况且两者终究只是大致相应，依然不能排除局部流路相异的可能。故"考说"部分，实重在文献辨证。其内容只包括有必要特别说明的河流比定、关于河流取源之可说者、与后世情形明显不符的改道、《水经》错误之处以及郦道元的指明是否正确；而不包括基于郦注、其他文献或现代科学手段的流路复原。当然也不拘泥于文献的比照，主要仍然是利用翔实的地图与地名资料来解读《水经》，了解《水经》所呈现的确切水地情形。

由于《水经》最末之《禹贡山水泽地所在》篇旨在阐释经典，并非"以水系地"的形式，故对其所涉地名进行孤立的今地考释似乎意义不大，故本编于此篇从略。

本编附有地图，以直观呈现《水经》所示水地情形。地图不以任何标准年为断，一律以《水经》所载为标准绘制（遇有矛盾之处，则从较晚的情况）。以《中国历史地图集》为底改绘。图例：古水以黑色表示，今水以灰色表示；分注以古今地名、水名。绘制郡境以为参考，依《水经》所据资料，郡境以东汉章帝时为准。

第五章　河及以北诸篇地理考释

第一节　《河水》篇

1. 河水

今塔里木河·黄河。

　　1.1 昆仑墟在西北,去嵩高五万里,地之中也。其高万一千里。河水出其东北陬,屈从其东南流,入于渤海。又出海外,南至积石山,下有石门,河水冒以西南流。又南入葱岭山,又从葱岭出而东北流。其一源出于阗国南山,北流,与葱岭河合,东注蒲昌海。

【释地】

1(1)　昆仑墟　即昆仑山。《水经》之昆仑墟当与先代地理文献相似,指西方之一理想中之山,恐难以考实其所在,非今昆仑山脉。

1(2)　嵩高　即嵩山。今山名同。

1-1　渤海　当即"渤泽",今罗布泊。参【考说】。

1(3)　积石山　今巴颜喀拉山。

1(4)　葱岭山　今帕米尔高原。

1[1]　于阗国　西域国名,汉魏时期持续存在,领域在今新疆和田附近。

1(5)　于阗国南山　即于阗国南方之山,今昆仑山脉西段。

1-2　蒲昌海　今罗布泊。

【考说】

本段叙河水发源,文本与《山海经》《禹本纪》《汉书》有明显的联系(参第一章第二节),但面目混乱。先同《山海经》称河水出昆仑入渤海,重源发于积石山,再同《汉书》称河水出葱岭入蒲昌海,郦道元即已疑之,称经文所叙次第不比,"积石宜在蒲昌下矣"。今按:《山海经》所记的"渤海"为河水之中途所入,显然不是河水最终流归的渤海。《山海经》同时又有多处提及"泑泽",并说明为"河所潜也","渤海""泑泽"形近,疑"渤海"即"泑泽"之误,所指当同样是今罗布泊,如此亦可与其下水流复出于积石山顺接。那么,《山海经》所言注入"渤海"的河水必然指今塔里木河-孔雀河。①《汉书》所载蒲昌海同样指今罗布泊,而发源于葱岭之水显然也指今叶尔羌河-塔里木河-孔雀河。所以《水经》此处实在犯了重举之误。盖《水经》作者误以《禹本纪》所载昆仑"去嵩高五万里",而认为《山海经》所载出昆仑山之河水尚远在出葱岭之河水之西北,而东南流先潜于"渤海",再出积石山,过葱岭,又潜于"蒲昌海"。可以说,《水经》作者对相关山水所在完全没有概念,而导致了《水经》中出现混乱而又与事实违逆的记载。尽管是生硬拼凑的混乱记载,但毕竟可以与今叶尔羌河-塔里木河-孔雀河流路相应,故仍可将《水经·河水》的河源至蒲昌海一段,认为是指明今叶尔羌河-塔里木河-孔雀河为河水之上游段。其中提及的出于阗南山的河源,是今天的和田河。当然,以塔里木河为河水上游的认识也是错误的,黄河的发源实在青藏高原上的星宿海,不可能上溯至塔里木河,这是古人地理知识的局限所致,关于此点,论者甚多,此不赘言。

1.2 又东入塞,过敦煌、酒泉、张掖郡南。

【释地】

1[2] 敦煌　　即敦煌郡。领域约相当于今甘肃省酒泉市西境。

1[3] 酒泉　　即酒泉郡。领域约相当于今甘肃省酒泉市东境及嘉峪关市。

---

① 今塔里木河与孔雀河并不相通,但历史上塔里木河下游迁徙不定,也常由今孔雀河河道流入罗布泊,故此处将塔里木河与孔雀河视为一条连续的河道。

1[4] 张掖郡　领域约相当于今甘肃省张掖市境。

【考说】

唐人杜佑已指称此段虚妄。① 按：今黄河自河源东流，至青海、甘肃接界处（河关县北），其流路与河西诸郡虽然悬远，但以方位而言勉强可以称作"过敦煌、酒泉、张掖郡南"。不过，《水经》先言"入塞"颇值得注意。汉代西境边塞在河关以西不远，至多至青海湖一带，不可能远至河源，但若自青海湖南之河段始论，河水东流，无论如何不可能过远在西北的敦煌郡南。《水经》后载河过河关县北，是比较可信的具体记载，而前载河入蒲昌海，与河关县距离尚远。笔者颇疑《水经》作者将蒲昌海与河关县之河水连接，而臆造出了从河西走廊南缘东南流的这么一条流路，毕竟这样的流路是将上述两点连接起来最"合理"的路线。

　　1.3 又东过陇西河关县北，洮水从东南来流注之。又东过金城允吾县北。又东过榆中县北。又东过天水北界。又北过武威媪围县东。又东北过天水勇士县北。又东北过安定北界麦田山。又北过北地富平县西。

【释地】

1[5] 河关县　郦注："河水右迳沙州北。……《地理志》曰：'汉宣帝神爵二年，置河关县，盖取河之关塞也。'"似河关即沙州。沙州即今青海贵南之木格滩②，然其地皆黄沙，且距黄河尚有一段距离，更重要的是，在西汉中期（郦注："《地理志》曰：汉宣帝神爵二年，置河关县。"）设置河关县时，此地尚为羌地，不可能设立县治。故可知郦氏附河关县此段文字于此，可能仅仅是因为他也不知道河关县的确址，只好将其附于相应经文下注之首。《魏志·郭淮传》："（正始）九年，遮塞等屯河关白土故城，据河拒军。淮见形上流，密于下渡兵

---

① 《通典》卷一七四《州郡四》。
② 刘满：《西北黄河古渡考（一）》，《敦煌学辑刊》2005年第1期。

据白土城,击,大破之。"白土城在今青海民和官亭镇①,河关县当即在其附近之黄河南岸。今甘肃积石山大河家镇康吊村有汉代古城一座,或以为即河关县故城②,当是。

1-3　洮水　今洮河。

1[6]　允吾县　《水经》:"又东过金城允吾县北。"郦注:"金城郡治也,汉昭帝始元六年置。王莽之西海也。莽又更允吾为修远县。河水迳其南,不迳其北。……(湟水)又东南迳小晋兴城北,故都尉治。阚骃曰:允吾县西四十里,有小晋兴城也。湟水又东,与阁门河合,即浩亹河也。……又东迳允吾县北。"郦注于经文之下承经而言,是认可河水如上条经文所言纳洮水之后又东流而过允吾县侧,惟正其方位耳,依照郦注文例,这相当于说河水"又东迳允吾县故城南"。至于湟水所迳之允吾县,其后并无"故城"两字,依照郦注文例,所言当是北魏时县,这也就是北魏人阚骃所言在小晋兴城东四十里的允吾县,不得以此为据来定汉允吾县治所在。《元和志》兰州广武县:"允吾故城在县西南一百六十里,本汉县,属金城郡。"③唐广武县治今甘肃永登东南,准之地望,汉允吾可能在今甘肃永靖黄河西北岸及青海民和东境。不过,唐于今民和县东境设龙支县,《元和志》有载,若允吾故城在此,则当载于龙支县条下,而非广武县条下,可知允吾故城应在永靖。今永靖县盐锅峡镇方台村有古城遗址,或以为即允吾县故城所在④,宜是。

1[7]　榆中县　郦注承经而言。县治当今兰州市城关区东岗镇一带。⑤

---

①　聪喆:《左南、白土两地考》,《青海民族学院学报(社会科学版)》1988年第4期。

②　陈守忠:《河陇史地考述》,兰州大学出版社1993年版,第203页。

③　[唐]李吉甫:《元和郡县图志》卷三九。

④　陈守忠:《允吾、金城、榆中、勇士等古城址考》,载《历史地理》第十一辑,第196—197页;陈守忠:《两汉允吾、金城再考》,《西北师大学报(社会科学版)》1998年第3期。

⑤　吕叔桐、牛丽红:《古代榆中考》,《兰州学刊》1985年第4期。

1[8] **天水** 即天水郡。汉章帝时名汉阳郡。领域约相当于今甘肃省天水市境、定西市东境和平凉市西境。

1[9] **媪围县** 或谓在今景泰县芦阳镇吊沟村①,或谓在今皋兰县水阜乡长川村。② 按：居延新简 E.P.T59·582 载长安西出河西走廊路程,其中有"媪围至居延置九十里,居延置至觻里九十里,觻里至媾次九十里,媾次至小张掖六十里"的记载③,吊沟城址可与此路程相符④,当确系媪围县治所在。

1[10] **勇士县** 郦注承经而言。县治疑在今榆中县青城镇。⑤ 按：汉榆中县及勇士县,皆颇有认为在今榆中县之苑川河流域者,不过,郦注对今苑川河（郦注苑川水）流域的地理情况进行了比较详细的记载,并未提到这两个县治,而分别在经文榆中县、勇士县两条下承经而言,表示承认经文所叙的地理位置。以《水经》所示地理位置为据,衡之以今人考证,可判断榆中、勇士两县之所在。

1[11] **安定** 即安定郡。领域约相当于今宁夏回族自治区中卫市、固原市境及甘肃省平凉市东境。

1(6) **麦田山** 郦注："河水又东北,迳麦田山西谷,山在安定西六百四十里。"山即今甘肃靖远县北之哈思山。⑥

1[12] **富平县** 郦注有。县治在今宁夏吴忠市西南⑦,或即今

---

① 李并成：《西汉武威郡诸县城址的调查与考证》,载《历史地理》第十辑,上海人民出版社 1992 年版,第 307 页。
② 杨兴茂、张鹏娟：《汉县媪围城址考》,《兰州学刊》1992 年第 2 期。
③ 马怡、张荣强主编：《居延新简释校》,天津古籍出版社 2013 年版,第 625 页。
④ 李并成：《河西走廊历史地理》,甘肃人民出版社 1995 年版,第 38—40 页。
⑤ 陈守忠：《允吾、金城、榆中、勇士等古城址考》,载《历史地理》第十一辑,第 198—199 页。
⑥ 魏晋贤：《甘肃省沿革地理论稿》,兰州大学出版社 1991 年版,第 14 页。
⑦ 许成：《宁夏秦汉时期富平县旧址考》,原载《宁夏史志研究》1986 年第 1 期,今据作者文集《宁夏考古史地研究论集》,宁夏人民出版社 1989 年版,第 212—216 页。

吴忠市利通区扁担沟镇扁担沟村西之富平故城遗址。①

【考说】

河水入塞，于河关县西方实指今黄河，流路相当于今黄河青海湖南侧一段。其后，河水东北流，由于地形限制，流路大致与今黄河相同。

依所考定之媪围与勇士县址，河水当先过勇士，再过媪围，但《水经》却言河水先过媪围，再过勇士。《水经》于"又北过武威媪围县东"一句之前后皆举天水郡名，说明带有"武威媪围县"的这句经文，原本确实就是插在"又东过天水北界"与"又东北过天水勇士县北"两句之间的，此处文本不存在流传中发生的错简，而很可能是《水经》的一处记载错误。

1.4 又北过朔方临戎县西，屈从县北东流至河目县西，屈南过五原西安阳县南，屈东过九原县南。

【释地】

1[13] 临戎县　郦注有。县治当即今内蒙古磴口县补隆淖乡河拐子古城。②

1[14] 河目县　郦注有。县治当即今乌拉特前旗额尔登布拉格苏木陈二壕城址。③

1[15] 西安阳县　郦注有。县治当即今乌拉特前旗乌拉山镇张连喜店村南之古城遗址。④

---

① 国家文物局主编：《中国文物地图集·宁夏回族自治区分册》，文物出版社2010年版，图版第106—107页、简介第289页。

② 侯仁之、俞伟超：《乌兰布和沙漠的考古发现和地理环境的变迁》，《考古》1973年第2期；张郁：《汉朔方郡河外五城》，《内蒙古文物考古》1997年第2期；王晓琨：《战国至秦汉时期河套地区古代城址研究》，社会科学文献出版社2014年版，第176页。

③ 郭建中、车日格：《黄河包头段沿岸汉代古城考》，《内蒙古文物考古》2007年第1期。

④ 郭建中、车日格：《黄河包头段沿岸汉代古城考》，《内蒙古文物考古》2007年第1期。

第五章 河及以北诸篇地理考释 | 211

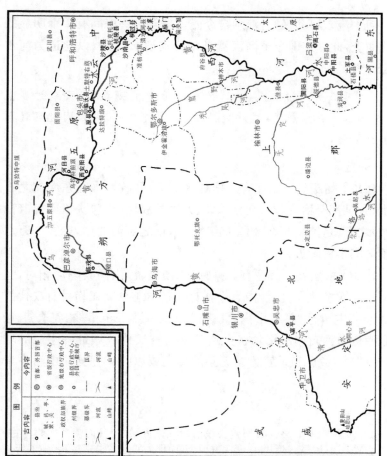

图 1 河水中上游图

1[16] 九原县　郦注有。县治当即今包头市南郊之麻池古城。①

【考说】

河水流入河套平原,河水自今磴口县至包头市间有一个明显的向北曲流,此流路即今黄河汊流乌加河河道,《水经》以此道为河水主泓行经。

> 1.5 又东过临沃县南,又东过云中桢陵县南,又东过沙南县北,从县东屈南,过沙陵县西,又南过赤城东,又南过定襄桐过县西。

【释地】

1[17] 临沃县　郦注有。据郦注所示,县故城当在东南流之石门水(今昆都仑河)以西、河水以北、九原县故城(今包头市南郊麻池古城)之东,是其城当在今包头市青山区南之黄河北岸,疑在今万水泉镇敖陶窑村附近。

1[18] 桢陵县　郦注有。据郦注,桢陵、沙南两县隔河相对,且似河水先次桢陵,再次沙南。今托克托县中滩乡蒲滩拐村有汉代故城遗址②,与郦注"县在山南,北去云中城一百二十里"相符合③,且其东南侧黄河对岸准格尔旗大路镇境恰有汉代故城址一座(称"城壕城址")④,故此遗址宜为桢陵县故城。或以托克托县燕山营乡章

---

① 郭建中、车日格:《黄河包头段沿岸汉代古城考》,《内蒙古文物考古》2007年第1期;魏坚、郝园林:《秦汉九原-五原郡治的考古学观察》,《中国历史地理论丛》2012年第4期;王晓琨:《战国至秦汉时期河套地区古代城址研究》,第148—152页。

② 国家文物局主编:《中国文物地图集·内蒙古自治区分册》,图版第116—117页、简介第26—27页。

③ 云中城在今托克托县古城乡古城村,参张红星:《托克托县云中古城相关问题初探》,《内蒙古文物考古》2004年第2期。

④ 国家文物局主编:《中国文物地图集·内蒙古自治区分册》,图版第264—265页、简介第608页。

盖营村之汉代故城遗址当桢陵县城①,然此遗址下游对岸并无城址可对应沙南县,且章盖营古城规模也要小于蒲滩拐古城,故此说似较不可取。

1[19] 沙南县 郦注有。与上条桢陵县城址相应,可以今准格尔旗大路镇的城壕古城当沙南县故城。或以今准格尔旗十二连城乡之十二连城遗址当沙南县故城②,失之无据。

1[20] 沙陵县 郦注有。县治当即今托克托县哈拉板申东古城遗址。③

1[21] 赤城 今址无确考。郦注:"河水于二县之间,济有君子之名。""二县"指的当是赤城与桐过县,桐过县城即今清水河县拐子上故城,君子津在今清水河县喇嘛湾镇一带(见1[22]),则赤城当在喇嘛湾对岸的准格尔旗境。

1[22] 桐过县 郦注:"桐过县,王莽更名椅桐者也。河水于二县之间,济有君子之名。河水又东南,左合一水……其水又西流注于河。河水又南,树颓水注之。"树颓水即今浑河无疑,则桐过县当在其北之又一水之北。今清水河县喇嘛湾镇拐子上村有战国至汉代故城遗址④,而喇嘛湾镇附近地理位置重要,原系这一带黄河的重要渡口。⑤故宜判拐子上故城为桐过县故址,而君子津应就在喇嘛湾一带。

【考说】

此段《水经》文字疑有舛误。郦道元以其目见,称河水流经沙陵

---

① 托克托县志编写委员会编:《托克托县志(修订稿)》(内部本),第198—199页。
② 李逸友:《内蒙古古代城址的考古研究》,载《中国考古学会第八次年会论文集1991》,文物出版社1996年版,第175—183页。
③ 中国社会科学院考古研究所编著:《中国考古学·秦汉卷》,中国社会科学出版社2010年版,第277—278页。
④ 乌兰察布盟文物工作站:《清水河县拐子上古城调查》,《内蒙古文物考古》1991年第1期。
⑤ 李逸友:《内蒙古史迹丛考》,载《内蒙古文物考古文集》第二辑,中国大百科全书出版社1997年版,第403页。

县故城后,方次隔河相对的桢陵、沙南两县,并直谓"脉水寻经,殊乖川去之次"。郦氏既以目见验之,则所论盖可信从,是《水经》误载。

1.6 又南过西河圜阳县东,又南过离石县西,又南过中阳县西,又南过土军县西,又南过上郡高奴县东,又南过河东北屈县西,又南过皮氏县西,又南出龙门口,汾水从东来注之。又南过汾阴县西,又南过蒲坂县西,又南至华阴潼关,渭水从西来注之。又东过河北县南,又东过陕县北。又东过大阳县南,又东过砥柱间,又东过平阴县北,又东至邓,清水从西北来注之。又东过平县北,湛水从北来注之。又东过巩县北,洛水从县西,北流注之。又东过成皋县北,济水从北来注之。

【释地】

1[23] 圜阳县 郦注有。或写作圁阳县。陕西绥德县四十里铺出土之东汉田鲂画像石题记云:"西河大守都集掾圜阳富里公乘田鲂万岁神室,永元四年……五月廿九日丙申葬县北鸺亭郡大道东高显冢营。"又绥德县五里店征集之东汉郭稚文画像石题记:"圜阳西乡榆里郭稚文万岁室宅。"由之可知,东汉永元时圜阳县当在今绥德县境之无定河北岸。①

1[24] 离石县 郦注有。县治即今山西省吕梁市离石区城区。

1[25] 中阳县 郦注:"中阳县故城在东,东翼汾水,隔越重山,不滨于河也。"《括地志》:"中阳故城在汾州隰城县南十里,汉中阳县也。"②两书显然皆以曹魏内徙之中阳县当汉中阳县,误,《清一统志》辨之已详。③《水经》中阳县系指汉代故址,或以为即今柳林县

---

① 吴镇烽:《秦晋两省东汉画像石题记集释——兼论汉代圜阳、平周等县的地理位置》,《考古与文物》2006 年第 1 期。
② [唐]李泰等著,贺次君辑校:《括地志辑校》卷二《汾州·隰城县》。
③ 《大清一统志》卷一四四《汾州府·古迹》"中阳故城"条。

三交镇北之"吴王城"。① 按:此城址在黄河侧,面积约达 50 万平方米②,方位与《水经》所示亦符,确可当中阳县故城。不过,西汉中阳县原在河水以西,《水经》所载"中阳县"应是迁徙后治所。③

1[26] 土军县 郦注有。县治在今石楼县城区。④

1[27] 高奴县 郦注有。县治即今陕西省延安市高奴故城遗址。⑤

1[28] 北屈县 郦注有。县治在今山西吉县车城乡麦城村。⑥ 此处有战国至汉代故城遗址。⑦

1[29] 皮氏县 见 2[13]。

1(7) 龙门口 今黄河龙门,又称禹门口,即陕西韩城与山西河津间之黄河出山处。

1-4 汾水 今汾河。见 2。

1[30] 汾阴县 郦注有。县治即今万荣县荣河镇庙前村北之古城遗址。⑧

1[31] 蒲坂县 郦注承经而言。县治在今永济市蒲州镇西、蒲州故城遗址南。⑨

---

① 中阳县志编纂委员会:《中阳县志》,山西人民出版社 1996 年版,第 18 页。

② 国家文物局主编:《中国文物地图集·山西分册》,中国地图出版社 2006 年版,图版第 380—381 页、简介第 1242 页。

③ 但昌武:《汉初上郡东界考辨》,载《历史地理》第三十八辑,复旦大学出版社 2019 年版,第 86—96 页;马孟龙:《西汉归德、中阳、西都地望新考——以张家山汉简〈二年律令·秩律〉为中心》,《陕西师范大学学报(哲学社会科学版)》2020 年第 2 期。

④ 谢鸿喜:《〈水经注〉山西资料辑释》,第 9 页。

⑤ 国家文物局主编:《中国文物地图集·陕西分册》,西安地图出版社 1998 年版,图版第 272—273 页、简介第 760 页。

⑥ 谢鸿喜:《〈水经注〉山西资料辑释》,第 15 页。

⑦ 国家文物局主编:《中国文物地图集·山西分册》,图版第 322—323 页、简介第 968 页。

⑧ 杨富斗:《山西万荣县发现古城遗址》,《考古》1959 年第 4 期。

⑨ 谢鸿喜:《〈水经注〉山西资料辑释》,第 30—31 页;刘纬毅:《〈中国历史地图集〉山西部分商榷》,《山西师大学报(社会科学版)》2001 年第 1 期。

1[32] 潼关 郦注有。在今陕西潼关港口镇陶家庄村,有遗址。①

1-5 渭水 今渭河。见51。

1[33] 河北县 郦注有。县治即今山西芮城北郊古魏城遗址。②

1[34] 陕县 郦注有。县治即今河南三门峡西北陕州故城。此城于三门峡大坝兴修之前历代为陕县治不改。

1[35] 大阳县 郦注有。县治当在今山西平陆南之茅津渡村东。③

1(8) 砥柱 即今河南三门峡东黄河中之砥柱山。

1[36] 平阴县 在今孟津县白鹤镇西北堡子村、平庄附近(参第一章第二节)。

1[37] 邓 《湛水注》有。在今洛阳市吉利区东南(参第一章第二节)。

1-6 清水 所指不明确。《河水》篇载此清水在河水流过平阴县后,于邓城附近自西北来注。相应郦注载有清水,指今山西垣曲亳清河,但此水入河处远在邓及平阴县上游,与《水经》清水位置不合;郦注以为《水经》"清水"当是郦注之瀑水,然瀑水指今河南济源东阳河或大店河④,其入河处仍然在邓及平阴县之上游,恐难凭信。今按:《湛水注》所载之湛水(今顺涧河,非《水经》湛水)恰在邓城附近东南流入河,颇疑即《水经》清水。

1[38] 平县 在今孟津县会盟镇花园村、丁家村附近(参第一章第二节)。

---

① 关治中:《潼关天险考证》,《渭南师专学报(社会科学版)》1999年第3期。

② 陶正刚、叶学明:《古魏城和禹王古城调查简报》,《文物》1962年第4、5期;祝培坤、王仁康:《山西部分县的沿革及县治变迁考》,《地名知识》1981年第4、5期;谢鸿喜:《〈水经注〉山西资料辑释》,第24页。

③ 谢鸿喜:《〈水经注〉山西资料辑释》,第39—40页。

④ 罗火金:《古瀑关考》,《中原文物》2006年第5期。

1-7 湛水 今南蟒河-蟒河。见 9。

1[39] 巩县 见 38[11]。

1-8 洛水 今洛河-伊洛河。见 38。

1[40] 成皋县 郦注有。县治即今荥阳市汜水镇西北成皋故城遗址。①

1-9 济水 今济水。见 10。

【考说】

河水自今内蒙古清水河附近南流入黄土高原,又经今晋南、豫西山地,由于地形限制,此段文字所示河水流路大致与今黄河同。

1.7 又东过荥阳县北,蒗荡渠出焉。又东北过武德县东,沁水从西来注之。

【释地】

1[41] 荥阳县 郦注有。县治即今郑州市惠济区古荥镇荥阳故城遗址。②

1-6 蒗荡渠 今惠济河-涡河。见 59。

1[42] 武德县 见 12[9]。

1-7 沁水 今沁河。见 12。

【考说】

河水流入今华北平原,自今荥阳市北,流路与今黄河别,折向东北。

1.8 又东北过黎阳县南,又东北过卫国县南,又东北过濮阳县北,瓠子河出焉。

【释地】

1[43] 黎阳县 郦注有。县治当在今浚县东北郊河道村、高

---

① 陈有忠:《历史上的新旧虎牢关》,《郑州大学学报(哲学社会科学版)》1986 年第 4 期;陈隆文:《虎牢关变迁蠡测》,《中原文物》2009 年第 5 期。

② 荆三林:《荥阳故城遗址沿革考附论冶铁遗址的年代问题》,《郑州大学学报(哲学社会科学版)》1978 年第 4 期;秦文生:《荥阳故城新考》,《中原文物》1983 年特刊。

村、大伾山之间。①

1[44] 卫国县 郦注有。县治在今清丰县南五里。② 即固城乡旧城村。此处有战国至唐代城址③,当即县故城。

1[45] 濮阳县 郦注有。《史记正义》:"濮阳故城在濮州西八十六里。"④《清一统志·大名府·古迹》:"濮阳故城,在开州西南二十里。"唐濮州治今山东鄄城县旧城镇,清开州治今濮阳市区,今濮阳县子岸乡故县村有汉代遗址一座,传为汉濮阳县治⑤,准之地望,是。

1-8　瓠子河　见64。

【考说】

此段河水由今浚县东流经濮阳县北、清丰县南。卫国县治今河南清丰县南,濮阳县治今濮阳县南,河水东北流,当先过濮阳,再过卫国。郦注正作此载。杨疏:"《经》言先过卫国后过濮阳,与《注》言县迳濮阳,后迳卫国不合,而《注》不辨《经》之误,疑此二句(又东北过濮阳县北,瓠子河出焉)本在'又东北过卫国县南'之上,传抄者误倒也。"由于郦氏发与经文不同之论未必明确指出经文错误,故此处未必是经文传抄误倒,而更有可能是经文本身在记载流经地时出现的错误。

　　1.9 又东北过东阿县北,又东北过茌平县西,又东北过高唐县东,又东北过杨虚县东,商河出焉。

【释地】

1[46] 东阿县　见64[5]。

---

① 周媛:《河流主导的浚县古代城市发展》,郑州大学硕士学位论文,2011年,第42—43页。
② [清]叶圭绶:《续山东考古录》卷二四《曹州府·观城县》。
③ 国家文物局主编:《中国文物地图集·河南分册》,中国地图出版社1991年版,图版第154—155页,简介第310页。
④ 《史记》卷八《高祖本纪》"军濮阳之东"下《正义》。
⑤ 国家文物局主编:《中国文物地图集·河南分册》,图版第150—151页、简介第301页。

1[47] 茌平县　见 64[7]。

1[48] 高唐县　郦注有。《寰宇记》齐州禹城县："古高唐城，在县南五十里。"①唐禹城县治在今山东禹城市区，准之地望，当即今禹城市伦镇城子坡村高唐故城遗址。②

1[49] 杨虚县　据郦注、《地形志》，县当在今聊城市茌平区东境。③郦注："俗犹谓是城曰阳城矣。"康熙《茌平县志·古迹》："阳城故城在城南二十余里，今垣墉犹存西北二面。"此即今茌平区乐平铺镇土城村之阳城故城遗址，其地有战国至北朝之遗存④，应即《水经》杨虚县治所在。

1-9 商河　河水分流，今无对应河流。郦注载有其流路，清人叶圭绶尝详考其流路⑤，其水大约自今平原县境分河水东出，经临邑县北、商河县北、惠民县南，东流入于海。

【考说】

此段河水自今范县南，东北过山东聊城市南、东阿县北，又东北过禹城市西。

郦注称，杨虚"城在高唐城之西南，《经》次于此，是不比也"。据杨虚、高唐两县之地望可知，郦氏此辨当是，《水经》此处当系误载。

　　1.10 又东北过漯阳县北，又东北过蓼城县北，又东北过甲下邑，济水从西来注之，又东北，入于海。

【释地】

1[50] 漯阳县　据郦注，河水先后迳厌次县故城南、漯阳县故城北、漯沃县故城北，厌次故城在今阳信县东南，漯沃故城在今滨州

---

① ［宋］乐史：《太平寰宇记》卷一九。
② 国家文物局主编：《中国文物地图集·山东分册》，中国地图出版社 2007 年版，图版第 314—315 页、简介第 815 页。
③ ［清］叶圭绶：《续山东考古录》卷四《东昌府·茌平县》。
④ 国家文物局主编：《中国文物地图集·山东分册》，图版第 330—331 页、简介第 848—849 页。
⑤ ［清］叶圭绶：《续山东考古录》卷二九《水考·商河故道》。

市西北,则漯阳故城只能在今滨州市滨城区与惠民县、阳信县交界处附近。今惠民县桑落墅镇苏家堡村有汉代遗址一处,面积约3万平方米①,或即漯阳县故城所在。

1[51] 蓼城县　据《水经》所载之水流次第,县治当在今滨州市滨城区至利津县南境一带。今滨州市滨城区单寺乡西石村有一秦汉时期之高台遗址,面积约1.2万平方米②,兹权定蓼城县于此。

1[52] 甲下邑　郦注及《济水注》有。据《济水注》,济水先迳甲下邑南,再迳琅槐县故城北,而琅槐县故城在"博昌东北八十里"(《地理风俗记》语)。按:据晋人杜预及郭璞关于济水入海处之语可知,东汉省琅槐入博昌(参《济水注》"郭景纯曰:济自荥阳至乐安博昌入海"下熊疏)。博昌县故城在今博兴县湖滨镇东南,其东偏北不远处有利县故城,利、博昌两县于东汉时并存,核诸地形可知,位于博昌东北八十里之琅槐必在博昌之北偏东方向。今广饶县陈官镇陈官村西北有汉代遗址一座,面积达20万平方米③,准之地望,疑即琅槐县故城所在,则甲下邑在此处之西北不远。据《河水注》,河水当在今滨州市滨城区北境枝分,枝津东南流入济,干流东北流入海,而甲下邑正在两分流之间。综之,邑址应在今利津县南境,兹权定于利津县城区。

【考说】

河水自今禹城市西,东北流过今滨州市北,在东营市区附近纳济水(参10.6【考说】),东北入海。

---

①　国家文物局主编:《中国文物地图集·山东分册》,图版第340—341页、简介第862页。

②　国家文物局主编:《中国文物地图集·山东分册》,图版第338—339页、简介第861页。

③　国家文物局主编:《中国文物地图集·山东分册》,图版第184—185页、简介第212页。

第二节　河东诸水篇

2. 汾水
今汾河。

2.1 汾水出太原汾阳县北管涔山。

【释地】
2[1] 汾阳县　县治即今山西岚县南郊古城村之秀容故城遗址。①
2(1) 管涔山　今山名同。
【考说】
今汾河亦出管涔山中,《水经》汾水取源盖与今汾河同。

2.2 东南过晋阳县东,晋水从县南东流注之。又南,洞过水从东来注之。

【释地】
2[2] 晋阳县　郦注有。县治即今太原市晋源区晋阳古城遗址。②
2-1　晋水　今晋祠泉水。见8。
2-2　洞过水　今潇河。见7。
【考说】
汾水流入今太原盆地,流路与郦注汾水及今汾河流路并不相违。

2.3 又南过大陵县东,又南过平陶县东,文水从西来流注之。

---

①　黄学超:《汉唐汾阳县城及汉羊肠仓址考述》,《晋阳学刊》2012年第6期;国家文物局主编:《中国文物地图集·山西分册》,图版第382—383页、简介第1254页。

②　参太原市文物考古研究所编:《晋阳古城》,文物出版社2005年版。

【释地】

2[3] 大陵县　见 5[1]。

2[4] 平陶县　见 5[2]。

2-3　文水　今文峪河。见 5。

【考说】

汾水于平陶县东纳文水,与今汾河、文峪河交汇情形不同。《水经》此段汾水流路当较今汾河偏西,大致在今清徐县以南与今汾河别,西南流至今文水县下曲镇附近纳文水(并参 5.2【考说】),其后沿今文峪河下游河道西南流,至介休市附近复归今汾河河道。①

2.4 又南过冠爵津,又南入河东界,又南过永安县西。

【释地】

2[5] 冠爵津　据郦注,一名雀鼠谷,汾河河谷。传统意义上的雀鼠谷,北起今灵石县北端冷泉村,南至灵石县南端南关镇。而"完整的雀鼠谷"实际上相当于今灵霍峡谷。②

2[6] 河东　即河东郡。领域约相当于今临汾市、运城市境及晋城市西境、吕梁市南境。

2[7] 永安县　郦注承经而言。县治在今霍州市区。③

2.5 又南过杨县东。

【释地】

2[8] 杨县　郦注有。《寰宇记》晋州洪洞县:"故杨城,春秋时杨国,汉杨县城也,在县东南十八里。"④宋洪洞县即今址,今洪洞县曲亭镇范村有东周至汉代故城遗址⑤,准之地望,应即洪洞县故城。

---

① 参王尚义:《历史时期文峪河的变迁及水利事业的开发》,《山西水利·水利史志专辑》1987 年第 2 期。不过本书所言文水入汾处与王文不同。

② 靳生禾、谢鸿喜:《隋唐雀鼠谷古战场考察报告》,《晋中学院学报》2008 年第 2 期。

③ 谢鸿喜:《〈水经注〉山西资料辑释》,第 68 页。

④ [宋]乐史:《太平寰宇记》卷之四十三。

⑤ 张德光:《山西洪洞古城的调查》,《考古》1963 年第 10 期。

【考说】

郦注:"汾水迳杨城西,不于东矣。"汾水南流,经今洪洞县西,因地形所限,古今不会有明显变迁,是《水经》汾水实当过杨县西,经文作"东"误。

2.6 西南过高梁邑西,又南过平阳县东,又南过临汾县东,又屈从县南西流,又西过长修县南,又西过皮氏县南。

【释地】

2[9] **高梁邑**　郦注有。在今临汾市北郊高梁店村。①

2[10] **平阳县**　郦注有。县治在今临汾市尧都区金殿镇。②

2[11] **临汾县**　郦注有。县治当即今新绛县赵康镇之汉代故城遗址。③

2[12] **长修县**　郦注有。县治即今新绛县古交镇泉掌村长修故城遗址。④

2[13] **皮氏县**　郦注有。县治即今河津市西郊太阳堡城址。⑤

【考说】

汾水流经今临汾盆地,流路大致与今汾河相同。

---

① 谢鸿喜:《〈水经注〉山西资料辑释》,第 73 页。

② 刘纬毅:《平阳城与白马城》,《山西师大学报(社会科学版)》1990 年第 3 期。

③ 山西省文物管理委员会侯马工作站:《山西襄汾赵康附近古城址调查》,《考古》1963 年第 10 期;谢鸿喜:《〈水经注〉山西资料辑释》,第 76 页;李晓杰、黄学超、杨长玉等:《〈水经注〉汾水流域诸校笺及水道与政区复原》,载《历史地理》第二十六辑,第 34—64 页。

④ 谢鸿喜:《〈水经注〉山西资料辑释》,第 78 页;李晓杰、黄学超、杨长玉等:《〈水经注〉汾水流域诸校笺及水道与政区复原》,载《历史地理》第二十六辑,第 34—64 页;国家文物局主编:《中国文物地图集·山西分册》,图版第 346—347 页、简介 1096 页。

⑤ 谢鸿喜:《〈水经注〉山西资料辑释》,第 18 页;李晓杰、黄学超、杨长玉等:《〈水经注〉汾水流域诸校笺及水道与政区复原》,载《历史地理》第二十六辑,第 34—64 页;国家文物局主编:《中国文物地图集·山西分册》,图版第 338—339 页、简介第 1053 页。

2.7 又西至汾阴县北,西注于河。

【释地】

2[14] 汾阴县　见1[30]。

2-4 河　即河水,今黄河。见1。

【考说】

汾水于今万荣县荣河镇庙前村以北注入黄河,流路与今汾河尾闾庙前故道同。

3. 浍水

今天河-二曲河-浍河。

3.1 浍水出河东绛县东浍交东高山,西过其县南。

【释地】

3[1] 绛县　郦注有。县治即今山西曲沃、侯马间之凤城古城遗址。①

3(1) 浍交　今绛县大交镇附近区域名,据郦注可知,浍水干流及诸支流在此交汇。

3(2) 高山　今翼城县东南翔山。②

【考说】

《水经》云浍水出高山,郦注同,是《水经》浍水当取出自今翔山的天河-二曲河为源。③ 今浍河以滑家河为正源,与《水经》异。今大交镇以下浍水流路大致与今浍河同。

3.2 又西南过虒祁宫南,又西至王泽,注于汾水。

---

① 陕西省考古研究所侯马工作站编:《晋都新田》,山西人民出版社1996年版,第20—21页。

② 李晓杰、黄学超、杨长玉等:《〈水经注〉汾水流域诸校笺及水道与政区复原》,载《历史地理》第二十六辑,第34—64页。

③ 参李晓杰、黄学超、杨长玉等:《〈水经注〉汾水流域诸校笺及水道与政区复原》,载《历史地理》第二十六辑,第34—64页。

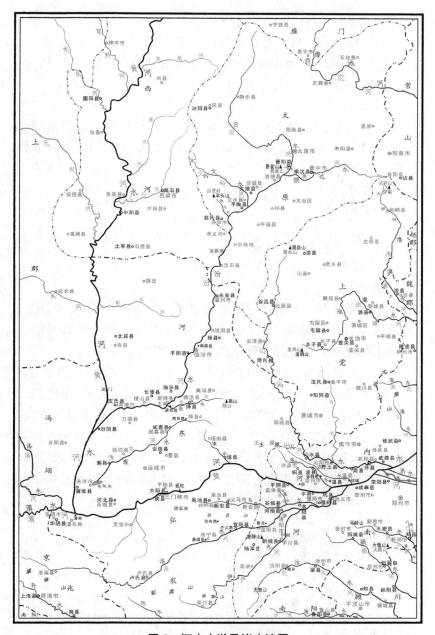

图 2　河水中游及诸支流图

【释地】

3[2] 虒祁宫　郦注有。当在今新绛县横桥乡东升庄村。①

3-1　王泽　在今新绛县西南浍水入汾处附近。今湮。

3-2　汾水　今汾河。见2。

【考说】

浍水下游流路大致与今浍河同。由于王泽拥有一定的水域面积，故浍水注入王泽处，大约在今新绛县横桥乡，即今汾、浍汇流处以东。

4. 涑水

今涑水河。

4.1 涑水出河东闻喜县东山黍葭谷，西过周阳邑南，又西南过其县南。

【释地】

4[1] 闻喜县　郦注有，谓之桐乡城。《元和志》绛州闻喜县："桐乡故城，汉闻喜县也，在县西南八里。"②唐元和以前闻喜县治今山西闻喜东镇镇，准之地望，《水经》闻喜县当在今吕庄水库中。

4(1) 闻喜县东山　今山西绛县紫家峪侧山地，仍有东山之名。

4(2) 黍葭谷　《寰宇记》解州安邑县："涑水。……《水经》云：'涑水出河东闻喜县界黎葭谷。'"③其原《校勘》引《水经》则作"涑水出河东闻喜县界东黍薛谷"④。是此谷名尝讹为其他写法。今绛县陈村镇有紫家村，"黍""黎""紫"皆形近，"家""葭"音同，"紫家"疑即"黍葭"之变。紫家村东南有陈村峪，河谷宽阔，为古道所经，峪中河道顺直，水量较大，当即黍葭谷。⑤

---

①　李晓杰、黄学超、杨长玉等：《〈水经注〉汾水流域诸校笺及水道与政区复原》，载《历史地理》第二十六辑，第34—64页。

②　[唐]李吉甫：《元和郡县图志》卷一二。

③　[宋]乐史：《太平寰宇记》卷之四十六。

④　[宋]乐史：《太平寰宇记》卷之四十六。

⑤　李晓杰等校释：《水经注校笺图释·汾水涑水流域诸篇》，科学出版社2020年版，第93页。

4[2] 周阳邑 郦注有。《括地志》:"周阳故城在绛州闻喜县东二十九里。"①此即周阳邑。唐初闻喜县治今闻喜县东镇镇,准之地望,《水经》周阳邑当在今绛县横水镇附近。

【考说】

《水经》云涑水出襄蕞谷,郦注同,是以今陈村峪河为源,与今涑水河取源相同。涑水西南流至今闻喜县附近,流路大致与今涑水河一致。

4.2 又西南过安邑县西,又南过解县东,又西南注于张阳池。

【释地】

4[3] 安邑县 郦注有。县治即今夏县禹王乡禹王城遗址。②

4[4] 解县 郦注有。《元和志》河中府临晋县:"故解城,本春秋时解梁城,又为汉解县城也,在县东南十八里。"③唐临晋县治今临猗县临晋镇,今临猗县庙上乡城东、城西村间有"北解故城"遗址④,准之地望,即解县故城所在。

4-1 张阳池 今伍姓湖。据郦注,水域范围较今湖面稍大。

【考说】

涑水下游历史上曾有人工改道,郦注时期流路当仍从今夏县北、运城市北、临猗县南一线西南流入张阳池⑤,《水经》所示水道与之不违。

5. 文水

今文峪河。

---

① [唐]李泰等著,贺次君辑校:《括地志辑校》卷二《绛州·闻喜县》。
② 中国科学院考古研究所山西工作队:《山西夏县禹王城调查》,《考古》1963年第9期。
③ [唐]李吉甫:《元和郡县图志》卷一二。
④ 国家文物局主编:《中国文物地图集·山西分册》,图版第342—343页、简介第1077页。
⑤ 具体流路之考证参[清]郭为观:《涑水故道考》,乾隆《蒲州府志》卷一八《艺文》。

5.1 文水出大陵县西山文谷,东到其县。

【释地】

5[1] 大陵县　郦注有。县治在今交城县西营镇大陵庄村。①

5(1) 大陵县西山　即今文峪河源头一带山地。今文峪河以庞泉沟为正源,源出关帝山,可权以之当此西山。

5(2) 文谷　即今交城县文峪河上游所经之溪谷。

5.2 屈南到平陶县东北,东入于汾。

【释地】

5[2] 平陶县　郦注有。县治在今文水县孝义镇平陶村。②

5-1 汾　即汾水,今汾河。见2。

【考说】

文水于今文水县北出山,循今文峪河河道折向南,注入汾水。关于文、汾交汇处,《水经》云在平陶县东北,大致在今文水县下曲镇附近。

6. 原公水

今峪道河。乾隆《汾州府志·山川》:"原公水,俗又呼峪道河。"

6.1 原公水出兹氏县西羊头山,东过其县北。

【释地】

6[1] 兹氏县　《文水注》:"文水又南迳兹氏县故城东,为文湖……世谓之西河泊,在县直东一十里。"《元和志》汾州:"魏黄初二年乃于汉兹氏县置西河郡,即今州理是也。"③西河县:"本汉兹氏县也。"④"文湖,一名西河泊,在县东十里,多蒲鱼之利。""八门城,在

---

① 谢鸿喜:《〈水经注〉山西资料辑释》,第59页。
② 李晓杰、黄学超、杨长玉等:《〈水经注〉汾水流域诸校笺及水道与政区复原》,载《历史地理》第二十六辑,第50页。
③ [唐]李吉甫:《元和郡县图志》卷一三。
④ [唐]李吉甫:《元和郡县图志》卷一三。

县北十五里。"① 乾隆《汾州府志·古迹》："八门城,在府志北十五里。"并据之云"以地望考之,唐之汾州城即今府治矣",是。汉兹氏县、唐汾州、清汾州府同址,即今汾阳市区。②

6(1) 羊头山 乾隆《汾州府志·山川》："白彪山,东南距府治二十五里。……或云白彪山即羊头山之异目也。"白彪山即今山西省汾阳市西北之白虎岭,系峪道河发源地,当即羊头山。

【考说】

原公水水流短促,流路大致与今峪道河同。

6.2 又东入于汾。

【释地】

6-1 汾 即汾水,今汾河。见 2。

【考说】

由于《水经》汾水流路于今文水县曲镇以下相当于今文峪河,故原公水入汾处也就大约相当于今峪道河汇入文峪河处。郦注云"水注文湖,不至汾也",是因郦注时期汾水已经东徙之故。

7. 洞过水

今潇河。

7.1 洞过水出沾县北山。

【释地】

7[1] 沾县 见 17[1]。

7(1) 沾县北山 《地形志》："同过水,一出木瓜岭,一出沾岭,一出大廉山,一出原过祠下。"此言出沾岭者,当即《水经》洞过水源。《元和志》太原府乐平县："沾岭,在县西三十里。"③山即今山西昔阳西南沾岭山。

---

① [唐]李吉甫:《元和郡县图志》卷一三。
② 一说郦注兹氏县故城为今汾阳市三泉镇巩村城址,其说误。参李晓杰等校释:《水经注校笺图释·汾水涑水流域诸篇》,第 126 页。
③ [唐]李吉甫:《元和郡县图志》卷一三。

【考说】

《清一统志·太原府·山川》:"洞涡水……一名同过水,俗名小河。""小河"后雅化为"潇河"。

7.2 西过榆次县南。又西到晋阳县南,西入于汾,出晋水下口者也。

【释地】

7[2] 榆次县　县治在今晋中市榆次区老城西北侧。①

7[3] 晋阳县　见 8[1]。

7(3) 汾　即汾水,今汾河。见 2。

7(4) 晋水　今晋祠泉水。见 8。

【考说】

今潇河下游历史上曾多次改道。② 但考诸《水经》所示洞过水与相关水地的位置关系,可知流路大致与今潇河同。

8. 晋水

今晋祠泉水。成化《山西通志·山川》:"晋水有二,一源出太原县西南一十里悬瓮山下,二泉,北曰善利,南曰难老,脉为二池……分为三河……俱东注于汾。"

8.1 晋水出晋阳县西悬瓮山,又东过其县南,又东入于汾水。

【释地】

8[1] 晋阳县　郦注有。县治即今太原市晋源区晋阳古城遗址。③

8(1) 悬瓮山　当即今山西省太原市晋源区晋祠西侧之悬瓮山。

8(2) 汾水　今汾河。见 2。

---

① 谢鸿喜:《〈水经注〉山西资料辑释》,第 116—117 页。
② 张慧芝:《明清时期潇河河道迁徙原因分析》,《中国历史地理论丛》2005 年第 2 期;孟万忠:《古地图与现代空间数据的河道变迁研究——以清代潇河为例》,《测绘科学》2011 年第 2 期。
③ 参太原市文物考古研究所编:《晋阳古城》。

【考说】

今晋祠泉水已湮。郦注云,晋水分为南北两派,其北者为智氏故渠,其南者似为晋水天然河道,且明言此渎"迳晋阳城南",当是《水经》晋水所行经,则《水经》晋水当自今晋祠直东南流入汾。

第三节　河内诸水篇

9. 湛水

今蟒河。

9.1 湛水出河内轵县西北山,东过其县北。

【释地】

9[1] 轵县　《济水注》有。《括地志》:"故轵城在怀州济源县东南十三里,七国时魏邑。"①《寰宇记》孟州济源县:"轵县故城……在今县东南十三里。"②唐宋济源县即今址,汉晋轵县治即今河南省济源市轵城镇轵国故城遗址。③

9(1) 轵县西北山　《水经》湛水,即《济水注》溴水。《济水注》:"溴水出原城西北原山勋掌谷。"原山即《水经》轵县西北山,亦即今河南省济源市西北王屋山中之原山。

【考说】

郦注:"原《经》所注,斯乃溴川之所由,《经》之误证耳。"《济水注》载溴水流路,确与《湛水》经文所载流路同,准之地望,即今蟒河。

据《水经》所载,湛水当发源于今济源市西北王屋山中。郦氏既以郦注溴水当《水经》湛水,则不妨以《济水注》溴水之源当《水经》湛水之源。今蟒河有南蟒河、北蟒河两源,南蟒河近原山,且亦较符"东流过轵县北"之形势,应是《水经》所指湛水之源。北蟒河则是济

---

① [唐]李泰等著,贺次君辑校:《括地志辑校》卷二《怀州·济源县》。
② [宋]乐史:《太平寰宇记》卷之五十二。
③ 郭建设:《焦作先秦古城考》,载《河南文物考古论集(2)》,中州古籍出版社 2000 年版,第 117—125 页。

水之源,参 10.1【考说】。

至于《水经》与郦注所指湛水不同,恐怕与时代差异导致的水名迁转有关,郦氏遽斥《水经》为非,恐不必。

9.2 又东过波县之北,又东过毋辟邑南,又东南当平县之东北,南入于河。

【释地】

9[2] 波县 《济水注》有。《寰宇记》孟州济源县:"波城,在城东南三十八里。"①宋济源县即今址,则汉晋波县治约当今孟州市赵和镇白墙村附近。白墙村南之冶墙村,本名冶城②,《济水注》有载,则"白墙"或本亦作"白城",又"波""白"实同音,则"白墙"或即"波城"之讹变。

9[3] 毋辟邑 《济水注》:"淏水东南迳安国城东,又南迳毋辟邑西,世谓之'无比城',亦曰'马鞭城',皆非也。朝廷以居废太子,谓之河阳庶人。"今通常认为邑即今孟州市城伯镇西姚村南之古城遗址。③《南齐书·索虏传》:"(北魏孝文帝元)宏徙(太子)恂无鼻城,在河桥北二里。"《建康实录·魏虏传》:"宏怒,徙恂于无鼻城,在河桥北二十里。"河桥,在今孟州市南黄河上,西姚村南古城遗址在今孟州市南古黄河北岸二十里,与《建康实录》所载里数符。按:《河水注》并不言毋辟邑,《湛水》经文亦言湛水东过邑南,似城距河较远,在河北二十里似确更有理,疑《建康实录》是而《南齐书》非,而今说颇可信从。

9[4] 平县 见 1[38]。

【考说】

湛水自今济源市东南流,流路大致与今蟒河一致。《水经》云湛水东过毋辟邑南,而《济水注》说淏水南过毋辟邑西,实际并无矛盾,此段湛水当东南流过毋辟邑之西南。今蟒河尾闾已经东徙,但《水

---

① [宋]乐史:《太平寰宇记》卷之五十二。
② 孟县地名委员会办公室:《河南省孟县地名志》(内部本),1986 年,第 71 页。
③ 张思青:《孟州史志丛话》,政协河南省孟州市委员会文史资料委员会编印,1999 年;孟县地名委员会办公室:《河南省孟县地名志》,第 229 页。

经》湛水入河,当在今孟州市南偏东不远。

10. 济水

今无完整河流与之对应,部分河流流路与之对应者,详见各段【考说】。

> 10.1 济水出河东垣县东王屋山,为沇水。又东至温县西北,为济水。又东过其县北,屈从县东南流,过坎城西,又南当巩县北,南入于河。

【释地】

10[1] 垣县 《河水注》:"(清水)西南迳垣县故城北。"《括地志》:"故垣城,汉县治,本魏王垣也,在绛州垣县西北二十里。"①唐垣县治今山西省运城市垣曲县原古城镇(今已为小浪底水库所淹没),今垣曲县王茅镇上亳村有战国至汉代城址,距古城镇十二三唐里,又在亳清河(郦注清水)北,似与郦注及《括地志》皆不尽合。然其西北之亳清河南更无古城址可当垣县故城,故仍权以之当之,而疑郦注"北"当作"南",《括地志》"二十里"为"十二里"之误。

10(1) 王屋山 今山名同。

10[2] 温县 郦注有。今河南温县招贤乡东招贤、西招贤、古城、安乐寨等村有古城遗址,为晋温县城。② 此城当为晋代扩建之规模,汉魏温县城当在其内古城村。③

10[3] 坎城 郦注有。当在今温县南张羌镇陆庄附近。④

10[4] 巩县 见38[11]。

10-1 河 即河水,今黄河。见1。

【考说】

济水发源于今济源市西北王屋山,东南流过今温县境,今无水

---

① [唐]李泰等著,贺次君辑校:《括地志辑校》卷二《绛州·垣县》。
② 河南省博物馆、《中国冶金史》编写组:《汉代叠铸——温县烘范窑的发掘和研究》,文物出版社1978年版,第1页。
③ 陈隆文:《古苏国地望及其疆域问题》,《史学月刊》2002年第9期。
④ 温县志编纂委员会编:《温县志》,光明日报出版社1991年版,第715页。

可与之完全相应,当是河道迁徙之故。准之地望,济水必在湛水之东北侧,宜以今北蟒河为济水之源,而在今济源市北与今北蟒河流路别而东出,东南流至温县西境。《水经》沇水大致可与今北蟒河对应,而济水温县西北段则大致与今潴龙河相当。济水自今温县招贤乡北东流至今温县城区附近折向东南,至今陆庄西。自此,《水经》济水流路与郦注所载济水流路别:《水经》济水仍南流注河,而郦注济水东北折经陆庄之北而东流入河。《水经》济水入河处,《济水》篇言在巩县,而《河水》篇言在成皋县,合而观之,当在两县之间,洛水下口,即今温县南偏东之地。

此段是作为河水支流的济水,事实上已经是一条完整的河流。

10.2 与河合流,又东过成皋县北,又东过荥阳县北,又东北至砾磝南,东出,过荥泽北。

【释地】

10[5] 成皋县 见 1[40]。

10[6] 荥阳县 见 1[41]。

10(2) 砾磝 所指未详。郦注以砾石溪水当《水经》砾溪,然砾石溪水在济水南,与《水经》不符,今不取。

10(3) 荥泽 在今郑州市惠济区古荥镇东、贾鲁河北、花园口南一带。①

【考说】

《水经》视济水穿河而出,在今荥阳市北、武陟县南一段,济、河共道,济水流路即河水流路。

郦注以济水南之砾石溪水(今郑州市惠济区枯河)当《水经》砾磝,并称经文有误。然而,《水经》时期,蒗荡渠与济水似分别自河水引出,而不若郦注时蒗荡渠自济水分流,则今郑州市附近济水之南尚有蒗荡渠,倘砾磝指今枯河,恐难以越过蒗荡渠而与济水产生关

---

① 侯卫东:《"荥泽"的范围、形成与消失》,载《历史地理》第二十六辑,第 286—290 页。

系,故兹不取郦说。

济水别河东出,东出之口,《水经》与郦注所载不同。《水经》济水东出河水在砾磎附近,当今郑州市惠济区北、荥阳县故城以东。郦注济水东出河水在西广武城以西,其地约当今荥阳市北的广武山下、荥阳县故城以西。郦注载有荥渎,位于济水出河处以东,出于河,入于济,其道恰与《水经》所载济水东出河水之道吻合,加之"荥渎"之名也可以说明这条故渎很可能就是原来河水分流入荥泽的故道①,故应即《水经》所示河水分流济水之始。此段济水当自今武陟县东别河水而东流。

济水别河而出之后,过荥泽之北。虽然两者有明显的方位关系,但济水仍很可能与荥泽存在通流的情况。②

10.3 又东过阳武县北,又东过封丘县北,又东过平丘县南,又东过济阳县北,又东过冤朐县南,又东过定陶县南,又屈从县东北流。

【释地】

10[7] 阳武县 郦注有。《寰宇记》开封府阳武县:"阳武故城,在县东南二十八里。"③宋阳武县治今原阳县城区,则阳武故城地当今原阳县陡门乡西。

10[8] 封丘县 郦注有。封丘县今存,史书地志不载其城迁徙(金代曾短暂迁徙,元复徙于故城)。杨疏:"但考今封丘在浚仪县之东北,而注上叙南济东迳封丘,又东迳大梁城,则封丘在今浚仪之西北,当在今封丘之西,魏县治非即今县治也。"所言甚是。《元和志》汴州封丘县:"黄池,在县南七里。"④《寰宇记》开封府封丘县:"黄

---

① 史念海:《论济水和鸿沟》,载氏著:《史念海全集》第三卷,人民出版社 2013 年版,第 779 页。
② 史念海:《论济水和鸿沟》,载氏著:《史念海全集》第三卷,第 781 页。
③ [宋]乐史:《太平寰宇记》卷之二。
④ [唐]李吉甫:《元和郡县图志》卷七。

池,在县西南七里。"①今黄池遗址在荆隆宫乡坝台村②,而今封丘县治并不在其北七里,似可为封丘曾迁址之一证,疑《元和志》《寰宇记》所据为未迁址前之资料。今以黄池遗址为基点,权定封丘县故城于朱元寨村一带。

10[9] 平丘县 郦注有。《寰宇记》开封府陈留县:"平丘城,在县北九十里。"③《方舆纪要》大名府长垣县:"平丘城,县西南五十里。……《寰宇记》:'平丘在封丘县东四十里。'"④宋陈留县治今开封市祥符区陈留镇,封丘县治同今址,明清长垣县治亦同今址,则三者所指实为一地。或以封丘县黄陵镇平街村当之⑤,准之地望,可以信从。

10[10] 济阳县 郦注有。《括地志》:"济阳故城在曹州冤句县西南三十五里。"⑥《元和志》曹州冤句县:"济阳故城在县西南五十里,汉济阳县也。"⑦《寰宇记》曹州冤句县:"济阳故城,在县西南五十里。汉济阳县地也。"⑧唐宋冤句县在今山东曹县张寨镇迤北一带(参下条),准之地望,济阳县故城当在今河南兰考与山东东明交界之新兴集附近。

10[11] 冤朐县 郦注:"济水又东北,迳定陶恭王陵南……世尚谓之丁昭仪墓。……坟南,魏济阴郡治也,世谓之左城,亦名之曰葬城,盖恭王之陵寝也。"《括地志》:"冤朐,曹州县,在州西四十七里。"⑨《元和志》曹州冤句县:"东至州四十七里。"⑩《寰宇记》曹州冤

---

① [宋]乐史:《太平寰宇记》卷之一。
② 李俊主编:《封丘县文物志》,新乡市政府新闻出版办公室1991年版,第18页。
③ [宋]乐史:《太平寰宇记》卷之一。
④ [清]顾祖禹:《读史方舆纪要》卷一六。
⑤ 李俊主编:《封丘县文物志》,第18—19页。
⑥ [唐]李泰等著,贺次君辑校:《括地志辑校》卷三。
⑦ [唐]李吉甫:《元和郡县图志》卷一一。
⑧ [宋]乐史:《太平寰宇记》卷之十三。
⑨ [唐]李泰等著,贺次君辑校:《括地志辑校》卷三。
⑩ [唐]李吉甫:《元和郡县图志》卷一一。

句县:"西四十七里。"①唐宋曹州,《元和志》《寰宇记》并云"州理中城,盖古之陶丘也,一名左城",《寰宇记》又云"后魏于定陶城置西兖州,后又徙理左城,即今州理是也,仍移济阴郡理此,郡与州同理",又云"左城,亦名之曰葬城,盖恭王之陵寝也"。② 无疑,唐宋曹州治即郦注所载左城。定陶恭王陵(或谓丁昭仪墓)即今定陶县张湾镇灵圣湖汉墓③,左城即在其南不远。准之地望,唐宋冤胊(句)县当在今曹县庄寨镇迤北一带,史书地志不载冤胊(句)县迁址,则此盖亦即汉晋县故城所在。

10[12] 定陶县 郦注有。《寰宇记》广济军定陶县:"汉县,贞观元年省,今军城是也。……定陶故城,今军城是也,西南一隅废。"④《清一统志·曹州府·古迹》:"定陶故城,在定陶县西北四里。……《旧志》:'元至顺二年河决,漂没城庐,寻复,还遭兵毁,明洪武四年徙于今治地。'"因此汉晋定陶县故城当在今菏泽市定陶区西北郊。

【考说】

济水循今原阳县、封丘县一线东流,而后折向东南,至今兰考县西北大致循今黄河流路东北流,约至今豫、鲁界折向东,经今山东曹县庄寨镇,至菏泽市定陶区,折向北流。

郦注济分南北,将《水经》济水封丘、平丘、济阳河段视为记载北济,而将冤胊、定陶河段视为记载南济。按:《水经》济水东流,所载河道连续无碍,无由忽南忽北。盖郦氏之时,济水分为南北两支,各得《水经》济水之一段流路,郦氏遂将这种情形强附于《水经》之下。

10.4 又东至乘氏县西,分为二:其一水东南流,其一水从县东北流,入巨野泽。

---

① [宋]乐史:《太平寰宇记》卷之十三。
② [唐]李吉甫:《元和郡县图志》卷一一;[宋]乐史:《太平寰宇记》卷之十三。
③ 崔圣宽、蔡友振、李胜利等:《山东定陶县灵圣湖汉墓》,《考古》2012年第7期。
④ [宋]乐史:《太平寰宇记》卷之十三。

【释地】

10[13] 乘氏县 郦注有。《寰宇记》曹州乘氏县:"按此前乘氏县,在今巨野西南五十七里乘氏故城是也,宋废。"①宋巨野县治即今址,准之地望,乘氏县故城当在今巨野县柳林镇一带,今权以柳林镇毕庄东之左堌堆遗址(有商至汉代遗存)②当之。

10-2 巨野泽 在今巨野县西北,山东地垒西侧的低洼地带。③

【考说】

济水在今定陶县东北境东北流而分为二水,一水东南流,一水东北流,分流处在今定陶县孟海镇附近。《水经》先叙东北流之水,其水大致循今洙水河流路而流,至今巨野县西北而入巨野泽。

10.5 又东北过寿张县西界安民亭南,汶水从东北来流注之。又北过须昌县西,又北过谷城县西,又北过临邑县东,又东北过卢县北,又东北过台县北。又东北过菅县南,又东过梁邹县北,又东北过临济县南,又东北过利县西。

【释地】

10[14] 寿张县 见 65[8]。

10-3 汶水 今大汶河。见 65。

10[15] 安民亭 郦注有。在今梁山县小安山镇何官屯村。④

10[16] 须昌县 郦注承经而言。县治在今东平县老湖镇前、后埠子村西东平湖中。⑤

10[17] 谷城县 郦注:"又有狼水,出东南大槛山狼溪,西北迳谷城西,又北,有西流泉,出城东近山,西北迳谷城北,西注狼水……

---

① [宋]乐史:《太平寰宇记》卷之十三。
② 国家文物局主编:《中国文物地图集·山东分册》,图版第 356—357 页、简介第 899—900 页。
③ 邹逸麟、张修桂主编:《中国历史自然地理》,第 260 页。
④ [清]蒋作锦:《东原考古录·安民亭考》。
⑤ [清]蒋作锦:《东原考古录·须昌城考》;国家文物局主编:《中国文物地图集·山东分册》,图版第 362—363 页、简介第 569 页。

又西北入济水。"狼水即今平阴县西南之浪溪河（旧名狼溪河），西流泉当即今邢沟水。嘉靖《山东通志·建置沿革·兖州府·东阿县》："（洪武）八年徙治谷城故城。"明徙治后之东阿县治今平阴县东阿镇，准之地望，此处确即《水经》谷城县治所在。

10[18] 临邑县 《河水注》有。县治疑在今东阿县城区（铜城镇）。①

10[19] 卢县 郦注："济水又迳卢县故城北，济北郡治也。……济水又东北，与中川水合。水出东南山茌县之分水岭……西北与宾溪谷水合。水出南格马山宾溪谷，北迳卢县故城北，陈敦戍南，西北流，与中川水合，谓之格马口。其水又北，迳卢县故城东，而北流入济，俗谓之为沙沟水。"中川水、宾溪谷水分别指今长清县之沙河、南大沙河，惟郦注宾溪谷水下游当北折入中川水，与今南大沙河西流入黄河不同。但郦注此处对卢县故城的记载颇为混乱，难以据之判断卢县故城具体所在，或有错失之处，不过仍能大致推知该城在今济南市长清区城区近旁。《寰宇记》齐州长清县："卢城，在县南五十里。"②《齐乘·古迹·城郭》："卢城。长清县南五十里。"③宋元长清县治即今济南市长清区老城，则两书所示卢城地望又与郦注不同。今长清区归德镇褚集村南有地名卢城洼，有汉代故城遗址一座，或以为即卢县故城④，姑从之。

10[20] 台县 郦注有。《寰宇记》齐州废全节县："在故东平陵西北十五里。""台城，在县北一十三里。"⑤东平陵故城在今济南市章丘区龙山镇阎家庄与大城后村之间⑥，或以为唐全节县治今济南

---

① ［清］叶圭绶：《续山东考古录》卷七《泰安府·东阿县》。
② ［宋］乐史：《太平寰宇记》卷之十九。
③ ［元］于钦：《齐乘校释》卷四。
④ 国家文物局主编：《中国文物地图集·山东分册》，图版第138—139页、简介第28页。
⑤ ［宋］乐史：《太平寰宇记》卷之十九。
⑥ 山东省文物考古研究所：《山东章丘市汉东平陵故城遗址调查》，载《考古学集刊》第11辑，中国大百科全书出版社1997年版，第154—186页。

市历城区董家镇城子村①,按此地地望与《寰宇记》所示相符,且当地确有大型唐代遗址②,其说颇可信从。今历城区唐王镇亓家庄西北有汉代遗址③,准之地望,疑即《水经》台县故治所在。

10[21] 菅县 郦注有。县治疑在今济南市章丘区黄河镇临济村。④

10[22] 梁邹县 郦注有。县治当在今邹平市韩店镇旧口村⑤,此处有商周、汉代遗址。⑥

10[23] 临济县 郦注有。《寰宇记》淄州高苑县:"宋无高苑县,别于今县理西二里汉狄故城置长乐县。"⑦西汉狄县,东汉改为临济县。宋高苑县治今高青县高城镇,准之地望,《水经》临济县治即今高城镇西关村西北狄城故城遗址。⑧

10[24] 利县 郦注:"县在齐城北五十里。"《齐乘·古迹·城郭》:"利城。乐安西北二十里。汉齐郡利县。"⑨齐城即临淄齐故城,元乐安县治今广饶县城区,准之地望,汉晋利县治即今博兴县店子镇利城村东南利县故城遗址。⑩

【考说】

此段济水自今梁山县南出巨野泽,东北流于今小安山东纳汶

---

① [清]叶圭绶:《续山东考古录》卷一《济南府·历城县》。
② 国家文物局主编:《中国文物地图集·山东分册》,图版第136—137页、简介第18页。
③ 国家文物局主编:《中国文物地图集·山东分册》,图版第136—137页、简介第17页。
④ [清]叶圭绶:《续山东考古录》卷一《济南府·章丘县》。
⑤ [清]叶圭绶:《续山东考古录》卷一《济南府·邹平县》。
⑥ 国家文物局主编:《中国文物地图集·山东分册》,图版第346—347页、简介第879页。
⑦ [宋]乐史:《太平寰宇记》卷之十九。
⑧ 国家文物局主编:《中国文物地图集·山东分册》,图版第166—167页、简介第158页。
⑨ [元]于钦:《齐乘校释》卷四。
⑩ 国家文物局主编:《中国文物地图集·山东分册》,图版第344—345页、简介第871页。

水,北流经今东平湖水域,循今湖水入黄河之道北出,至今黄河。其后循今黄河河道东北流,至今济南市北东出,大致循今小清河河道东北流,直至今博兴县境。①

10.6 又东北过甲下邑,入于河。

【释地】

10[25] 甲下邑　见 1[52]。

10-4　河　即河水,今黄河。见 1。

【考说】

济水流至今博兴县东始与今小清河流路别,仍东北流至今东营市区附近流入河水。

郦注:"《水经》以为入河,非也。斯乃河水注济,非济入河。"驳《经》之非。王守春从自然地理角度出发,认为王景治河后河水尾闾可能发生一系列复杂变化,从而说此处"可能并不是《经》文错了,而很可能是反映从了《经》文撰写之后,自然环境的变化"②。其说固然有理,但是也并没有扎实的证据。事实上,从河流与城邑的相对位置来看,只要将郦注中所谓的"河水枝津"视为《水经》所示的河水流路,那么郦注时期与《水经》时期的河、济尾间河道并没有明显的不同,都是河、济合流入海的形势。《水经》时期,郦注所载的枝津河道可能正是河水干流所经,此时河济汇流,河势更大,自然应视为济入河。而郦注时期,河水干流尾闾北移,原河道残留为枝津,济水并不汇入河水干流,而河水枝津与济水交汇,自然只能视为河入济。郦氏在此恐怕确实犯了以当时之水流形势为准而误判《水经》所载为非的错误。

10.7 其一水东南流者,过乘氏县南,又东过昌邑县北,又东过金乡县南,又东过东缗县北,又东过方与县北,为菏水。菏

---

① 参史念海:《论济水和鸿沟》,载《史念海全集》第三卷,第 786—787 页。
② 王守春:《〈水经注〉中〈注〉否〈经〉之考释》,载《历史地理》第十四辑,第 259—269 页。

水又东过湖陆县南,东入于泗水。

【释地】

10[26] 昌邑县　郦注有。《元和志》兖州金乡县:"昌邑故城,在县西北四十二里。其中城周十余里,外城州三十余里。"①唐金乡县治即今址,准之地望,《水经》昌邑县故治即巨野县大谢集镇前、后昌邑等村之昌邑故城遗址。②

10[27] 金乡县　郦注有。《元和志》兖州金乡县:"后汉于今兖州任城县西南七十五里置金乡县。"③唐任城县治今济宁市区,或以为今嘉祥县满硐乡阿城铺村北之故城遗址即东汉所置金乡县所在④,准之地望,当是。

10[28] 东缗县　郦注有。县治在今金乡县城区。⑤

10[29] 方与县　郦注有。《元和志》兖州鱼台县:"县理城,即汉方与城也。"⑥唐元和以前方与县治在今鱼台县王鲁镇古城集,此当即《水经》方与县治所在。

10[30] 湖陆县　见 66[7]。

10-5 泗水　今泗河。见 66。

【考说】

《水经》于此处续述前文所提于今定陶县孟海镇附近东南流之分流。此分流自孟海镇东流,经今巨野县南境,又东,大致循今彭河-万福河道而流,直至微山湖西岸而折向东南,约在今山东微山县境附近注入泗水。

《水经》于方与县句下方称此水为菏水,不过《汉志》及郦注均将

---

① 〔宋〕乐史:《太平寰宇记》卷之十三。
② 国家文物局主编:《中国文物地图集·山东分册》,图版第 356—357 页、简介第 900 页。
③ 〔宋〕乐史:《太平寰宇记》卷之十三。
④ 〔清〕叶圭绶:《续山东考古录》卷二五;国家文物局主编:《中国文物地图集·山东分册》,图版第 244—245 页、简介第 458 页。
⑤ 〔清〕叶圭绶:《续山东考古录》卷二五。
⑥ 〔宋〕乐史:《太平寰宇记》卷之十三。

此分流全流称为菏水,似乎《水经》此处"为菏水"亦系就此分流之全流而言。

菏水入泗处,郦注所载与《水经》不同,见"泗水"条。

10.8 又东南过沛县东北,又东南过留县北,又东过彭城县北,获水从西来注之。又东南过徐县北,又东至下邳睢陵县南,入于淮。

【释地】

10[31] **沛县** 郦注有。县治当即今址。

10[32] **留县** 郦注有。县治即今沛县魏庙镇房村东微山湖中留城遗址。①

10[33] **彭城县** 郦注有。县治在今徐州市区。② 在今苏宁广场有西汉东城墙遗迹。③

10-6 **获水** 见62。

10[34] **徐县** 郦注承经而言。县治在今泗洪县半城镇。④

10[35] **睢陵县** 《睢水注》有。《清一统志·徐州府·古迹》:"睢陵旧城,在睢宁县治。……章怀太子曰:'睢陵故城在邳县东南。'唐宋时又分属宿迁县。金以宿迁县界古城置睢宁县,即今治。"核诸郦注所示方位,所言可以信从,故县治即今睢宁县城区。

10-7 **淮** 即淮水,今淮河。见82。

【考说】

济水南流,经今沛县东,随后折东南入今微山湖面,再折南至今徐州市区。其后大致循今废黄河流路而东南至今淮安市入于淮水。

---

① 曹瑞民:《微山湖底有一座古城》,《治淮》1994年第2期。
② 李银德:《汉代楚国(彭城国)都城彭城考》,载《中国古都研究》第十七辑,三秦出版社2001年版,第69—78页。
③ 马永强、盛之翰、高伟等:《江苏徐海地区汉代城址调查简报》,《东南文化》2014年第5期;原丰、李永乐:《徐州地区汉代城址的发现与研究》,载中国社会科学院考古研究所、徐州博物馆编:《汉代陵墓考古与汉文化》,科学出版社2016年版,第76—84页。
④ 陈伟:《古徐国故城新探》,《东南文化》1995年第1期。

郦注："济水又南,迳彭城县之故城东北隅,不东过也。……济水又南,经彭城县故城东,不迳其县北也,盖《经》误证。"按：此处济泗合流,《泗水》篇云泗水"又东南过彭城县东北",《济水注》云济水"迳彭城县之故城东北隅,不东过也","济水又南,迳彭城县故城东,不迳其县北也,盖《经》误证",其所描述的济水流路与《泗水》篇经文所言该水流路并无二致,而《济水》篇经文"东过彭城县北"所言无非是《泗水》篇经文的简化而已,两者完全可以相应,郦氏强言《济水》篇经文误,实无必要。

济水流路,似应先过睢陵县北,后过徐县北而入淮,与《水经》记载有差异,待考。

11. 清水

今卫河。

11.1 清水出河内修武县之北黑山,东北过获嘉县北,又东过汲县北,又东入于河。

【释地】

11[1] 修武县 郦注有。《寰宇记》怀州修武县："高齐天保七年自今获嘉县移修武县于西修武故城。"①宋获嘉县即今址,知汉晋修武县治今获嘉县城区。今获嘉城区有两故城遗址,分别位于城关东北及西北郊南阳屯。② 按:《续汉志》河内郡修武县："故南阳,秦始皇更名。有南阳城、阳樊、攒茅田,有小修武聚,有隤城。"知修武县下别有南阳城。又,郦注："《魏土地记》曰:'修武城西北二十里有吴泽水。'"《寰宇记》怀州获嘉县："吴泽陂,在县西北一十五里。"③因此似以城区西偏南阳屯之故城遗址当南阳城,而以城区东偏之故城遗址当修武城较为妥帖。

11(1) 黑山 郦注："黑山在县北白鹿山东。"《元和志》卫州共

---

① ［宋］乐史：《太平寰宇记》卷之五十三。
② 国家文物局主编：《中国文物地图集·河南分册》,图版第 134 页、简介第 251 页。
③ ［宋］乐史：《太平寰宇记》卷之五十三。

城县：" 白鹿山在县西五十四里。"①《寰宇记》卫州共城县："白鹿山在县西北五十三里。"②白鹿山名今仍存，指今辉县市薄壁镇以北一带山地。黑山在其东而与其连麓，当指今上八里镇以北一带山地。

11[2] 获嘉县 郦注有。县治即今新乡市西南郊张固城、丁固城、李固城、唐庄一带之古城遗址。③

11[3] 汲县 郦注承经而言。《括地志》："汲故城在卫州所理汲县西南二十五里。"④唐汲县治即今卫辉市（原汲县）城区，则汉晋县治即今卫辉市孙杏村镇汲城故城遗址。⑤

11-1 河 即河水，今黄河。见1。

【考说】

由黑山所在，可知《水经》清水当取今发源于上八里镇北的石门河为源。郦注亦取此源，杨《图》即作此绘。

清水东南流经获嘉县北，"东北"是清水的整体流向，但源头段实东南流，此处《水经》微谬。

清水循今卫河流路东流，在今卫辉市以东，注入河水。

12. 沁水

今沁河。

12.1 沁水出上党涅县谒戾山，南过谷远县东，又南过猗氏县东，又南过阳阿县东。

【释地】

12[1] 涅县 《浊漳水注》有。县治在今山西武乡故城镇故城村。⑥

---

① [唐]李吉甫：《元和郡县图志》卷一六。
② [宋]乐史：《太平寰宇记》卷之五十六。
③ 张新斌：《"宁新中"地名与地望考辨》，《河南师范大学学报（哲学社会科学版）》1993年第2期。
④ [唐]李泰等著，贺次君辑校：《括地志辑校》卷二《卫州·汲县》。
⑤ 国家文物局主编：《中国文物地图集·河南分册》，图版第136—137页、简介第255—256页。
⑥ 谢鸿喜：《〈水经注〉山西资料辑释》，第147页。

12(1) 谒戾山 《元和志》沁州绵上县:"羊头山,一名谒戾山,在县东北五十里,沁水所出。"①《寰宇记》汾州平遥县:"谒戾山,在县东南五十里,一名麓台山。"②《明一统志·汾州府·山川》:"麓台山在平遥县南四十七里,一名蒙山,又名谒戾山。"谒戾山即今祁县麓台山。

12[2] 谷远县 郦注承经而言。《寰宇记》威胜军沁源县:"汉谷远县地,原属上党,旧县在今县南一百五十步。""废沁州。本阳城郡理沁源县。……谷远县今在州南一百五十步,沁源县南孤远故城是也。"③宋沁源县治即今址,则谷远县故城当在今沁源县城区南隅。

12[3] 猗氏县 郦注有。《元和志》晋州冀氏县:"后魏庄帝于猗氏城南置冀氏县。"④唐冀氏县治今安泽县冀氏镇,则猗氏故城当在其北侧,约当今寺圪塔村。

12[4] 阳阿县 郦注:"沁水南迳阳阿县故城西。《魏土地记》曰:建兴郡治阳阿县。郡西四十里有沁水南流。……沁水又东南,阳阿水左入焉。水北出阳阿川,南流迳建兴郡西,又东南流……入于沁水。"郦注言阳阿县在沁水东,与《水经》所言不同,且未明言经文误,颇为可疑。郦注在相应位置的沁水西岸对濩泽水系记载较详,但完全没有提及此处有阳阿县故城的存在;而续叙阳阿水(今泽州县长河)、阳阿川皆与阳阿县相照,知今长河上游以东必有一阳阿县,郦注前后照应,可以信从。依郦注文例,言某故城者,皆系汉晋时城,经文若有该县,则与之相应,故此阳阿县故城亦当与经文阳阿县相应,宜为汉县。《清一统志·泽州府·古迹》:"阳河故城。在凤台县西北。……《旧志》:'阳阿故城在州西北四十里大阳镇。'"其地即今泽州县大阳镇,地名、地望皆可与郦注所载阳阿故城相合,且当

---

① [唐]李吉甫:《元和郡县图志》卷一三。
② [宋]乐史:《太平寰宇记》卷之五十六。
③ [宋]乐史:《太平寰宇记》卷之五十。
④ [唐]李吉甫:《元和郡县图志》卷一二。

地有汉代遗址发现①,确可当阳阿县故城所在。

【考说】
由麓台山所在,可知《水经》沁水取今赤石桥河为源。

12.2 又南出山,过沁水县北,又东过野王县北,又东过周县北,又东过怀县之北,又东过武德县南,又东南至荥阳县北,东入于河。

【释地】
12[5] **沁水县**　郦注有。县治即今河南济源市五龙口镇王寨城遗址。②

12[6] **野王县**　郦注有。《寰宇记》怀州河内县:"古野王城。《冀州图》云:'野王城,即今怀州理也。'"③《冀州图》当是隋时图经,自隋至宋,怀州皆治河内县,即今沁阳市区,则汉晋县治亦在今沁阳市区。

12[7] **周县**　即州县,郦注有。县治即今温县武德镇州城故城。④

12[8] **怀县**　郦注承经而言。《括地志》:"故怀城在怀州武陟县西十一里。"⑤《元和志》怀州武陟县:"故怀城,在县西十一里。两汉河内郡并理之,晋移郡理野王。"⑥《寰宇记》怀州武陟县:"故怀县城……在县西十一里。"⑦唐宋武陟县治今武陟城区西南老城,其西

---

① 国家文物局主编:《中国文物地图集·山西分册》,图版第228—229页、简介第462页。
② 杨肇清:《原城考》,载《河南文物考古论集》,河南人民出版社1996年版,第226页。
③ [宋]乐史:《太平寰宇记》卷之五十三。
④ 郭建设:《焦作先秦古城考》,载《河南文物考古论集(二)》,第120—121页。
⑤ [唐]李泰等著,贺次君辑校:《括地志辑校》卷二《怀州·武陟县》。
⑥ [唐]李吉甫:《元和郡县图志》卷十六。
⑦ [宋]乐史:《太平寰宇记》卷之五十三。

十一里今大虹桥乡土城村有怀城故城遗址①,即汉晋怀县治所在。

12[9] 武德县　郦注承经而言。《元和志》怀州武陟县:"隋开皇十六年分修武县置武陟县,理武德故城,今县东二十里武德故城是也。"②《寰宇记》怀州武陟县:"隋开皇十六年分修武县置武陟县,理故城,今县东二十里武德故城是也。"③唐宋武陟县治今武陟城区西南老城,其东二十里许今有大城村,疑即武德县故城所在。

12[10] 荥阳县　见 1[41]。

12-1 河　即河水,今黄河。见 1。

第四节　河北诸水篇

13. 淇水

今淇河。

13.1 淇水出河内隆虑县西大号山。

【释地】

13[1] 隆虑县　见 15[2]。

13(1) 大号山　今山西陵川附近之太行山地,淇河发源于此。

13.2 又东过内黄县南,为白沟。屈从县东北与洹水合,又东北过馆陶县北,又东北过清渊县西,又东北过广宗县东,为清河。又东北过东武城县西,又北过广川县东,又东过脩县南,又东北过东光县西,又东北过南皮县西,又东迳浮阳县西,又东北过濊邑北,又东北过乡邑南,又东北迳穷河邑南,又东北过漂榆邑,入于海。

---

① 国家文物局主编:《中国文物地图集·河南分册》,图版第 119 页、简介第 192 页。
② [唐]李吉甫:《元和郡县图志》卷一六。
③ [宋]乐史:《太平寰宇记》卷之五十三。

【释地】

13[2] 内黄县 县治在今河南汤阴任固镇故城村。①

13-1 洹水 今洹河。

13[3] 馆陶县 郦注有。县治在今河北馆陶县城区。此地旧名南馆陶，即《清一统志》所谓"馆陶故城"所在，金以前县治皆在此。②

13[4] 清渊县 郦注有。县治在今馆陶县路桥乡清阳城。③

13[5] 广宗县 郦注有。《元和志》贝州宗城县："东北至州六十里。本后汉章帝分立广宗县……（隋）仁寿元年改宗城县。"④是唐宗城县即汉广宗县旧址。《清一统志·广平府·古迹》："《县志》：'古城在（威）县东南二十里，即故宗城也。'"唐贝州治今清河县西郊贝州城，今威县方家营镇东有"广宗故城遗址"⑤，准之地望，当即《水经》广宗县治所在。

13[6] 东武城县 郦注有。县治当在今山东武城老城镇西北十许里⑥，即今河北故城西半屯镇附近。

13[7] 广川县 郦注有。《寰宇记》冀州枣强县："按《县道记》云：'今枣强县东北十八里有广川王故城。'"⑦此即汉广川县治。宋枣强县治今枣强县王常乡旧县村，准之地望，汉广川县治当在今景县广川镇。

13[8] 脩县 郦注有。《括地志》："故蓨城俗名南条城，在观州蓨县南十二里，汉县。"⑧康熙《景州志·城池》："南条城在州城南十

---

① 张之：《黄泽与内黄》，载氏著：《安阳考释——殷、邺、安阳考证集》，新华出版社1997年版，第144—147页。
② 《大清一统志》卷一六八《东昌府·古迹》。
③ ［清］叶圭绶：《续山东考古录》卷五《东昌府·馆陶县》。
④ ［唐］李吉甫：《元和郡县图志》卷一六。
⑤ 国家文物局主编：《中国文物地图集·河北分册》，图版第389页、简介第742页。
⑥ 《续山东考古录》卷十《临清直隶州·武城县》。
⑦ ［宋］乐史：《太平寰宇记》卷之六十三。
⑧ ［唐］李泰等著，贺次君辑校：《括地志辑校》卷二《观州·蓨县》。

三里,有城址。"①此当即汉脩县治。唐景州、脩县治今景县城区,今其南十许里杜桥镇胡庄村尚有南条故城遗迹②,即《水经》脩县治所在。

13[9] 东光县 郦注有。《寰宇记》定远军东光县:"本汉旧县也。……故城在今县东二十里东光故城。"③宋东光县治即今址,今东光县找王镇南有汉代遗址④,准之地望,当即东光故城遗迹。

13[10] 南皮县 郦注有。《括地志》:"故南皮城在沧州南皮县北四里,本汉南皮县城。"⑤《寰宇记》沧州南皮县:"古皮城,在县北四里。"⑥唐宋南皮县治即今址,今南皮县北张三拨村西有汉代城址一座,当即南皮县故城。⑦

13[11] 浮阳县 郦注有。《隋志》渤海郡清池县:"旧曰浮阳,开皇十八年改。"《旧唐志》沧州清池县:"汉浮阳县,渤海郡所治,隋改为清池县。"《元和志》《寰宇记》沧州清池县下亦皆言县"本汉浮阳"⑧,是隋唐沧州州治清池县即汉浮阳县所在,其地即今沧州市旧州镇。

13[12] 灅邑 《浊漳水注》有。在今沧州市区西北郊,权定于双官亭村。(参本章末附考)

13[13] 乡邑 当在今黄骅市齐家务乡麻姑村。(参本章末附考)

13[14] 穷河邑 疑在今天津市津南区八里台镇巨葛庄村。

---

① [清]张一魁纂修:《景州志》卷一《城池》。
② 景县志编纂委员会:《景县志》,第751页。
③ [宋]乐史:《太平寰宇记》卷之六十八。
④ 国家文物局主编:《中国文物地图集·河北分册》,图版第341页、简介第635页。
⑤ [唐]李泰等著,贺次君辑校:《括地志辑校》卷二《沧州·南皮县》。
⑥ [宋]乐史:《太平寰宇记》卷之六十五。
⑦ 国家文物局主编:《中国文物地图集·河北分册》,图版第342—343页、简介第637页。
⑧ [唐]李吉甫:《元和郡县图志》卷一八;[宋]乐史:《太平寰宇记》卷之六十五。

（参本章末附考）

13[15] 漂榆邑　当即今天津市东丽区新立街道务本村之汉代故城遗址。①

14. 荡水

今汤河。

　　14.1 荡水出河内荡阴县西山东,又东北至内黄县,入于黄泽。

【释地】

14[1] 荡阴县　县治在今河南汤阴城区。

14(1) 内黄县西山　盖即今鹤壁市鹤山区山地。

14[2] 内黄县　见 13[2]。

14-1　黄泽　在今安阳县、汤阴县间之广润陂洼地。②

15. 洹水

今洹河。

　　15.1 洹水出上党泫氏县,东过隆虑县北。

【释地】

15[1] 泫氏县　《沁水注》有。县治在今山西省高平市区。③

15[2] 隆虑县　郦注承经而言。民国《林县志·城池》:"《旧志》:'古治在今治北五里。'"所指即汉隆虑故城址,在今河南省林州市区北偏、大菜园村南。④

　　15.2 又东北出山,迳邺县南,又东过内黄县北,东入于白沟。

---

①　韩嘉谷:《漂榆邑地望辨析》,《天津社会科学》1986 年第 3 期;天津市历史博物馆考古部:《天津军粮城海口汉唐遗迹调查》,《考古》1993 年第 2 期。

②　张之:《黄泽与内黄》,载氏著:《安阳考释——殷、邺、安阳考证集》,第 136—144 页。

③　《大清一统志》卷一四五《泽州府·古迹》。

④　林县志编纂委员会:《林县志》,河南人民出版社 1989 年版,第 8 页。

【释地】

15[3] 邺县　见 16[6]。

15[4] 内黄县　见 13[2]。

16. 浊漳水

今浊漳河-漳河。

16.1 浊漳水出上党长子县西发鸠山,东过其县南,屈从县东北流,又东过壶关县北,又东北过屯留县〔东,又东北过〕潞县北,又东过武安县南。

【释地】

16[1] 长子县　郦注有。县治即今山西长子丹朱镇孟家庄村之长子故城遗址。①

16(1) 发鸠山　今山名同,在今长子县西。

16[2] 壶关县　郦注:"漳水又东,冻水注之。……漳水又东北,迳壶关县故城西,又屈迳其城北。……漳水历鹿台山,与铜鞮水合。"冻水即今绛河,铜鞮水即今浊漳西源,则此壶关县故城当在今长治市郊区马厂镇境。《水经》云漳水先过壶关,再过屯留,屯留在今屯留县南(参下条),据郦氏所叙,当先过屯留,再过壶关,故郦氏于注文中明言《水经》此处记载有误("不得先壶关而后屯留也")。然,《元和志》潞州上党县:"州城,汉壶关县也。"②《寰宇记》潞州上党县同。③ 唐宋潞州治上党县在今长治市区,是以此地为汉壶关县治,其说与郦氏不同。两个壶关故城可能存在先后迁徙的关系,但《水经》所指的壶关县却无疑是在今长治市区的壶关县,如此则浊漳水先过壶关再过屯留,并不存在叙述颠倒的问题,郦氏得其一址而指《水经》为误,恐非。

16[3] 屯留县　郦注:"漳水又东迳屯留县南,又屈迳其城东,

---

① 谢鸿喜:《〈水经注〉山西资料辑释》,第137页;国家文物局主编:《中国文物地图集·山西分册》,图版第210—213页、简介第357页。
② [唐]李吉甫:《元和郡县图志》卷一五。
③ [宋]乐史:《太平寰宇记》卷之四十五。

东北流,有绛水注之。水西出谷远县东……东迳屯留县故城南……其水东北流,入于漳。……漳水又东,涷水注之。……涷水又东,迳屯留县故城北。……其水又东流,注于漳。"绛水即今岚水河,涷水即今绛河,可知屯留故城在今岚水河下游北、绛河下游南、浊漳南源西,此当是汉县故址;而"屯留县"当在今岚水河南的长子县东北境,是北魏时县。《括地志》:"屯留故城在潞州长子县东北三十里,汉屯留县,古留吁国也。"①唐长子县治即今址,今长治市屯留区李高乡古城村有古城遗址②,准之地望,疑即屯留县故城所在。

16[4]潞县　郦注承经而言。县治在今长治市潞城区辛安泉镇古城村。③

16[5]武安县　郦注承经而言。《括地志》:"武安故城在洺州武安县西南七里,六国时赵邑,汉武安县城也。"④《史记正义》:"武安故城在潞州武安县西南五十里。"⑤《元和志》磁州武安县:"武安故城在县西南五里,六国时赵邑也。"⑥《寰宇记》磁州武安县同。⑦《括地志》及《元和志》《寰宇记》所在里数相近,可视为一说。唐宋武安县治今河北省武安市区,则汉武安故城址有两说,即城西南五至七里说及城西南五十里说。今武安市西南郊有店子城址,冶陶镇固镇村有固镇城址,时代均为东周至汉,恰可与两说所载之故城对应。⑧ 两者相较,固镇城址规模更大,且其侧有面积达 1.5 万平方

---

① ［唐］李泰等著,贺次君辑校:《括地志辑校》卷二《潞州·长子县》。
② 国家文物局主编:《中国文物地图集·山西分册》,图版第 200—201 页、简介第 293 页。
③ 谢鸿喜:《〈水经注〉山西资料辑释》,第 145 页;石超艺:《〈水经·浊漳水注〉错简与脱文考》,载《历史地理》第二十辑,上海人民出版社 2004 年版,第 416 页。
④ ［唐］李泰等著,贺次君辑校:《括地志辑校》卷二《洺州·武安县》。按:校者改"七里"为"五里",不必,今仍作"七里"。
⑤ 《史记》卷五《秦本纪》"白起为武安君"《正义》。
⑥ ［唐］李吉甫:《元和郡县图志》卷一五。
⑦ ［宋］乐史:《太平寰宇记》卷之五十六。
⑧ 国家文物局主编:《中国文物地图集·河北分册》,图版第 398—399 页、简介第 773 页。

米的汉代冶铁遗址①,可以与《汉志》所载武安县"有铁官"之载相应,故判之为汉武安县故城当更为可信。

16.2 又东出山,过邺县西,又东过列人县南,又东北过斥漳县南,又东北过曲周县东,又东北过巨鹿县东,又北过堂阳县西,又东北过扶柳县北,又东北过信都县西,又东北过下博县之西,又东北过阜城县北,又东北至昌亭,与虖池河会。又东北至乐成陵县,别出北。又东北过成平县南,又东北过章武县西,又东北过平舒县南,东入海。

【释地】

16[6] 邺县　郦注有。县治即今临漳县西之邺(北)城遗址。②

16[7] 列人县　郦注有。《寰宇记》洺州肥乡县:"列人故城,在今县东北十五里,汉为县。"③宋肥乡县治即今址,其东北十三四宋里处,有村名城西,疑即因处列人故城西而得名,则列人故城当在今屯庄营乡后营村。

16[8] 斥漳县　郦注承经而言。《元和志》洺州洺水县:"西至州五十里。本汉斥漳县。……隋开皇六年,以县西近洺河,改为洺水。"④《寰宇记》洺州废洺水县:"在州西五十里。本汉斥漳县。……隋开皇六年,以平恩移入旧地,又于此立洺水县,即今县也。以西边滨洺水为称。唐会昌三年正月,并入曲周县。"⑤据郦注,斥漳城当在平恩县故城西南不远,平恩县故城当即今曲周县侯村镇西呈孟村之汉代遗址⑥,则斥漳县故城当在今曲周县南。唐宋

---

① 国家文物局主编:《中国文物地图集·河北分册》,图版第398—399页、简介第773页。
② 关于邺城遗址之研究成果较多,参中国社会科学院考古研究所等编:《邺城考古发现与研究》,文物出版社2014年版。
③ [宋]乐史:《太平寰宇记》卷之五十八。
④ [唐]李吉甫:《元和郡县图志》卷一七。
⑤ [宋]乐史:《太平寰宇记》卷之六十三。
⑥ 顺治《曲周县志》卷一《古迹》;国家文物局主编:《中国文物地图集·河北分册》,图版第408—409页、简介第817页。

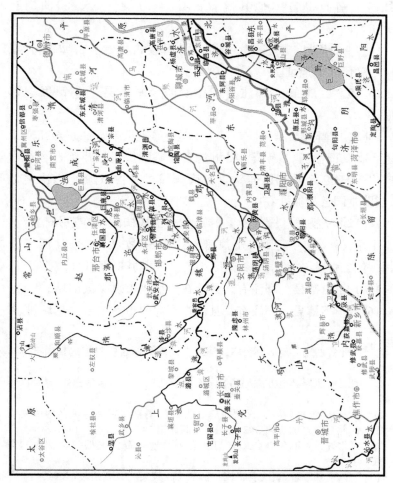

图 3　河水中下游、济水中下游、漳子河、清河流域南部诸水图

洺州治今邯郸市永年区广府镇,《元和志》所指斥漳县地望与此相符,而《寰宇记》所言殊为怪诞(所指地点是临洺县所在,且与曲周县悬远,不可能并入),不可信从。今曲周县安寨镇有南衙村,或说因在县衙之南而得名①,似其侧有古县治,颇疑即《水经》曲周县治所在。

16[9] 曲周县　郦注有。县治即今邱县古城营乡古城营村、城角村之汉代故城遗址。②

16[10] 巨鹿县　郦注有。县治即今平乡县平乡镇巨鹿郡城址。③

16[11] 堂阳县　郦注有。《元和志》冀州堂阳县:"东至州六十五里。本汉旧县。"《寰宇记》冀州堂阳县略同。唐冀州治在今衡水市冀州区旧城,今冀州区码头李镇南顾城村有古城遗址④,准之地望,当即堂阳县故城所在。

16[12] 扶柳县　郦注有。《括地志》:"扶柳故城在冀州信都县西三十里。"⑤《寰宇记》冀州信都县:"扶柳故城,在今县西三十里。"⑥准之地望,今衡水市冀州区小寨乡扶柳城村即其址。

16[13] 信都县　郦注有。县治在今衡水市冀州区旧城。⑦

16[14] 下博县　郦注有。县治在今深州市乔屯乡康王城村。⑧

---

① 河北省曲周县地名办公室:《河北省曲周县地名资料汇编》(内部本),第195页。
② 河北省曲周县地方志编纂委员会编:《曲周县志》,新华出版社1997年版,第48—49页。
③ 《大清一统志》卷三十《顺德府·古迹》;国家文物局主编:《中国文物地图集·河北分册》,图版第392—393页、简介第747页。
④ 河北省冀县地名办公室:《河北省冀县地名资料汇编》(内部本),第150—151页。
⑤ [唐]李泰等著,贺次君辑校:《括地志辑校》卷二《冀州·信都县》。
⑥ [宋]乐史:《太平寰宇记》卷之六十三。
⑦ 今此处见有汉代遗存,参国家文物局主编:《中国文物地图集·河北分册》,图版第359页、简介第667页。
⑧ 衡水地区地名办公室编:《衡水地名志》,河北省地名办公室1985年版,第283—284页。

16[15] 阜城县 郦注有。《续汉志》安平国："阜城，故昌城。"是东汉阜城县系西汉昌城县更名，与西汉阜城县不同。《寰宇记》冀州阜城县："本汉旧城也，属渤海郡，故城在今县东二十二里阜城故城是。"① 其地即今阜城县古城镇。此系西汉阜城县所在。东汉阜城县则在"堂阳县北三十里"（郦注引应劭语），即今辛集市南境。依《水经》所载漳水过地之次序，若阜城县指东汉之址，则与水过堂阳、扶柳、信都之次序相违；若指西汉之址，则与水过昌亭之次序、方位不协。不过，细玩文句，《水经》既言漳水"过堂阳县西""过扶柳县北"，又言"过阜城县北"，堂阳、扶柳两县相迩，若此阜城为东汉址，则在扶柳之北，漳水连过两县之北，似乎不太合理；而若定于西汉址，则也可勉强理解为漳水流过阜城县西北侧而至昌亭，最多是一处文句次序或个别文字的微谬而已。两相权衡，似仍以定于西汉址，即今阜城县古城镇较为合适。

16[16] 昌亭 郦注："衡漳又迳东昌县故城北，《经》所谓昌亭也，王莽之田昌也，俗名之曰东相，盖相昌声韵合，故致兹误矣。"今武邑县韩庄镇相城村西北有汉代遗址②，当即昌亭故址。③

16-1 虖池河 今滹沱河。见 21。

16[17] 乐成陵县 郦注有。县治即今献县河城街镇乐城故城遗址。④

16-2 别出北 此系漳水别渎。

16[18] 成平县 郦注有。《寰宇记》瀛州景城县："汉旧县，属渤海郡。后汉省后魏延昌二年自今县南二十里徙成平县来理之。""成平故城，汉县，在今县南二十里成平故城是也。"⑤ 宋景城县治今

---

① ［宋］乐史：《太平寰宇记》卷之六十三。
② 国家文物局主编：《中国文物地图集·河北分册》，图版第 363 页、简介第 673 页。
③ 衡水地区地名办公室编：《衡水地名志》，第 258—259 页。
④ 《大清一统志》卷二二《河间府·古迹》；《中国文物地图集·河北分册》，图版第 345 页、简介第 640 页。
⑤ ［宋］乐史：《太平寰宇记》卷之六十六。

沧县崔尔庄镇景城村,今于其南二十宋里处之泊头市齐桥镇大付村东发现战国至宋元时期遗址一处①,应即成平县故城所在。

16[19] 章武县　郦注有。县治当即今黄骅市北郊之伏漪城遗址。(参章末附考)

16[20] 平舒县　郦注有。县治当即今天津市静海区陈官屯镇西钓台村之古城遗址。(参章末附考)

17. 清漳水

今清漳河。

17.1 清漳水出上党沾县西北少山大黾谷,南过县西,又从县南屈东,过涉县西,屈从县南,东至武安县南黍窖邑,入于浊漳。

【释地】

17[1] 沾县　郦注:"今清漳出沾县故城东北,俗谓之沾山。后汉分沾县为乐平郡,治沾县。水出乐平郡沾县界。故晋《太康地记》曰:乐平县,旧名沾县,汉之故县矣。其山亦曰鹿谷山。水出大要谷,南流迳沾县故城东,不历其西也。"郦注所载之沾县故城,当在今山西昔阳西南境的清漳东源西岸。然,《元和志》太原府乐平县:"县城,即汉沾县城也,隋文帝更加修筑。"②《寰宇记》平定军乐平县同。③ 唐宋乐平县在今昔阳县城区,则两书所指之汉沾县亦在此。《水经》说清漳水出沾县西北,而"南过县西",语句连贯,方位相应,应无错字,若以今昔阳县城区准之,可以相合。④ 故颇疑《水经》沾县当在今昔阳县城区,而郦注沾县故城是沾县之别址。一种可能的情况是:东汉以沾县地设乐平郡,郡治沾县城,而改县名为乐平,复

---

① 范凤驰、郑兴广、郑凤章:《泊头历史遗迹》,东方出版社 2010 年版,第 9 页。
② [唐]李吉甫:《元和郡县图志》卷一三。
③ [宋]乐史:《太平寰宇记》卷之五十。
④ 今清漳东源发源与昔阳县城西,与"西北"稍有偏差,但属于可以接受的误差范围。

于别址另立沾县，遂使两地皆受沾县之名。

17(1) 少山　今沾岭山。

17(2) 大黾谷　今清漳东源所经谷。

17[2] 涉县　郦注承经而言。《清一统志·彰德府·古迹》："涉县故城。……《旧志》：县故城在今县西北二里。"因此《水经》涉县亦当治今涉县西北郊。

17[3] 武安县　见 16[5]。

17[4] 黍窖邑　以地望推求，邑当在浊漳、清漳汇合处附近。今两水汇合处南侧之河南省林州市任村镇古城村传为古"崇台县"城①，按史载无此县，而"崇台"与"黍窖"形近，疑黍窖邑即在此。

17-1 浊漳　即浊漳水，今浊漳河-漳河。见 16。

18. 滏水

今滏阳河。

【考说】

据《浊漳水注》，滏水当自今河北磁县南与今滏阳河流路别而东南出，至今临漳县境入漳水。

19. 洺水

今洺河。

19.1 洺水出易阳县西山。

【释地】

19[1] 易阳县　县治即今河北省邯郸市永年区西阳城乡易阳故城遗址。②

19(1) 易阳县西山　今武安市、沙河市西境山地。

【考说】

今洺河源有南洺河、北洺河两支，《浊漳水注》所见武安县在今南洺河侧，《水经》既云洺水出易阳而不言武安，则所取之源当是今

---

① 王买金：《林州地名考释》，中国文化传播出版社 2012 年版，第 4 页。
② 河北省永年县地名委员会：《永年县地名志》（内部本），第 383—384 页。

北洛河。

20. 湡水

今沙河-南澧河。

20.1 湡水出赵郡襄国县西山。

【释地】

20[1] **襄国县** 县治在今河北邢台市区。

20(1) **襄国县西山** 指今邢台市信都区西境山地，今沙河发源于此。

21. 虖池河

今滹沱河。

22. 卫水

今渭水河。

【考说】

《汉志》常山郡灵寿县：“《禹贡》卫水出东北，东入虖池。”今渭水河出灵寿县西北，东南流至县东北，又东南入滹沱河，其水名与流路皆与卫水相应，可以当之。

22.1 卫水出常山灵寿县西，东北入于滹沱河。

【释地】

22[1] **灵寿县** 《寰宇记》镇州灵寿县：“旧县城，在今县西北，即古邑城，晋移于此。”①《清一统志·正定府·古迹》：“《县志》：灵寿故城在县西北十里，今名灵寿邨。”今河北灵寿牛城乡故城村有战国至汉代城址一座，当即灵寿县故城。②

22-1 **滹沱河** 今滹沱河。见21。

【考说】

今渭水河东南流入滹沱河，参之以《汉志》所载流路，《水经》"东

---

① ［宋］乐史：《太平寰宇记》卷之六十一。
② 国家文物局主编：《中国文物地图集·河北分册》，图版第154—155页、简介第71页。

北入于滹沱河"之"东北",疑当作"东南"是。

23. 滋水

今磁河。

23.1 滋水又东至新市县,入滹沱河。

【释地】

23[1] 新市县　《寰宇记》镇州真定县:"新市故城。汉立新市县,故城在今县东北。"①《清一统志·正定府·古迹》:"《县志》:(新市故城)在(新乐)县西南四十五里新城铺。"其地即今河北正定新城铺镇。

23-1 滹沱河　今滹沱河。见21。

24. 泒河

今大沙河。

25. 恒水

今通天河。

26. 易水

今南易水河-瀑河。

26.1 易水出涿郡故安县阎乡西山,东过范阳县南,又东过容城县南。又东过安次县南,又东过泉州县南,东入于海。

【释地】

26[1] 故安县　郦注:"易水又东迳武阳城南……故燕之下都……武阳大城东南小城,即故安县之故城也。城东西二里,南北一里半。"燕下都遗址在今河北易县东南②,故安县故城在其东南隅贯城(故安城)村附近。

26[2] 阎乡　今址无确考。《水经》易水指今南易水河,则阎乡当在今易县塘湖镇、尉都乡一带。

26(1) 阎乡西山　今易县西山北乡境之山地,为南易水河发源。

---

① ［宋］乐史:《太平寰宇记》卷之六十一。
② 参河北省文物研究所编:《燕下都》,文物出版社1996年版。

26[3] 范阳县　郦注有。县治在今定兴县固城镇。①
26[4] 容城县　见 29[3]。
26[5] 安次县　见 28[4]。
26[6] 泉州县　见 32[3]。

27. 滱水

今唐河。

27.1 滱水出代郡灵丘县高氏山。东南过广昌县南，又东南过中山上曲阳县北，恒水从西来注之。

【释地】

27[1] 灵丘县　郦注有。《括地志》："灵邱故城在蔚州灵邱县东十里，汉县也。"②唐灵丘县治即今址，今山西灵丘东郊固城村有战国至汉代遗址，面积达 50 万平方米③，当即《水经》灵丘县故城所在。

27(1) 高氏山　《清一统志·大同府·山川》："翠屏山，在浑源州南七里……一名高氏山，亦作高是山。"是山即今浑源县翠屏山。

27[2] 广昌县　见 29[1]。

27[3] 上曲阳县　郦注有。《清一统志·定州直隶州·古迹》："上曲阳县故城。……《旧志》：故城在今（曲阳）县西四里，后魏移今治。"《水经》上曲阳县当亦治该址，即今曲阳县西郊。

27‑1 恒水　今通天河。见 25。

27.2 又东过唐县南。又东迳安喜县南。又东过安国县北，又东过博陵县南，又东北入于易。

【释地】

27[4] 唐县　郦注有。郦氏于此，详考唐县故城址，认为他所根据的原始材料所见"唐县故城"（今定州市唐城村）是错误的，而真

---

① 光绪《定兴县志》卷一《沿革》附《范阳故城考》。
② ［唐］李泰等著，贺次君辑校：《括地志辑校》卷二《蔚州·灵丘县》。
③ 国家文物局主编：《中国文物地图集·山西分册》，图版第 168—169 页、简介第 117 页。

第五章 河及以北诸篇地理考释 | 263

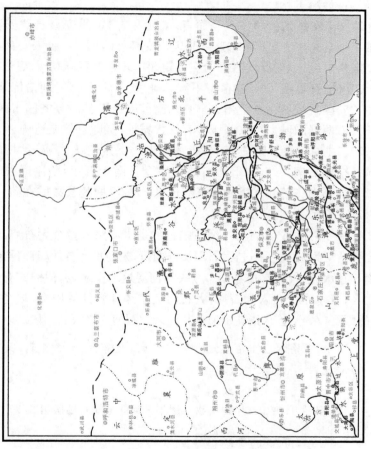

图 4 清河流域北部、鲍丘水、濡水图

正的唐县故城应该在中山卢奴城(今定州市)北七十里、尧山(今伊祁山)南五里、高昌(县)城(今唐县高昌镇)北偏西十余里、中山城(今唐县北城子)东十余里、原始材料载为望都故城之城,准之地望,此即今唐县高昌镇南固城村之汉代故城遗址①无疑。今从之,定《水经》唐县治于此。

27[5] 安喜县 郦注承经而言。《元和志》定州安喜县:"安喜故城在今县东三十里。"②《寰宇记》定州安喜县略同。③ 唐宋安喜县治今定州市区,或以汉安喜县治在今定州市东亭镇固城村④,当是。

27[6] 安国县 郦注有,但不载其确址。《后汉书·刘祐传》李贤注:"安国县故城在今定州义丰县东南。"唐义丰县治今安国市区,今安国市西安国城乡东安国城村有汉代城址,疑即县故城遗迹。⑤

27[7] 博陵县 郦注有。《清一统志·保定府·古迹》:"博陵故城。在蠡县南。……《旧志》:故城在今县南十五里,魏隋时移今治。"今蠡县南庄镇北林里村有汉代遗址⑥,疑汉博陵县故城在此。

28. 圣水

疑指今夹括河-大石河。郦注描述的圣水流路显指今大石河,而指今夹括河为防水。不过,大石河流路曲折,先经良乡县故城西,再经其南,但《水经》仅说水过县南。今夹括河源地名圣水峪,似旧亦有圣水之名,其水东流注入大石河,大石河又东经良乡县故城南,与经文合,故颇疑《水经》圣水指夹括河及其注入大石河后之大石河段。

28.1 圣水出上谷,东过良乡县南,又东过长乡县北,又东过安次县南,东入于海。

---

① 国家文物局主编:《中国文物地图集·河北分册》,图版第 312—313 页、简介第 549 页。
② [唐]李吉甫:《元和郡县图志》卷一八。
③ [宋]乐史:《太平寰宇记》卷之六十二。
④ 民国《定县志》卷二《古迹·城村》。
⑤ 国家文物局主编:《中国文物地图集·河北分册》,图版第 298—299 页、简介第 501 页。
⑥ 国家文物局主编:《中国文物地图集·河北分册》,图版第 330—331 页、简介第 617 页。

【释地】

28[1] **上谷** 即上谷郡,领域大致相当于今北京市西境及河北省张家口市东南境。

28[2] **良乡县** 郦注有。县治即今北京市房山区窦店镇窦店古城遗址。①

28[3] **长乡县** 郦注有。郦注:"《地理风俗记》:涿县东五十里有阳乡亭,后分为县。……即长乡县也。"《寰宇记》涿州固安县:"阳乡故城。汉为县,故城在今县西北二十七里是。后汉省,晋复置为长乡。……其城亦谓之长乡故城。"②汉涿县治在今河北省涿州市区,宋固安县治亦今址,准之地望,长乡故城当在今涿州市义和庄乡长安城村,"长安城"当即"长乡城"之讹。

28[4] **安次县** 郦注有。县治在今廊坊市西北郊之古县村。③ 今村北有战国至汉代城址遗迹④,当即其县故城。

【考说】

今大石河于涿州市马头镇入北拒马河,不"过长乡县北"。《水经》圣水流路当从今北京市房山区琉璃河镇路村附近与今大石河别,循今京冀界东流,再循今永定河流路东南流,约至今天津市西青区境入海。

29. 巨马河

今拒马河。

29.1 巨马河出代郡广昌县涞山,东过逎县北,又东南过容城县北,又东过渤海东平舒县北,东入于海。

【释地】

29[1] **广昌县** 郦注有。《史记正义》:"(广昌)在蔚州飞狐县

---

① 北京市文物研究所拒马河考古队:《北京市窦店古城调查与试掘报告》,《考古》1992年第8期。
② [宋]乐史:《太平寰宇记》卷之七十。
③ 《大清一统志》卷八《顺天府·古迹》。
④ 国家文物局主编:《中国文物地图集·河北分册》,图版第276—277页、简介第459页。

北七里。"①唐飞狐县在今河北涞源城区,则《水经》广昌县治当在今涞源县北郊后堡子村附近。

29(1) 涞山 指今涞源县北部山地。

29[2] 遒县 郦注有。《史记索隐》:"遒(逎)县在易州涞水县北一里,故遒城是也。"②唐涞水县治即今址,今县北郊有汉代故城遗址,应即遒县故城。③

29[3] 容城县 郦注有。县治在今容城县贾光乡城子村。④

29[4] 东平舒县 即平舒县。见 16[20]。

【考说】

今拒马河于涞水县境出山后,分为南北两支,郦注之拒马河行南支之道,此道与《水经》所载"过容城县北"道不违,当即《水经》巨马河所行。南拒马河下流入大清河,《水经》大清河河道实为易水所行经,独流入海的巨马河不得循今南拒马河-大清河一线东流,而当在今高碑店市白沟镇附近即折向东,约至今天津市西青区境入海。

30. 漯水

今桑干河-永定河。

30.1 漯水出雁门阴馆县,东北过代郡桑干县南,又东过涿鹿县北。

【释地】

30[1] 阴馆县 县治即今山西省朔州市朔城区滋润乡夏关城村之故城遗址。⑤

30[2] 桑干县 县治即今河北阳原县辛堡乡龙凤坡村之黄土

---

① 《史记》卷九五《樊哙传》"破得綦毋卬、尹潘军于无终、广昌"《正义》。
② 《史记》卷二八《封禅书》"鸣泽"《索隐》。
③ 国家文物局主编:《中国文物地图集·河北分册》,图版第 318—319 页、简介第 585 页。
④ 《大清一统志》卷一四《保定府·古迹》。
⑤ 祝培坤、王仁康:《山西部分县的沿革及县治变迁考》,《地名知识》1981 年第 4、5 期;孙靖国:《晋冀北部地区汉代城市分布的地理特征》,《中国社会科学院历史研究所学刊》第七集,商务印书馆 2011 年版,第 199—236 页。

城遗址。①

30[3] 涿鹿县　县治即今涿鹿县矾山镇三堡村北之"黄帝城"遗址。②

【考说】

㶟水在今北京市西出山之前，由于地形所限，大致循今桑干河流路而流。郦注："㶟水又东北，迳桑干县故城西，又屈迳其城北。……《经》言出南，非也，盖误证也。"王守春认为，在今桑干河与《水经》及郦注所载此段㶟水相应的河段，流经地貌为一相对沉陷盆地，其中历史时期的桑干河流路可能并不稳定，《水经》及郦注时代河道可能产生变迁，自县南徙县北而流，郦氏误指《水经》之非。③ 然而，王氏并未注意到桑干县故城所在地之具体地形。今按：郦注载有桑干县故城，即今河北阳原县辛堡乡龙凤坡村之黄土城遗址，此即《水经》桑干县治所在。此遗址位于桑干河南阶地之上，其西复有山地屏障，桑干河绝无可能改道越其南而流。因此，此处郦氏辨《水经》之非应是正确的。

30.2　又东南出山，过广阳蓟县北，又东过渔阳雍奴县西，入笥沟。

【释地】

30[4] 蓟县　县治在今北京市区西南。其具体地点有争议，但大致定在今西城区南部应无问题。④

30[5] 雍奴县　郦注承经而言。由史籍所载相关方位可知，雍

---

① 常文鹏：《代郡桑干城考》，《河北北方学院学报（社会科学版）》2010年第1期。

② 刘建华：《张家口地区战国时期古城址调查发现与研究》，《文物春秋》1993年第4期；孙靖国：《晋冀北部地区汉代城市分布的地理特征》，载《中国社会科学院历史研究所学刊》第七集，第199—236页。

③ 王守春：《〈水经注〉中〈注〉否〈经〉之研究》，载《历史地理》第十四辑，第259—269页。

④ 参张振松：《汉代蓟城考》，载周正义主编：《北京地区汉代城址的调查与研究》，燕山出版社2009年版，第313—328页。

奴故城只能在今天津市武清区西北,而且北去北京市通州区潞城镇(汉潞县)大约一百(汉)里。① 《清一统志·顺天府·古迹》:"雍奴故城。……《县志》:故城在今县东邱家庄南,东距白河七十里。"其地与上述条件相符,应可信从。此即今天津市武清区白古屯镇邱古庄南之大台子城址。②

30-1 笥沟 沽河下游一段之别称。见 32。

【考说】

郦注:"灅水又东北,迳蓟县故城南。《魏土地记》曰:蓟城南七里有清泉河。而不迳其北,盖《经》误证矣。"但其实郦氏此处驳经有误,《水经》时期的灅水河道与郦注时期不同,其流路相当于《灅水注》及《鲍丘水注》中所见的高梁河,自今永定河出山处东出,东南斜穿今北京市中心城区而流③,至今京、津、冀交界处附近入笥沟。

31. 㶟余水

今关沟-北沙河-温榆河。

31.1 㶟余水出上谷居庸关东,又东流过军都县南,又东流过蓟县北,又北屈东南至狐奴县西,入于沽河。

【释地】

31[1] 居庸关 当即今北京市昌平区居庸关。

31[2] 军都县 县治即今北京市昌平区马池口镇土城村军都故城遗址。④

31[3] 蓟县 见 30[4]。

31[4] 狐奴县 县治当在今北京市顺义区北小营镇北府村。⑤

---

① 参张传玺:《从鲜于璜籍贯说到两汉雍奴故城》,原载《环境变迁研究》第一辑,今据作者文集《秦汉问题研究》,北京大学出版社 1995 年版,第 313—321 页。
② 国家文物局主编:《中国文物地图集·天津分册》,图版第 88—89 页、简介第 98 页。
③ 吴文涛:《戾陵堰、车箱渠所在位置及相关地物考辨》,《北京社会科学》2012 年第 5 期。
④ 周正义主编:《北京地区汉代城址的调查与研究》,第 70—80 页。
⑤ 周正义主编:《北京地区汉代城址的调查与研究》,第 211—215 页。

31-1　沽河　今白河。见 32。

【考说】

温榆河之"温榆"即"灅余"之讹变。

灅余水大致循今温榆河流路东南流,至今首都机场附近入沽河。

32. 沽河

今白河。

32.1 沽河从塞外来,南过渔阳狐奴县北,西南与灅余水合,为潞河。又东南至雍奴县西,为笥沟。又东南至泉州县,与清河合,东入于海。清河者,派河尾也。

【释地】

32[1] 狐奴县　见 31[4]。

32-1　灅余水　今温榆河。见 31。

32[2] 雍奴县　见 30[5]。

32[3] 泉州县　县治即今天津市武清区黄庄街道城上村泉州故城遗址。①

32-2　清河　即淇水。见 13。

【考说】

沽河于今密云水库以下,沿今溪翁庄至怀柔的白河故道而流,在今顺义以北折向西南,于今首都机场附近会灅余水,东南流至今京、津、冀交界处会灅水,又南流经今天津市武清区西境,折东南至今天津市中心城区会清河,大致循今海河流路入海。

33. 鲍丘水

今潮河。

33.1 鲍丘水从塞外来,南过渔阳县东,又南过潞县西,又南至雍奴县北,屈东入于海。

【释地】

33[1] 渔阳县　郦注有。县治在今北京市怀柔区北房镇梨园

---

① 韩嘉谷:《天津平原的西汉县治和相关历史》,《天津社会科学》1983 年第 4 期。

庄村东。①

33[2] 潞县 郦注有。县治当即今北京市通州区潞城镇古城村之汉代故城遗址。②

33[3] 雍奴县 见 30[5]。

【考说】

鲍丘水在今密云水库以下，大致循今潮白河河道南出，经今顺义城区东，至今通州城区，又东南流至今天津市武清区西北而折东入海。郦注云鲍丘水尝于今通州北与沽河合流，然《水经》中不见此迹象，当是因水道有所变迁。

今潮河流经潞县故城东，与《水经》载鲍丘水流经潞县西不同，待考。

34. 濡水

今滦河。

34.1 濡水从塞外来，东南过辽西令支县北，又东南过海阳县西，南入于海。

【释地】

34[1] 令支县 郦注有。据郦注，令支故城当在海阳城（今河北滦南马城镇，参下条）北六十里之濡水西岸，其地约在当今河北省滦州市油榨镇北。今油榨镇侯庄村西有汉代遗址一座，面积约 1.5 万平方米③，今权以之当之。

34[2] 海阳县 郦注有。《旧唐志》:"平州马城县，古海阳城也。"唐马城县治当在今滦南县马城镇，则《水经》海阳县亦当治于此。

---

① 周正义主编:《北京地区汉代城址的调查与研究》，第 142—147 页。
② [清]刘锡信:《潞城考古录》卷上《潞县故城考》，《丛书集成初编》；周正义主编:《北京地区汉代城址的调查与研究》，第 218—223 页；北京市文物研究所、通州区文化委员会:《北京城市副中心的"金名片"——通州汉代路县故城遗址考古发掘取得重大收获》，《中国文物报》2017 年 2 月 28 日第 3 版。
③ 国家文物局主编:《中国文物地图集·河北分册》，图版第 266—267 页、简介第 428 页。

【考说】

今滦河流经滦南县马城镇东,与《水经》载濡水经海阳县西有差异,待考。

35. 大辽水

今辽河。

35.1 大辽水出塞外卫皋山,东南入塞,过辽东襄平县西,又东南过房县西,又东过安市县西,南入于海。

【释地】

35(1) 卫皋山 今辽河发源于七老图山,或即卫皋山所指。

35[1] 襄平县 郦注有。县治在今辽宁省辽阳市区。①

35[2] 房县 郦注承经而言。据经文,县在辽水东岸;据郦注,则渝水(今大凌河)于县境汇入辽水,若郦注所载无误,由于医无闾山的阻隔,渝水汇入辽河之处必须在辽河下游,距入海处不远。参之以辽队、安市两县位置(并参下),可判断房县约在今大辽河东岸之海城市境中部。②

35[3] 安市县 据《水经》所示大辽水与安市县之相对位置,参之以古辽水入海口较今偏北之事实,可判断安市县约在今海城市境。玩《水经》文义,似安市城不当距辽水太远,今海城市感王镇东上夹村有汉代故城遗址③,地望甚合,疑即安市县故城。

36. 小辽水

今浑河。

36.1 又玄菟高句丽县有辽山,小辽水所出,西南至辽隧县,

---

① 张锡彤、王钟翰、贾敬颜等:《〈中国历史地图集〉释文汇编·东北卷》,中央民族学院出版社 1988 年版,第 8 页。

② 《中国历史地图集》释文以县在辽水西岸,《水经》误(张锡彤、王钟翰、贾敬颜等:《〈中国历史地图集〉释文汇编·东北卷》,第 9—10 页)。然证据不足,兹不从。

③ 国家文物局主编:《中国文物地图集·辽宁分册》,图版第 126—127 页、简介 103 页。

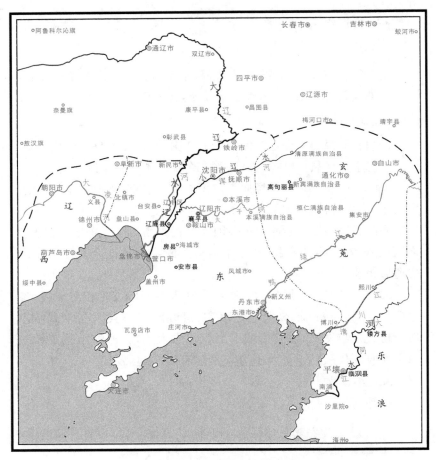

图5 大辽水、小辽水、浿水图

入于大辽水也。

【释地】

36[1]高句丽县 郦注承经而言。按：两汉高句丽县三迁，先后治于今新宾满族自治县红升乡白旗村之白旗城址、今辽宁新宾永陵镇之永陵南城址及今沈阳市东陵街道上伯官村之上伯官城址。① 小辽水发源地于东汉中叶以后（即第三址存在时期）为徼外，故《水经》高句丽县只可能就前两址而言。两者相较，第一址存于西汉中叶，时间似太早，故兹以第二址为《水经》高句丽县治所在。

36[2]辽隧县 郦注有。县治疑在今海城市高坨镇附近。②

37．浿水

今大同江。

37.1 浿水出乐浪镂方县，东南过临浿县，东入于海。

【释地】

37[1]镂方县 今址无确考，当在今朝鲜大同江（《水经》浿水）上游。

37[2]临浿县 今址无确考，当在今大同江中下游。

【考说】

关于《水经》浿水所指，学界有争议，今从朝鲜学者丁若镛之说。③

《水经》称浿水"东入海"，误。朝鲜半岛西侧诸水皆西流入海，此处《水经》系从《说文》而误。④

---

① 张锡彤、王钟翰、贾敬颜等：《〈中国历史地图集〉释文汇编·东北卷》，第19—20页；国家文物局主编：《中国文物地图集·辽宁分册》，图版第102—103、132—133页、简介第21、133页。

② 张锡彤、王钟翰、贾敬颜等：《〈中国历史地图集〉释文汇编·东北卷》，第10页。

③ 参[朝]丁若镛：《浿水辩》，《与犹堂全书》第六集《地理集》卷三《疆域考》，新朝鲜社1936年版。

④ 陈桥驿：《〈水经·浿水篇〉笺校》，原载《韩国研究》第二辑，此据作者文集《水经注研究四集》。

(附考)

今天津、沧州一带《水经》及郦注水地考

为方便叙述,兹先将《水经》及郦注中的相关文字条列于下。以数字"1"表示《淇水》篇,数字"2"表示《浊漳水》篇,其后依次列经文(如 1.1、1.2)及其下之郦注文字(如 1.1.1)。

1.1 (清河)又东北过南皮县西。

1.1.1 清河又北,迳北皮城东,左会漳沱别河故渎,谓之合口,故谓之合城也。《地理风俗记》曰:南皮城北五十里有北皮城,即是城矣。

1.2 (清河)又东北迳浮阳县西。

1.2.1 清河东北流,浮水故渎出焉。按《史记》:赵之南界,有浮水出焉。浮水在南,而此有浮阳之称者,盖浮水出入津流,同逆混并,清漳二渎,河之旧道,浮水故迹,又自斯别,是县有浮阳之名也。首受清河于县界,东北迳高成县之苑乡城北,又东迳章武县之故城北。……浮水故渎又东迳篋山北。《魏土地记》曰:高成东北五十里有篋山,长七里。浮渎又东北,迳柳县故城南。……《地理风俗记》曰:高成县东北五十里有柳亭,故县也。……浮渎又东北,迳汉武帝望海台,又东注于海。

1.2.2 清河又北,分为二渎,枝分东出,又谓之浮渎。

1.2.3 清河又北,迳浮阳县故城西……又东北,漳沱别渎注焉,谓之合口也。

1.3 又东北过濊邑北。

1.3.1 濊水出焉。

1.4 又东北过乡邑南。

1.4.1 清河又东,分为二水,枝津右出焉。东迳汉武帝故台北。《魏土地记》曰:章武县东百里,有武帝台。南北有二台,相去六十里,基高六十丈。……又东注于海。

1.4.2 清河又东北,迳纻姑邑南,俗谓之新城,非也。

1.5　又东北迳穷河邑南。

1.5.1　清河又东北,迳穷河邑南,俗谓之三女城,非也。东北至泉州县,北入滹沱水。《经》曰:笥沟东南至泉州县,与清河合,自下为派河尾也。

1.6　又东北过漂榆邑,入于海。

1.6.1　清河又东,迳漂榆邑故城南,俗谓之角飞城。……清河自是入于海。

2.1　又东北过成平县南。

2.1.1　衡漳又东,左会滹沱别河故渎,又东北入清河,谓之合口。

2.1.2　又迳南皮县之北皮亭,而东北迳浮阳县西,东北注也。

2.2　又东北过章武县西,又东北过平舒县南,东入海。

2.2.1　清、漳迳章武县故城西,故濊邑也。枝渎出焉,谓之濊水。东北迳参户亭,分为二渎。应劭曰:平舒县西南五十里有参户亭,故县也。世谓之平虏城。枝水又东注,谓之蔡伏沟,又东,积而为淀。一水迳亭北,又迳东平舒县故城南。……又东北,分为二水。一水右出为淀,一水北注滹沱,谓之濊口。清漳乱流,而东注于海。

北皮亭与合口　据1.1.1与2.1.1,衡漳(浊漳水)纳滹沱别河故渎之后,受滹沱别河之名,与清河会于合口。合口西侧有北皮亭,又名合城。北皮亭的位置在"南皮城北五十里",南皮城在今河北南皮北古皮城,则北皮亭应当在今沧州市区迤西一带。据2.2.1,自清、漳汇合之后之水分出之濊水"东北迳参户亭",参户亭在今青县木门店镇①,则北皮亭的位置不应当太靠东,应在参

---

① 韩嘉谷:《〈水经注〉和天津地理》,载《历史地理》第二十一辑,上海人民出版社2006年版,第384—399页。

户亭的偏西南方位。综上,亭址应在今沧县崔尔庄镇东,则合口应在今沧州市西侧。

浮水故渎 据 1.2.1,浮水故渎自今沧州市西东出,东流经沧县旧州镇(浮阳县故城)南、海兴县小山乡(柳县故城)南而东流入海。1.2.2 之浮渎,可能与此故渎是同一条水,或者其分清河处较故渎稍北,而东流与故渎合,故 1.2.1 亦称故渎为浮渎。

滹沱别渎 系滹沱河之枝分,自西来,汇清河于今沧州市西。

减水与减邑 据 1.2 下郦注,清、漳交汇后尚北流了一段才分出减水,故分水之处最南也应在今沧州市西北。而据 2.2.1,减水流经参户亭,知分水之处又不可能太靠北。分水之处也就是减邑所在,今权定于沧州市西北郊的双官亭。清河(漳水)枝分为二,其一为干流,其一为减水。据 1.4.1 及 2.2.1,清、漳干流有东出之分流直接入海,而减水之东出分流仅仅是"积而为淀",其干流则北入滹沱水,由此可知清、漳干流在东,而减水在西。减水枝分之处,就在今青县木门店附近,其东出之蔡伏沟,当大致循今子牙新河东流不远而成湖泽;其干流东北流,大致循今青县东境、天津静海县东境,东北至今天津市区东南注入海河。在今天津市区南,尚有分流东出为淀,大约在今鸭淀附近。

清河枝津与武帝台 据 1.2.1,浮水故渎过"汉武帝望海台";据 1.4.1,清河东出之枝津迳"汉武帝故台"北,且汉武帝台实有二,南北相距六十里。今黄骅市中捷农场武帝台有汉代土台遗址①,此地在浮水故渎尾闾以北,距离尚远,故应是清河枝津所过之北台,而浮水故渎所过系南台,当在今海兴县东。由此,据地理形势推知,清河枝津当在今沧州市区北与干流别而东流,而清河干流自东北流。

乡邑 杨守敬疑 1.4.2 之纻姑邑即乡邑,以"纻(紵)""乡

---

① 天津市文化局考古发掘队:《渤海湾西岸古文化遗址调查》,《考古》1965 年第 2 期。

(鄉)"两字形近也(《水经注疏》),所言甚是,否则郦注于乡邑无说,而言纻姑邑显得颇为唐突,并不合理。韩嘉谷注意到了今黄骅市齐家务乡之麻姑村名与"纻姑邑"之语义联系,惜由于韩氏于水道失考,不能确认其地即纻姑邑之所在。①《寰宇记》沧州废乾符县:"麻姑城。《郡国志》云,即汉武东巡至此,祀麻姑,故有此名。"②城当即在今麻姑村,可知村旧有城,且时代可上溯至汉。此地适当清河干流东北流之侧,完全可当纻姑邑、亦即乡邑之所在。

穷河邑 据 1.5、1.6,清河干流仍东北流向漂榆邑(今天津市东丽区新立街道务本村),则穷河邑当在今天津市区南,最可能在津南区西境。今津南区八里台镇巨葛庄村有战国至汉代遗址一座③,疑即穷河邑故址。

《水经》章武县 郦注以濊邑释章武,是判《淇水》篇之"濊邑"即《浊漳水》篇之"章武县"。如此于水道自不相违,但就《水经》文本本身而言,似乎没有在不同篇举某城之异名的必要,这样只是徒增阅读困难而已,故郦氏的判断其实未必准确。其实,由濊邑之称"邑"可知,虽然濊邑曾为章武县故城,但濊邑之仅为邑时,章武县治必在别处,即《水经》所指之章武县。据考古资料,此章武县治应即今黄骅市北郊之伏漪城遗址。④

《水经》平舒县 两汉县治所在不同。西汉县治当即今天津市静海区陈官屯镇西钓台村之战国至西汉时期遗址。⑤ 据 2.2.1,

---

① 韩嘉谷:《〈水经注〉和天津地理》,载《历史地理》第二十一辑,第 384—399 页。
② [宋]乐史:《太平寰宇记》卷之六十五。
③ 天津市文化局考古发掘队:《天津南郊巨葛庄战国遗址和墓葬》,《考古》1965 年第 1 期。
④ 天津市文化局考古发掘队:《渤海湾西岸古文化遗址调查》,《考古》1965 年第 2 期;韩嘉谷:《天津平原的西汉县治和相关历史》,《天津社会科学》1983 年第 4 期。
⑤ 华向荣、刘幼铮:《静海县西钓台古城址的调查与考证》,《天津社会科学》1983 年第 4 期;韩嘉谷:《〈水经注〉和天津地理》,载《历史地理》第二十一辑,第 384—399 页。

东汉县治在参户亭(今青县木门店)东北五十里,似当在今青县马厂镇王维屯、东姚庄一带。① 据 2.2,漳水先过章武县西再过平舒县南,两汉平舒县址皆在章武之西北,若所指为位于章武县西北偏西的东汉平舒县,则漳水似应先过平舒南,再至章武西。故疑此处所指当是距离较远、位于章武县西北偏北方向的西汉平舒县。

---

① 王维屯、东姚庄皆有战国至汉代遗址,参国家文物局主编:《中国文物地图集·河北分册》,图版第 337 页、简介第 630 页。

第六章 江河之间诸篇地理考释

第一节 伊洛诸水篇

38. 洛水

今洛河。

38.1 洛水出京兆上洛县讙举山,东北过卢氏县南,又东北过蠡城邑之南,又东过阳市邑南,又东北过于父邑之南,又东北过宜阳县南,又东北出散关南。

【释地】

38[1] 上洛县 见53[1]。

38(1) 讙举山 见于《山经》,谓为洛水所出。《汉志》弘农郡上雒县:"熊耳获舆山在东北。"胡渭云:"'讙举'疑是'获舆'之误。"按,言误则未必,不过"讙举""获舆"所指确应为一。《禹贡》:"导洛自熊耳。"《汉志》盖概《禹贡》《山经》之言,以熊耳、讙举为"熊耳获舆"一山。郦注:"(获)水南出获舆山,俗谓之备水也,东北迳获舆川,世名之为却川,东北流注于洛。洛水又东,迳熊耳山北。"依水流方向及与郦注前后所载河流相对位置可知,获水应即今洛南县东之兰草河,则获舆山、熊耳山为今陕西洛南、丹凤与河南卢氏三县交界处之蟒岭山脉,此山正在上雒县故城东北,与《汉志》合。虽以上诸山名之写法、断法都有混乱之处,但约略而言,以蟒岭当讙举山,当不致大谬。

38[2] **卢氏县** 郦注有。今河南卢氏县城关卢氏故城遗址。①

38[3] **蠡城邑** 郦注:"城西有坞水,出北四里山上,原高二十五丈,故黾池县治。南对金门坞,水南五里,旧宜阳县治也。"据之,蠡城邑当临侧洛水,而在坞水之西。据郦注所载前后河流相对位置,坞水当指今洛宁县西郊之嶕峣涧,此水两侧今尚有地名坞东、坞西。《寰宇记》河南府渑池县:"按《四夷郡国县道记》云:'汉渑池城,当与渑池水源南北相对,曹魏移于今福昌县西六十五里蠡城。'"②唐福昌县治今宜阳县韩城镇福昌村(参下条),今洛宁县西郊正当其西六十五里许,其地海拔约三百四十米,北侧山原海拔约四百米,高差约六十米,适当二十五丈。③ 因此,今王范镇坞东村一带即蠡城邑所在。

38[4] **阳市邑** 郦注:"(昌涧)水出西北宜阳山,而东南流迳宜阳故郡南,旧阳市邑也。"光绪《宜阳县志·舆地》:"城西八十里三乡镇东即昌谷水。"是昌涧水即今洛宁县东、宜阳县西之连昌河。今连昌河北有地名城村,疑即阳市邑所在。

38[5] **于父邑** 郦注:"洛水又东迳一全坞南,城在川北原上,高二十丈,南、北、东三箱,天险峭绝,惟筑西面,即为全固,'一全'之名,起于是矣。……故于父邑也。"《元和志》河南府福昌县:"今县城即魏一全坞,城东南北三面天险峭绝。"④唐福昌县治今宜阳县韩城镇福昌村,村北原上尚有故城遗址⑤,金线河(据河流相对位置,可当郦注杜阳涧水)自其北东流,折南入洛,东、北以金线河为堑,而南临洛河川地,与一全坞形势合,当即于父邑所在。

---

① 国家文物局主编:《中国文物地图集·河南分册》,图版第 170—171 页、简介第 362 页。

② [宋]乐史:《太平寰宇记》卷之五。

③ 魏晋南北朝时期 1 尺约当 0.24 米(吴承洛:《中国度量衡史》,商务印书馆 1957 年版,第 54 页),25 丈正当 60 米。

④ [唐]李吉甫:《元和郡县图志》卷五。

⑤ 宜阳县地方史志办公室:《宜阳县文物志》,中州古籍出版社 2001 年版,第 31 页。

38[6] 宜阳县 今宜阳县韩城镇宜阳故城遗址。①

38[7] 散关 郦注:"洛水又东,枝渎左出焉,东出关,绝惠水。……洛水自枝渎又东出关,惠水右注之,世谓之'八关水'……即《经》所谓'散关'。鄣自南山,横洛水,北属于河,皆关塞也,即杨仆家僮所筑矣。"惠水即今宜阳县东浸玉河,河西牌窑村西有八关城遗址②,即散关所在。《谷水注》:"汉元鼎三年,楼船将军杨仆数有大功,耻居关外,请以家僮七百人筑塞徙关于新安。"所言即《汉书·武帝纪》所载"徙函谷关于新安"事。新函谷关在今新安县东,恰在八关城之正北,可连成一线。虽然杨仆筑关事有可疑③,但依然可以说散关与新函谷关实是一套体系,其修筑是汉武帝"广关"的举措之一。

38.2 又东北过河南县南,又东过洛阳县南,伊水从西来注之。又东过偃师县南,又东北过巩县东,又北入于河。

【释地】

38[8] 河南县 县治即今洛阳市西工区王城公园一带之河南县故城遗址。④

38[9] 洛阳县 县治即今洛阳市东汉魏洛阳故城。⑤

38-1 伊水 今伊河。见39。

---

① 参赵安杰:《战国宜阳故城调查简报》,《中原文物》1988年第3期;宜阳县地方史志办公室:《韩都宜阳故城及相关问题》,载《宜阳县文物志》,第164—181页;洛阳市文物管理局编著:《洛阳大遗址研究与保护》,文物出版社2009年版,第101—102页。

② 宜阳县地方史志办公室:《宜阳县文物志》,第31页。

③ 参辛德勇:《汉武帝"广关"与西汉前期地域控制的变迁》,《中国历史地理论丛》2008年第2期。

④ 郭宝钧:《洛阳古城勘察简报》,《考古通讯》1955年第1期;考古研究所洛阳发掘队:《一九五四年秋季洛阳西郊发掘简报》,《考古通讯》1955年第5期;郭宝钧:《洛阳西郊汉代居住遗迹》,《考古通讯》1956年第1期。

⑤ 关于汉魏洛阳故城的研究成果较多,参洛阳市文物局、洛阳市白马寺汉魏故城文物保管所:《汉魏洛阳故城研究》,科学出版社2000年版;段鹏琦:《汉魏洛阳故城》,文物出版社2009年版。

38[10] 偃师县 县治即今偃师市东偃师老城。据郦注，洛水东流，南纳合水，又东"直偃师故县南，与缑氏分水。又东，休水自南注之"，合水即今浏涧河，休水即今干沟河，偃师老城正在两水汇入古洛水处北侧。

38[11] 巩县 县治即今巩义市西郊康北古城址。此城址中有战国、汉代遗存，据传为东周公所居城①，即汉代巩县城，地望亦与郦注所载"巩县故城"及《水经》"巩县"合。

38-2 河 即河水，今黄河。见1。

39. 伊水

今伊河。

39.1 伊水出南阳鲁阳县西荀渠山，东北过郭落山，又东北过陆浑县南，又东北过新城县南，又东北过伊阙中。

【释地】

39[1] 鲁阳县 见83[1]。

39(1) 荀渠山 《洛水注》："洛水迳陨渠关北，陨渠水出南陨渠山，即荀渠山也。"准之地望，陨水当即今卢氏县南之卜象河，其源出熊耳山，与伊水源东西相对。《汉志》卢氏县："熊耳山在东，伊水出，东北入雒。"是荀渠山当即今熊耳山一带山地。附带一提，《山经》云伊水出蔓渠山，"蔓""荀"音形并近，所指为一，《山经》《水经》所言洛水所出之谨举山与伊水所出之蔓（荀）渠山古音近同，参以《禹贡》《汉志》两水出熊耳之载，知上古时期，今蟒岭-熊耳山一带山地被视为一个整体，伊洛两水出于其中，所出山岭并不细分，至后世山地得以开发，世人对两水源头认识加深，则将原有记载之山名加以离析、异写、实指，其记载河流所出之文本虽与旧籍无大异，而其所指已颇有不同——《水经》与《山经》文本虽近，但所指之山名不可简单等同，伊洛如此，他水亦然。

---

① 国家文物局主编：《中国文物地图集·河南分册》，图版第68—69页、简介第35页。

39(2) 郭落山　今遏遇岭。乾隆《河南府志·山川志》："按阳山即郭落山,东西盘亘且有百里。"其所谓"东西盘亘"者即今遏遇岭。

39[2] 陆浑县　县治即今宜阳县白杨镇南留村南留古城。①

39[3] 新城县　县治即今伊川县平等乡古城村新城故城。②

39(3) 伊阙　即今洛阳市南香山、龙门山间伊水所过之处,仍名伊阙,亦名龙门。

39.2 又东北至洛阳县南,北入于洛。

【释地】

39[4] 洛阳县　见38[9]。

39-1 洛　即洛水,今洛河。见38。

40. 瀍水

今瀍河。

40.1 瀍水出河南谷城县北山,东与千金渠合,又东过洛阳县南,又东过偃师县,又东入于洛。

【释地】

40[1] 谷城县　见42[2]。

40(1) 谷城县北山　今瀍河出北邙山西段,正在谷城县之北。按:瀍水甚短,古今取源不会存在大的差异,则今北邙山西段即谷城县北山之所指。

40-1 千金渠　此处指由千金堨东流的谷水。

40[2] 洛阳县　见38[9]。

40[3] 偃师县　见38[10]。

40-2 洛　即洛水,今洛河。见38。

---

①　洛阳市文物考古研究院:《河南省宜阳县南留古城东城墙发掘简报》,《洛阳考古》2017年第4期。

②　国家文物局主编:《中国文物地图集·河南分册》,图版第106—107页、简介第143页。

41. 涧水

疑即今磁河。

41.1 涧水出新安县南白石山,东南入于洛。

【释地】

41[1] 新安县　县治即今义马市南郊石河村新安故城。①

41(1) 白石山　今渑池县南山地。

41-1 洛　即洛水,今洛河。见38。

【考说】

郦注即已不明《水经》涧水所指,而举数涧水以并陈,但皆以为谷水支流。汉代以前的典籍中对"涧水"有不同记载,所指河流不一,但都在今涧河流域。②《水经》涧水应亦在今涧河流域,据其发源地及流向,宜以今磁河当之,亦即郦注所云别名"慈涧"之水。所谓"东南入于洛"则应是指与谷水合流后的河段。

42. 谷水

今涧河。

42.1 谷水出弘农黾池县南墦冢林谷阳谷,东北过谷城县北,又东过河南县北,东南入于洛。

【释地】

42[1] 黾池县　《寰宇记》河南府渑池县:"今县西十三里即秦、赵所会,城犹存。汉为县理于此城西三里,今无基迹。……《周地图记》曰:'魏贾逵为令时,县理蠡城。'……大统十一年又移于今县西十三里故渑池县为理。"曹魏黾池徙治蠡城邑(参38[3]),则《水经》渑池县必就汉旧址而言。唐宋渑池县即今址,则汉黾池在其西十六里(《寰宇记》所言"县西十三里故渑池县"当系概言,即将前述秦、赵

---

①　国家文物局主编:《中国文物地图集·河南分册》,图版第172—173页、简介第369页;三门峡市文化志编纂委员会编:《三门峡市文化志》,中州古籍出版社2007年版,第514—515页。

②　杨萧杨:《〈山海经·中山经〉河洛地区山川考述》,《历史地理研究》2020年第1期。

所会城及其侧之汉县视为一整体），此处之朱城村有故城遗址，可以当之。①

42(1) 墦冢林 今址无确考，大致在今渑池县西南。

42(2) 谷阳谷 今涧河发源之山谷。

42[2] 谷城县 《寰宇记》河南府河南县："故谷城，在县西北。古谷城即周所置，在谷水之东岸，西晋省并入河南，故有城存。北齐天保中常山王演使裨将严略增筑以拒周，俗亦谓之严城。……隋大业二年又于此置青城宫，北隔苑城，与榆林店相对。"《河南志·隋城阙古迹》："青城宫。北齐天保五年，常山王演所筑，以拒周师，使其将严似略守之，亦号严城。炀帝因其城造宫。至宝城门七里。韦述云：古谷城也。"知谷城县治后为隋青城宫所在。《大业杂记》："出宝城门西行七里，至青城宫。"②隋宝城门即唐嘉豫门，在隋唐宫城西侧第二隔城西墙中段，正对已经发掘的阊阖门③，其具体位置应在今洛阳市西工区唐宫中路以北、光华路以东。《史记正义》引《括地志》云："故谷城在洛州河南县西北十八里苑中。"④隋唐河南县治宽政坊⑤，在今洛阳南郊董庄村附近⑥。以谷城故城与宝城门、河南县治所在之相对位置推之，可知其城在今洛阳市西北郊五女冢村附近。又，出土于洛阳市西北郊东陡沟村的北魏《苟景墓志》载，苟景墓"当谷城之北"，亦可为确定谷城县地望之参证。⑦

42[3] 河南县 见 38[8]。

---

① 国家文物局主编：《中国文物地图集·河南分册》，图版第 172—173 页、简介第 372 页。按：《文物地图集》将此城判为秦赵相会之俱利城，然不符《寰宇记》所载之里距，当非。

② [唐]杜宝：《大业杂记辑校》。

③ 杨焕新：《略谈隋唐东都宫城、皇城和东城的几个问题》，载《汉唐与边疆考古研究》第一辑，科学出版社 1994 年版，第 146—147 页。

④ 《史记》卷四《周本纪》"秦庄襄王灭东周"《正义》。

⑤ [唐]李吉甫：《元和郡县图志》卷五。

⑥ 中国社会科学院考古研究所洛阳工作队："隋唐东都城址的勘查和发掘"续记），《考古》1978 年第 6 期。

⑦ 陈长安：《邙山北魏墓志中的洛阳地名及相关问题》，《中原文物》1987 年特刊（总第 7 期）。

【考说】

今涧河经河南县故城西,南流入洛。《水经》谷水则自河南县故城西北折向东流,后沿东周王城东郭外南流入洛。

今涧河流经东陡沟村南,与《水经》所载谷水过谷城县北有所差异,待考。

43. 甘水

今甘水河。

43.1 甘水出弘农宜阳县鹿蹄山,东北至河南县南,入洛。

【释地】

43[1] 宜阳县　见 38[6]。

43(1) 鹿蹄山　今宜阳县鹿蹄山。

43[2] 河南县　见 38[8]。

第二节　关中诸水篇

44. 漆水

今涧渠河-横水河-漳河-漆水河。

44.1 漆水出扶风杜阳县俞山东,北入于渭。

【释地】

44[1] 杜阳县　郦注有。县治即今陕西麟游招贤镇东杜阳县故城。①

44(1) 俞山　今麟游县两亭镇南侧山地。

44-1 渭　即渭水,今渭河。见 51。

【考说】

汉及以前典籍(《山海经·西山经》《史记·周本纪》《汉志》《说文·水部》)数见漆水,然所指各异。郦氏不辨,乃并列于注中。按:

---

① 国家文物局主编:《中国文物地图集·陕西分册》,图版第 178—179 页、简介第 268—269 页。

《西山经》之漆水，准之地望，疑指今涝河（古潦水，"漆""潦"形近）。《史记·周本纪》周太王所渡漆水在梁山附近，当指今漆水河。《汉志》之漆水在漆县，即《水经·泾水》所见漆水，当指今徐家河-水帘河。《说文》之漆水出杜阳而东入渭，当指今涧渠河-横水河-漳河-漆水河。《水经》漆水发源与《说文》同，所指当为一，其"北入于渭"之说当系误袭《山海经》文。

45. 浐水

今浐河。

45.1 浐水出京兆蓝田谷，北入于灞。

【释地】

45[1] 蓝田　《水经》"蓝田谷"既接"京兆"之后，应是"蓝田县谷"之省称，此处之"蓝田"当指蓝田县。《长安志·蓝田县》："（周）武帝建德二年……自县西三十里故城徙峣柳城，今治是也。""蓝田故城在县西三十里。"又云："蓝田驿在县西北二十五里。"蓝田驿或即因蓝田故城而得名，宋蓝田县城即今址，则此蓝田故城当在今华胥镇附近。此即《水经》蓝田县治所在。

45(1) 蓝田谷　今浐河所出谷。

45-1 灞　即灞水，今灞河。

【考说】

郦注以今辋峪河当《水经》浐水，而又载狗枷川水-荆溪水（今浐河）之俗名为浐水。郦氏虽斥荆溪之俗名为非，但此时两水皆具浐水之名之事实则确然无疑。今辋峪河与浐河皆发源于秦岭北侧，于汉时可能为蓝田县境。而《汉志》载浐水于南陵县下，而南陵县领域当今西安市长安区南境，不得辖有辋峪河。故《水经》浐水当确指今浐河。

46. 沮水

今石川河。

46.1 沮水出北地直路县，东过冯翊祋祤县北，东入于洛。

【释地】

46[1] 直路县　郦注"今水自直路县东南迳爝石山,东南流",不载直路故城所在,早期地志亦皆不载。① 细玩注文,县治似当更在西北。按:此县名"直路",当与秦汉时直道相关②,而今沮河源之西北即直道所在之子午岭,颇疑直路县治即当在直道之上,或可能在甘肃正宁西坡镇附近。③

46[2] 祋祤县　《元和志》京兆府华原县:"祋祤故城,在县东南一里。"《寰宇记》耀州华原县、《长安志·华原县》并言"祋祤故城,在县东北一里"。按:唐宋华原县治在今铜川市耀州区塔坡一带,其东南一里已至漆水河,故祋祤城当从《寰宇记》《长安志》所载,在其东北一里是。准其地望,即今耀州城区东北郊之泥阳村附近。

46-1 洛　即洛水,今北洛河。见 50。

【考说】

今石川河流经泥阳村南,与《水经》在沮水流经祋祤县北有差异,待考。

47. 丰水

今沣河。

48. 泾水

今泾河。

48.1 泾水出安定泾阳县高山泾谷。

【释地】

47[1] 泾阳县　县治在今甘肃省平凉市崆峒区安国镇油

---

① 明清方志曾以今富县直罗镇当直路县故址,《中国历史地图集》同,非,参史念海:《直道和甘泉宫遗迹质疑》,《中国历史地理论丛》1988 年第 3 期。

② 史念海:《直道和甘泉宫遗迹质疑》,《中国历史地理论丛》1988 年第 3 期。

③ 孟洋洋:《西汉北地郡属县治城考》,《西夏研究》2016 年第 2 期。

房庄。①

47(1) 高山 约当今六盘山隆德-泾源段。古泾水取源于此。

47(2) 泾谷 今泾河源出之谷。

48.2 又东过扶风漆县北。

【释地】

48[2] 漆县 县治在今陕西彬州市城区。

49. 芮水

今黑河。

【考说】

据该篇所佚郦注(见附录二),芮(汭)水迳宜禄川,此为今黑河流路。《寰宇记》邠州宜禄县:"宜禄川水,一名芮水。"雍正《陕西通志·山川·长武县》:"黑水河即汭水,汭一作芮,一名宜禄川,俗呼为前川、后川。"此水与今汭河不同。《水经》芮水所指盖与郦注相同。

50. 洛水

今北洛河。

50.1 洛水出上郡雕阴县泰昌山。

【释地】

50[1] 雕阴县 县治当即今陕西甘泉县道镇寺沟河遗址。②

50(1) 泰昌山 今崂山。按:《山海经·西次二经》载"泰冒之山",郭璞云:"或作秦。"即泰昌山。《寰宇记》庆州废洛源县:"洛水,源出县北白于山,经上郡雕阴县秦望山,南过襄乐郡,又东南过冯翊衙县地也。"郝懿行云:"秦望山当即泰冒山,盖洛水本出白于山,而

---

① 张多勇:《从居延 E·P·T59·582 汉简看汉代泾阳县、乌氏县、月氏道城址》,《敦煌研究》2008 年第 2 期。
② 贺慧:《雕阴城城址考察》,载《秦汉研究》第八辑,陕西人民出版社 2014 年版。

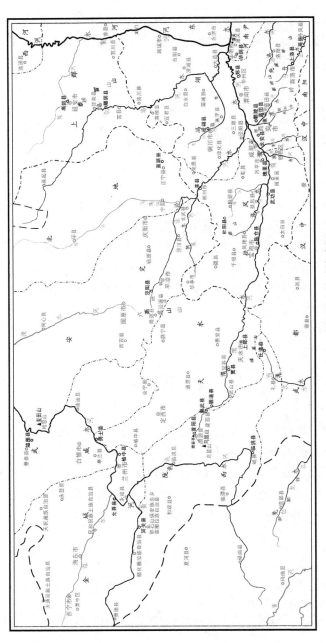

图 6 河水中上游、渭水流域诸水图

东经泰冒山,二山一是发源,一是所经,此经则通谓之出也。"①当是。今洛水源发白于山,东南流经崂山南,是山约在古雕阴县境,可当泰昌山。

51. 渭水

今渭河。

51.1 渭水出陇西首阳县渭谷亭南鸟鼠山,东北过襄武县北。

【释地】

51[1] 首阳县 郦注:"(渭水)三源合注,东北流迳首阳县西,与别源合。……渭水南流迳首阳县南,右得封溪水。"渭水两源分别指今禹河、清源河,封溪水指今锹峪河,则首阳县治当在今渭源县城以东不远之渭河北岸。民国《渭源县志·古迹》:"渭源故城在县东北,与今城相连,址存。"疑此城址即首阳故城,则其地与今城甚近,当在今书院村附近。

51[2] 渭谷亭 郦注:"渭水出首阳县首阳山渭首亭南谷。""渭首亭"当即"渭谷亭",亭在渭北。康熙《渭源县志·古迹》:"马超城,在县北三里。"方位与渭谷亭合,疑即渭谷亭之遗迹,其地当在今渭源县北郊后河堤村北。

51(1) 鸟鼠山 今山名同。

51[3] 襄武县 郦注有。《括地志》:"獂道故城在渭州襄武县东南三十七里。"②獂道故城在今陇西县文峰镇王家新庄,其西北三十五里当今陇西县城西北郊。郦注:"渭水又东南,迳襄武县东北,荆头川水入焉。水出襄武西南鸟鼠山荆谷,东北迳襄武县故城北。"据地理推之,荆头川水即今陇西县西河,襄武县故城在其南,倘西河

---

① [清]郝懿行:《山海经笺疏》卷二《西次二经》。
② [唐]李泰等著,贺次君辑校:《括地志辑校》卷四《渭州·襄武县》。

下游未改道,则襄武县故城当在今园艺村附近。①

【考说】

郦注载,渭水有两源,正源为今禹河,别源为今清源河。郦氏又云"渭水常若东南,不东北也",以驳《水经》东北过襄武北之说。今禹河东流,清源河东北流,若《水经》取清源河为正源,则渭水源头段确实东北流了一段距离,虽然在流经襄武县北时是东南流,但就清源河源头来看,襄武县却是在其东北,再考虑到图籍可能存在的偏差,载为"东北流"也可以理解。所以《水经》此处"东北流"之载可能并不算错误,反而是提示《水经》所取渭水源的重要线索。

51.2 又东过獂道县南,又东过冀县北,又东过上邽县。

【释地】

51[4] 獂道县　郦注:"渭水又东南,迳獂道县故城西。……赤亭水出东山赤谷,西流迳城北,南入渭水。"据地理推之,赤亭水即今大妙娥沟,则獂道县故城当在其汇入渭河之处东岸。《方舆纪要》巩昌府:"獂道城,府东南二十五里。"巩昌府城即今陇西县城,其东南二十五里处亦与郦注所言獂道故城所在合,则故城当今文峰镇王家新庄。②

51[5] 冀县　郦注有。县治在今甘谷县大象山镇五里铺村、杨赵村附近。③

51[6] 上邽县　郦注有。县治在今天水市秦州区城区。④

---

① 《方舆纪要》巩昌府:襄武城在"府东南五里";乾隆《陇西县志·城郭》:"汉置襄武县,在今县东五里……唐太宗贞观四年,越国公汪华子、袭封上柱国越国公汪达镇守陇右,徙筑今城。……谚曰:'先有汪家人,后有巩昌城。'"是一说汉襄武故城在今陇西县东南郊。不过此说晚出,与《括地志》里距不符,今不取。

② 参鲁泽主编:《陇西史话》,甘肃文化出版社 2008 年版,第 10—12 页。

③ 范三畏:《"甘谷"县名的深层文化意蕴——兼考旧县址之位置》,《西北史地》1995 年第 1 期;薛方昱:《中国最早设置的邽、冀二县考》,《西北史地》1998 年第 1 期。

④ 薛方昱:《中国最早设置的邽、冀二县考》,《西北史地》1998 年第 1 期;苏海洋:《秦国邽县故城考》,《天水师范学院学报》2006 年第 6 期。

【考说】

渭水在今六盘山西侧山地中东行,所经地貌川峡相间,流路大致即如郦注所示。渭水在川地中可能存在有限的南北摆动,如在甘谷盆地中可能与郦注渭水同,而较今渭河偏南,但总体而言流路大致仍当与今渭河相当。

51.3 又东过陈仓县西,又东过武功县北,又东,芒水从南来流注之。又东过槐里县南,又东,涝水从南来注之。又东,丰水从南来注之。又东过长安县北,又东过霸陵县北,霸水从县西北流注之。又东过郑县北,又东过华阴县北,东入于河。

【释地】

51[7] 陈仓县 郦注有。县治即今陕西省宝鸡市北郊戴家湾西北陈仓县故城遗址。①

51[8] 武功县 郦注:"渭水又东迳武功县故城北……渭水又东,温泉水注之。"据地理推之,温泉水为今眉县东汤峪河,则武功县故城在其西侧之渭河南岸。《寰宇记》凤翔府郿县:"武功故城在今县东四十里,即凤泉故县北、渭水之南。……南对太白山,北隔渭水与武功故斄城对。"唐郿县治即今眉县城关,凤泉故县在今眉县横渠镇古城村②,故斄(邰)城在今咸阳市杨陵区法禧村③。综合郦注及《寰宇记》,知武功县故城当在今扶风县绛帐镇卢家滩附近。

51-1 芒水 今黑河。雍正《陕西通志·山川·西安府·盩厔县》:"黑水河即芒水。"此水上游两源今名大蟒河、小蟒河,"蟒河"即"芒水"之转写。

51[9] 槐里县 郦注有。县治即今兴平市阜寨镇南佐村东南

---

① 国家文物局主编:《中国文物地图集·陕西分册》,图版第 166—167 页、简介第 203 页。
② 国家文物局主编:《中国文物地图集·陕西分册》,图版第 188—189 页、简介第 328 页。
③ 国家文物局主编:《中国文物地图集·陕西分册》,图版第 184—185 页、简介第 309 页。

佐遗址。①

51-2　涝水　今涝河。

51-3　丰水　今沣河。

51[10] 长安县　郦注有。县治即今汉长安城遗址。

51[11] 霸陵县　郦注有。县治在今西安市灞桥区灞桥街道谢王庄村附近。②

51-4　霸水　今灞河。

51[12] 郑县　郦注有。《括地志》："郑故城在华州郑县西北三里。"③《元和志》华州郑县："古郑城在县理西北三里。兴元元年,新筑罗城,及故郑城并在罗城内。"唐郑县治即今华县城区,郑城在其西北隅,即今渭南市华州区西北郊。

51[13] 华阴县　郦注有。《寰宇记》华州华阴县："战国属魏,为阴晋地。今县东南五里有古城,即六国时阴晋地也。魏纳于秦,秦得之,改为宁秦。《汉书》高帝八年更宁秦为华阴县……隋大业五年移于今理。"唐宋华阴县治今华阴市区,其东南五里当今周家城、严家城村附近,即华阴故城所在。

51-5　河　即河水,今黄河。见1。

【考说】

渭水出今宝鸡峡后,入关中平原。就与两侧城址之相对关系而言,《水经》及郦注渭水与今渭河没有明显不同。不过,郦注时期渭水流路整体而言明显较今渭河偏南,《水经》渭水流路应更接近于郦注时之渭水。

52. 漾水

今西汉水-嘉陵江。

---

① 国家文物局主编:《中国文物地图集·陕西分册》,图版第214—215页、简介第454页;史党社、任建库:《槐里犬丘与秦人早期历史相关的一点线索》,《文博》2006年第6期。

② 李健超:《被遗忘了的古迹——汉成帝昌陵、汉傅太后陵、汉霸陵城初步调查记》,《人文杂志》1981年第3期。

③ [唐]李泰等著,贺次君辑校:《括地志辑校》卷一《华州·郑县》。

52.1 漾水出陇西氐道县嶓冢山，东至武都沮县，为汉水。

【释地】

52[1] 氐道县　今址无确考。县属陇西郡，则当距西汉水源头不远，约在今甘肃省天水市秦州区南。

52(1) 嶓冢山　可以今天水市秦州区南境山地当之。

52[2] 沮县　见 75[1]。

52.2 又东南至广魏白水县西，又东南至葭萌县东北，与羌水合。

【释地】

52[3] 白水县　郦注有。《羌水注》："羌水又东南流至桥头，合白水，东南去白水县故城九十里。"羌、白两水合流处即今白龙江、白水江汇合处。《昭化县志》："（白水县故城）在今县西北一百四十里白水镇北西隍坝。"所指与郦注所示地望合。其地当即今四川青川沙州镇江边村之白水故城遗址。[①]

52[4] 葭萌县　郦注有。据郦注，其城在白水（今白龙江）与汉水（今嘉陵江）交汇处之西南，准之地望，即今广元市昭化区昭化镇城关村西之葭萌故城遗址。[②]

52-1 羌水　今白龙江。见 100。

【考说】

今嘉陵江流经白水故城东，与《水经》载漾水经白水县西有差异，待考。

52.3 又东南过巴郡阆中县，又东南过江州县东，南入于江。

[①] 中国社会科学院考古研究所四川工作队：《丝绸之路河南道沿线的重要城址》，载《考古学集刊》第 13 集，中国大百科全书出版社 2000 年版，第 241 页。

[②] 国家文物局主编：《中国文物地图集·四川分册》，图版第 212 页、简介第 308—309 页。

【释地】

52[5] 阆中县　郦注有。《寰宇记》阆州："今郡城,即古之阆中城。"宋阆州治今阆中市区,《水经》阆中县当亦在此。

52[6] 江州县　见 104[8]。

52-2 江　即大江,今长江。见 104。

53. 丹水

今丹江。

53.1 丹水出京兆上洛县西北冢岭山,东南过其县南,又东南过商县南,又东南至于丹水县,入于均。

【释地】

53[1] 上洛县　唐宋商州治上洛县,在今陕西省商洛市区,而史书地志不见上洛县迁徙之载。郦注于经文"东南过其县南"下径述上雒县沿革,并续云"楚水注之",系直承经文之笔法,可视为郦注载上洛县治楚水入丹处之丹水北岸。据地理推之,楚水指今商洛市西之乳河,则上洛故城亦正当在今商洛市区甚明。

53(1) 冢岭山　《汉志》上雒县:"《禹贡》雒水出冢岭山。"因此,冢岭山当指今商洛市商州区西北一段秦岭。

53[2] 商县　县治即今丹凤县龙驹寨镇古城村商邑遗址。①

53[3] 丹水县　郦注有。县治即今河南淅川寺湾镇苏家河村古城。②

53-1 均　即均水,今老鹳河。

---

① 王子今、周苏平、焦南峰:《陕西丹凤商邑遗址》,《考古》1989 年第 7 期。

② 徐少华:《〈水经注·丹水篇〉错简考订——兼论古析县、丹水县的地望》,《中国历史地理论丛》1988 年第 4 期。

第三节　河淮间诸水篇

54. 汝水
今北汝河・北汝河-汝河-洪河。

54.1 汝水出河南梁县勉乡西天息山,东南过其县北,又东南过颍川郏县南。

【释地】

54[1] 梁县　郦注有。《括地志》:"古梁城在汝州梁县西南十五里。"①《寰宇记》汝州:"《郡国县道记》云:梁县西南十五里有古梁国城存。"唐宋梁县治今河南省汝州市,两书所载古梁城,即位于今汝州市王寨乡樊古城、杨古城、王古城村之南梁故城遗址。② 准之地望,此城与郦注所载"梁城"相合,而郦氏明言此即《水经》梁县之所指,是知《水经》梁县治在此。郦注另有"梁县故城",在此县址之西北,盖县有迁徙也。

54[2] 勉乡　郦注:"汝水自狼皋山东出峡,谓之汝陉也。东历麻解城北,故鄤乡城也,谓之蛮中。……俗以为麻解城,非也,盖蛮、麻读声近故也。"按:"勉"与"蛮""麻""鄤"读声亦近,所谓"鄤乡城"当即"勉乡城"。据郦注所示,其城当在今汝阳县城附近北汝河南岸。道光《伊阳县志・形胜》:"城之东五里为漫城岭。南滨汝河,迤东连紫逻坡。"同书《古迹》:"麻解城。……按城东漫城岭上有古城遗址。'漫'应作'鄤'。"漫城岭上古城在汝北,与郦注所载鄤乡城稍有不合,但仍可为鄤乡城所在之参考。今汝阳县南郊、北汝河南岸有村名古城寨,疑即此城所在。

54(1) 天息山　嵩县黄庄乡北汝河畔有天息村,天息山盖指其

---

①　[唐]李泰等著,贺次君辑校:《括地志辑校》卷三《汝州・梁县》。按:此条整理者于"十五里"上补"四"字,无据,兹不从。

②　国家文物局主编:《中国文物地图集・河南分册》,图版第 83 页、简介第 74 页。

附近之山地。

54[3] 郏县 郦注有。县治当即今址。

54.2 又东南过定陵县北,又东南过郾县北。

【释地】

54[4] 定陵县 郦注有。县治一说在今舞阳县章化乡前、后古城村,一说在今北舞渡镇。① 由《汝水》《滍水》经文及郦注可知,定陵故城只能在今沙河(古滍水)入汝处附近,且居沙河-北汝河之南,则确应居以上两址之一。按《寰宇记》许州舞阳县:"《地理志》云:'定陵城,在今县北六十里。'"按:定陵县、舞阳县于晋宋以后省并,至唐开元四年(716),复于舞阳古城(今叶县旧县乡双庄村附近,参87[1])置舞阳县②,此时方可能有舞阳县辖境内有定陵城的情况。唐元和十三年(818),因舞阳县城遭兵燹而毁,舞阳县治东迁吴城镇(今舞阳县吴城镇),至宋不改。③ 若以舞阳古城为原点,其北六十里并不能达上述两城址的范围,是《地理志》所指"今县"应指吴城镇之县治。吴城镇北六十里适当前、后古城村附近,此处有周、汉故城址,应即定陵县故城。

54[5] 郾县 郦注有。县治即今漯河市西郊古城村古城遗址。④

【考说】

此段汝水,当循今吴公河河道而流,说见83.2【考说】。

54.3 又东南过汝南上蔡县西,又东南过平舆县南,又东至原鹿县,南入于淮。

【释地】

54[6] 上蔡县 郦注承经而言。县治即今上蔡县城区蔡国故

---

① 《舞阳县地名志》编辑室:《河南省舞阳县地名志》,舞阳县人民政府地名办公室1989年版,第253页。
② [唐]李吉甫:《元和郡县图志》卷八。
③ [宋]乐史:《太平寰宇记》卷之八。
④ 河南省文物局编:《河南省文物志》,文物出版社2009年版,第157页。

城遗址。①

54[7] 平舆县　郦注有。县治即今平舆县射桥镇古城村沈国故城遗址。②

54[8] 原鹿县　郦注有。县治当即今安徽阜南县公桥乡阮城村阮城遗址。③

54-1 淮　即淮水，今淮河。见 82。

【考说】

汝水自今漯河市南流，其后循今北汝河-汝河流路而流。

55. 颍水

今颍河-西淝河。

55.1 颍水出颍川阳城县西北少室山，东南过其县南，又东南过阳翟县北。

【释地】

55[1] 阳城县　郦注有。县治即今河南省登封市告成镇阳城故城遗址。④

55[2] 阳翟县　郦注有。县治即今禹州市区阳翟故城遗址。⑤

55.2 又东南过颍阳县西，又东南过颍阴县西南，又东南过临颍县南，又东南过汝南㶏强县北，洧水从河南密县东流注之。

---

① 徐少华：《周代南土历史地理与文化》，武汉大学出版社 1994 年版，第 174—175 页。

② 许齐平：《射桥古城考》，《中原文物》1995 年第 2 期。

③ 安徽省地方志编纂委员会：《安徽省志·文物志》，文物出版社 1998 年版，第 34 页。

④ 河南省博物馆登封工作站：《一九七七年上半年告成遗址的调查发掘》，《河南文博通讯》1977 年第 2 期；中国历史博物馆考古调查组、河南省博物馆登封工作站、河南省登封县文物保管所：《河南登封阳城遗址的调查与铸铁遗址的试掘》，《文物》1977 年第 12 期；河南省博物馆登封工作站：《一九七七年下半年告成遗址的调查发掘》，《河南文博通讯》1978 年第 1 期；河南省博物馆登封工作站：《一九七八年上半年告成遗址的调查发掘》，《河南文博通讯》1978 年第 3 期。

⑤ 刘东亚：《阳翟故城的调查》，《中原文物》1991 年第 2 期。

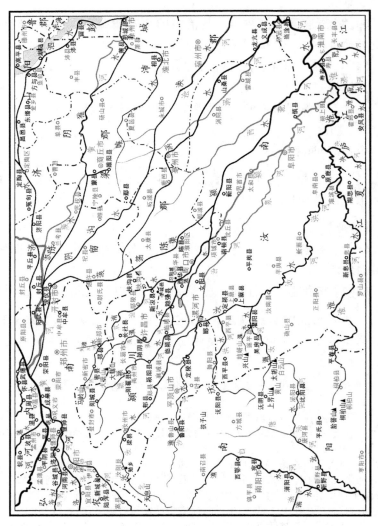

图 7 淮水上游、汝水流域诸水、颍水流域诸水、浪荡渠流域诸水地图

【释地】

55[3] 颍阳县 郦注承经而言。县治即今襄城县颍桥镇小河村西北颍阳故城遗址。①

55[4] 颍阴县 郦注有。县治在今许昌市区。②

55[5] 临颍县 郦注承经而言。县治在今临颍县固厢乡城顶村。③

55[6] 㶏强县 见 85[1]。

55-1 洧水 今双洎河-贾鲁河。见 56。

55[7] 密县 见 56[1]。

【考说】

今颍河过颍阳县故城东,疑此处河流有改徙,《水经》时期颍水过颍阳县西。

颍水东南流,由于紧邻今颍河的吴公河河道为汝水所流经,那么《水经》颍水似乎当较今颍河为北。郦注与颍南载有陂泽,是其所载颍水也体现了这样的样貌。颍水东流迳临颍县故城南、今临颍县城区北,东流与㶏水合。

> 55.3 又东过西华县北,又南过女阳县北,又东南过南顿县北,㶏水从西来流注之。

【释地】

55[8] 西华县 郦注承经而言。今西华县系汉长平县之后身④,汉晋西华县治当在今县西南颍河南侧。《寰宇记》陈州西华县:"夏亭城,在县西南三十里……一名华亭。""华亭"可与"西华城"

---

① 国家文物局主编:《中国文物地图集·河南分册》,图版第86—87页、简介第85页。
② 陈有忠:《许昌城址考》,《中原文物》1985年第1期。
③ 漯河市人民政府地名办公室:《漯河市地名志》,河南人民出版社1998年版,第238页;国家文物局主编:《中国文物地图集·河南分册》,图版第162—163页、简介第336页。
④ 《隋书》卷三〇《地理志中》;[宋]乐史:《太平寰宇记》卷之十。

对应。此城即今西华县西夏亭镇,镇西北有周、汉时期遗址①,当即西华县故城所在。

55[9] 女阳县 郦注承经而言。又《潩水注》:"(潩水)又东迳西华县故城南,又东迳汝阳县故城北,东注于颍。""汝阳"即"女阳",此潩水即后世溵水,亦即今周口市西之沙河,则汝阳县故城在今沙河下游南侧,即今商水县西境。今商水县张庄乡城上村有汉代故城遗址,或以为即汝阳县故城②,以地望审之,大致不误。

55[10] 南顿县 郦注有。县治即今项城市西郊南顿故城遗址。③

55-2 潩水 今沙河(入西华县境以下段)。见85。

【考说】

自今西华县西境始,颍水流路又与今颍河一致。

55.4 又东南至新阳县北,蒗荡渠水从西北来注之。又南至慎县东,南入于淮。

【释地】

55[11] 新阳县 郦注有。县治即今安徽省界首市光武镇尹城子村南新阳故城遗址。④

55-3 蒗荡渠水 今贾鲁河·涡河。见59。

55[12] 慎县 郦注有。县治即今颍上县江口镇慎县故城遗址。⑤

55-4 淮 即淮水,今淮河。见82。

---

① 国家文物局主编:《中国文物地图集·河南分册》,图版第184—185页、简介第412页。

② 国家文物局主编:《中国文物地图集·河南分册》,图版第188页、简介第425页。

③ 徐少华:《周代南土历史地理与文化》,第179—180页;闫德亮:《顿国历史与地理考论》,《史学月刊》2010年第10期。

④ 安徽省界首县文化局:《界首县文物志》(内部本),第16—18页。

⑤ 颍上县地名委员会办公室:《安徽省颍上县地名录》(内部本),第315页。

【考说】

今颍河经新阳县故城、慎县故城南,是《水经》颍水自今周口市以东,即与今颍河流路别,东流经安徽省界首市北,东南流经阜阳市北,东流循今西淝河河道入淮。其入淮处由《淮水》篇可知。

56. 洧水

今洧河-双洎河。

56.1 洧水出河南密县西南马领山,又东南过其县南,又过郑县南,潧水从西北来注之。又东南过长社县北。

【释地】

56[1] 密县　郦注有。县治在今河南省新密市大隗镇。①

56(1) 马领山　今新密市西境山地。

56[2] 郑县　郦注有。县治即今新郑市郑韩故城遗址。②

56-1　潧水　今黄水河。见58。

56[3] 长社县　郦注有。《括地志》:"长社故城在许州长社县西一里。"③《元和志》许州长葛县:"长社故城,县西一里。"《寰宇记》许州长葛县:"长社故城,在县西一里。"唐长社县治今许昌市区,《括地志》之"长社"当系"长葛县"之误,则三书所记同。唐宋长葛县治今长葛市老城镇,长社县故城当在其西。

56.2 又东南过新汲县东北,又东南过茅城邑之东北,又东过习阳城西,折入于颍。

【释地】

56[4] 新汲县　郦注有。《清一统志·陈州府·古迹》:"新汲故城。……《旧志》:'今在(扶沟)县西南二十里,今名离下村。'"所

---

① 密县地名志编纂委员会:《河南省密县地名志》,陕西人民出版社1991年版,第365页;陈隆文:《郑州历史地理研究》,中国社会科学出版社2011年版,第108—109页。

② 史念海:《郑韩故城溯源》,《中国历史地理论丛》1998年第4期。

③ [唐]李泰等著,贺次君辑校:《括地志辑校》卷三《许州·长社县》。

指故城在今扶沟县柴岗乡汲下村。① 然今扶沟县固城乡有古城遗址,或以为即新汲故城遗址②,与此不符。按,郦注:"洧水又东迳新汲县故城北……城在洧水南堤上。又东,洧水右迤为濩陂。"是新汲故城东、洧水南有濩陂。《清一统志·陈州府·山川》云:"护陵陂,在(扶沟)县西南二十里,即濩陂。"光绪《扶沟县志·冈阜》:"秦岭冈,西南二十五里,冈东即《水经注》之濩陂。"秦岭冈即今固城乡秦岭村,其东南尚有村名护岭,濩陂即在两者之间,此处去固城古城甚远,方位亦不相符。故定新汲故城在今汲下村为妥。

56[5] 茅城邑 郦注:"洧水又右合濩陂水,水上承洧水于新汲县,南迳新汲县故城东,又南积而为陂……陂水东翼洧堤,西面茅邑……即《经》所谓茅城邑也。"知茅城邑当在新汲县故城南、濩陂西。又据郦注,濩陂水入洧水,在鸭子陂南流入洧处之南。《清一统志·陈州府·山川》:"《旧志》:'鸭冈陂在(扶沟)县南三十五里,即鸭子陂。'"光绪《扶沟县志·古迹》:"鸭子陂,即鸭冈西陂。"是知鸭子陂在今扶沟县固城乡鸭岗村西侧,其入洧处更在南,则濩陂应自今秦岭、护岭一带尚向南延伸不短的距离,正过固城乡古城遗址之东,此遗址或即茅城邑所在。

56[6] 习阳城 郦注有。《清一统志·陈州府·古迹》:"习阳城,在西华县西南十里,即汉习阳城故地。……今俗以其地有石羊二,遂讹为石羊集,失其旧矣。"石羊集即今西华县黄桥乡前、后石羊村,后石羊村有汉代城址③,即习阳城。

56-2 颍 即颍水,今颍河。见55。

【考说】

自今长葛市以下,洧水流路与今双洎河别。根据新汲县、茅城邑、习阳城的位置,参考郦注,可以描绘出洧水下游之流路:东流经

---

① 光绪《扶沟县志·村集》:"汲下,又名离下。"
② 周口地区文化局:《扶沟古城初步勘查》,《中原文物》1983年第2期。
③ 国家文物局主编:《中国文物地图集·河南分册》,图版第184—185页、简介第413页。

今鄢陵县南、扶沟县南而南折,又东转至今西华县西,南流入于颍水。

57. 潩水
今清潩河。

57.1 潩水出河南密县大騩山,东南入于颍。

【释地】
57[1] 密县 见 56[1]。
57(1) 大騩山 今大隗山。
57-1 颍 即颍水,今颍河。见 55。

58. 潧水
今黄水河。

58.1 潧水出郑县西北平地,东过其县北,又东南过其县东,又南入于洧水。

【释地】
58[1] 郑县 见 56[2]。
58-1 洧水 此处指今双洎河。见 56。

【考说】
郦注所指潧水系今溱河,与《水经》潧水所指不同。①

59. 蒗荡渠
今贾鲁河·涡河。

59.1〔蒗荡〕渠出荥阳北河,东南过中牟县之北,又东至浚仪县,又屈南至扶沟县北,〔分为二。〕

【释地】
59[1] 荥阳 即荥阳县,见 1[41]。

---

① 参史念海:《郑韩故城溯源》,《中国历史地理论丛》1998 年第 4 期;朱士光:《论〈水经注〉对潧(溱)水之误注兼论〈水经注〉研究的几个问题》,《史学集刊》2009 年第 1 期。

59-1　荥阳北河　即河水荥阳县以北段。

59[2]　中牟县　郦注有。《元和志》郑州中牟县："县理即古中牟故城。"《清一统志·郑州府·古迹》："中牟故城,在今中牟县东。……《县志》:故城在今县东六里,明天顺中移今治。"因此,《水经》中牟县当治今河南中牟城区东郊荣庄村附近。

59[3]　浚仪县　郦注有,即大梁城。大梁城在今开封市区西北隅。①《寰宇记》开封府浚仪县："汉武帝元年废新里城而立浚仪县,属陈留郡。《舆地志》云:'夷门之下,新里之东,浚水之北,象而仪之,以为邑名。'……古浚仪城二:一在县东三十里,一在县北四里。""夷门(大梁城东门)之下,新里之东"可与"县(此处或指宋东京城内之浚仪县治)北四里"之浚仪城对应,可当汉晋浚仪故治,即古大梁城东夷门附近,今开封铁塔一带。

59[4]　扶沟县　郦注有。《寰宇记》开封府扶沟县："古扶沟城,在县东北二十里。"光绪《扶沟县志·古迹》："固寺城,在城二冈,相传为固王城。"同书《冈阜》："城二冈,北十八里。"其地即今吕潭乡固寺营,是知此地有故城址,里距与《寰宇记》所载古扶沟城合,疑即《水经》扶沟县治所在。

【考说】

蒗荡渠首在今郑州市北,其后沿今黄河南侧东流,至中牟县北折向南,沿贾鲁河南流。

　　　59.2 其一者,东南过陈县北,又东南至汝南新阳县北,〔南入于颍。〕

【释地】

59[5]　陈县　郦注有。县治即今周口市淮阳区陈楚故城遗址。②

59[6]　新阳县　见55[11]。

---

① 李长傅:《开封历史地理》,商务印书馆1958年版,第8—9页;葛奇峰:《战国魏大梁城平面布局新探》,《中原文物》2012年第4期。

② 曹桂岑:《楚都陈城考》,《中原文物》1981年特刊。

【考说】

蒗荡渠自今扶沟县分为二,此其南支。东南流,过周口市淮阳区北,折南而入颍,可能部分流路与今黑河相当。

59.3〔其一水东南流,为涡水,〕又东南过山桑县北,又东南过龙亢县南,又东南过义成县西,南入于淮。

【释地】

59[7] 山桑县　《涡水注》有。《元和志》亳州蒙城县:"檀公城,本汉山桑县城。"《寰宇记》亳州蒙城县:"山桑县城,在县北三十七里。……《十三州记》云:'……宋将檀道济为征北将军居此,因号曰檀公城。'"唐宋蒙城县治即今安徽蒙城县址,县北三十余里有坛城镇,山桑县治在此无疑。

59[8] 龙亢县　郦注有。《寰宇记》亳州酇县:"龙亢城,在县西南十五里。《春秋》杜注'谯国有龙亢县',此城是也。"同书宿州蕲县:"龙亢故城,在县南八十里。《汉书·地理志》云'龙亢县属沛郡'。《舆地志》云'魏武至龙亢县,士卒多叛',即此地。"宋酇县治今河南省永城市酇城镇,蕲县治今安徽省宿州市埇桥区蕲县镇,两者相隔悬远,两龙亢城并非一地。《水经》记蒗荡渠过龙亢县在山桑县之后,依水势,蕲县南之龙亢城可以当之。今蕲县南八十里有怀远县龙亢镇,即《水经》龙亢县所指。

59[9] 义成县　《涡水注》:"北肥水又东积而为陂,谓之瑕陂。……北肥水又东南迳向县故城南……俗谓之圆城,非。又东南迳义成南,世谓之楮城,非。又东入于涡,涡水又东注淮。"北肥水即今北淝河,瑕陂即今四方湖。乾隆《江南通志·古迹》:"向城在怀远县西北四十里涡水之阳。……《水经注》云:北淝水经向县故城南,俗谓之圆城。或谓团城。"今怀远县西北四方湖中有团城遗址,"团城""圆城"形近而可互训,当即向县故城,则义成县故城在团城以东的北淝河北侧。《淮水注》:"淮水于荆山北,涡水东南注之,又东北迳沛郡义城县东,司马彪曰:后隶九江也。"亦可说明义成城在淮水纳涡东流段之西北,所指地点与前述相符。今怀远县古城乡古城村东有古城址①,方位与上考义成县故城所在相符,适可当之。附言之,清胡渭《禹贡锥指》、乾隆《江南通志》、嘉庆《怀远县志》等以位于今蚌埠市淮上区梅桥乡大岗村的拖城当义成故城②,并不能与郦注所载义成县址相符,系附会无疑。

【考说】

蒗荡渠之东支自今扶沟县北大致循今老涡河-涡河一线东出,至今安徽亳州乃与今涡河别,东流经今涡阳县北、蒙城县北,折东南复归今涡河流路,东南入淮。

60. 阴沟水

今惠济河·包河-浍河。

60.1 阴沟水出河南阳武县蒗荡渠,东南至沛,为涣水,又东南至下邳淮陵县,入于淮。

【释地】

60[1] 阳武县　见10[7]。

60-1　蒗荡渠　今贾鲁河-涡河。见59。

60[2] 沛　指沛郡。领域相当于今安徽省宿州市、淮北市境及蚌埠市北境,与江苏省徐州市西境、河南省永城市等地。

60[3] 淮陵县　《寰宇记》泗州招信县:"古淮陵城,在县西北二十五里。"宋招信县治今安徽省明光市女山湖镇旧县村③,或以为淮陵故城在今明光市苏巷镇二十里铺附近④,按此地方位与《寰宇记》所示略有偏差,但里距正合,疑是。

【考说】

阴沟水出蒗荡渠,在今河南中牟县北、原阳县南,其后乃先循今黄河流路南侧东流,至开封市北乃折向南,大致循惠济河流路东南

---

① 怀远县地名委员会:《安徽省怀远县地名录》(内部本),第114页。
② 《禹贡锥指》卷一六"东会于泗、沂,东入于海"下。乾隆《江南通志》卷三五《舆地志·古迹·凤阳府》;嘉庆《怀远县志》卷一三《古城戍考》。
③ 安徽省嘉山县文化局编:《嘉山县文物志》(内部本),第42—44页。
④ 安徽省嘉山县文化局编:《嘉山县文物志》(内部本),第96页。

流,至安徽亳州市北,遂沿包河-浍河一线东南流,入淮。

61. 汳水

今无对应河流。

61.1 汳水出阴沟于浚仪县北,又东至梁郡蒙县,为雎水,余波南入睢阳城中。

【释地】

61-1 阴沟 即阴沟水。

61[1] 浚仪县 见59[3]。

61[2] 蒙县 郦注:"汳水又东迳蒙县故城北,俗谓之小蒙城也。《西征记》:城在汳水南十五六里,即庄周之本邑也。……汳水自县南出,今无复有水,唯睢阳城南侧有小水,南流入于睢。……汳水又东迳大蒙城北,自古不闻有二蒙,疑即蒙亳也。"《括地志》:"宋州北五十里大蒙城为景亳,汤所盟地,因景山为名。"①《元和志》宋州宋城县:"小蒙故城,县北二十二里。"《寰宇记》宋州宋城县:"小蒙故城,在县南十五里,六国时,楚有蒙县,俗为小蒙城,即庄周之本邑。今复有大蒙城,在县北四十一里,后魏《地形志》,北梁郡有北蒙县。"《括地志》《寰宇记》之大蒙城虽里距稍有差异,但不大,所指盖同,可与郦注大蒙城对应,准之地望,城在今商丘市梁园区李庄乡蒙墙寺村。《元和志》《寰宇记》之小蒙城方位相异,当有一误。按:据郦注,汳水东流,次第迳小蒙、大蒙城北,则小蒙城在大蒙城西侧,且南北距离似不应太远。尤其是小蒙城在汳水南十五六里,而大蒙城已在唐宋宋城县治(即今商丘市睢阳区南郊睢阳故城)②北四五十里,汳水更在其北,则小蒙城自不得在宋城县南;又,汳水自小蒙城有南出指向睢阳城(今商丘市睢阳区南郊,参下条)之水,亦为一证。由之可知,《元和志》是而《寰宇记》误,蒙县故城当在今商丘市梁园区李庄乡邓斌口村南。

---

① [唐]李泰等著,贺次君辑校:《括地志辑校》卷三《宋州·宋城县》。
② 高天麟、慕容捷、荆志淳等:《河南商丘县东周城址勘查简报》,《考古》1998年第12期。

61[3] 睢阳城　郦注有。即今商丘市睢阳区商丘古城南睢阳故城遗址。①

【考说】

汳水流路，先自今开封市北东流，至今兰考县附近东南流，至商丘市北。

62. 雅水

今无对应河流。

62.1 雅水出汳水于梁郡蒙县北，又东过萧县南，睢水北流注之。又东至彭城县北，东入于泗。

【释地】

62-1　汳水　今无对应河流。见61。

62[1] 蒙县　见61[2]。

62[2] 萧县　郦注有。嘉庆《萧县志·城池》："《徐州府志》：萧县故城在今治西北十里，其北半里即故萧国城，周九里有奇，唐以前皆为县治，宋时河决，乃筑南城，徙县治，北连旧城。……万历五年夏……迁城于三台山麓。"县故城即今萧县圣泉乡郭庄村萧城遗址。②

62-2　睢水　见63。

62[3] 彭城县　见10[33]。

62-3　泗　即泗水。见66。

【考说】

雅水自今河南省商丘市北始，东流至今安徽萧县附近，又东流至今江苏省徐州市，入于泗水。

63. 睢水

今濉河（淮北市南一段）。

63.1 睢水出梁郡鄢县，又东过睢阳县南，又东过相县南，

---

①　高天麟、慕容捷、荆志淳等：《河南商丘县东周城址勘查简报》，《考古》1998年第12期。

②　安徽省地方志编纂委员会编：《安徽省志·文物志》，第43页。

屈从城北东流,当萧县南,入于雎。

【释地】

63[1] 鄎县 《元和志》宋州宁陵县:"故鄎城,在县南五十三里。"《寰宇记》宋州柘城县:"鄎城,在县北二十九里。"同书宋州宁陵县:"故鄎城,在县南五十三里。"唐宋宁陵县治即今宁陵县城区南郊故城,柘城县治即今柘城县城区西北郊故城,则宁陵县南五十三里与柘城县北二十九里所指实是一地,准之地望,在今柘城县远襄镇,此地旧有城址①,应即鄎县故城所在。

63[2] 睢阳县 县治睢阳城,见61[3]。

63[3] 相县 郦注有。《括地志》:"故相城在徐州符离县西北九十里。"②《元和志》宿州苻离县:"故相城,在县西北九十里。"唐苻离县治今宿州市北郊符离镇,准之地望,相县故城即今淮北市区相城遗址。③

63[4] 萧县 见62[2]。

63-1 雎 即雎水,见62。

【考说】

雎水出自今河南柘城,东流经商丘市南,东流至安徽淮北市南,折北积潴成陂,与雎水通。

64. 瓠子河

今无对应河流。

64.1 瓠子河出东郡濮阳县北河,东至济阴句阳县为新沟,又东北过廪丘县为濮水,又东北过东郡范县东北,为济渠。与将渠合。又东北过东阿县东,又东北过临邑县西,又东北过茌平县东,为邓里渠。又东北过祝阿县,为济渠。

【释地】

64[1] 濮阳县 见1[45]。

---

① 光绪《柘城县志》卷一《舆地志·古迹》。
② [唐]李泰等著,贺次君辑校:《括地志辑校》卷三《徐州·符离县》。
③ 安徽省地方志编纂委员会编:《安徽省志·文物志》,第43页。

64-1　濮阳县北河　即河水濮阳县段。见1。

64[2]　句阳县　《济水注》有。《寰宇记》曹州乘氏县:"句阳故城,在县北三十五里。"康熙《曹州志·古迹》:"故句阳城,在州北二十五里。……今为句阳店。"宋乘氏县、清曹州治今山东省菏泽市旧城,两处所载里数有异,《曹州志》既指实"句阳店"之名,姑从之,惟今亦不见此地名,准之地望,盖在菏泽市牡丹区小留镇附近。

64[3]　廪丘县　郦注:"瓠河又东迳郓城南。……京相璠曰:……今东郡廪丘县东八十里有故运城,即此城也。"《元和志》郓州郓城县:"按古郓城,即今县是也。"《清一统志·曹州府·古迹》:"古郓城,在郓城县东十六里。……《郡国志》:'廪丘有运城。'自后县治皆治此。《金史·地理志》济州郓城:'大定六年徙治盘沟村,以避河决。'即今治也。"因此郦注郓城在今郓城县张营镇附近,而廪丘故城当在今鄄城县东境。嘉靖《范县志·古迹》:"廪丘城在县东南七十里义东保。"其地即今郓城县水堡乡一带①,与前述之地方位大致相当,但里距嫌近。今鄄城县箕山镇有新石器时代至汉代遗址②,权定《水经》廪丘县治于此。

64[4]　范县　郦注有县治在今河南范县张庄乡旧城村。③

64-2　将渠　今无对应河流。据郦注,将渠当自今范县北分河,东流至今河南台前一带入瓠子河。

64[5]　东阿县　郦注及《河水注》有。县治即今山东阳谷阿城镇王庄村西之阿城故城遗址。④

64[6]　临邑县　见10[18]。

64[7]　茌平县　《河水注》有。县治即今聊城市东昌府区韩集

---

① 郓城县地名委员会办公室:《山东省郓城县地名志》,山东省地图出版社1990年版,第141页。
② 国家文物局主编:《中国文物地图集·山东分册》,图版第358—359页、简介第905页。
③ [清]叶圭绶:《续山东考古录》卷一九《兖州府·寿张县》。
④ [清]叶圭绶:《续山东考古录》卷一九《兖州府·阳谷县》;国家文物局主编:《中国文物地图集·山东分册》,图版第326—327页、简介第841页。

乡高垣墙村茌平故城遗址。①

64[8] 祝阿县　《济水注》有。《元和志》齐州丰齐县："祝阿故城,在县东北二里。"唐丰齐县治在今济南市市中区陡沟街道丰齐村,准之地望,《水经》祝阿县治当在今济南市槐荫区段店镇古城村,此处有新石器时代至汉代遗址。②

【考说】

瓠子河自濮阳东出,至今范县、台前,从今山东东阿县境东北流,至今济阳县。

　　64.2 又东北至梁邹县西,分为二:其东北者为济河,其东者为时水。又东北至济西,济河东北入于海。

【释地】

64[9] 梁邹县　见 10[22]。

64[10] 济　《水经》"又东北至济西"一句,似难索解。熊疏:"此'济'字当'齐'之误。"或是,则所指为齐郡。齐郡领域约相当于今淄博市东南境。"济"亦有可能是"临济(县)"之残脱,临济县见 10[23]。

【考说】

瓠子河自今济南市济阳区分为二,其济河大致沿今黄河流路东北入海。

　　64.3 时水东至临淄县西,屈南过太山华县东,又南至费县,东入于沂。

【释地】

64[11] 临淄县　见 71[2]。

64[12] 华县　县治当即今费县方城镇古城里村防城故城遗址。③

---

① [清]叶圭绶:《续山东考古录》卷四《东昌府·茌平县》;国家文物局主编:《中国文物地图集·山东分册》,图版第 330—331 页、简介第 848 页。

② 国家文物局主编:《中国文物地图集·山东分册》,图版第 136—137 页、简介第 1 页。

③ 防城考古工作队:《山东费县防故城遗址的试掘》,《考古》2005 年第 10 期。

64[13] 费县 《沂水注》有。《寰宇记》沂州费县:"故费城,在县西北二十里。"宋费县治即今址,准之地望,《水经》费县治当即今费县上冶镇古城村、毕城村之费县故城遗址。①

【考说】

时水东北至临淄县西,当入海。而山川阻隔,不得屈南入沂。此条郦氏早已说明。

65. 汶水

今大汶河。

65.1 汶水出泰山莱芜县原山,西南过其县南,又西南过奉高县北,屈从县西南流,过博县西北,又西南过蛇丘县南,又西南过刚县北,又西南过东平章县南,又西南过无盐县南。

【释地】

65[1] 莱芜县 见71[1]。

65(1) 原山 今山东省济南市莱芜区北境山地。

65[2] 奉高县 郦注有。县治在今泰安市岱岳区祝阳镇故县村。②

65[3] 博县 郦注有。康熙《泰安州志·遗迹》:"博城在岳东,址距州治三十里,今名曰旧县。"准之地望,《水经》博县治当即今泰安市泰山区邱家店镇后旧县村西博县故城遗址。③

65[4] 蛇丘县 郦注:"汶水又西,蛇水注之。水出县东北泰山,西南流迳汶阳之田……蛇水又西南迳铸城(据郦注前文,即蛇丘城)西,《左传》所谓蛇渊囿也。……蛇水又西南迳夏晖城南……蛇水又西南入汶。""(汶水)又西南迳遂城东……京相璠曰:遂在蛇邱东北十里,杜预亦以为然。然县东北无城以拟之,今城在蛇丘西北,

---

① 国家文物局主编:《中国文物地图集·山东分册》,图版第300—301页、简介第752页。

② [清]叶圭绶:《续山东考古录》卷六《泰安府·泰安县》。

③ [清]叶圭绶:《续山东考古录》卷六《泰安府·泰安县》;国家文物局主编:《中国文物地图集·山东分册》,图版第252—253页、简介第485页。

盖杜预传疑之非也。"蛇水即今肥城市西南之漕浊河,遂城当即今东平县接山镇之上遂城遗址①,夏晖城即今肥城市安驾庄镇南夏辉村之夏谨城遗址②,汶阳之田当指今漕浊河出山以后汶阳镇一带之平畴,参之以《水经》所载汶水流经次序,知蛇丘县在刚县(治今宁阳县堽城镇堽城里,参下条)之东,又蛇丘、蛇水、蛇渊囿等地名紧密相关,知蛇丘城似当临蛇水,则蛇丘城当在今汶阳镇境域东半部之漕浊河南岸一带。今汶阳镇城上村传为"古汶阳城遗址"③,然据郦注,汶阳城当在今宁阳县境内而不在此,此故城当为蛇丘县故城所在。

65[5] 刚县 郦注有。县治即今宁阳县堽城镇堽城里村刚邑故城遗址。④

65[6] 章县 郦注有。县治即今东平县接山镇鄣城村鄣国故城遗址。⑤

65[7] 无盐县 郦注有。县治即今东平县东平镇无盐村西南无盐遗址。⑥

【考说】

今大汶河流经奉高县故城、博县故城南,与《水经》载汶水流经奉高县、博县北有差异,待考。

65.2 又西南过寿张县北,又西南至安民亭,入于济。

---

① 国家文物局主编:《中国文物地图集·山东分册》,图版第262—263页、简介第567页。
② 国家文物局主编:《中国文物地图集·山东分册》,图版第258—259页、简介第540页。
③ 肥城县地名委员会办公室编:《山东省肥城县地名志》(内部本),1988年,第226—227页。
④ [清]叶圭绶:《续山东考古录》卷一八《兖州府·宁阳县》;国家文物局主编:《中国文物地图集·山东分册》,图版第260—261页、简介第553页。
⑤ [清]叶圭绶:《续山东考古录》卷七《泰安府·东平州》;国家文物局主编:《中国文物地图集·山东分册》,图版第262—263页、简介第568页。
⑥ [清]叶圭绶:《续山东考古录》卷七《泰安府·东平州》;[清]蒋作锦:《无盐城考》,《东原考古录》;国家文物局主编:《中国文物地图集·山东分册》,图版第262—263页、简介第569页。

【释地】

65[8] 寿张县　郦注有。县治在今东平县新湖镇霍庄村①,此处有东周至汉代遗址。②

65[9] 安民亭　见 10[15]。

65-1 济　即济水。见 10。

【考说】

此段汶水与今汶河流路不同,当自今东平县西南至梁山小安山附近。

66. 泗水

今泗河·废黄河(徐州-淮安段)。

66.1 泗水出卞县北山,西南迳鲁县北。

【释地】

66[1] 卞县　郦注有。县治即今山东泗水泉林镇卞桥村卞城故城遗址。③

66(1) 卞县北山　今新泰市南境山地。

66[2] 鲁县　郦注有。县治即今曲阜市区鲁国故城遗址。④

【考说】

《水经》称泗水出卞县北山,则可能取今黄沟河或放城河为源。由于洙水宜指黄沟河(见 68),故泗水宜取放城河为源。

66.2 又西过瑕丘县东,屈从县东南流,漷水从东来注之。又南过平阳县西,又南过高平县西,洸水从西北来流注之。又南过方与县东,菏水从西来注之。

---

① [清]蒋作锦:《汉寿张城考》,《东原考古录》。
② 国家文物局主编:《中国文物地图集·山东分册》,图版第 262—263 页、简介第 568 页。
③ 薛金度、胡秉华:《山东泗水·兖州考古调查简报》,《考古》1965 年第 1 期;国家文物局主编:《中国文物地图集·山东分册》,图版第 248—249 页、简介第 475 页;吕朋:《〈水经注〉校笺——以〈泗水〉、〈沂水〉、〈沭水〉等篇为中心》,复旦大学硕士学位论文,2013 年,第 2 页。
④ 参山东省文物考古研究所、山东省博物馆等编:《曲阜鲁国故城》,齐鲁书社 1982 年版。

【释地】

66[3] 瑕丘县 郦注承经而言。《洙水注》:"洙水又西南,枝津出焉。又南迳瑕邱城东,而南入石门,向来结石为水门,跨于水上也。……又南,洸水注之。……(洸水)又南,洙水枝津注之,水首受洙,西南流迳瑕邱城北,又西迳宁阳城南,又西南入于洸水。"依郦注,洙水于今曲阜、兖州段循今泗河河道而流,洸水即今洸河,洙水枝津大致相当于今杨家河,宁阳城即今宁阳县泗店镇古城村宁阳故城遗址①,石门即今济宁市兖州区城东泗河上之金口坝。② 准之地望,瑕丘城当在今泗店东南、泗河西、杨家河南,即今兖州城区北。清人叶圭绶以为,瑕丘县故城在兖州府滋阳县(治今兖州城区)东北五里③,地即今兖州城区东北郊古城村,信然。今此处有汉代遗址④,应即故城遗迹。

66-1 潮水 今小沂河。依水地次序推知。

66[4] 平阳县 郦注承经而言,又《洙水注》有。《史记正义》:"南平阳县城,今兖州邹县也,在兖州东南六十二里。"⑤南平阳县即平阳县,唐邹县治在今邹城市区,则《水经》平阳县亦当治此。

66[5] 高平县 郦注有。叶圭绶云高平县(橐县)故城在鱼台县东北两城山南⑥,言之有据。叶氏所指,即今微山县两城镇附近,此处有西周至汉代遗址⑦,当即高平县治所在。

66-2 洸水 今洸河。

---

① [清]叶圭绶:《续山东考古录》卷一八《兖州府·宁阳县》;吕朋:《〈水经注〉校笺——以〈泗水〉、〈沂水〉、〈沭水〉等篇为中心》,第38页。

② 武秀:《谈兖州近年出土的四件文物及其对"李白在兖州"研究的实证》,载武秀主编:《李白在兖州》,山东友谊出版社1995年版,第44—46页。

③ [清]叶圭绶:《续山东考古录》卷一八《兖州府·滋阳县》。

④ 国家文物局主编:《中国文物地图集·山东分册》,图版第236—237页、简介第421页。

⑤ 《史记》卷九五《灌婴传》"击破楚骑于平阳"《正义》。

⑥ [清]叶圭绶:《续山东考古录》卷二五《济宁直隶州·鱼台县》。

⑦ 国家文物局主编:《中国文物地图集·山东分册》,图版第240—241页、简介第447—448页。

66[6] 方与县　见 10[29]。

【考说】

此段相应郦注所载泗水行经今小沂河河道，而指今泗河河道为洙水所经。不过，《水经》所载泗水明确指明了在瑕丘县东的向南弯折河道与今泗河河道完全吻合。视今泗河河道为洙水河道的观点当自先秦已然，《水经》观点独异。由于《水经》所载之㶏水可当小沂河，是将小沂河视为独立的一条河流，故可知《水经》时期由今泗河入小沂河之水道当一度断流。

66.3　又屈东南，过湖陆县南，涓涓水从东北来流注之。又南过沛县东，又东南过彭城县东北，又东南过吕县南，又东南过下邳县西，又东南入于淮。

【释地】

66[7] 湖陆县　郦注有。县旧名湖陵。《寰宇记》单州鱼台县："湖陵故城。秦、汉为县，今废城在今县东南一里。"校者据《清一统志》引《寰宇记》以为此"一里"盖为"六十里"之误①，核诸《水经》、郦注水道，当是。宋鱼台县治今鱼台县王庙镇旧城村，其东南六十里今江苏沛县龙固镇程子庙村（旧时写作"城子庙"，古名湖陵村，有湖陵寺）之湖陵故城遗址②即汉晋湖陆县治所在。按：湖陵故城有南北两城，中以泗水故道相隔，其南城年代为战国至西汉，而北城年代为西汉以后，故具体而言，《水经》湖陆县应以北城当之。③

66-3　涓涓水　郦注以南梁水（又名西㶏水）当之，是，即今城

---

① ［宋］乐史：《太平寰宇记》卷之十四《单州·鱼台县》及"校勘记"〔四二〕。

② 龙固镇镇志办：《龙固镇镇志》，第 496 页；国家文物局主编：《中国文物地图集·江苏分册》，图版第 314—315 页、简介第 751 页；马永强、盛之翰、高伟等：《江苏徐海地区汉代城址调查简报》，《东南文化》2014 年第 5 期。

③ 马永强、盛之翰、高伟等：《江苏徐海地区汉代城址调查简报》，《东南文化》2014 年第 5 期；原丰、李永乐：《徐州地区汉代城址的发现与研究》，载中国社会科学院考古研究所、徐州博物馆编：《汉代陵墓考古与汉文化》，第 76—84 页。

漷河。

66[8] 沛县　见 10[31]。

66[9] 彭城县　见 10[33]。

66[10] 吕县　郦注承经而言。《元和志》徐州彭城县："吕梁故城，在县东五十七里。春秋时，宋之吕邑，至汉以为吕县。城临泗水，高一百四十尺，周回十七里。"唐彭城县治今徐州市区，准之地望，汉晋县治即今徐州市铜山区伊庄镇吕梁村吕城遗址。①

66[11] 下邳县　见 67[7]。

66-4 淮　即淮水，今淮河。见 82。

【考说】

今泗河入南四湖而终。《水经》泗水继续西南流，大致沿今南运河以西一线南流，至今徐州市，折东南循今废黄河河道，至淮安市附近入淮。

67. 沂水

今沂河。

　　67.1 沂水出泰山盖县艾山，南过琅邪临沂县东，又南过开阳县东。

【释地】

67[1] 盖县　郦注有。《元和志》沂州沂水县："（隋开皇）十六年又于古盖城别置东安县。"《寰宇记》沂州沂水县："汉盖县城，在县西北八十里。……隋开皇十六年于此置东安县。"唐宋沂水县治今沂水县城区，今沂源县东里镇东安村西北有汉代故城遗址②，准之地望，当即汉晋盖县故城。

67(1) 艾山　《寰宇记》沂州新泰县："艾山，一名临乐山，在县东北三十里，沂水之所出也。"其山在今新泰市东北境、沂源县西南境，为沂河所出。

---

①　国家文物局主编：《中国文物地图集·江苏分册》，图版第 316—317 页、简介第 754 页。

②　国家文物局主编：《中国文物地图集·山东分册》，图版第 294—295 页、简介第 160 页。

67[2] 临沂县　郦注有。县治即今临沂市兰山区白沙埠镇诸葛城遗址。①

67[3] 开阳县　郦注有。县治即今临沂市兰山区启阳故城遗址。②

　　67.2 又东过襄贲县东，屈从县南西流，又屈南过郯县西，又南过良城县西，又南过下邳县西，南入于泗。

【释地】

67[4] 襄贲县　郦注承经而言。《方舆纪要》《清一统志》均以为在兰山县（今临沂市兰山区）西南一百二十里③，即约当今兰陵县长城镇附近。然此地在郯县（今郯城县北郊郯国故城遗址，参下条）正西，沂水无法如《水经》所言"过襄贲县东，屈从县南西流，又屈南过郯县西"。今按，《齐乘·古迹·城郭》："襄贲城与钟离城相对，俗讹作'凿城'。"今兰陵县东北郊有柞城村，"柞城"即"凿城"，村北有东周至汉代城址④，核诸地理，应即《水经》襄贲县故城。

67[5] 郯县　郦注承经而言。县治即今郯城县北郊郯国故城遗址。⑤

67[6] 良城县　郦注承经而言。《寰宇记》淮阳军下邳县："古良城，在今县北六十里良城。……汉为县，属东海郡。高齐天保七年省。"宋下邳县治今睢宁县古邳镇北，疑良城县故城在今邳州市炮

---

①　临沂市地名办公室：《山东省临沂市地名志》（内部本），第364—365页。

②　临沂市地名办公室：《山东省临沂市地名志》（内部本），第355—358页。

③　[清]顾祖禹：《读史方舆纪要》卷三三《沂州》；《大清一统志》卷一七七《沂州府·古迹》。

④　国家文物局主编：《中国文物地图集·山东分册》，图版第296—297页、简介第741—742页。

⑤　[清]叶圭绶：《续山东考古录》卷二〇《沂州府·郯城县》；常兴照：《郯城县郯国故城遗址》，载《中国考古学年鉴1991》，文物出版社1992年版，第211页；宋岩泉、陈希法：《郯国故城考古初论》，载杨玉金主编：《郯文化研究》，山东海天国际文化传播有限公司2002年版，第180—184页。

车镇一带。①

67[7] 下邳县 郦注承经而言。县治即今睢宁县古邳镇北下邳故城遗址,此地清康熙前恒为下邳县治。

67-1 泗 即泗水。见 66。

68. 洙水

今黄沟河。

68.1 洙水出泰山盖县临乐山,西南至卞县,入于泗。

【释地】

68[1] 盖县 见 67[1]。

68(1) 临乐山 《沂水注》:"郑玄云:(沂水)出沂山,亦或云临乐山。"杨疏:"此指《汉志》泰山郡盖临乐山,洙水所出云云。又沂水南至下邳入泗。郦氏盖以'又'字承上言,故谓沂水亦出临乐山也。"所言甚是。不过沂水与洙水源头并不相近,所出当非一山,这种理解恐怕是错误的,《汉志》此处应是说两水同出盖县境,临乐山为洙水所出而非沂水所出。《寰宇记》沂州新泰县:"艾山,一名临乐山,在县东北三十里,沂水之所出也。"则更是在郦注的理解上发挥,将临乐山指实在今新泰西北,殊不知此处与泗水流域根本不能通流,不可能为下入泗水的洙水之源。所以,《水经》临乐山应是指今泗河上游东北侧的山地,大约在今新泰市西南境。

68[2] 卞县 见 66[1]。

68-1 泗 即泗水,今泗河。见 66。

【考说】

郦注:"洙水西南流,盗泉水注之。水出卞城东北,卞山之阴。……洙水西南流于卞城西,西南入泗水乱流。"由之可知,郦注所指洙水,在卞城以北恒西南流,且并不紧靠卞城,推诸地理,以黄沟河当之,最为合适。

---

① 吕朋:《〈水经注〉校笺——以〈泗水〉、〈沂水〉、〈沭水〉等篇为中心》,复旦大学硕士学位论文,2013 年,第 33—34 页。

69. 沭水

今沭河。

69.1 沭水出琅邪东莞县西北山,东南过其县东,又东南过莒县东。

【释地】

69[1] 东莞县 《沂水注》有。《寰宇记》沂州沂水县:"县理城,本汉东莞县城也,南燕于此置团城镇,去东安郡三十里。……隋开皇十六年于此置沂水县。"宋沂水县治今沂水县城区,是知汉晋东莞县治亦在此。

69(1) 东莞县西北山 今沂水县北境山地。

69[2] 莒县 郦注承经而言。县治即今莒县城区莒国故城遗址。①

69.2 又南过阳都县,东入于沂。

【释地】

69[3] 阳都县 郦注有。县治即今沂南县砖埠镇孙家黄疃村北之阳都故城遗址。②

69-1 沂 即沂水,今沂河。见67。

【考说】

依地势,沭水入沂之地当更远在南方,不得在阳都东即入沂,此处疑有脱漏。

70. 巨洋水

今弥河。

70.1 巨洋水出朱虚县泰山,北过其县西,又北过临朐县东,又北过剧县西,又东北过寿光县西,又东北入于海。

---

① 邵立均、刘树芬:《莒国故城说略》,载中国先秦史学会、政协莒县委员会编:《莒文化研究文集》,山东人民出版社2002年版,第204—210页;曲英杰:《史记都城考》,商务印书馆2007年版,第417—419页。

② 徐淑彬:《山东沂南阳都故城考古调查》,《东南文化》1993年第1期。

【释地】

70[1] 朱虚县 郦注有。《括地志》:"朱虚故城在青州临朐县东六十里。"《寰宇记》青州临朐县:"朱虚故城,汉为县,在今县东六十里古城是。"嘉靖《临朐县志·杂志》:"朱虚城。……今庙山社有遗迹,土人疑为古朱虚城。"《清一统志·青州府·古迹》:"《旧志》:'今县东北庙山社有遗址,土人犹呼为城头。'"唐宋临朐县治今山东临朐城区,庙山社城头即今柳山镇城头村,方位、里距与《括地志》《寰宇记》合,汉晋朱虚故城当在此。

70(1) 泰山 今山名同。

70[2] 临朐县 郦注有。临朐县今存,史书地志不载县治迁徙,参之以郦注所记前后山川,可定汉晋临朐县治于今临朐县城区。

70[3] 剧县 郦注有。县治即今寿光市纪台镇纪台村纪国故城遗址。

70[4] 寿光县 郦注有。县治即今寿光市洛城镇中心牟城村东北牟城故城遗址。

71. 淄水

今淄河。

71.1 淄水出泰山莱芜县原山,又东北过临淄县东,又东过利县东,又东北入于海。

【释地】

71[1] 莱芜县 郦注有。《齐乘·古迹·城郭》:"(莱芜故城在)般阳东南六十里。"《续山东考古录·青州府·博山县》:"莱芜县故城在东五十五里城子庄,亦名古城庄。"元般阳县治今山东省淄博市淄川区城区,《水经》莱芜县治即今淄博市淄川区淄河镇城子村莱芜故城遗址。[①]

71(1) 原山 见65(1)。

---

① 国家文物局主编:《中国文物地图集·山东分册》,图版第160—161页、简介第120页。

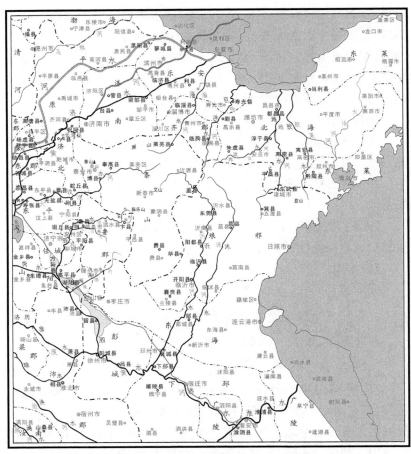

图 8　河水下游、济水下游、泗水流域诸水、汶水、淄水及以东诸水图

71〔2〕临淄县　郦注有。县治即今淄博市临淄区齐都镇临淄齐故城遗址。①

71〔3〕利县　见10〔24〕。

72. 汶水

今潍汶河。

72.1 汶水出朱虚县泰山，北过其县东，又北过淳于县西，又东北入于潍。

【释地】

72〔1〕朱虚县　见70〔1〕。

72(1) 泰山　今山名同。

72〔2〕淳于县　郦注承经而言。《括地志》："淳于国在密州安丘县东北三十里。"②《齐乘·古迹·城郭》："淳于城。安丘东北，潍、汶二水交处，古有此城。"唐、元安丘县皆治今安丘市区，准之地望，淳于故城即今潍坊市坊子区黄旗堡街道杞城故城遗址。③

72-1　潍　即潍水，今潍河。见73。

73. 潍水

今潍河。

73.1 潍水出琅邪箕县，东北过东武县西，又北过平昌县东，又北过高密县西，又北过淳于县东，又东北迳都昌县东，又东北入于海。

【释地】

73〔1〕箕县　《寰宇记》密州莒县："箕。汉县……今按箕山在今县北八十里，箕县盖因山以为名。今故城在县东北一百余里，其山在潍水之西是也。"观其行文，似已失箕县故城确址。《齐乘·古迹·城

---

① 有关临淄齐故城的研究成果较多，参山东省文物考古研究所编著：《临淄齐故城》，文物出版社2013年版。

② 〔唐〕李泰等著，贺次君辑校：《括地志辑校》卷三《密州·安丘县》。

③ 国家文物局主编：《中国文物地图集·山东分册》，图版第218—219页、简介第321页。

郭》:"箕城。莒州东北百里。"似亦为约数而非确指。不过据两书仍可知箕县故城约在今山东莒县东北至五莲县一带。郦注:"潍水导源潍山……东北迳箕县故城西,又西,析泉水注之,水出析泉县北松山,东南流迳析泉县东,又东南迳仲固山东,北流入于潍。……潍水又东北迳诸县故城西。"诸县故城,《寰宇记》密州诸城县:"汉诸城,汉旧县,西南三十里。"《齐乘·古迹·城郭》:"古诸城,密州西南三十里。"宋元诸城县治今诸城市区,准之地望,诸县故城即今诸城市枳沟镇桥庄村诸城故城遗址。① 比对其南之潍河水系可知,郦注潍水正源为今五莲县之洪凝河,而析泉水指自莒县流入五莲县之淮河,今墙夼水库附近多有以"仲崮"为名之地,该处山地即仲固山。今五莲县城北郊洪凝河东岸赵家郭村、大郭村附近,有汉代故城遗址一座,当地称为"昆山县故城"②,准之地望,此城当是汉晋箕县故城。

73[2] **东武县** 郦注承经而言。县治即今诸城市区东之东武故城遗址。③

73[3] **平昌县** 郦注有。县治即今诸城市石桥子镇都吉台村西之平昌故城遗址。④

73[4] **高密县** 郦注有。县治即今高密市井沟镇城后刘家庄村南之城阴城遗址。⑤

73[5] **淳于县** 见72[2]。

73[6] **都昌县** 郦注有。县治即今昌邑市区都昌故城遗址。⑥

---

① 国家文物局主编:《中国文物地图集·山东分册》,图版第222—223页、简介第339页。

② 五莲县地名委员会办公室:《山东省五莲县地名志》,海潮出版社1990年版,第338页。

③ [清]叶圭绶:《续山东考古录》卷一七《青州府·诸城县》;国家文物局主编:《中国文物地图集·山东分册》,图版第216—217页、简介第319页。

④ [清]叶圭绶:《续山东考古录》卷一七《青州府·诸城县》;国家文物局主编:《中国文物地图集·山东分册》,图版第216—217页、简介第316页。

⑤ [清]叶圭绶:《续山东考古录》卷一四《莱州府·高密县》;李储森:《山东高密城阴城调查简报》,《考古与文物》1991年第5期。

⑥ [清]叶圭绶:《续山东考古录》卷一三《莱州府·昌邑县》;国家文物局主编:《中国文物地图集·山东分册》,图版第210—211页、简介第346页。

74. 胶水

今胶河-北胶莱河。

74.1 胶水出黔陬县胶山,北过其县西,又北过夷安县东,又北过当利县西,北入于海。

【释地】

74[1] 黔陬县 郦注有。《寰宇记》密州诸城县:"秦黔陬故城。……按《郡国县道记》:'黔陬,秦新置,在今郡东北一百一十里东陬故城是也。'古介国也。后自此移县于胶水西,去故城三十里,时人谓之东西二城。其西黔城,在州东北九十五里。"《齐乘·古迹·城郭》:"黔陬城。高密县西六十里。……后移县于胶水西,相去三十里,谓之东、西二城。"或以今胶州市李岔镇董家庄之牧马城当黔陬故城①,然笔者以为非:据郦注,胶水北流,先逕祝其、扶两故城,方至黔陬,牧马城距胶水源太近,其南难以再容两县故城;西黔陬城在今胶河西之胶州市铺集镇黔陬村无疑,牧马城在其东南,亦不足三十里之数。今胶州市杜村镇赵家城献村西有古城遗址一座,其中有汉代遗存,一说即黔陬故城。② 按:"城献"之名或是"城县"之转写,其地在胶水东,西去西黔陬正三十里,当即黔陬县故城所在。

74(1) 胶山 《寰宇记》密州诸城县:"胶山,一名五弩山,胶水之所出,今郡东南九十里。"《清一统志·青州府·山川》:"五弩山,在诸城县东南三十里。"即今诸城市东南境山地。

74[2] 夷安县 郦注承经而言。《括地志》:"密州高密县,古夷安城。"③《寰宇记》密州高密县:"县理夷安县城之东南外城,即夷安城也。"唐宋高密县治今高密市区,则此即夷安县故城所在。

74[3] 当利县 《寰宇记》莱州掖县:"在今莱州西南三十六里

---

① [清]叶圭绶:《续山东考古录》卷一四《莱州府·胶州》;国家文物局主编:《中国文物地图集·山东分册》,图版第152—153页、简介第91页。

② 胶县地名委员会:《山东省胶县地名志》(内部本),1984年,第145、250页。

③ [唐]李泰等著,贺次君辑校:《括地志辑校》卷三《密州·高密县》。

有当利故城。"《齐乘·古迹·城郭》:"当利城。莱州西南四十里。汉当利县,至高齐废。"宋元掖县治今莱州市区,准之地望,当利县故治当即今莱州市沙河镇路旺侯家村西之当利故城遗址。①

第四节　沔潜两水篇

75. 沔水

今沮水-汉江。

75.1 沔水出武都沮县东狼谷中。

【释地】

75[1] 沮县　郦注有,但不载其确址。县治疑在今陕西勉县茶店镇附近。②

75(1) 东狼谷　或指今留坝县紫柏山南麓之山前谷地。③

75.2 又东过南郑县南,又东过城固县南。

【释地】

75[2] 南郑县　郦注承经而言。县治在今汉中市区。

75[3] 城固县　郦注有。县治当即今城固县城关镇大草坝村之汉代城址。④

75.3 又东过魏兴安阳县南,浕水出自旱山北注之。又东过西城县南,又东过堵阳县,堵水出自上粉县,北流注之。又东

---

① 国家文物局主编:《中国文物地图集·山东分册》,图版第 196—197 页、简介第 241 页。

② 鲁西奇:《城墙内外——古代汉水流域城市的形态与空间结构》,第 9 页。

③ 张修桂:《〈水经·沔水注〉襄樊-武汉河段校注与复原——附:〈夏水注〉校注与复原(上篇)》,载《历史地理》第二十五辑,上海人民出版社 2011 年版,第 1—28 页。

④ 鲁西奇:《城墙内外——古代汉水流域城市的形态与空间结构》,第 21 页。

过郧乡县南,又东北流,又屈东南,过武当县东北,又东南迳涉都城东北。

【释地】

75[4] 安阳县 郦注云,在汉水纳直水(今池河)之前,"东历敷头,旧立仓储之所,傍山通道,水陆险凑",其地为"魏兴安康县治"。《寰宇记》金州汉阴县:"有安阳故城,在今县西二十四里,即今敷口东十五里,汉江之北故城是也,晋太康元年更名安康县。"是敷头之地当即《水经》安阳县治所在,疑在今石泉县城东。①

75-1 浐水 今牧马河。见103。

75(2) 旱山 今米仓山。

75[5] 西城县 郦注有。县治当即今安康市北郊、汉水北岸中渡台之秦汉时期遗址。②

75[6] 堵阳县 郦注有。疑在今湖北省十堰市郧阳区柳陂镇堵河村之韩家洲上。③ 此处有大型汉代遗址。④

75-2 堵水 今堵河。

75[7] 上粉县 《粉水注》有,载为粉水所迳。《寰宇记》房州房陵县:"粉城,因粉水为名。"此盖即上粉县故城。粉水即今南河(参79),其水有两源:一为源自今神农架林区之关门河-粉青河,一为源自今房县之马栏河。《水经》粉水虽取马栏河为源,但粉青河依旧可以受粉水之名。堵河与粉青河均源自神农架,上粉县应就在这一带的粉青河侧。今神农架林区粉青河畔之阳日镇位置冲要,其侧复有

---

① 参鲁西奇:《城墙内外——古代汉水流域城市的形态与空间结构》,第25页。按《中国历史地图集》第二册与第三册所定安阳(安康)县地点不同,然皆误。
② 鲁西奇:《城墙内外——古代汉水流域城市的形态与空间结构》,第21页。
③ 晏昌贵:《丹江口水库区域历史地理研究》,科学出版社2007年版,第38—40页。
④ 《南水北调工程丹江口水库郧县淹没区考古调查》,《江汉考古》1996年第2期。

面积达一平方千米之汉墓群①,疑即上粉县所在。

75[8] **鄀乡县** 郦注有。或即今十堰市郧阳区城区之小西关遗址。②

75[9] **武当县** 郦注有。县治当即今丹江口市均县镇西北丹江口水库中均县老城附近。③

75[10] **涉都城** 郦注承经而言。今址无确考,准之地望,当在今丹江口市区西北、汉江西岸。

【考说】

沔水自汉中盆地东入山,直至今湖北省丹江口市出山,进入南襄盆地,其间多峡谷地形,流路基本与今汉水同。只有在十堰市郧阳区堵河口附近,《水经》沔水主泓应从今韩家洲北通过,而韩家洲可能尚与西南岸毗连,堵水在其东入沔,形势与今不同。

> 75.4 又东南过鄾县之西南,又南迳谷城东,又南过阴县之西,又南过筑阳县东,筑水出自房陵县,东过其县南流注之。又东过山都县东北,又东过襄阳县北,又从县东屈西南,淯水从北来注之。

【释地】

75[11] **鄾县** 郦注有。正德《光化县志·官署》:"县治在古鄾城内西南隅。"同书《古迹》:"鄾城,汉萧何所封之邑,故址惟存二墩,在县前。"万历《襄阳府志·城池·光化县》:"隆庆六年……卜地三里桥,依阴城镇为新城。"光绪《光化县志·艺文》录万历三年胡价《迁城记》:"曩故有城,西面迫临汉水,屡遭横涛冲突……当事者重以为忧,议迁之善地,因相山川所宜,离故城三里许,曰北集街。……遂定议城之计……越三年而城成。"胡氏所议即隆庆迁城,

---

① 国家文物局主编:《中国文物地图集·湖北分册》,图版第252—253页、简介第604页。
② 鲁西奇:《城墙内外:古代汉水流域城市的形态与空间结构》,第39页。
③ 晏昌贵:《丹江口水库区域历史地理研究》,第31—33页;鲁西奇:《城墙内外:古代汉水流域城市的形态与空间结构》,第39—41页。

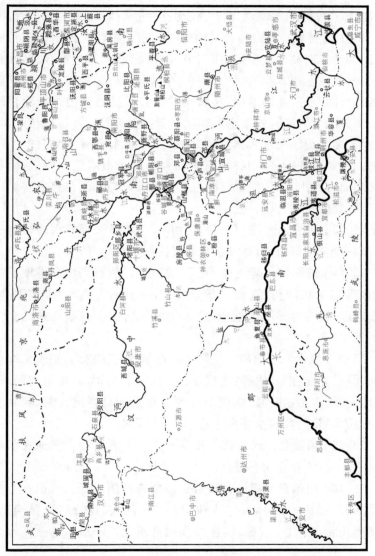

图 9　大江中游、沔水流域诸水、江河间诸水图

迁后之城即今老河口市光化街道老县城,其地原称三里桥,正德《光化县志·桥梁》云:"三里桥,在县东北四里。"据此,隆庆迁治之前之光化县城即酂县故城,在今老河口市光化街道韩巷村西南之汉江岸附近。

75[12] 谷城　《水经》:"又南过谷城东。"郦注:"沔水东迳谷城南,而不迳其东矣。城在谷城山上……堨阏颓毁,基堑亦存。"《元和志》襄州谷城县:"本春秋时谷国……今县北十五里故谷城是也。"唐谷城县治即今址,准之地望,谷城当在今谷城县城关镇刘家沟村附近山中。此处周围有先秦至六朝遗址及墓葬多所。① 谷城在此,与《水经·沔水》及《粉水》篇合,但郦注言"沔水东迳谷城南",却并不相符。若如郦注所言,则谷城只能在今老河口市南王府洲上,但谷城北山尚有谷山之名,而王府洲上并无山丘可与郦注自言之谷城山相应,疑此处郦注有误。

75[13] 阴县　郦注有。今址无确考,据郦注所示水地相对位置,当在今老河口市南,谷城县东北之汉江东岸。

75[14] 筑阳县　郦注有。《元一统志》:"故筑阳城在谷城县东四里,东临汉江,西临筑水。"万历《襄阳府志·古迹》:"废筑阳县。县东四里,汉为县。"准之地望,筑阳县故城当在今谷城县东郊夹河洲附近。

75-3　筑水　今南河。筑阳县因在筑水之阳得名,则筑水即今南河无疑,如此亦与《水经》之载合。今南河有马栏河、粉青河两源,《水经》云筑水出房陵县,则当取今源自房县的马栏河为源,则其源流与《粉水》篇所载粉水完全一致,是一水两名。

75[15] 房陵县　郦注有。其后身即今湖北房县。据地志所载其县沿革,县治在今房县城区。

75[16] 山都县　郦注:"沔水又南迳高亭山。(熊疏:山在今谷城县南五里。)……沔水又东为漆滩。……沔南有固城,城侧沔川,即新野山都县治也。(杨疏:在今襄阳县西北八十里。)……沔水又

---

① 国家文物局主编:《中国文物地图集·湖北分册》,图版第 138—139 页、简介第 91—94 页。

东,偏浅,冬月可涉渡,谓之交湖。……沔水又东迳乐山北。(熊疏:《襄阳县志》在县西北五十五里。)"以诸水地之相对位置推之,山都县故城当在今谷城县庙滩镇一带。

75[17] 襄阳县 郦注有。县治在今襄阳市襄城区襄阳故城西。①

75-4 淯水 今白河。见84。

75.5 又东过中庐县东,淮水自房陵县淮山,东流注之。又南过邔县东北,又南过宜城县东,夷水出自房陵县,东流注之。

【释地】

75[18] 中庐县 据郦注,沔水流经中庐县故城东之前,先纳襄阳湖水与洞水,襄阳湖水必须流经岘山之南。《括地志》:"中庐在义清北二十里。本春秋时庐戎之国也,秦谓之伊庐,汉为中庐县。"②《元和志》襄州义清县:"东北至州五十八里。……中庐故县,在今县北二十里。"《旧唐志》襄州义清县:"旧治柘林,永徽元年,移治清良。"《寰宇记》襄州中庐县(按:即义清县更名):"(在襄州)西南五十八里。……唐贞观二年自今县东北三十里移于今所,在州西五十三里。"《元和志》《寰宇记》所载之义清(中庐)县治即今南漳县九集镇旧县铺。《旧唐志》《寰宇记》所载之县治迁徙年代有异,这涉及成书于贞观二年至永徽元年之间之《括地志》所载中庐故城究竟在旧县铺北二十里还是旧县铺东北三十里处义清旧城之北二十里之问题。以郦注所示地理情况量之,若取后者,则中庐故城难以处于襄阳湖水之南,且《元和志》所载与《括地志》同,则取前者、认为《寰宇记》贞观二年迁县治之载可信,显然要更加合适。若然,中庐故城也不会在旧县铺之正北,而应在偏东北方更靠近沔水之处才合理,大约在今襄阳市襄城区欧庙镇西。兹权定于卸甲山村一带。

75-5 淮水 《汉志》汉中郡房陵县:"淮山,淮水所出,东至中

---

① 参曲英杰:《水经注城邑考》,中国社会科学出版社2013年版,第437—456页。

② [唐]李泰等著,贺次君辑校:《括地志辑校》卷四《襄州·义清县》。

庐入沔。"是《水经》所本。郦注以今潼口河当淮水,然潼口河甚短,房陵县几乎不可能辖至潼口河源一带,以潼口河当淮水并不合适。① 颇疑《汉志》所载之淮水,实指《水经》之夷水,即今蛮河。此水发源地合在房陵东境,而东流至中庐、宜城县境入沔水。《水经》此处恐系简单因袭《汉志》关于淮水的记载,故导致淮水与夷水重出,是一水兼两名。

75(2)淮山 沮水(见97)亦出淮山,则淮山为今蛮河、沮河发源之山,即今保康县南境山地。

75[19]邔县 郦注有。县治在今宜城市北、汉江北岸,此为汉水故道之西南岸。②

75[20]宜城县 郦注有。县治即今宜城市郑集镇东楚皇城遗址。③

75-6 夷水 郦注:"夷水,蛮水也。"即今蛮河。

　　75.6 又东过荆城东,又东南迳江夏云杜县东,夏水从西来注之。又南至江夏沙羡县北,南入于江。

【释地】

75[21]荆城 郦注承经而言。《舆地纪胜·郢州·景物》:"(荆)城在长寿县南七十里,滨汉江。"宋长寿县治今钟祥市区,今钟祥市石牌镇荆台村西有汉代城址④,准之地望,即荆城所在。荆台村即荆城名之孑遗。⑤

---

① 张修桂:《〈水经·沔水注〉襄樊-武汉河段校注与复原——附:〈夏水注〉校注与复原(上篇)》,载《历史地理》第二十五辑,第1—28页。
② 张修桂:《〈水经·沔水注〉襄樊-武汉河段校注与复原——附:〈夏水注〉校注与复原(上篇)》,载《历史地理》第二十五辑,第1—28页。
③ 黄盛璋:《关于湖北宜城楚皇城遗址及其相关问题》,《江汉学报》1963年第9期;王仁湘、郭德维、程欣仁:《湖北宜城楚皇城勘查简报》,《考古》1980年第2期。
④ 国家文物局主编:《中国文物地图集·湖北分册》,图版第206—207页、简介第397页。
⑤ 钟祥县地名领导小组办公室:《湖北省钟祥县地名志》(内部本),第403页。

75[22] 云杜县 郦注承经而言。云杜县在汉晋之间曾迁址，旧治今京山市城区，新治今仙桃市西。① 《水经》及郦注所言，皆迁治以后之城。② 兹权以仙桃市剅河镇范关村北之六朝城址③ 当之。

75-7 夏水 见99。

75[23] 沙羡县 见104[23]。

75-8 江 即江水，今长江。见104。

　　75.7 沔水与江合流，又东过彭蠡泽，又东北出居巢县南，又东过牛渚县南，又东至石城县，分为二：其一东北流，其一又过毗陵县北，为北江。又东至会稽余姚县，东入于海。

【释地】

75-9 彭蠡泽 今鄱阳湖前身，湖域与今鄱阳湖有所差别。④

75[24] 居巢县 郦注承经而言。县址歧说颇多，不过，根据史书对汉末三国时期一些军事活动的记载，可以判断其地应在距濡须口（今安徽无为北）不远的巢湖侧。⑤ 今安徽巢湖烔炀镇唐嘴村南巢湖近岸处有唐家嘴遗址，有丰富之先秦至汉代遗存，且有城郭遗迹，或疑即居巢故城所在⑥，今从。

75[25] 牛渚县 县名他书不载。牛渚为圻名，亦为城名，为六朝之军事重镇，在今马鞍山市采石矶。但此处在江水北流之道以

---

① 谭其骧：《云杜》，转引自张修桂：《〈水经·沔水注〉襄樊-武汉河段校注与复原——附〈夏水注〉校注与复原（下篇）》，载《历史地理》第二十六辑，上海人民出版社2012年版，第18页。

② 谭其骧认为云杜县迁徙在两晋之间，并以今本《水经》记云杜县之句为郦注。笔者认为此句为经文无疑，云杜县之迁徙可能早在汉魏之际。

③ 国家文物局主编：《中国文物地图集·湖北分册》，图版第246—247页、简介第593页。

④ 参邹逸麟、张修桂主编：《中国历史自然地理》，第358—370页。

⑤ 崔思棣、崔恒生：《古巢国地望考辨》，《安徽大学学报（哲学社会科学版）》1984年第4期；刘筱红：《巢国考》，《华中师范大学学报（哲学社会科学版）》1987年第2期。

⑥ 王心源、何慧、钱玉春等：《从环境考古角度对古居巢国的蠡测》，《安徽师范大学学报（自然科学版）》2005年第1期。

东,《水经》云"过牛渚县南",与之不符。按:郦注对"牛渚县"不置一辞,但言"牛渚"之方位,颇疑郦氏所见之本但作"牛渚"而无县字,而"南"字也可能是"西"字之误。今暂存而不释。

75[26] 石城县 郦注有。《汉志》丹阳郡石城:"分江水,首受江,东至余姚入海。"据地势,江水枝分东出,只能在今芜湖至当涂一带,石城县当在此附近。《舆地纪胜·太平州·景物》:"石城山,在当涂县东二十里。有石环绕如城。山高十丈,唐罗泰有《石城记》,周成王时,楚熊绎受封于此。"宋当涂县治即今址,石城山即今马鞍山市博望区丹阳镇西之山地,疑汉石城县治在此。

75[27] 毗陵县 县治在今江苏常州市城区。

75[28] 余姚县 郦注有。县治在今浙江余姚市城区。

76. 潜水

今巴水河-巴江-渠江。

76.1 潜水出巴郡宕渠县,又南入于江。

【释地】

76[1] 宕渠县 郦注有。县治即今四川渠县土溪镇东之城坝遗址。①

【考说】

潜水与涔水可能存在某种对应关系(见第三章第一节),故潜水取源,宜与涔水直对为宜。今巴水河源与牧马河相近且相直对,宜以为《水经》潜水源。

第五节 南阳诸水篇

77. 湍水

今湍河。

---

① 刘化石:《四川渠县城坝遗址 2005 年发掘简报》,《四川文物》2006 年第 4 期。

77.1 湍水出郦县北芬山,南流过其县东,又南过冠军县东,又东过白牛邑南,又东至新野县,东入于淯。

【释地】

77[1] 郦县 郦注有。县治即今河南内乡县赵店乡郦城村郦县故城遗址。①

77(1) 芬山 当指今内乡县北境伏牛山区。

77[2] 冠军县 郦注有。县治即今邓州市张村镇冠军村冠军故城遗址。②

77[3] 白牛邑 郦注有。即今邓州市白牛乡白牛故城遗址。③

77[4] 新野县 见 84[5]。

77-1 淯 即淯水,今白河。见 84。

78. 均水

今老鹳河-丹江。

78.1 均水出淅县北山,南流过其县之东,又南当涉都邑北,南入于沔。

【释地】

78[1] 淅县 郦注有。县治即今河南西峡东北郊白羽城遗址。④

78(1) 淅县北山 盖指今淅县北、卢氏县东南之伏牛山地。

78[2] 涉都邑 即涉都城。见 75[10]。

78-1 沔 即沔水,今汉江。见 75。

---

① 内乡县地名办公室:《内乡县地名资料汇编》(内部本),第 61 页。
② 南阳地区地方史志编纂委员会:《南阳地区志》下册,河南人民出版社 1994 年版,第 212—213 页。
③ 国家文物局主编:《中国文物地图集·河南分册》,图版第 230—231 页、简介第 559 页;鲁西奇:《城墙内外:古代汉水流域城市的形态与空间结构》,第 110 页。
④ 周维衍:《河南西峡县古城遗址的考证》,《考古》1961 年第 8 期;徐少华:《〈水经注·丹水篇〉错简考订——兼论古析县、丹水县的地望》,《中国历史地理论丛》1988 年第 4 期。

79. 粉水

今南河。

79.1 粉水出房陵县,东流过郢邑南,又东过谷邑南,东入于沔。

【释地】

79[1] 房陵县 见 75[15]。

79[2] 郢邑 今谷城县城关肖家营村有张飞城遗址,年代为战国至汉,面积约 52.5 万平方米①,疑即郢邑。

79[3] 谷邑 即谷城。见 75[12]。

79-1 沔 即沔水,今汉江。见 75。

【考说】

万历《襄阳府志·山川》:"粉青河,一名粉水,在(谷城)县南。"《襄阳府志·山川》:"粉水,俗名南河。"粉青河即今南河上游,而自今房县(《水经》房陵县)境东流至谷城(《水经》谷邑)入汉水之水亦仅有南河(今北河自房县东北境东流至谷城入汉水,不过北河本系南河支流,直至 1974 年方改道直入汉水②,故不宜当粉水),此即粉水无疑。

《水经》粉水源自房陵,当指流经今房县之马栏河。郦注则云粉水源自上粉县,是以今粉青河为源,与郦注不同。

80. 白水

今刁河。

80.1 白水出朝阳县西,东流过其县南,又东至新野县南,东入于淯。

---

① 国家文物局主编:《中国文物地图集·湖北分册》,图版第 138—139 页、简介第 92 页。
② 《中国河湖大典》编纂委员会编著:《中国河湖大典·长江卷》,中国水利水电出版社 2013 年版,第 559 页。

【释地】

80[1] 朝阳县 《淯水注》有。县治即今湖北省襄阳市襄州区石桥镇朱杨村东南之朝阳城遗址。①

80[2] 新野县 见 84[5]。

80-1 淯 即淯水,今白河。见 84。

【考说】

今刁河流经朝阳城遗址北,与《水经》载白水流经朝阳县南有差异,待考。

81. 沘水

今泌阳河-唐河。

81.1 沘水出比阳东北太胡山,东南流迳其县南,泄水从南来注之。又东至新野县,南入于淯。

【释地】

81[1] 比阳 即比阳县。郦注有。《寰宇记》唐州比阳县:"后魏置东荆州于汉比阳故城,又为淮州。隋改为显州,因显望岗为名。唐贞观元年改为唐州。今县理,即州故城。"唐宋比阳县系汉比阳县原址,治即今泌阳县城,城内有比阳故城遗址。②

81(1) 太胡山 郦注:"太胡山在比阳北如东三十余里,广圆五六十里。"准之地望,即今泌阳县东北白云山。

81-1 泄水 郦注疑《水经》因寿春之沘泄而误附泄水于此,有理。不过若欲指实《水经》此处之泄水,则可以今马谷田河当之。

81[2] 新野县 见 84[5]。

81-2 淯 即淯水,今白河。见 84。

---

① 国家文物局主编:《中国文物地图集·湖北分册》,图版第 134—135 页、简介第 76 页;王先福、余桥:《襄阳地区汉代南阳郡治所属县初考》,《江汉考古》2014 年第 3 期。

② 国家文物局主编:《中国文物地图集·河南分册》,图版第 198 页、简介第 457 页。

【考说】

于理而言，沘水既出比阳东北，则必须西南流方能过其县南，而非东南流。考诸地理，确实如此。《水经》作"东南流"沘水，显误。《汉志》比阳县下注引应劭曰"比水所出，东入蔡"，恐与《水经》此处错误有渊源关系。

沘水西南流至新野县，非"东至"，应系袭上文而误。

82. 淮水

今淮河。

82.1 淮水出南阳平氏县胎簪山，东北过桐柏山，又东过江夏平春县北。

【释地】

82[1] 平氏县　郦注承经而言。《元和志》唐州平氏县："东北至州七十里。……后魏于平氏故城重置。"唐唐州治比阳县，在今河南泌阳城关，其西南七十里当今桐柏县平氏镇，即汉晋平氏县故城所在。

82(1) 胎簪山　今桐柏山太白顶，别名胎簪山，淮水出其下。

82(2) 桐柏山　今山名同。

82[2] 平春县　《水经》："(淮水)又东过江夏平春县北。"郦注："淮水又东，油水注之。水出县西南油溪，东北流迳平春县故城南。……油水又东曲，岸北有一土穴，径尺，泉流下注，沿波三丈，入于油水，乱流南屈，又东北注于淮。"油水即今自湖北随县至河南信阳入淮之游河，平春县故城在游河于今信阳市狮河区吴家店镇西北东屈南转之前之北侧，其地有地名王子城(属湖北随县)。按：汉章帝封子全为平春王，都平春，王子城之名或与之有关。若然，则平春县治或即在王子城。

82.2 又东迳新息县南，又东过期思县北，又东过原鹿县南，汝水从西北来注之。又东过庐江安风县东北，决水从北来注之。又东北至九江寿春县西，沘水、泄水合北注之。又东，颍水从西北来流注之。又东过寿春县北，肥水从县东北流注之。

又东过当涂县北，涡水从西北来注之，又东过钟离县北。

【释地】

82[3] 新息县 郦注："淮水东迳故息城南。……淮水又东迳新息县故城南。应劭曰：息后徙东，故加新也。……外城北门内有新息长贾彪庙。"故息城即春秋息国故城，即今息县西南的青龙寺古城遗址。① 据郦注，新息县故城尚在其东。《元和志》蔡州新息县："贾君祠，在县北一里。名彪，字伟节，后汉时为新息长。"此即郦注贾彪庙，可知郦注新息故城即唐新息县治，亦即今息县城区。然《后汉书》李贤注云："新息，县名，属汝南郡，故城在今豫州新息县西南也。"②《元和志》蔡州新息县亦云"新息故城，在县西南一十里"，似又以故息城为新息县故治所在。按：郦注引应劭语（见上）、《汉志》颜师古注引孟康语（"新息，故息国，其后徙东，故加新云"）③皆以为新息因在古息国之东而得名，甚为合理；且若新息治故息城，则前述新息长贾彪庙似无由立于"新息县故城"北。是此处仍当信从郦注，以汉晋新息县治今息县城区为宜。

82[4] 期思县 郦注承经而言。县治即今淮滨县期思镇期思故城。④

82[5] 原鹿县 见 54[8]。

82-1 汝水 今汝河。见 54。

82[6] 安风县 《清一统志·颍州府·古迹》："安风废县，在霍邱县西南二十里。"今安徽霍邱县城西湖乡许集村有故城遗址，或以为即安风故城⑤，可从。

---

① 陈昌远：《古息国考辨》，《史学月刊》1990 年第 6 期；徐少华：《息国铜器及其历史地理分析》，《江汉考古》1991 年第 2 期。
② 《后汉书》卷一七《贾复传》"其秋，南击召陵、新息，平定之"下。
③ 《汉书》卷二八上《地理志上》汝南郡新息县下。
④ 李绍曾：《期思古城遗址调查》，《中原文物》1983 年特刊。
⑤ 霍邱县地方志编纂委员会编：《霍邱县志》，中国广播电视出版社 1992 年版，第 676 页。

82-2　决水　今史河。见92。

82[7] 寿春县　郦注有。县治即今寿县东南郊寿春城遗址。①

82-3　沘水　今淠河。见93。

82-4　泄水　今汲河。见94。

82-5　颍水　今颍河。见55。

82-6　肥水　今东淝河。见95。

82[8] 当涂县　郦注："淮水自莫邪山,东北迳马头城北,魏马头郡治也,故当涂县之故城也。"马头城今仍存,在蚌埠市禹会区马城镇,其地即《水经》当涂县治所在。

82-7　涡水　即蒗荡渠,今涡河。见59。

82[9] 钟离县　郦注承经而言。县治即今凤阳县板桥镇钟离故城遗址。②

【考说】

今决河自南向北流入淮河,与《水经》此处载决水自北入淮有差异。按:《决水》篇亦载决水自南向北入淮,疑《淮水》篇此处误。

82.3　又东北至下邳淮阴县西,泗水从西北来流注之。又东过淮阴县北,中渎水出白马湖,东北注之。又东,两小水流注之。又东至广陵淮浦县,入于海。

【释地】

82[10] 淮阴县　郦注有。县治当即今江苏淮安淮阴区码头镇东北之甘罗城遗址。③

82-8　泗水　今泗河。见66。

82-9　中渎水　中渎水本是邗沟别称,即今里运河。不过此处特指白马湖注淮水道。据郦注,白马湖水上承中渎水,而下注于淮,其水道今不可考,大致自今白马湖东北,经淮安市楚州区东南而

---

① 丁邦钧:《寿春城考古的主要收获》,《东南文化》1991年第2期。
② 安徽省地方志编纂委员会:《安徽省志·文物志》,第34—35页。
③ 荀德麟:《淮阴故城考略》,《江苏地方志》2013年第3期。

入淮。

82-10 白马湖 今白马湖。

82-11·12 两小水 郦注以凌水当其一，或是，其水当于今涟水县境入淮，今无对应河流。另一水则无考。

82[11] 淮浦县 郦注有。县治疑在今淮安市淮安区宋集乡土城村。①

【考说】

此段淮河自今淮安市东北经涟水县南，至今响水县南入于海。

83. 㶟水

今沙河。

83.1 㶟水出南阳鲁阳县西之尧山，东北过颍川定陵县西北。

【释地】

83[1] 鲁阳县 鲁阳县后身即今河南鲁山，史书地志不载县治迁徙。郦注："㶟水又东迳鲁阳县故城南……㶟水右合鲁阳关水，水出鲁阳关外分头山横岭下夹谷，东北出，入㶟。㶟水又东北合牛兰水。水发县北牛兰山，东南迳鲁阳城东……牛兰水又东南，与柏树溪水合。水出鲁山北峡谷中，东南流迳鲁山西，而南合牛兰水。又东南迳鲁山南……水南注于㶟。"鲁阳关水出鲁阳关（今鲁山县瀼河乡鲁阳关），即今瀼河；鲁山即今露峰山（又名鲁山坡）；牛兰水即今大浪河，柏树溪水即今连沟河。连沟河于今露峰山西南汇入大浪河，大浪河于此前先过鲁阳故城东，则鲁阳故城当在今鲁山县城区北侧。此处有古城址②，应即《水经》鲁阳县治所在。

83(1) 尧山 即今鲁山县尧山。

83[2] 定陵县 见54[4]。

---

① 周运中：《汉代县治考·江淮篇》，载《秦汉研究》第四辑，陕西人民出版社2010年版，第163—164页。

② 国家文物局主编：《中国文物地图集·河南分册》，图版第88—89页、简介第90页。

83.2 又东过郾县南,东注于汝。

【释地】

83[3] 郾县　见54[5]。

83-1 汝　即汝水。见54。

【考说】

郦注:"于定陵城北,东入汝。郾县在南,不得过。"今沙河于平顶山市东入北汝河,其地正在"定陵城北"。不过此处地势平夷,河流存在改道可能,《水经》的描述完全可能是准确的。若然,则当时滍水当自今沙河入汝处沿今北汝河河道东流,至今漯河市区西而东南出,改循今澧河下游而东流,至漯河市区乃入汝。至于汝水,则当在襄城县东就东出,沿今吴公河东南流,再南至漯河市区而纳滍水。

84. 淯水

今白河。

84.1 淯水出弘农卢氏县攻离山,东南过南阳西鄂县西北,又东过宛县南,又屈南过淯阳县东,又南过新野县西,又西南过邓县东,南入于沔。

【释地】

84[1] 卢氏县　见38[2]。

84(1) 攻离山　《方舆纪要》南阳府内乡县:"郡志云:淯水出嵩县双鸡岭。'双鸡'盖'攻离'之讹也。"按:"双"与"攻"、"鸡(雞)"与"离(離)"并形似,此说宜是。今白河出河南嵩县、栾川、西峡三县交界处之伏牛山主峰鸡角尖东,鸡角尖或即攻离山(双鸡岭)之具体所指。

84[2] 西鄂县　郦注有。县治即今河南南阳卧龙区石桥镇西南西鄂县故城遗址。①

---

① 国家文物局主编:《中国文物地图集·河南分册》,图版第222—223页、简介第531页;鲁西奇:《城墙内外:古代汉水流域城市的形态与空间结构》,第84—85页;徐少华:《〈水经注〉所载鲁阳关水及相关地理考述》,载《历史地理》第二十五辑,第29—37页。

84[3] 宛县　郦注有。县治即今南阳市区宛城遗址。①

84[4] 淯阳县　郦注有。县治即今南阳市卧龙区英庄镇大胡营村东淯阳故城遗址。②

84[5] 新野县　县今存,史书地志不载城址迁徙。据郦注,淯水先纳湍水(今湍河),再南迳新野县故城西,再南纳朝水(今刁河),且新野县故城西傍淯水,则新野县故城正当今新野县城区。

84[6] 邓县　郦注有。县治即今湖北省襄阳市樊城区西北郊邓城遗址。③

84-1　沔　即沔水,今汉江。见 75。

85. 㶏水

今沙河(入西华县境以下段)。

85.1 㶏水出㶏强县南泽中,东入颍。

【释地】

85[1] 㶏强县　郦注:"(颍水)迳临颍县西北,小㶏水出焉,东迳临颍县故城北。㶏水又东迳㶏阳城北,又东迳㶏强县故城南。……㶏水东为陶枢陂。"《溧水注》:"溧水又西南流迳陶城西,又东南迳陶陂东。"据地理度之,陶陂即陶枢陂,与陶城相迩。陶城在今鄢陵县陶城乡,则陶陂在其西南今临颍、鄢陵、西华三县交界处一带,而临颍县故城在今临颍县固厢乡城顶村(参 55[5]),则此小㶏水始末可知。据《颍水注》《溧水注》,当时颍水河道大约在今临颍县东东流,而溧水河道大约在今清溧河稍北,小㶏水在两者之间东流,其北与溧水之间尚有宜梁陂水东流,则小㶏水流路大致在今临颍县固厢乡北、王岗镇南、三家店镇北一线。㶏强县故城在靠近陶枢陂之小㶏水下游北侧,大致相当于今三家店镇北。今权以此处之平宁城当之。

85(1) 㶏强县南泽　即郦注"狼陂",大约在今漯河市郾城区、

---

①　王建中:《南阳宛城建置考》,载《楚文化研究论集》第四集,河南人民出版社 1994 年版,第 348—360 页;曲英杰:《水经注城邑考》,第 457—465 页。
②　南阳地区地方史志编纂委员会:《南阳地区志》下册,第 214 页。
③　石泉:《古邓国、邓县考》,《江汉论坛》1980 年第 3 期。

临颍县、西华县交界处。

85-1 颍 即颍水,今颍河。见 55。

【考说】

郦注:"汝水于奇頟城西别东派,东北流,时人谓之大㶏水。枝渎右出,世谓之死汝。……渎左合小㶏水,水上承狼陂南流,名曰巩水。……而南流注于大㶏水。……又东迳西华县故城南,又东迳汝阳县故城北,东注于颍。"奇頟城在今漯河市区,此大㶏水流路与今沙河流路完全一致。其间纳小㶏水,水所出之狼陂当即《水经》所谓"㶏强县南泽",是郦注之小㶏水-大㶏水为《水经》㶏水之所指,即自今西华县西境始,东流入颍之沙河。

86. 瀙水

今奎旺河(遂平县城以上段)。

86.1 瀙水出汝南吴房县西北兴山,东过其县北,入于汝。

【释地】

86[1] 吴房县 郦注有。县治即今河南遂平文城乡文城故城遗址。①

86(1) 兴山 今嵖岈山。

86-1 汝 即汝水,今汝河。见 54。

【考说】

瀙水上游与奎旺河流路一致。不过,《瀙水注》:"应劭曰:瀙水出吴房县,东入瀙。(瀙阳)县之西北,即两川之交会也。"于理而言,瀙阳(治今遂平城区,参 87[3])自当在瀙水之阳,则瀙水当在今遂平县以西即与今奎旺河流路别而南流入瀙。《水经》谓入汝者,当是因两水交汇后瀙水亦受瀙水之名。《水经注图》《中国历史地图集》所绘瀙水流路俱误。

87. 瀙水

今汝河(汝南县城以上段)。

---

① 曲英杰:《〈水经注〉城邑考》,第 422 页。

87.1 瀙水出沅阴县东上界山,东过吴房县南,又东过灈阳县南,又东过上蔡县南,东入汝。

【释地】

87[1] 沅阴县 《沅水注》:"其故城在山之阳……城之东有马仁陂,郭仲产曰:陂在比阳县西五十里,盖地百顷……陂水三周其隍,故渎自隍西南而会于比。"《元和志》唐州比阳县:"舞阴故城,在县西北六十五里。"唐以前比阳县皆治今泌阳县城区(参 81[1]),准之地望,舞阴故城当即今河南泌阳羊册镇古城村舞阴故城遗址。①

87(1) 上界山 准之地望,当即今泌阳县北界之黄山。

87[2] 吴房县 见 86[1]。

87[3] 灈阳县 《灈水注》有。县治即今遂平县城区故城遗址。②

87[4] 上蔡县 见 54[6]。

87-1 汝 即汝水,今汝河。见 54。

88. 沅水

今甘江河·洪河。

88.1 沅水出沅阳县西北扶予山,东过其县南。

【释地】

88[1] 沅阳县 《括地志》:"舞阳故城在叶县东十里。"③唐叶县治今叶县旧县乡,其东十里并无古城遗迹,且沅水并不能出其西北,颇疑此记载有误。今叶县保安镇前古城村有秦汉城址一座,沅水恰出其西北而东过其南,疑即沅阳县故城所在。

88(1) 扶予山 今方城县北境、叶县西南境之山地。

【考说】

此段沅水当今甘江河。旧甘江河为洪河上游,今虽不相通流,但甘江河下入洪河之故道尚可见。

---

① 国家文物局主编:《中国文物地图集·河南分册》,图版第 198 页、简介第 457 页。
② 曲英杰:《〈水经注〉城邑考》,第 424 页。
③ [唐]李泰等著,贺次君辑校:《括地志辑校》卷三《许州·叶县》。

88.2 又东过西平县北,又东过䢵县南,又东过定颍县北,东入于汝。

【释地】

88[2] 西平县 郦注承经而言。县今存,然宋以前屡有置废,县治有所迁徙,兹就文献与考古资料简辨之。《括地志》:"西平故县在豫州西北百四十里。"①《后汉书·和帝纪》李贤注:"西平县,故柏子国也,在今豫州吴房县西北。"《邓贤传》李贤注:"西平县,属汝南郡,故城在今豫州䢵城县南。"《元和志》蔡州西平县载,西平县"东南至(蔡)州一百五十里"。《寰宇记》蔡州西平县载,西平县在蔡州"西北一百二十里","本汉旧县。……后汉末废,至后魏复焉,在䢵南五十里……(隋)大业末又废之。(唐)武德初又置,贞观元年废。天授二年正月又置,寻废,开元初又置",又载"故西平城,在县西七十里"。《清一统志·汝宁府·古迹》:"西平故城,在今西平县西。……《旧志》:'在县西北四十五里。'"宋以后西平县治即今址,其西北四十五里之故城在今洪河(古潕水)北,与《括地志》"豫州(治今汝南县城关)西北百四十里"、李贤注"䢵城县(治今漯河市西郊)南"及"吴房县(治今遂平县城关)西北"、《元和志》"州(蔡州,治今汝南县城关)西北一百五十里"及《寰宇记》所载北魏复置县"在县南五十里"相应,是就北魏至唐代西平县治而言。今西平县师灵镇西有"西平故城"遗址②,应即此县故城址。而《水经》西平县在潕水南,与《寰宇记》"在县西七十里"之故城所指并当为另一西平城,当即更早之汉代西平故城所在。准之地望,此城当在今西平县出山镇一带。此处有两故城址,其一为铁炉城遗址③,其二为八张城址④。

---

① [唐]李泰等著,贺次君辑校:《括地志辑校》卷三《豫州·汝阳县》。
② 国家文物局主编:《中国文物地图集·河南分册》,图版第 194—195 页、简介第 446 页。
③ 国家文物局主编:《中国文物地图集·河南分册》,图版第 194—195 页、简介第 446 页。
④ 参第三次全国文物普查网站(http://pucha.sach.gov.cn/html/39/6845_1.html)。

《濰水注》载有堂谿城,谓在吴房县西北,铁炉城遗址在棠溪畔,且更靠近吴房县、濰水,应为堂谿城。由于两汉有堂谿侯国,与西平县共存,《水经注》《寰宇记》亦皆将两者分述,堂谿城非汉西平城甚明,则八张城址可当汉西平县故城以及《水经》西平县所指。

88[3] 郾县　见 54[5]。

88[4] 定颍县　郦注承经而言。《清一统志·汝宁府·古迹》:"定颍故城,在西平县东。"今西平县盆尧镇蒋庄有汉代遗址①,疑即定颍故城所在。

88-1 汝　即汝水,今汝河。见 54。

第六节　江淮间诸水篇

89. 涢水

今涢水。

　　89.1 涢水出蔡阳县,东南迳隋县西,又南过江夏安陆县西,又东南入于夏。

【释地】

89[1] 蔡阳县　《沔水注》有。县治即今湖北省枣阳市琚湾镇古城村翟家古城遗址。②

89[2] 隋县　郦注承经而言。县治约在今随州市区北部。③

89[3] 安陆县　郦注有。县治即今云梦县城关楚王城遗址。④

89-1 夏　指沔水,因夏水入沔,沔水遂受夏水之名。

---

　① 国家文物局主编:《中国文物地图集·河南分册》,图版第 194—195 页、简介第 446 页。
　② 王先福、余桥:《襄阳地区汉代南阳郡属县治所初考》,《江汉考古》2014 年第 3 期。
　③ 石泉:《古代曾国-随国地望初探》,《武汉大学学报(哲学社会科学版)》1979 年第 1 期。
　④ 张泽栋:《云梦"楚王城"古城址初探》,《江汉考古》1990 年第 2 期。

90. 潕水

疑即今溠水。

90.1 潕水出江夏平春县西,南过安陆,入于涢。

【释地】

90[1] 平春县　见 82[2]。

90[2] 安陆　即安陆县。见 89[3]。

90-1　涢　即涢水,今涢水。见 89。

【考说】

《周礼·职方》以溠为豫州寖,《说文·水部》则以为荆州浸,这应是许慎有意正《职方》之误。据郦注,溠水为涢水在随县以西之支流,而《潕水注》所载似乎也是这一河道,颇疑是一水两见。"潕""溠"本形近,《职方》所载,《水经》也似乎不应遗漏,且潕水之名独见《水经》而不见于其他早期典籍,故疑《水经》潕水当作"溠水"。

今溠水在随州市境入涢,不得南至云梦(古安陆)。即使潕水别指,由于"出江夏平春县西"的限定,其入涢处也当在今随州境。《水经》此处当误。

91. 蕲水

今蕲水。

91.1 蕲水出江夏蕲春县北山,南过其县西,又南至蕲口,南入于江。

【释地】

91[1] 蕲春县　郦注承经而言。嘉靖《蕲州志·城池》:"蕲州旧城即罗州城。"同书《古迹》:"罗州城在安平下乡,去今治五十里,北齐时筑。"此城即今湖北蕲春北郊罗州城遗址,城中有自战国至宋代遗存,应即汉代蕲春县治所在[①],《水经》蕲春县亦当在此。郦注

---

① 参黄冈市博物馆、湖北省文物考古研究所、湖北省京九铁路考古队编著:《罗州城与汉墓》,科学出版社 2000 年版;黄冈市博物馆、湖北省文物总店编著:《蕲春罗州城——2001 年发掘报告》,科学出版社 2007 年版。

载东晋时蕲阳县(即蕲春县更名)迁徙至江水中蕲阳洲,县治盖于北齐时复迁于罗州城,故嘉靖《蕲州志》言北齐时筑此城。

91(1) 蕲春县北山 即今蕲春县北之山地。

91[2] 蕲口 蕲水入江口地名,即今蕲州镇附近。

91-1 江 即江水,今长江。见 104。

92. 决水

今史河。

92.1 决水出庐江雩娄县南大别山,北过其县东,又北过安丰县东,又北入于淮。

【释地】

92[1] 雩娄县 郦注承经而言。《寰宇记》寿州霍丘县:"废雩娄县,在县西南八十里。"宋霍丘县治即今安徽霍邱县址,其西南八十里在史河(《水经》决水)东,与经文不合,疑非汉晋雩娄县故址。或曰在今河南商水上石桥镇回龙集,但此处似太偏北,亦距史河较远,疑亦非。县故城当在今固始县东南、史河西,今权以固始县陈淋子镇之凉亭遗址①当之。

92(1) 大别山 今山名同。

92[2] 安丰县 郦注有。今址无确考,据郦注知在蓼县故城(今固始北郊)②南、决水西,今权以固始县张老埠乡之竹林埠遗址③当之。

92-1 淮 即淮水,今淮河。见 82。

93. 沘水

今淠河。

---

① 此遗址面积达 31.5 万平方米,年代为汉,见国家文物局主编:《中国文物地图集·河南分册》,图版第 218—219 页、简介第 522 页。

② 徐少华:《周代南土历史地理与文化》,第 119 页。

③ 此遗址面积达 30 万平方米,年代为汉,见国家文物局主编:《中国文物地图集·河南分册》,图版第 218—219 页、简介第 522 页。

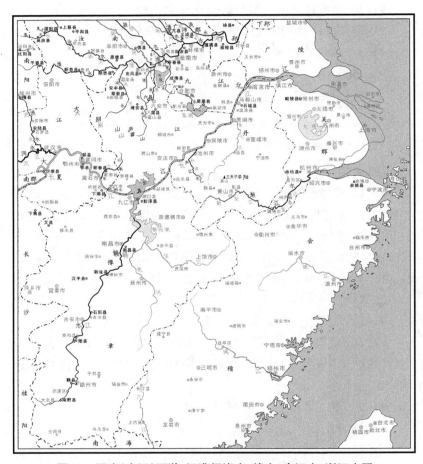

图 10　沔水(大江)下游、江淮间诸水、赣水、庐江水、渐江水图

93.1 沘水出庐江灊县西南霍山东北,东北过六县东,北入于淮。

【释地】

93[1] 灊县 《江水注》有。《括地志》:"灊故城在寿州霍山县东二百步。"①《寰宇记》寿州六安县:"废霍山县,去县五十里。汉灊县也。……开宝四年废入六安县。"宋六安县治今六安市区,灊县当在其南,准之地望,今六安市金安区横塘岗乡古城寺村之古城遗址②可当之。一说灊县在今霍山县西③,然此说本诸后世方志,皆系明代重建霍山县后之记载,不若《括地志》及《寰宇记》之载早而连贯,且今霍山县在淠河(古沘水)畔,但《水经》及郦注并不载沘水过灊县城侧,知灊城距沘水尚远。两相比较,今定《水经》灊县治于今六安市金安区横塘岗乡古城寺东。

93(1) 霍山 指今霍山县西南之大别山区。

93[2] 六县 郦注有,但称"六安县故城",且言城在沘水东,与《水经》异。《括地志》:"故六城在寿州安丰县南一百三十二里。"④唐安丰县治今寿县安丰镇,准之地望,《括地志》故六城即郦注六安县故城,即今六安市金安区城北乡西古城遗址。⑤ 而《水经》文字若无误,则六县当别指,疑即今六安县裕安区分路口镇古城寺之古城遗址。⑥

93-1 淮 即淮水,今淮河。见82。

94. 泄水

今汲河。

---

① [唐]李泰等著,贺次君辑校:《括地志辑校》卷四《寿州·霍山县》。
② 安徽省六安县文化局编:《六安县文化志》,安徽省出版总社1988年版,第157—158页。
③ 安徽省地方志编纂委员会编:《安徽省志·建置沿革志》,方志出版社1999年版,第999页。
④ [唐]李泰等著,贺次君辑校:《括地志辑校》卷四《寿州·霍山县》。
⑤ 安徽省六安县文化局编:《六安县文化志》,第154—155页。
⑥ 安徽省六安县文化局编:《六安县文化志》,第156—157页。

94.1 泄水出博安县，北过芍陂西，与沘水合。西北入于淮。

【释地】

94[1] 博安县 郦注有。县治或在今安徽省六安市裕安区石婆店镇石婆店村附近。①

94(1) 芍陂 春秋楚始修之大型陂塘，今仍存，又名安丰塘，水面有所缩小。②

94-1 沘水 今淠河。见93。

94-2 淮 即淮水，今淮河。见82。

95. 肥水

今东淝河。

95.1 肥水出九江成德县广阳乡西，北过其县西，北入芍陂。又北过寿春县东，北入于淮。

【释地】

95[1] 成德县 郦注："肥水自荻丘，北迳成德县故城西。"荻丘在今安徽寿县小店镇李山庙村附近③，其东北之筑城铺村有古城遗址④，"筑""德"古音近，疑即成德县故城所在。

95[2] 广阳乡 见96[1]。

95-1 芍陂 见94(1)。

95[3] 寿春县 见82[7]。

95-2 淮 即淮水，今淮河。见82。

96. 施水

今南淝河。

---

① 安徽省地方志编纂委员会编：《安徽省志·建置沿革志》，第992页。
② 参钮仲勋：《芍陂水利的历史研究》，《史学月刊》1965年第4期。
③ 寿县地方志编纂委员会编：《寿县志》，黄山书社1996年版，第41页。
④ 寿县地名办公室：《安徽省寿县地名录》（内部本），第242页。按：此古城遗址未见详细介绍，然在卫星图上清晰可见，城墙遗迹保存尚好，呈正方形，边长约380米。

96.1 施水亦从广阳乡东南入于湖,肥水别。

【释地】

96[1] 广阳乡 郦注有。嘉庆《合肥县志·山水》:"郦氏盖溯肥水之源为今之紫蓬山也,若广阳乡盖即今将军岭也。"今从,定广阳乡于安徽省合肥市蜀山区小庙镇将军岭。

96-1 湖 今巢湖。

第七节 江沔间诸水篇

97. 沮水

今沮河-沮漳河。

97.1 沮水出汉中房陵县淮山,东南过临沮县界,又东南过枝江县东,南入于江。

【释地】

97[1] 房陵县 见 75[15]。

97(1) 淮山 见 75(2)。

97[2] 临沮县 郦注:"沮水又东南迳汶阳郡北,即高安县界,郡治锡城,县居郡下……沮水南迳临沮县西,青溪水注之。……沮水又屈迳其县南。晋咸和中,为沮阳郡治也。"《后汉书·隗嚣公孙述传》李贤注:"临沮,县名,侯国,属南郡,故城在今荆州当阳县西北。"《元和志》襄州南漳县所载同,而《州郡典》《寰宇记》俱言在当阳县北,言在当阳县北者盖概言耳,当以在县西北为确。同治《远安县志·古迹》:"汉临沮故城在县西北三十五里罗汉峪外,堰头河宅后三里许,今土名铁金镕、黄家台。……晋高安故城在县北亭子山上。……宋汶阳郡城在古高安县。"所示之临沮城,位于今湖北远安洋坪镇双路村南。该地濒临沮水,但并不符合郦注所载临沮县与沮水之相对位置关系,疑系附会耳。今按:《漳水》篇云漳水出临沮县东荆山,知临沮县必在今沮河谷地中。晋高安县治遗址尚存,即远安县旧县镇七里村之亭子山遗址①,则临沮县必在其南。唐宋已有远安、当阳两县,其界分大约与今远安县、当阳市之界相当,则在当时当阳县西北的临沮故城一定在沮河谷地靠近当阳县的一端。观郦注所载水流方向及设于此的沮阳郡名,其县址应在今当阳市西沮河东折之处之东北岸,即玉泉街道金沙村附近。

97[3] 枝江县　见 104[19]。

【考说】

由麦城、乌扶邑等城邑地望可知,《水经》时期沮水当于今当阳市、枝江市及荆州市荆州区交界处附近会漳水,远在今沮河、漳河交汇处之南(见 98[5])。核诸地形,只可能是当时沮水自今当阳市南直南而流,与今东南至河溶镇会漳河之沮河河道不同。

98. 漳水

今漳河。

98.1 漳水出临沮县东荆山,东南过蓼亭,又东过章乡南。又南至枝江县北乌扶邑,入于沮。

【释地】

98[1] 临沮县　见 97[2]。

98(1) 荆山　今山名同。

98[2] 蓼亭　今址无确考。约在今湖北南漳县南境,漳河侧。

98[3] 章乡　郦注有。《水经》云漳水东过其南,郦注作漳乡,云属临沮县,漳水南过其南,核诸地势,大致而言,漳水当东南流过章乡南。《清一统志·荆门直隶州·古迹》:"章乡,在当阳县东北。"按:汉魏时期临沮县东南有当阳县,章乡既属临沮,则不应太靠近漳水下游,否则将受当阳县之中隔,故其址大约确应在今当阳市东北漳河畔。今漳河大致在当阳市东北南流,惟于育溪镇脚东村西折东

---

① 国家文物局主编:《中国文物地图集·湖北分册》,图版第 166—167 页、简介第 214 页。

流,疑章乡在此段漳河之北。①

98[4] 枝江县　见 104[19]。

98[5] 乌扶邑　据《水经》及郦注,漳水南迳麦城东,又南纳沦水,而于当阳县东南一百余里入沮。麦城在当阳市两河镇麦城村,当阳县在今当阳市区附近,则《水经》、郦注时沮漳之会,当远在今两水汇合处之南,大约在今当阳市、枝江市及荆州市荆州区交界处附近。此处有季家湖古城②,疑即乌扶邑。

98-1　沮　即沮水,今沮河。见 97。

99. 夏水

江水分流,今无水道可与之相应。

99.1 夏水出江流于江陵县东南,又东过华容县南,又东至江夏云杜县,入于沔。

【释地】

99-1　江流　即大江,今长江。见 104。

99[1] 江陵县　见 104[20]。

99[2] 华容县　郦注承经而言。县治在今湖北省潜江市章华台遗址一带。③

99[3] 云杜县　见 75[22]。

99-2　沔　即沔水,今汉水。见 75。

100. 羌水

今白龙江。

100.1 羌水出羌中参狼谷,又东南至广魏白水县,与汉水合。

---

① 明清以降,当阳县西北郊关(羽)陵处有章乡之名,然此地与《水经》及郦注所载不符,亦不临漳水,应系后世因关陵(史载关羽死章乡)而附会。

② 杨权喜:《当阳季家湖楚城遗址》,《文物》1980 年第 10 期。

③ 方酉生:《楚章华台遗址地望初探》,《中原文物》1989 年第 4 期;张修桂:《〈水经·沔水注〉襄樊-武汉河段校注与复原——附:〈夏水注〉校注与复原(下篇)》,载《历史地理》第二十六辑,第 1—33 页。

【释地】

100[1] 羌中　此处指今甘肃南部一带。

100(1) 参狼谷　当即今白龙江所出之谷。

100[2] 白水县　见 52[3]。

100-1　汉水　指漾水,今嘉陵江。见 52。

100.2 又东南过巴郡阆中县,又南至垫江县东,南入于江。

【释地】

100[3] 阆中县　见 52[5]。

100[4] 垫江县　《元和志》《寰宇记》之合州石镜县下并云"本汉垫江县",似石镜县治(今重庆市合川区城区)即垫江故城。通常亦认为汉垫江县治在今合川城区,今从。

100-2　江　指大江,今长江。见 104。

101. 涪水

今涪江。

101.1 涪水出广魏涪县西北,南至小广魏,与梓潼合。

【释地】

101[1] 涪县　郦注有。《元和志》绵州:"按州理城,汉涪县也。"唐绵州治今四川省绵阳市东涪江东岸,则汉涪县亦在此。

101[2] 小广魏　即广魏(汉)县。郦注承经而言。据《水经》,涪水(今涪江)与梓潼水(今梓江河)于广魏县境合流后方过广魏县城。《舆地纪胜·潼川府·古迹》:"隋光汉县城。《图经》云隋开皇光崖县城在通泉县北三十里。""广汉故城。《十道志》:在盐城县东北十五里。"此所谓广汉故城,远在盐亭县梓江河上游,不符《水经》之载;而隋光汉县本即广汉县改名,隋通泉县治今射洪市沱牌镇通泉坝,则光汉县治当在今射洪市城区附近,此地与《水经》所载甚合,当即汉广汉县、《水经》广魏县治所在。

101-1　梓潼　即梓潼水,今梓潼江。见 102。

102. 梓潼水

今梓潼江。

102.1 梓潼水出其县北界,西南入于涪。又西南至小广魏南,入于垫江。

【释地】

102[1] 梓潼县　《经》称"其县",即梓潼县。县治在今梓潼县城区。今梓潼县西北郊有汉梓潼故城遗址①,即其址。

102[2] 小广魏　见 101[2]。

103. 淯水

今牧马河。

103.1 淯水出汉中南郑县东南旱山,北至安阳县南,入于沔。

【释地】

103[1] 南郑县　见 75[2]。

103(1) 旱山　今米仓山,系淯水所出。

103[2] 安阳县　见 75[4]。

【考说】

出南郑县境而至安阳县境入沔者,独今牧马河可当之。不过牧马河实在安阳县西,《水经》所载不确,抑或是因安阳在沔水北岸而淯水在沔水南岸,故称水在县南。《水经》淯水即《汉书·地理志》蚕谷水,"淯""蚕"音近。

---

① 国家文物局主编:《中国文物地图集·四川分册》,图版第 200—201 页、简介第 318 页。

第七章 江及以南诸篇地理考释

第一节 《大江》篇

104. 大江

今岷江-长江。

104.1 岷山在蜀郡氐道县,大江所出,东南过其县北。

【释地】

104(1) 岷山 今山名同。

104[1] 氐道县 即湔氐道,县治约在今四川省都江堰市西、岷江西南岸。① 由于湔氐道"县前有两石对如阙,号曰彭门"②,彭门又名天彭阙,而天彭阙在今都江堰市西北不远③,故湔氐道址也不可能距都江堰市区太远,疑即在市区西侧、岷江西岸处。

【考说】

由岷山、氐道等地理参照物可以明确判断,《水经》大江此处指今岷江。

104.2 又东南过犍为武阳县,青衣水、沫水从西南来,合而注之。又东南过僰道县北,若水、淹水合从西南来注之。

---

① 罗开玉:《秦汉三国湔氐道、湔县考》,《四川师院学报》1985年第3期;罗树凡:《"湔氐道"的范围和治地》,《天府新论》1985年第6期。
② 《续汉书·郡国志》湔氐道刘昭《注》引《蜀王本纪》。
③ 罗开玉:《秦汉三国湔氐道、湔县考》,《四川师院学报》1985年第3期。

【释地】

104[2]　武阳县　郦注承经而言。县治即今眉山市彭山区江口镇平茯村之汉代故城遗址。①

104-1　青衣水　今青衣江。见 105。

104-2　沫水　今大渡河。见 108。

104[3]　僰道县　郦注承经而言。《寰宇记》戎州僰道县："犍为郡故城,在青衣江七里。""贞妇石,在县南七里旧州岸。"宋戎州僰道县治城在今宜宾市区岷江北岸,青衣江即今岷江,则"县南七里旧州"所指显然即犍为郡故城。《清一统志·叙州府·古迹》："僰道故城。……《元和志》:'……其犍为郡故城在青衣江南七里,谓之旧州崖。'"亦颇可印证之。汉犍为郡曾治僰道,是此处所言犍为郡故城,当即汉僰道县所在,其地当在今宜宾市区西南郊、翠屏山南、金沙江北。

104-3　若水　今雅砻江。见 107。

104-4　淹水　今金沙江。见 112。

【考说】

大江纳淹水、若水后,乃指今长江。

104.3　又东,渚水北流注之。又东过江阳县南,洛水从三危山,东过广魏洛县南,东南注之。又东过符县北,又东南,鳛部水从符关东北注之。又东北至巴郡江州县东,强水、涪水、汉水、白水、宕渠水五水合,南流注之。又东至枳县西,延江从牂牁郡北流西屈注之。又东过鱼复县南,夷水出焉。又东出江关,入南郡界。

【释地】

104-5　渚水　疑即今长宁河。郦注有符黑水,即今南广河,其后则云"渚水则未闻也",熊疏称此是郦氏"矜慎"之处,而认为符黑水即渚水。清李元《蜀水经》亦以今南广河当渚水。② 不过郦氏毕

---

① 四川省文物考古研究院:《岷江中下游考古调查简报》,《四川文物》2007 年第 2 期。

② [清]李元:《蜀水经》卷一六《南广江》。

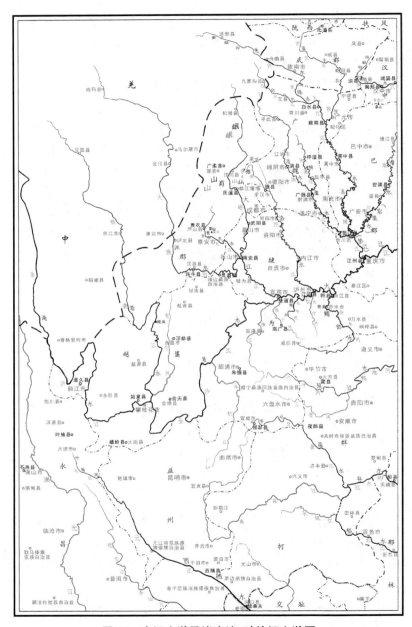

图 11　大江上游及诸支流、叶榆河上游图

竟未明言符黑水即渚水，《汉志》也明载符黑水名，将符黑水与渚水视为同一条河流似乎缺乏证据。今长江纳南广河后，南岸尚有长宁河、永宁河等支流，同样与《水经》所载渚水位置可以相应。今按：长宁河又名淯江，武周久视元年（700）即有淯州之设①，是知淯水之名由来甚早。"渚""淯"形近，颇疑渚水即淯水，亦即今长宁河。

104[4] 江阳县 郦注："江阳县枕带双流，据江、洛会也。"洛水即今沱江。按：江阳县后身即今泸州市（江阳区），史书地志不载城址迁徙，县治即今泸州市区无疑。

104-6 洛水 即今湔江-沱江。是水经洛县（今广汉），至江阳（今泸州）入江，独沱江可以当之。又水过洛县南，知其源当取临近广汉之湔江。

104(2) 三危山 敦煌有三危山，但不可能为洛水所出，郦注云"《经》曰出三危山，所未详"，实疑之。郦注引《山海经》："三危在燉煌南，与崏山相接，山南带黑水。"②似《水经》因三危山与岷山相近的记载而将洛水源附会于三危。今湔江发源于龙门山，可当此三危山之所指。

104[5] 洛县 郦注有。县治即今广汉市区雒城遗址。③

104[6] 符县 郦注："县治安乐水会。"安乐水即今赤水河，则县治当在今合江县城区。

104-7 鳛部水 即今赤水河。是水东北流至符县（今合川）入江，独赤水河可当之。赤水河，郦注称安乐水，但同时也说鳛部水"或是水之殊目"，熊疏同意此说并做了进一步考辨。又清人吴培作《赤水考》同样持此说。④

104[7] 符关 《水经》云鳛部水自符关东北至符县入江，则鳛

---

① 《旧唐书》卷四一《地理志四》。
② 此句今本《山海经》无，杨守敬疑是郦氏兼采《山海经》《地说》等文献之说法而成，是。
③ 沈仲常、陈显丹：《四川广汉发现的东汉雒城遗迹》，载《中国考古学会第五次年会论文集》，文物出版社1988年版，第67—72页。
④ 道光《遵义府志》卷五《水道考》。

部水显然指今赤水河,而符关应在赤水河谷地险要之处,且距符县不应太远。其确址无考,当今贵州省赤水市附近。

104[8] 江州县 郦注:"(巴水)迳巴郡故城南,李严所筑大城北,西南入江。庾仲雍所谓江州县对二水口,右则涪内水,左则蜀外水。即是水也。……汉世郡治江州,巴水北北府城是也,后乃徙南城。"此处巴水指今嘉陵江重庆主城段,郦氏明言汉巴郡治江州县在其水北侧,而庾仲雍所言涪内水亦指今嘉陵江,蜀外水指今长江,则其所指江州县亦在嘉陵江与长江交汇处之北侧明矣。其县治当在今重庆市区江北嘴一带。

104-8 强水 即羌水,今白龙江。郦注:"强水即羌水也。"见 100。

104-9 涪水 即今涪江。见 101。

104-10 汉水 即漾水,今西汉水-嘉陵江。见 52。

104-11 白水 即今白水江。《羌水注》:"羌水又东南流至桥头,合白水。"《漾水注》中对白水源流有详细记载,即今白水江无疑。

104-12 宕渠水 即潜水,今巴水河-巴江-渠江。郦注:"宕渠水即潜水、渝水矣。"见 76。

104[9] 枳县 郦注有。《元和志》涪州涪陵县:"州城,本秦枳县城也,自李雄据蜀,此地积为战场,人众奔波,或上或下。桓温定蜀,以涪郡理枳县城。"《寰宇记》涪州:"《四夷县道记》云:故城在蜀江之南,涪江之西。其涪江南自黔中来,由城之西,泝蜀江十五里,有鸡鸣峡,上有枳城,即汉枳县也。李雄据蜀后荒废。东晋桓元子定蜀,别立枳县于今郡东北一十里邻溪口。又置故枳城郡,寻废。"两者相较,《寰宇记》所言显然更为翔实可靠。今重庆市涪陵区西之马鼻梁山上,有汉代遗址,面积约 3 万平方米[①],与《寰宇记》所载枳城合,应即枳县故城所在。

104-13 延江 即延江水,今乌江。见 109。

---

① 国家文物局主编:《中国文物地图集·重庆分册》,图版第 148—149 页、简介第 104 页。

104[10] 牂牁郡 郡境大致相当于今贵州省中部。

104[11] 鱼复县 县治在今重庆奉节白帝镇鸡公山上。①

104-14 夷水 今清江。见114。

104[12] 江关 《汉志》巴郡鱼复县："江关都尉治。"不过《水经》先言江水过鱼复县南,再言江水出江关,似江关尚在鱼复县之东,疑《汉志》所指,系就县境而言。《后汉书·公孙述传》刘昭《注》引《华阳国志》："巴楚相攻,故置江关,旧在赤甲城,后移在江州南岸,对白帝城。"是江关与鱼复县异址之证。其城当在鱼复县故城东南侧之长江南岸山上。

104[13] 南郡 郡境大致相当于今湖北省荆州市、荆门市、宜昌市、恩施州境及襄阳市南境。

104.4 又东过巫县南,盐水从县东南流注之。又东过秭归县之南,又东过夷陵县南,又东南过夷道县北,夷水从佷山县南,东北流注之。

【释地】

104[14] 巫县 郦注："江水又东迳巫县故城南。县故楚之巫郡也,秦省郡立县,以立南郡,吴孙休分为建平郡,治巫城。城缘山为墉,周十二里一百一十步,东西北三面皆带傍深谷,南临大江,故夔国也。江水又东,巫溪水注之。"今巫山县城区西南有巫山古城遗址,其中有自东周以来不间断之丰富遗存②,其所在之局部地形与郦注所载完全一致,应即巫县故城所在。

104-15 盐水 郦注："江水又东,巫溪水注之。……盐水下通巫溪,溪水是兼盐水之称矣。"准之地望,巫溪水即今大宁河,亦即《水经》所指之盐水。

---

① 陈剑:《汉白帝城位置探讨》,《四川文物》1995年第1期;蓝勇:《关于〈汉白帝城位置探讨〉有关问题的补充》,《四川文物》1996年第3期。

② 中国社会科学院考古研究所三峡工作队、重庆市文物局:《巫山古城遗址发掘报告》,载《重庆库区考古报告集(2000卷·上)》,科学出版社2007年版,第25—48页。

104[15] 秭归县　县治在今湖北秭归归州镇秭归故城。

104[16] 夷陵县　郦注:"江水出峡,东南流,迳故城洲,洲附北岸,洲头曰郭洲,长二里,广一里。……江水又东迳故陆抗城也。城即山为墉,四面天险。……北对夷陵县之故城。城南临大江。……江水又东迳白鹿岩……江水东历荆门、虎牙间。"故城洲、郭洲即今宜昌市西长江中之西坝(旧设古城乡)及在葛洲坝水利工程兴修时被挖除的葛洲坝①,荆门山、虎牙山今名同,则夷陵故城当在今宜昌市伍家岗区城区附近。

104[17] 夷道县　郦注承经而言。县治在今宜都市区西。

104[18] 佷山县　见114[2]。

104.5　又东过枝江县南,沮水从北来注之。又南过江陵县南,又东至华容县西,夏水出焉。又东南当华容县南,涌水出焉。又东南,油水从西南来注之。又东至长沙下隽县北,澧水、沅水、资水合,东流注之。湘水从南来注之。又东北至江夏沙羡县西北,沔水从北来注之。

【释地】

104[19] 枝江县　郦注:"江水又东,迳上明城北。……江氾(按:疑当作"沱")枝分,东入大江,县治洲上,故以枝江为称。……盛弘之曰:县旧治沮中,后移出百里洲,西去郡一百六十里,县左右有数十洲,櫐布江中,其百里洲为最大也。……自县西至上明,东及江津,其中有九十九洲。"其所引盛弘之语似有混乱,其"移出百里洲"似当作"移至百里洲"方是,不过无论如何,所云枝江县曾治于沮水侧应不误。《沮水》经云沮水南过枝江县东,则当时枝江县确当在沮水西侧而不在百里洲上。其确址无考,今枝江市七星台镇团结村有周代至魏晋时期遗址一座(名龚家台遗址)②,疑即县治所在。

104-16　沮水　今沮河。见97。

---

① 张修桂:《中国历史地貌与古地图研究》,第20页。

② 国家文物局主编:《中国文物地图集·湖北分册》,图版第172—173页、简介第243页。

104[20] 江陵县 县治在今荆州市荆州古城。

104[21] 华容县 见 99[2]。

104-17 夏水 见 99。

104-18 涌水 流路即《夏水注》所描述之夏水流路（参 99），自今荆州市沙市区南分江东出，至今潜江市章华台遗址南折向东南，经监利县北，东北至仙桃市区附近入沔水。①

104-19 油水 今涍水。见 115。

104[22] 下隽县 郦注有。《元和志》鄂州唐年县："下隽故城在县西南一百六里，因隽水为名。"同治《崇阳县志·古迹》："汉下隽县故治在邑西下故郡里暇心畈。……里名故郡者，梁置上隽郡亦治此也。今沿涧里许，隐隐有城址可寻。其东曰东关，西曰西关，南为风城岭，崩处出铠甲戈矛之属。"暇心畈即今崇阳县肖岭乡霞星村。唐唐年县治今崇阳县西，《元和志》所指当即此址。今霞星村有汉代遗址②，即同治《崇阳县志》所言故城址，"暇心""霞星"当皆为"下隽"之音变，其地当确为下隽县故城。

104-20 澧水 今澧水。见 116。

104-21 沅水 今沅江。见 117。

104-22 资水 今资水。见 119。

104-23 湘水 今湘水。见 121。

104[23] 沙羡县 郦注有。秦汉至吴晋，沙羡治所有三地，杨疏说之已详。据郦注所示相对位置可能得出《水经》沙羡县指三国时期位于今武汉市武昌区夏口城之沙羡③，但由于郦氏安排注文往往以意为之，不得以之作为《水经》沙羡所指之直接证据。《沔水》

---

① 参张修桂：《〈水经·沔水注〉襄樊-武汉河段校注与复原——附：〈夏水注〉校注与复原（下篇）》，原载《历史地理》第二十六辑，此据作者文集《龚江集》，第 117—122 页。

② 国家文物局主编：《中国文物地图集·湖北分册》，图版第 230—231 页、简介第 506 页。

③ 张修桂：《〈水经·江水注〉枝江-武汉河段校注与复原（下篇）》，原载《历史地理》第二十四辑，今据作者文集《龚江集》，第 38 页。

《江水》篇经文并以沔水在沙羡北入江,此亦与夏口之地理位置不合,《水经》沙羡县所指当仍以指秦汉位于今武汉市西南方向之沙羡故治为是。通常认为沙羡故治在今武汉市江夏区金口,但并无切据,郦注及早期史书地志但言金口(旧名涂口)系汝南侨郡所治,并不言沙羡故城在此。今按,郦注:"江中有沙阳洲,沙阳县治也,县本江夏之沙羡矣,晋太康中改曰沙阳县。"此沙羡即秦汉故县治,其后身为沙阳县。沙阳县治沙阳洲,在今簰洲湾颈部一带①,《水经》沙羡县亦当在此。

104-24 沔水 今汉江。见75。

104.6 又东过邾县南,鄂县北。又东过蕲春县南,蕲水从北来注之。又东过下雉县北,利水从东陵西南注之。

【释地】

104[24] 邾县 郦注有。县治即今黄冈市黄州区北郊禹王城城址。②

104[25] 鄂县 郦注:"江之右岸有鄂县故城……《九州记》曰:鄂,今武昌也。孙权以魏黄初中,自公安徙此,改曰武昌县。鄂县徙治于袁山东。"《元和志》鄂州武昌县:"孙权故都城,在县东一里余。本汉将灌婴所筑,晋陶侃、桓温为刺史,并理其地。"唐武昌县治即郦注所言"袁山东"之治所,亦即今鄂州市区西侧之武昌县旧城,《水经》鄂县治所即今鄂州市区东之吴王城遗址③无疑。

104[26] 蕲春县 见91[1]。

104-25 蕲水 今蕲水。见91。

104[27] 下雉县 郦注有,但不载其城址。《元和志》鄂州永兴县:"下雉故县在县东南一百四十里。"《舆地纪胜》兴国军:"今下雉

---

① 张修桂:《〈水经·江水注〉枝江-武汉河段校注与复原(下篇)》,原载《历史地理》第二十四辑,今据作者文集《龚江集》,第32页。

② 裘真:《鄂东古邾城遗址辨略——兼说邾城的历史沿革》,《黄冈师专学报(社会科学版)》1996年第3期。

③ 蒋赞初:《鄂城六朝考古散记》,《江汉考古》1983年第1期。

城去军四十五里。"光绪《兴国州志·建置沿革》:"旧志云:下雉在永兴县东南四十里,今州昌平乡下洋有下雉潭。按唐《元和郡县志》云下雉在永兴县东南一百四十里,此与旧志所载里数相去悬远,且州东并无一百四十里地。又按,宋《舆地广记》(笔者按:当作《舆地纪胜》)云,下雉去今州四十五里,此说近之。"①其说甚是。"昌平乡下洋"当指今阳新县枫林镇下羊、下杨村一带,其侧有湖,并有地名下池,系由"下雉"转化而来②,准之地望,当即下雉县故城所在。

104-26 利水 郦注:"(青林)湖水西流,谓之青林水。又西南,历寻阳,分为二水,一水东流,通大雷,一水西南流注于江,《经》所谓利水也。右对马头岸,自富口迄此五十余里,岸阻江山。"青林湖即今武穴武山湖,据利水口、马头岸与富水口之里距量之,利水当指今武穴市东之武山湖入江水道。

第二节 西南诸水篇

105. 青衣水

今青衣江。

105.1 青衣水出青衣县西蒙山,东与沫水合也。

【释地】

105[1] 青衣县 郦注承经而言。县治在今四川芦山县城区。③ 此处有"芦阳古城址""姜城遗址"两座汉代城址④,不过由于芦山县城区颇狭,疑此两城实相接为一,即汉青衣县址。

---

① [清]吴大训等修,[清]陈光亨纂,[清]刘凤纶、王凤池续纂:《兴国州志》,《中国地方志集成》第 28 册,影印清光绪十五年富川书院刻本,凤凰出版社 2001 年版,第 39 页。
② 湖北省阳新县地名领导小组:《阳新县地名志》(内部本),第 316 页。
③ 周曰琏:《古代青衣江上游的郡县建置与西南丝绸之路》,《四川文物》1991 年第 6 期。
④ 国家文物局主编:《中国文物地图集·四川分册》,图版第 360—361 页、简介第 1028 页。

105(1) 蒙山　今山名同,在雅安市北。

105-1　沫水　今大渡河。见 108。

【考说】

今蒙山在芦山县东,与《水经》所示似有不合,姑存疑。

　　105.2 至犍为南安县,入于江。

【释地】

105[2] 南安县　《江水注》:"县治青衣江会,衿带二水矣。"是县治在今岷江与青衣江汇流处,即今乐山市区。

105-2　江　即大江,今长江。见 104。

106. 桓水

今无对应河流。

　　106.1 桓水出蜀郡岷山,西南行羌中,入于南海。

【释地】

106(1) 岷山　今山名同。

106[1] 羌中　指西陲徼外羌人聚居之地,此处可能指今川西高原。

106-1　南海　当指今中国南海。

【考说】

《水经》对桓水的记载应是继承自《汉志》。《汉志》以之当《禹贡》"西倾因桓是来"之"桓",但该水与西倾山似乎并无关系,故清人胡渭以为此是别一水。① 查考地理,无水可与《水经》所描述之桓水流路完全对应。

107. 若水

今雅砻江-金沙江。

　　107.1 若水出蜀郡旄牛徼外,东南至故关,为若水也。又南过越巂邛都县西,直南至会无县,淹水东南流注之。

---

① [清]胡渭:《禹贡锥指》卷九。

【释地】

107[1] 旄牛　即旄牛县,见108[2]。

107[2] 故关　今址无确考。据《水经》所示河流经行次第,址当在今四川冕宁西雅砻江侧。

107[3] 邛都县　郦注有,但不载其确址。县治当在今西昌市。① 今西昌市东郊中所村有汉代故城遗址,当即邛都县故城。②

107[4] 会无县　郦注有,但不载其确址。县治当在今会理县。③《清一统志·宁远府·古迹》:"会无废县。今会理州治。"姑从之,其址即今会理县城区。

107-1 淹水　今金沙江。见112。

【考说】

今雅砻江源远在青海,《水经》著作之时,恐难以掌握其确切发源,故但称"蜀郡旄牛徼外"。

《水经》视淹水为若水支流,不过晚近以来,则视雅砻江为金沙江支流。④

　　107.2 又东北至犍为朱提县西,为泸江水注之,又东北至僰道县,入于江。

【释地】

107[5] 朱提县　郦注承经而言。县治当在今云南省昭通市昭阳区境。⑤

107[6] 僰道县　见104[3]。

107-2 江　即大江,今岷江。见104。

---

① 方国瑜:《中国西南历史地理考释》,第122—123页。
② 国家文物局主编:《中国文物地图集·四川分册》,图版第396—397页、简介第1117页。
③ 方国瑜:《中国西南历史地理考释》,第123—124页。
④ 清人陈澧已经注意到这一现象,称之为"宾主互易"。见《水经注西南诸水考》卷一《若水》。
⑤ 方国瑜:《中国西南历史地理考释》,第102—103页。

108. 沫水

今大渡河。

108.1 沫水出广柔徼外,东南过旄牛县北,又东至越嶲灵道县,出蒙山南,东北与青衣水合,东入于江。

【释地】

108[1] 广柔　即广柔县。《元和志》茂州汶川县:"广柔故县在县西七十二里,汉县也。"唐汶川县治即今址,准之地望,汉广柔县治当在今四川理县薛城镇。

108[2] 旄牛县　今址无确考。《清一统志·雅州府·古迹》:"旄牛故城。在清溪县南。"此与《水经》所言沫水过县北合,姑从,权定于汉源县大树镇。

108[3] 灵道县　今址无确考。又名灵关道。县治当在今安宁河源向东北之要道上。①《水经》云沫水于灵道县境入青衣水,知县治亦不当距此两水交汇处太远。综之,姑定县治于今甘洛县城区。

108(1) 蒙山　今山名同,在雅安市北。

108-1 青衣水　今青衣江。见105。

108-2 江　即大江,今岷江。见104。

109. 延江水

今乌江。

109.1 延江水出犍为南广县,又东至牂柯鳖县,东屈北流,至巴郡涪陵县,注更始水,又东南至武陵酉阳县,入于酉水。

【释地】

109[1] 南广县　县治疑即今四川珙县沐滩镇傅家坝村之汉代遗址。②

109[2] 鳖县　郦注承经而言。据郦注,延江水(今乌江)先纳

---

① 方国瑜:《中国西南历史地理考释》,第127—128页。
② 崔陈:《川滇古道宜宾地区境内几处遗迹考述》,《四川文物》1991年第2期。

鳖水,再纳汉水,汉水即今三岔河无疑,则鳖水只能在三岔河入乌江处以西之乌江北侧。此处最大水系为罗多河,可当鳖水。水既以鳖名,则鳖县当在其侧,疑在今贵州大方一带。

109[3] 涪陵县 郦注有,但不载其确址。《元和志》黔州:"本汉涪陵县理。"唐黔州治在今重庆市彭水苗族土家族自治县城区,则《水经》涪陵县亦在此。

109-1 更始水 据《沅水注》,更始水下游即西乡溪,溪在迁陵故城(今龙山县里耶镇)以西注入酉水,则当指今梅江河。① 不过同时《水经》又载更始水东北入酉,则更始水不当简单地以今东北流入酉之梅江河全流当之,而当以梅江河之支流龙潭河为更始水之上流。

109[4] 酉阳县 郦注:"(迁陵、酉阳)两县相去,水道可四百许里。"郦注所谓迁陵县当在今湖南保靖清水坪镇魏家寨村②,以酉水水道量之,则所指酉阳县当在今沅陵县境内,已近酉水口。不过酉水口系沅陵县治所在无疑(参下条),而且《沅水注》明言酉水过酉阳故治后方迳沅陵县北,其后又"东南迳潘承明垒西"之后方才入沅,是酉阳故城显然与酉水口尚有一定距离。所以,郦注此处"四百余里"的记载是不可靠的,这一里距可能是指沅陵到迁陵的距离,而为郦氏所误用。至于酉阳县治,只能在酉水中游之北岸去推求。今保靖县迁陵镇要坝村东有四方城遗址,年代为战国至汉③,或说即酉阳县故城④,疑是。

---

① 参朱圣钟:《〈水经注〉所载土家族地区若干历史水文地理问题考释》,《中央民族大学学报(哲学社会科学版)》2002年第6期;张修桂:《〈水经注〉洞庭湖水系校注与复原(下篇)》,原载《历史地理》第二十九辑,今据作者文集《龚江集》,第179页。

② 周宏伟:《湘西里耶盆地诸古城遗址的历史身份考索》,载《湖南省博物馆馆刊》第七辑,岳麓书社2011年版。

③ 梁莉莉:《保靖县酉水沿岸古文化遗址古墓葬调查发掘概述》,《湘西文史资料》1994年第1期。

④ 周宏伟:《湘西里耶盆地诸古城遗址的历史身份考索》,载《湖南省博物馆馆刊》第七辑,第520—521页。

109-2　酉水　今酉水。

【考说】

延江水实北流入江,《大江》篇载有延江入可证,由于地形所限,其流路不会有明显变化。《水经》此处云注更始水,实未叙及延江之末。

然延江水与更始水亦不能通流,《水经》此处记载必然有误,此点前人早已指出。① 今乌江支流濯河上游之东侧支流与龙潭河源头极为靠近,或者由于交通与图籍方面的原因,《水经》作者误将濯河当作更始水承延江水而出的上源,而载延江水通过更始水东南入酉。

109.2　酉水东南至沅陵县,入于沅。

【释地】

109[5]　沅陵县　《沅水注》:"沅水又东迳沅陵县北,汉故顷侯吴阳之邑也。王莽改曰沅陆县。北枕沅水。沅水又东迳县故治北,移县治,县之旧城置都尉府。因冈傍阿,势尽川陆,临沅对酉,二川之交会也。"是沅陵有新旧两城,其旧城位于酉水入沅处之沅水南岸,其新城则同样在沅南而稍在上游。沅陵县治迁徙不知何时之事,郦氏将沅陵侯及王莽更名事系于新城下,似认为西汉时县治已迁于新址,且观其笔触,似确实将新址与《水经》沅陵县相对应。虽郦氏如此行文未必可靠,但在没有其他证据的情况下,也不妨姑从之。则《水经》沅陵县治或在今沅陵县城区南沅江南岸。

109-3　沅　即沅水,今沅江。见 117。

110. 存水

今北盘江·龙江。

110.1　存水出犍为郁䣕县,东南至郁林定周县,为周水,又

---

① 参朱圣钟:《〈水经注〉所载土家族地区若干历史水文地理问题考释》,《中央民族大学学报(哲学社会科学版)》2002 年第 6 期;张修桂:《〈水经注〉洞庭湖水系校注与复原(下篇)》,原载《历史地理》第二十九辑,今据作者文集《龚江集》,第 179 页。

东北至潭中县,注于潭。

【释地】

110[1] 郁邬县 郦注承经而言。今址无确考,约在今云南宣威市境。① 今宣威市东南郊河东营村有古城遗址,传为诸葛亮南征所筑,疑与郁邬县有关。② 兹权定县于此。

110[2] 定周县 郦注有,但不载其城址。道光《庆远府志·城池》:"汉置定周县,筑土城,唐初置龙水郡,俱在今地。"③今权从,定《水经》定周县治于今广西宜州市区。

110[3] 潭中县 见 118[2]。

110-1 潭 即潭水。从周水之流归来看,当指今融江-柳江,柳江畔"潭中县"的地名也是一个佐证。《水经》不载潭水,而载都柳江-融江-柳江为泿水,应是一水两名。

【考说】

周水指今龙江无疑,但存水所出之郁邬县属于犍为郡,不可能在此,故存水当别有所指。方国瑜考订存水指今北盘江,凿凿有据,可以信从。④ 存、周两水本不相连通,而《水经》以为一水,是大误。

111. 温水

今北盘江-红水河·右江-邕江-郁江。

111.1 温水出牂柯夜郎县,又东至郁林广郁县,为郁水。

【释地】

111[1] 夜郎县 今址无确考,众说纷纭,但约可确定在今贵州西南之北盘江流域。

---

① 方国瑜:《中国西南历史地理考释》,第 71—72 页。
② 浦恩宇主编:《宣威县文物志》,云南民族出版社 1990 年版,第 13—14 页。
③ [清]英秀、恒梧修,[清]唐仁等纂:《庆远府志》卷五《城池》,《中国地方志集成·广西府县志辑》第 21 册,影印清道光九年刻本,凤凰出版社 2014 年版,第 448 页。
④ 方国瑜:《中国西南历史地理考释》,第 171 页。

111[2] 广郁县 今址无确考。审其县名,盖在郁水畔。按:《水经》及郦注对郁水记载有误,连带对广郁县之记载亦不可信。据《汉志》,广郁县当在南北郁水(即今南北盘江)汇合处附近。① 不过广郁于两汉属郁林郡,县址不当过于西北,大约应在今广西乐业至天峨之间。

【考说】

《水经》载温水出夜郎至广郁,可以今北盘江-红水河当之。

《汉志》郁林郡广郁县:"郁水首受夜郎豚水,东至四会入海。"牂柯郡镡封县:"温水东至广郁入郁。"夜郎县:"豚水东至广郁。"是说温水出镡封,指今南盘江,而《水经》以《汉志》豚水为温水源,指今北盘江,与《汉志》异。②

《水经》存水已指北盘江,温水又指北盘江,似有不谐。疑存水指北盘江之上游,其后则勾连接于周水,而温水自北盘江中下游始计。

郁水之名应是指今南北盘江汇合之后的河段。

111.2 又东至领方县东,与斤南水合。东北入于郁。

【释地】

111[3] 领方县 县治当即今宾阳县宾州镇古城村之领方故城遗址。③

111-1 斤南水 今左江。见 135。

111-2 郁 即郁水。

【考说】

载温水至领方合斤南水又入郁,则可以今右江-邕江-郁江当之。于地理形势而言,右江不得上承红水河,此处《水经》误以为两者通流,

---

① 方国瑜:《中国西南历史地理考释》,第 161—164 页。
② 参方国瑜:《中国西南历史地理考释》,第 161—164 页。
③ 广西文物考古研究所、南宁市博物馆、宾阳县文物管理所:《宾阳县领方古城址调查与试掘》,载《广西考古文集》第三辑,文物出版社 2007 年版,第 322—336 页。

应是对《汉志》所体现的两郁水信息进行了错误的改写所致。①

112. 淹水

今金沙江(雅砻江口以上段)。

112.1 淹水出越嶲遂久县徼外,东南至蜻蛉县,又东过姑复县南,东入于若水。

【释地】

112[1] **遂久县** 县治当在今云南省丽江市古城区、玉龙县、永胜县一带。②

112[2] **蜻蛉县** 《若水注》有。又写作"青蛉县"。《元史·地理志》姚州大姚县:"唐置西濮州,后更名髳州,南接姚州,统县四,一曰青蛉,即此地,夷名大姚堡。"《清一统志·楚雄府·古迹》:"青蛉废县,今大姚县治。"所言可从,《水经》蜻蛉县治当在今大姚县城区。

112[3] **姑复县** 《若水注》有。县治约在今四川省攀枝花市辖区及盐边县境之金沙江北岸。③

112-1 **若水** 今雅砻江。见107。

【考说】

《水经》但言淹水出遂久县徼外,是但知其发源地的大致方向及流入境内的处所,其对淹水上游的掌握大约只能到今川、滇、藏交界处附近,所载之源绝不能确指今金沙江正源(沱沱河)。

113. 叶榆河

今礼社江-元江-红河。

113.1 叶榆河出其县北界,屈从县东北流,过不韦县,东南出益州界,入牂牁郡西随县北为西随水。

【释地】

113[1] **叶榆县** 《经》称"其县",即叶榆县。据郦注,县在叶榆

---

① 方国瑜:《中国西南历史地理考释》,第161—164页。
② 方国瑜:《中国西南历史地理考释》,第90—91页。
③ 方国瑜:《中国西南历史地理考释》,第89—90页。

泽(今洱海)西,即今云南省大理市北。又,郦注:"县西北八十里,有弔鸟山。"山即今洱源县凤羽镇西之鸟吊山,准之地望,叶榆县故址当在今大理市喜洲镇附近。今喜洲镇有河矣城村,村有土城,村因城名。① 按:"叶""河"古同声,而"榆""矣"音亦近,颇疑"河矣城"即"叶榆城"之讹。兹定叶榆县治于此。

113[2] 不韦县 郦注承经而言。《汉志》益州郡:"巂唐。周水首受徼外。又有类水,西南至不韦。行六百五十里。"巂唐、不韦两县当皆在今保山平原,而不韦在巂唐西南。② 今保山市南郊汉营村有汉代古城址一座,面积达 11 万多平方米③;金鸡乡营门口村古城坡有汉代遗址一处,面积达 5 万多平方米。④ 两处遗址皆当汉代县治之规模,疑居东北之古城坡遗址为巂唐县故址,而居西南之汉营城址为不韦县故址。不韦县在东汉至南朝曾长期为永昌郡治所在,这与汉营城址规模稍大的情况也相吻合。

113[3] 益州 指益州郡。

113[4] 西随县 县治约在今个旧市、蒙自市南境及金平县、屏边县境。⑤

【考说】

出叶榆县北界又东北流之水,不可能过不韦县,而不韦县之水与西随水也不通流,此处必有讹误。陈澧以今渔泡江(一泡江)当东北流之叶榆河,以今礼社江(大厂江)当东南通不韦之叶榆河,以并指出渔泡江与礼社江同源而分流,《水经》可能缺少了记载河流枝分的文字,看似有理,但难免牵强。其实,此处《水经》文本有自相矛盾之处:叶榆河既出叶榆县北界,则不得北流过其县东。故颇疑此处

---

① 大理市人民政府编:《云南省大理市地名志》(内部本),第 32 页。
② 方国瑜:《中国西南历史地理考释》,第 97—98 页。
③ 云南省文物考古研究所:《隆阳汉庄古城址勘探发掘报告》,载杨红斌主编:《大理民族文化研究论丛》第四辑,民族出版社 2010 年版。
④ 保山市文化志编纂委员会:《保山市文化志》,国际文化出版公司 1991 年版,第 132 页。
⑤ 方国瑜:《中国西南历史地理考释》,第 79—80 页。

"屈从县东北流"当作"屈从县东南流",作《水经》者误以叶榆河与礼社江水道相连而为礼社江之上游,礼社江确系东南流之叶榆河,此水与不韦县虽相距遥远,但在粗疏的地图上仍可能邻近,况且《水经》说叶榆河过不韦县,并未指明方位,完全可以是过其东境而已。而视《叶榆河》篇下文,系指今元江-红河无疑,故疏通文句,而以礼社江为《水经》叶榆河上游之所指,实属合情合理。

113.2 又东出进桑关,过交阯麋泠县北,分为五水,络交阯郡中,至东界,复合为三水,东入海。

【释地】

113[5] 进桑关 当在今河口县。① 今县仍当中越边境要冲。

113[6] 麋泠县 县治当在今越南永福省安乐县夏雷村。②

【考说】

西随水流至今越南河内附近开始分汊,即红河三角洲之早期形态。

第三节 荆南诸水篇

114. 夷水

今清江。

114.1 夷水出巴郡鱼复县江,东南过佷山县南,又东过夷道县北,东入于江。

【释地】

114[1] 鱼复县 见 104[11]。

114-1 江 即大江,今长江。见 104。

114[2] 佷山县 郦注有。《寰宇记》峡州长阳县:"故佷山县城。隋开皇九年废,今基在县西六十五里。"宋长阳县治即今址,准

---

① 方国瑜:《中国西南历史地理考释》,第 79—80 页。
② 郭声波:《越南地名中的古代遗痕》,《暨南学报(哲学社会科学版)》2013 年第 1 期。

之地望,佷山县故城当即今鸭子口乡州衙坪村之汉至六朝遗址。①

114[3] 夷道县　见 104[17]。

【考说】

郦注:"夷水即佷山清江也,水色清照,十丈分沙石,蜀人见其澄清,因名清江也。"

今清江发源于湖北利川西都亭山西麓,与长江间隔高山,不可能相通,杨疏早已指出,此处《水经》显误。《江水》篇"又东过鱼复县南,夷水出焉"句同误。《江水注》:"(鱼复)县有夷溪即佷山清江也,《经》所谓夷水出焉。"是《水经》所误以为的夷水出江之处,在鱼复县境之江水南岸,即郦注所指夷溪(郦氏于《江水注》称夷溪"即佷山清江也",亦即"《经》所谓夷水出焉",而于《夷水注》又称夷水"即佷山清江也",似仍承《经》之误)。又,《江水》篇又载江水于分夷水后再东出江关,而据郦注,江关都尉治鱼复县,可知夷溪当在鱼复县(今奉节县东)之西南。今此处有长滩河北流入江,其源头在利川市西,与清江源处于同一条东北-西南向谷地中相直对,且距离甚近,极易因交通等关系受夷水之名,或即夷溪之所指。由于地名相同、水源相近,或者因为地图绘制的技术原因,夷溪极易被误认为与夷水相连,从而产生夷水自江水分出的错误认识。

115. 油水

今涢水。

　　115.1 油水出武陵孱陵县西界,东过其县北,又东北入于江。

【释地】

115[1] 孱陵县　郦注有。近世方志以为在今湖北公安县夹竹园镇黄金口、齐居寺一带,应是。今此处有汉至六朝遗址。②

---

① 国家文物局主编:《中国文物地图集·湖北分册》,图版第 170—171 页、简介第 229 页。

② 国家文物局主编:《中国文物地图集·湖北分册》,图版第 156—157 页、简介第 173 页。

115-1　江　即江水,今长江。见 104。

【考说】

郦注载油水有支流沱水(今洛溪河),今沱水当系袭夺油水之名。

《水经》云油水于孱陵县(今公安县西)北东北入江,流路大致同郦注所示。今沱水于今松滋市东南注入松滋河,但《水经》时期,松滋河及其东侧之虎渡河尚未形成,油水于此仍东流,尾闾偏向东北,在今公安县北入江。

116. 澧水

今澧水。

　　116.1 澧水出武陵充县西历山,东过其县南,又东过零阳县之北。

【释地】

116[1]　充县　郦注承经而言。《元和志》:"故充城在慈利县西二百四十里。"同书辰州沅陵县:"充州在澧州西五百里,武德所置崇义县东北一里故充城是,南至沅陵县一百二十里。"明清以来,充县故址有三说。万历《慈利县志·故迹》:"充城。充县,在邑西二十二都,今九溪卫仓是其遗址也。"地即今湖南慈利江垭镇九溪村。康熙《永定卫志》:"临澧城,今大庸所乃其故址。"而据郦注,充县后身为临澧县,其址似未迁徙,则据此可说充县故城在大庸所,地即今张家界市永定区后坪镇大庸所故址。同治《慈利县志·古城邑》:"充县城,汉置,在县西二百四十里十六都地,即今永顺府桑植县治,旧志谓九溪仓遗址即其地。误。"所指即今桑植县治。其第一说不符《元和志》,亦与郦注不合,显非,同治《慈利县志》驳之是。后两说相较,由《元和志》所示充县故城与唐沅陵县(治今沅陵县城关)之距离判断充县在张家界市一带,显然更加合适。《太平御览·职官部·县尉》:"《荆州图记》曰:澧阳县西百三十里澧水之南岸,有白石双立,状类人形,高各三十丈,周回等四十丈,古之相传,昔有充县左尉与零陵尉共论疆，因相伤害，化为此石，即以为二，县界首东摽零陵，西碣充县。"东晋南朝澧阳县治今石门县城区，则白石双立之处在今慈利县西境，此为充县东界，若充县远在今桑植，似僻处一隅而过于悬远。《后汉书·马援传》："（马援）征五溪……军次下雋，有两道可入，从壶头则路近而水崄，从充则涂夷而运远。"壶头在今沅陵县东，其道即沅水道，充县在澧水畔，其道应循澧水河谷而行。不过欲循此道趋沅水上游一带，则只能从今张家界市附近便折向南，断无再向西北往今桑植方向入山之理，这样的路径不仅南辕北辙，也绝不平夷。事实上，澧水畔经过充县的这条道路在秦代便已存在，洞庭郡西向的文书传递即由此道通过充县。① 道路的走向完全可以说明充县不可能远在今桑植一带的山中，而只能在今张家界市附近。不过，大庸所在澧水南与《水经》不符。今张家界市区西侧有古人堤遗址，面积达八万平方米，出土战国至汉代遗存丰富，其中有东汉封检"充长之印"②，此应即充县故城所在。③

116(1) 历山 今澧水源自八大公山，或即《水经》历山之所指。

116[2] 零阳县 郦注有，然云"过零阳县北"与《水经》不同，疑误。④ 不过，据其所示地理位置，可判断零阳县当在今慈利县城区附近。万历《慈利县志·故迹》："白公城，在邑东五里。……零阳城，在邑东三里，即古之零阳县也，今有城址见存。旧志二载，名虽

---

① 晏昌贵:《里耶秦简牍所见郡县名录》，载《历史地理》第三十辑，上海人民出版社 2014 年版，第 139—150 页。

② 国家文物局主编:《中国文物地图集·湖南分册》，图版第 154—155 页、简介第 365 页；张春龙、胡平生、李均明:《湖南张家界古人堤遗址与出土简牍概述》，《中国历史文物》2003 年第 2 期；张春龙、胡平生、李均明:《湖南张家界古人堤简牍释文与简注》，《中国历史文物》2003 年第 2 期。

③ 参黄学超:《湖南地区若干汉代城聚地望新考》，载《中国方舆研究》第一辑，科学出版社 2017 年版。

④ 张修桂:《〈水经注〉洞庭湖水系校注与复原（下篇）》，原载《历史地理》第二十九辑，今据作者文集《粪江集》，第 190 页。

殊而地则一。"今慈利县城区东侧有白公城遗址,系汉代故城①,即零阳县故城。

116.2 又东过作唐县北,又东至长沙下雋县西北,东入于江。

【释地】

116[3] 作唐县 郦注有。《清一统志·澧州直隶州·古迹》:"作唐故城,在安乡县北。"今安乡县安全乡槐树村南有东汉至南朝故城址,或以为即作唐县故城②,应是。

116[4] 下雋县 见 104[22]。

【考说】

此段郦注中澧水面貌已与《水经》所载有所更易。《水经》云澧水"又东过作唐县北",郦注则称澧水"东转迳作唐县南",不过澧水有汊流澹水,"上承澧水于作唐县,东迳其县北,又东注于澧",其入澧处在安南县(今华容)之东。疑郦注所载澹水流路当是《水经》澧水流路,其水自今津市市与今澧水别而东出,流经安乡县黄山南侧(即作唐县北),经湖北石首南境至湖南华容西北,东南循今华容河东流,郦注澹、澧汇合处可能与今华容县东南华容河两支汇合处相当。郦注所载之澧水尾闾会赤沙湖,入洞庭湖,与《水经》澧水入江之载颇有不同,不过《水经·大江》亦言澧水、沅水、资水合而东流注江,而《资水》《沅水》两篇也云两水汇流成湖,大约澧水入江处正在当时的洞庭湖口附近,故可以视为三水合流,也可视为直接入江,其流路大约循今华容河。

117. 沅水

今清水江-沅江。

---

① 向桃初:《慈利白公城遗址》,载《中国考古学年鉴1994》,文物出版社1997年版,第 246 页。

② 国家文物局主编:《中国文物地图集·湖南分册》,图版第 106—107 页、简介第 201 页。

117.1 沅水出牂柯且兰县,为旁沟水,又东至镡成县,为沅水。

【释地】

117[1] 且兰县 今址无确考。县治约在沅水(今清水江-沅江)、无水(今㵲水河)源头迤西一带。今清水江北源重安江旧称猪梁江,或以为是"且兰江"之音变①,甚是,则且兰县当在其侧。

117[2] 镡成县 又写作"镡城县"。郦注:"无水出故且兰,南流迳无阳故县。县对无水,因以氏县。沅水东迳无阳,县南临运水。水源出东南岸许山,西北迳其县南,流注于熊溪。……熊溪下注沅水。""浪水注":"(邻)水出无阳县,县故镡成也,晋义熙中改从今名。"《沅水注》中的无阳(新)县,应就是东晋义熙间由镡城县更名之县。运水即今湖南省怀化市南之巫水,则镡城县治当在巫水上游之北岸,约在今城步苗族自治县或绥宁县境。

【考说】

旁沟水系沅水于镡城县以上河段之名称,相当于今清水江。

117.2 又东北过临沅县南,又东至长沙下雋县西,北入于江。

【释地】

117[3] 临沅县 郦注有。县治即今常德市区之战国至汉代故城遗址。②

117[4] 下雋县 见 104[22]。

117-1 江 即大江,今长江。见 104。

---

① 曾廉:《牂柯容谈》,转引自王燕玉:《西汉牂柯郡十七县今地辨》,《贵州民族研究》1980 年第 1 期。
② 陈致远:《常德古城建城史考述》,《武陵学刊》1997 年第 5 期。

【考说】

《水经》沅水流路,于今常德市以上,由于地形限制,与今沅江大致相同。而其下《水经》对沅水流路记载亦较简单,结合《资水》篇,但知沅、资两水于益阳县(今益阳市)东北同注古洞庭湖,而后东北流入江。郭璞《山海经注》:"江、湘、沅水共会巴陵头,故号为三江之口。"可知《水经》沅水入江处当在"巴陵头",即今岳阳市洞庭湖口。依据地势,当时沅水应自今赤山北东北流,大约在今东洞庭湖西南一带与资水共同积潴成湖,但湖面可能还比较束狭,东不及于湘,北不及于澧,故仍可视为东北流之沅水的一段,最后在今洞庭湖口注入江水。

118. 浪水

今都柳江-融江-柳江-黔江-浔江-西江·东江·韩江。

118.1 浪水出武陵镡城县北界沅水谷,南至郁林潭中县,与邻水合,又东至苍梧猛陵县,为郁溪;又东至高要县,为大水。

【释地】

118[1] 镡城县 见 117[2]。

118(1) 沅水谷 盖即今都柳江所出山谷。

118[2] 潭中县 《温水注》有。据广西融安所出梁天监十八年单华买地券,潭中县治当在今融安县城或其稍北处。①

118-1 邻水 此水于潭中县附近入浪水,则可能指今龙江或洛清江。两者相较,龙江较洛清江为大,《水经》似不当载小水而遗大水。尤其是《水经》此处用"与某水合"的句式,说明两水规模应当接近,故邻水更可能指今龙江。龙江即《水经》周水(存水下游),是一水两名也。陈澧疑即潭水②,非。

118[3] 猛陵县 郦注有。《元和志》梧州孟陵县:"南至州水路九十里。本汉旧县也。"《寰宇记》梧州废孟陵县:"在州北九十

---

① 鲁西奇:《广西所出南朝买地券释考》,载周长山、林强主编:《历史·环境与边疆——2010 年中国历史地理国际学术研讨会论文集》,广西师范大学出版社 2012 年版。

② 《水经注西南诸水考》卷三《浪水》。

里。本汉猛陵县,属苍梧郡,萧铣僭号,于此改置孟陵县。"今苍梧县岭脚镇孟陵村有古城遗址,传为古孟陵县城所在。① 此址与郦注所载"猛陵县在广信之西南"相符,但与《元和志》《寰宇记》所载孟陵县址不符,疑县有迁徙。今仍以孟陵村故城为《水经》猛陵县治所在。

118[4] 高要县 郦注有。县治在今广东省肇庆市区(旧高要县治)。

【考说】

浪水南至潭中,则此段浪水指今柳州市以北柳江流域某水无疑。《水经》云浪水出沅水谷,则浪水源必近沅水。故宜以今都柳江-融江-柳江当之。陈澧以今洛清江当浪水,但洛清江源与沅水流域距离尚远,恐非。

其后浪水下流,直至高要,依序可以今黔江、浔江、西江当之。

118.2 又东至南海番禺县西,分为二:其一南入于海。

【释地】

118[5] 番禺县 郦注有。两汉三国时期,番禺县当有两址,其一为南越王都及汉末三国番禺县,治今广州市旧城,其一为西汉中期至东汉末之番禺县,治今广州市南,疑在今广州市番禺区城区北隅。② 汉末番禺县系吴人迁徙,《水经》系由三国魏人改定,似当以两汉治所为据,故今取后者为《水经》番禺县治所在。

【考说】

西江东流至今广州市西而分汊入海,是珠江三角洲的早期形态。此南入于海之水道,大约相当于今西江干流水道。

118.3 其一又东过县东,南入于海。

【考说】

参以其与番禺县的相对位置,知此东流而折南入海之分汊大约

---

① 封厚江:《古孟陵小考》,载政协苍梧县委员会、法制提案文史学习委员会编:《苍梧文史》第十辑(内部本)。

② 吴宏岐:《汉番禺城故址新考》,《中国历史地理论丛》2006 年第 3 期。

相当于今珠江虎门水道。

118.4 其余又东至龙川,为涅水,屈北入员水。员水又东南一千五百里,入南海。

【释地】

118[6] 龙川 即龙川县。县治即今龙川县佗城镇龙川故城遗址。①

118-1 员水 今韩江。详【考说】。

【考说】

陈澧云:"涅水,今广东东江;员水,今福建汀江也。此经误以东江逆流东北而上,至龙川屈北,至江西长宁县,越县东界山为广东平远县水,下流入汀江也。知龙川、番禺一水可通,而不知水流之顺逆,知涅水与员水相距不远,而不知中隔一山也。"所论至为精当。惟员水所指,确切而言,应是汀江之下游韩江,东江系与韩江西支梅江相近,而不与东支汀江相近。此盖系《水经》作者为粗疏之地图所误。

119. 资水

今资水。

119.1 资水出零陵都梁县路山,东北过夫夷县,又东北过邵陵县之北,又东北过益阳县北。

【释地】

119[1] 都梁县 郦注有。县治在今湖南隆回县城区附近。② 光绪《邵阳县志·建置》:"桃花坪市,市为晋都梁县地。"桃花坪市即今隆回县西郊桃花坪,县志似指都梁县故址在此,今从。

119(1) 路山 郦注:"资水出武陵郡无阳县界唐纠山,盖路山之别名也。"以资水源流推之,路山大约指"今绥宁县东境与城步县

---

① 地方学者对佗城龙川故城遗址颇有探讨,参何福添主编:《龙川文史》第七辑《广东历史文化名城·龙川佗城》,政协龙川县文史资料研究委员会1991年版。

② 张修桂:《〈水经注〉洞庭湖水系校注与复原(下篇)》,原载《历史地理》第二十九辑,今据作者文集《龚江集》,第162—163页。

北境交界处海拔 1 350 米的山地"①。

119[2] 夫夷县 郦注有。《寰宇记》邵州武冈县:"夫夷故城,汉县,故城在今县东北二百四十里扶水之地。"《清一统志·宝庆府·古迹》:"夫彝故城,在新宁县东北。"按:《水经》但言资水过夫夷,而不言过某方,似就县境言,而县城距资水尚远,郦注言夫水迳夫夷南后,又东流方入资,是夫夷县当在今邵阳县南境及新宁县北境夫水(今夫夷水)东流处之北岸。今邵阳县金称市镇南有规模达三万平方米之汉墓②,权定夫夷县于此。

119[3] 邵陵县 郦注有。县治在今邵阳市区。

119[4] 益阳县 郦注有。县治即今益阳市区铁铺岭城址。③

【考说】

今资水有赧水、夫夷水两源,《水经》载资水发都梁(今隆回)而东北过夫夷(今邵阳县南),故所取之源当为今赧水。

119.2 又东与沅水合于湖中,东北入于江也。

【释地】

119-1 沅水 见 117。

119-2 湖 今洞庭湖前身。

119-3 江 即大江,今长江。见 104。

【考说】

今益阳市以下,《水经》资水当东北流,与沅水会于古洞庭湖中,再东北至今洞庭湖口流入于江。

120. 涟水

今涟水。

---

① 张修桂:《〈水经注〉洞庭湖水系校注与复原(下篇)》,原载《历史地理》第二十九辑,今据作者文集《龚江集》,第 161 页。

② 国家文物局主编:《中国文物地图集·湖南分册》,图版第 132—133 页、简介第 291 页。

③ 湖南省文物考古研究所:《二十年风云激荡 两千年沉寂后显真容》,《中国文物报》2013 年 12 月 6 日第 6 版。

120.1 涟水出连道县西,资水之别。

【释地】

120[1] 连道县 郦注:"(涟水)南迳连道县,县故城在湘乡县西百六十里。"《方舆纪要》长沙府湘乡县:"连道城……或曰故城亦谓之龙城,唐初尝移湘乡县治龙城,即此。"同治《湘乡县志·古迹》:"或曰即今三十五都城围子,又名仙人城,盖其地正当治西,里数亦合,且去龙山不远,而涟水别支复经于此故也。"其说可从,故城当在今湖南双峰洪山殿镇太平村一带。

120-1 资水 今资水。见119。

【考说】

《水经》称涟水是资水分流,然涟水源头与资水间有山地相隔,此说显误。① 张修桂指出,涟水源头与资水支流源头极近,所以涟水"在旧籍的平面图中,很容易被误读为资水的分流",所以《水经》虽误,但"可以理解"。② 其说甚是,尤其是今资水支流柳溪与涟水源在冷水江市的周头水库附近,于地势而言,是存在一源两分的可能的,说涟水承资水固误,但其水道或者确实可以相沟通。

120.2 东北过湘南县南,又东北至临湘县西南,东入于湘。

【释地】

120[2] 湘南县 《清一统志·长沙府·古迹》:"湘南故城,在今湘潭县西六十里。"今湘潭县石潭镇古城村有古城址一座③,准之地望,当即湘南县故城。

120[3] 临湘县 见121[9]。

120-2 湘 即湘水,今湘江。见121。

---

① 此点已为杨守敬所指出,参《水经注疏》卷三八《涟水》。
② 张修桂:《水经注》洞庭湖水系的校注与复原(下篇)》,原载《历史地理》第二十九辑,今据作者文集《龚江集》,第158页。
③ 国家文物局主编:《中国文物地图集·湖南分册》,图版第78—79页、简介第98页。

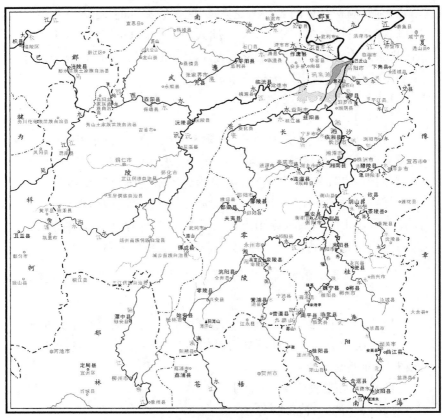

图 12　湘水流域诸水图

121. 湘水

今湘江。

121.1 湘水出零陵始安县阳海山，东北过零陵县东，又东北过洮阳县东，又东北过泉陵县西。

【释地】

121[1] 始安县 郦注有。县治今广西壮族自治区桂林市区。①

121(1) 阳海山 今海洋山。

121[2] 零陵县 郦注有。《旧唐志》永州湘源县："（汉零陵县）故城在今县南七十八里。"《寰宇记》全州清湘县："零陵郡古理，在今县南七十八里，有古城存。"《寰宇记》所言"零陵郡古理"似当作零陵县理是，这大约是误读《旧唐志》而导致的错误，这由唐湘源县与宋清湘县并非同址②、而《寰宇记》所载该城址却与《旧唐志》相同也可以看出。③ 据郦注所载及考古资料，零陵县故城当即今兴安县界首镇城东村的城子山古城。④ 唐湘源县治在今全州县西的柘桥村，西南去城子山古城至少有八十余唐里，疑《旧唐志》《寰宇记》之"七十八里"是"八十七里"之误。

121[3] 洮阳县 郦注有。《寰宇记》全州清湘县："故洮阳县，在县西北三十五里。"康熙《全州志·古迹》："今去治三十里曰梅潭，有旧堑迹，俗称改州。""洮阳县城在治北三十五里即今改州滩。"今

---

① 史念海：《汉代零陵郡始安县城址刍议》，《中国历史地理论丛》1998年第3期。

② 唐湘源县治今全州县西之柘桥村，马楚更名清湘县，后周显德三年以后徙治今全州城区。

③ 今本《旧唐志》此处原文为："湘源。汉零陵县地，属故城在今县南七十八里。"中华书局版《旧唐书》校勘记云"'属'字疑衍或'属'下脱'零陵郡'三字"，是。若补"零陵郡"三字，则原文可通，而极易连读为"零陵郡故城在今县南七十八里"，此或即《寰宇记》文字来由。而今本《旧唐志》脱"零陵郡"三字，亦有可能是前人以零陵郡不在此而将三字删去。当然，汉零陵郡也当曾理零陵县，不过后世所熟知者，皆为零陵郡治泉陵，若认为《寰宇记》据此而使用"零陵郡"来指代零陵县城，似较牵强。

④ 李珍：《汉代零陵县治考》，《广西民族研究》2004年第2期。

全州县永岁乡梅潭村有汉代故城遗址,当即康熙《全州志》所言洮阳故城。① 不过,此故城南无水以当郦注洮水,又,宋清湘县治在今全州县之西,而此址在今全州县东北,方位与《寰宇记》所示亦相违,故仍有存疑之处。

121[4] 泉陵县 郦注有。《深水》经:"又西北过泉陵县西,北七里至燕室丘,入于湘。"则泉陵县距湘、深(今潇水)交汇处应有七里。《旧唐志》永州零陵县:"汉郡治泉陵县故城,在今州北二里。"《舆地广记》永州零陵县:"泉陵故城在今县北二里。"准之地望,泉陵县故城当在今湖南省永州市零陵区北隅。

　　121.2 又东北过重安县东,又东北过酃县西,耒水从东南来注之。又东北过阴山县西,洣水从东南来注之;又北过醴陵县西,漉水从东来注之。又北过临湘县西,浏水从县西北流注之。又北,沩水从西南来注之。

【释地】

121[5] 重安县 郦注:"承水又东北迳重安县南,故零陵之钟武县……武水入焉。东流至钟武县故城南,而东北流至重安县,注于承水。"承水即今蒸水,武水即今武水,皆在衡阳市西境。按《汉志》零陵郡:"钟武。莽曰钟桓。"注:"应劭曰:今重安。"《续汉志》零陵郡:"重安。侯国。故钟武,永建三年更名。"《寰宇记》衡州衡阳县:"钟武故城,在县西八十里。后汉永建二年改为重安,又移于钟武故城东二十里。今谓之重安故城。……其钟武故城西十里有武溪,入溪四里,又有古城,相传云此城是钟武故城。盖初理在溪内,后移于溪水外。"同治《衡阳县志》卷八《山水》:"曾步,钟武侯国故城当在此矣。……今三都犹名丞相里,盖钟武侯相所居。其城冯依山

---

① 周世荣:《马王堆古地图有关问题研究》,原载《古地图论文集》(文物出版社 1975 年版),今据湖南省博物馆编:《马王堆汉墓研究》,湖南人民出版社 1981 年版;李珍:《汉代零陵县治考》,《广西民族研究》2004 年第 2 期。

阻,控挖长乐,内足自给,且为外捍。"①据该志卷一之《疆域图》,曾步即今衡阳县岘山镇光明村,丞相里在与之相对的武水南岸。曾步古城滨于武水,当即《寰宇记》所示"初理在溪内"的钟武故城。此地东十四里当今衡阳县城区,其地东去宋衡阳县水路正约八十里。同治《衡阳县志》卷八《山水》:"武承之间有小冈,号为隐峰。承水西流迳西渡市,东过桥,折东迳大西林寺。寺及隐峰皆有碑云'重安故城',而城垣当更在承水曲东流之北。"据之可知,今衡阳县城西渡镇,确有一故城遗址,号"重安故城",由于重安与钟武有承袭关系,此故城完全可以当"移于溪水外"的钟武故城。② 钟武县迁徙时期不明,可能在两汉之际。至于《寰宇记》所言"又移于钟武故城东二十里"的重安故城,则应是后世迁徙之址,在今衡阳县东南境。《水经注》云承水至重安县南而纳武水,似其所言重安县尚在今西渡镇,疑重安东迁,晚在南朝后期。

121[6] 酃县 见 127[4]。

121-1 耒水 今耒水。见 127。

121[7] 阴山县 见 128[4]。

121-2 洣水 今洣水。见 128。

121[8] 醴陵县 见 129[1]。

121-3 漉水 今渌水。见 129。

121[9] 临湘县 郦注有。县治在今长沙市五一广场一带。③

121-4 浏水 今浏阳河。见 130。

121-5 沩水 今沩水。

---

① 此处所说钟武侯国故城,就是钟武县故城,因钟武初为侯国,后改为县。参钱大昕:《廿二史考异》卷七;马孟龙:《西汉侯国地理》,上海古籍出版社2013年版,第278页。

② 今武水入蒸水处与衡阳县城区相近而与岘山光明村相去较远,与《寰宇记》所示"钟武故城西十里有武溪,入溪四里,又有古城"之里距不同,这可能与武、蒸两水之水道迁徙有关。

③ 何旭红:《长沙汉"临湘故城"及其"宫署"位置考析》,《南方文物》1998年第1期;王素、宋少华、罗新:《长沙走马楼简牍整理的新收获》,《文物》1999年第5期。

121.3 又北过罗县西,湄水从东来流注之。又北过下隽县西,微水从东来流注之。又北至巴丘山,入于江。

【释地】

121[10] 罗县 郦注有。《括地志》:"故罗县城在岳州湘阴县东北六十里,春秋时罗子国,秦置长沙郡而为县也。"①《元和志》岳州湘阴县:"本春秋时罗子国,秦为罗县,今县东北六十里故罗城是也。"唐湘阴县治即今址,今汨罗市河市镇古罗城村有罗子国故城遗址②,准之地望,当即罗县故城所在。

121-6 湄水 今汨罗江。见131。

121[11] 下隽县 即下隽县。见104[22]。

121-7 微水 今新墙河。

121(2) 巴丘山 指今岳阳市区内的丘陵山地。③

121-8 江 即大江,今长江。见104。

122. 漓水

今大溶江-漓江-桂江。

122.1 漓水亦出阳海山。

【释地】

122(1) 阳海山 今海洋山。

【考说】

《湘水注》:"湘、漓同源,分为二水,南为漓水,北则湘川。"《水经》所云漓水源,即今湘水源之海洋河,河水通过灵渠西流入今漓江,故被《水经》及郦注视为漓水上源。其实地理学上的漓水正源应是今大溶江。

122.2 南过苍梧荔浦县,又南至广信县,入于郁水。

---

① [唐]李泰等著,贺次君辑校:《括地志辑校》卷四《岳州·湘阴县》。
② 国家文物局主编:《中国文物地图集·湖南分册》,图版第66—67页、简介第55页。
③ 张修桂:《〈水经注〉洞庭湖水系校注与复原(上篇)》,载《历史地理》第二十八辑,上海人民出版社2013年版,第1—32页。

【释地】

122[1] 荔浦县 郦注有,但不载其城址。康熙《荔浦县志·城池》:"按故老相传,先是,县治在永里荔江之滨,以荔水因名荔浦,今故址尚在。"同书《古迹》:"旧县在荔浦县西二十里,今县废而城址犹存。"此或即《水经》荔浦县治所在,地在今广西荔浦市青山镇。

122[2] 广信县 《温水注》有。《通典·州郡典》梧州苍梧县:"汉广信县城即此地。"《旧唐志》梧州苍梧县:"汉苍梧县治广信县即今治。隋立苍梧县于此。"《寰宇记》梧州苍梧县:"汉苍梧县治广信县即今州治也。隋立苍梧县,于此置郡。"唐宋苍梧县治今梧州市区,《水经》广信县故城亦在此。

122-1 郁水 即《浪水》篇"郁溪",今浔江。

123. 溱水

今武水-北江。

123.1 溱水出桂阳临武县南,绕城西北屈东流,东至曲江县安聂邑东,屈西南流,过浈阳县,出洭浦关,与桂水合,南入于海。

【释地】

123[1] 临武县 郦注有。据郦注所示水地相对位置,知县故城在今湖南临武县东之武水(即溱水)南岸。今汾市镇渡头村西有汉代故城遗址①,可以当之。②

123[2] 曲江县 郦注有。郦注所示曲江县疑系晋代县址,即《水经》之安聂邑所在。《水经》曲江县疑治今广东省韶关市东南郊莲花村附近。③

---

① 国家文物局主编:《中国文物地图集·湖南分册》,图版第98—99页、简介第171页。
② 黄学超:《湖南地区若干汉代城聚地望新考》,载《中国方舆研究》第一辑,科学出版社2017年版。
③ 祝鹏:《读〈水经注〉溱水篇札记》,载朱东润、李俊民、罗竹风主编:《中华文史论丛》,上海古籍出版社1981年版,第213—236页。

123[3] 安聂邑　当在今韶关市区西南隅武江、浈江汇合处之西岸。①

123[4] 浈阳县　郦注有。据郦注,县治当在今英德市东郊漪江北岸。②

123[5] 洭浦关　见124[4]。

123-1　桂水　即洭水下游,今连江。见124。

124. 洭水

今温江-连江。

　　124.1 洭水出桂阳县卢聚,东南过含洭县,南出洭浦关,为桂水。

【释地】

124[1] 桂阳县　郦注有。治今广东连州市区,可能在东北隅。③

124[2] 卢聚　见125[2]。

124[3] 含洭县　据郦注及《元和志》可知,县治在今广东英德浛洸镇东、陶江东岸。④ 今此处有地名河江渡,"河江""含洭"音近,当即其址。

124[4] 洭浦关　郦注有。据《溱水》及《洭水》篇可知,关在溱、洭两水交汇处。今北江、连江交汇之江口嘴有汉代遗址,疑即洭浦关所在。⑤

125. 深水

今潇水。

---

① 祝鹏:《读〈水经注〉溱水篇札记》,载朱东润、李俊民、罗竹风主编:《中华文史论丛》,第213—236页。
② 祝鹏:《读〈水经注〉溱水篇札记》,载朱东润、李俊民、罗竹风主编:《中华文史论丛》,第213—236页。
③ 曲英杰:《水经注城邑考》,第582—586页。
④ 祝鹏:《读〈水经注〉洭水篇札记》,《社会科学》1981年第5期。
⑤ 梁明燊:《广东连江口发现汉代遗址》,《考古》1964年第8期。

第七章　江及以南诸篇地理考释 | 397

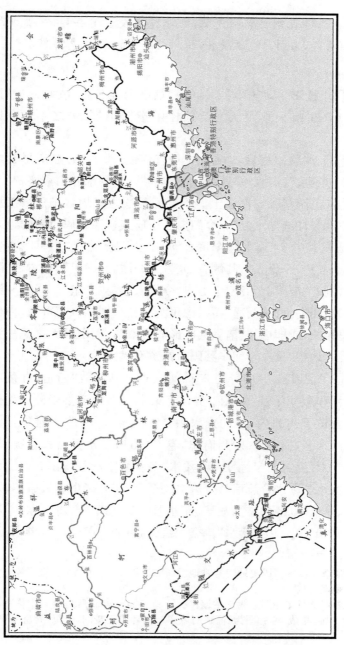

图 13　浪水流域诸水、叶榆河下游图

125.1 深水出桂阳卢聚,西北过零陵营道县南,又西北过营浦县南,又西北过泉陵县,西北七里至燕室丘,入于湘。

【释地】

125[1] 桂阳 即桂阳县,《洭水》篇已云桂阳县,故此处从省。郦注以卢聚在南平县而认为此处桂阳指桂阳郡,失之不照。见124[1]。

125[2] 卢聚 郦注:"(南平)县有卢溪、卢聚山,在南平县之南,九疑山东也。"《洭水注》及《深水注》言洭、深两水并出卢溪,是卢溪指今连江上游某源与冯河上游某源间相通之谷地。马王堆汉墓出土《驻军图》详绘深水上源、今湖南江华瑶族自治县码市镇附近之地理情况①,其中于"隃水"(今黄石河)中段东侧绘有"虑里"地名,并注"三十五户,今毋人",其侧有"兼里",并注"并虑里",相对之"隃水"西侧,则有"波里"(下注"十七户,今毋人")与"弇里"(下注"并波里")。四里相迩,可相交通,而以虑里为大。②"虑""卢"可通,卢聚当与虑里相关,或即虑、波诸里共同形成之聚落,而以较大之虑里为聚名。准之地望,聚在今江华县码市镇黄石村。

125[3] 营道县 《湘水注》有。《汉志》零陵郡:"营道,九疑山在南。"《元和志》道州延唐县:"隋自奔巢水口移营道县于此。武德四年,移营道于州郭内,于此置唐兴县。天宝元年,改为延唐县。"奔、巢系两水名,据弘治《永州府志》卷二《山川·宁远县》、隆庆《永州府志》卷六《提封·宁远》所载,巢水、漭水系宁远县境出九嶷山北流之水,巢水与瀑水合流后乃合漭水。至万历《九疑山志》、康熙《永州府志》、嘉庆《九疑山志》、嘉庆《宁远县志》、道光《永州府志》等后出之志,则误"漭水"为"潇水"。据光绪《湖南全省舆图说》,潇水(漭

---

① 张修桂:《中国历史地貌与古地图研究》,第489—491页。以下地点复原以此书观点为据。

② 图版及释文并据裘锡圭主编:《长沙马王堆汉墓简帛集成》,中华书局2014年版。惟《集成》称此图为《箭道封域图》,笔者并不赞同,今仍沿《驻军图》旧称。

水)指发源于今蓝山县汇源乡、北流入泠江(灌溪)之水,而巢水指今发源于宁远县九疑山乡、北流入泠江的太平溪,则所谓"奔巢水口"当指上举两水最终合流的今宁远县湾井镇下灌村附近。今宁远县冷水镇下胡家村有一处名为"盐坛罐"的古城遗址,"盐坛罐"应是"延唐观"的讹变,即上引《元和志》所见唐延唐县故址所在。① 这里距离"奔巢水口"不远,故有学者即以之为位于"奔巢水口"的营道县址,并进一步推定汉代营道县就治于此。②《图集》相关图幅即将营道县绘于该地。不过,《元和志》已经明确说明,治于唐延唐县址的隋唐营道县系隋代自奔巢水口移来,与奔巢水口营道旧址本系两处,所以隋以前一段时期的营道县治所不会在"盐坛罐"古城,而应该在其南十里许的下灌村。然而,下灌村址与《水经》及郦注对营道县位置的记载并不完全一致。下灌村故县治位于潇水支流泠水流域,而泠水是在沱江-潇水北过营浦故城(在今道县城东)后方才纳入的,这点在郦注中也有明确记载,若营道县在此,则其并不临深水(营水),哪怕是方位也与《水经》、郦注所载皆不符,令人生疑。细读郦注文字,知其所示营水上源应是今道县东南之泡水,于营道县境合南来之冯水(今冯河),两水合流后"又西北屈而迳营道县西",是营道县当在今泡、冯两水汇合处之北侧。今道县蚣坝镇光家岭村有汉代古城一座③,地望与之正合,应即营道县故城。营道在此,因营水受名,十分自然。④ 今下灌村之营道故治,当是南朝以后迁徙

---

① 周九疑:《对泠道、龁道、舂陵、深平城址的探讨》,载《湖南考古辑刊》第七辑,岳麓书社 1999 年版。
② 张修桂:《马王堆〈地形图〉绘制特点、岭南水系和若干县址研究》,载《历史地理》第五辑,上海人民出版社 1987 年版,第 130—145 页;周九疑:《对泠道、龁道、舂陵、深平城址的探讨》,载《湖南考古辑刊》第七辑。
③ 国家文物局主编:《中国文物地图集·湖南分册》,图版第 148—149 页、简介第 343 页。
④ 长沙马王堆汉墓出土古地图并不以今潇水干流为营水,而以为深水,另以今营水(濂溪水)为营水。由于营浦县在深水畔的缘故,深水也很容易受营水之名,这或许就是《水经》深水在郦注即称为营水的原因(参谭其骧:《马王堆汉墓出土地图所说明的几个历史地理问题》,《文物》1975 年第 6 期)。这种情况在西汉可能就已经出现。

之址。

125[4] 营浦县 《湘水注》有。县治即今道县东郊之营浦故城遗址。①

125[5] 泉陵县 见 121[4]。

125(1) 燕室丘 《论衡·验符》："湘水去泉陵城七里，水上聚石曰燕室丘。"是燕室丘系深水入湘处之小岛。今潇、湘两水会处有萍洲岛，可当燕室丘。

125-1 湘 即湘水，今湘江。见 121。

126. 钟水

今钟水-舂陵水。

126.1 钟水出桂阳南平县都山，北过其县东，又东北过宋渚亭，又北过钟亭，与灌水合。又北过魏宁县之东，又东北入于湘。

【释地】

126[1] 南平县 郦注有，但不载其城址。县治即今湖南蓝山东北郊古城村、城腹村之南平故城遗址。②

126(1) 都山 郦注："都山，即都庞之峤。"今都庞岭在江永、道县境，与钟水之源相去尚远。此都山当指今九嶷山东部山地。

126[2] 宋渚亭 民国《嘉禾县图志·山川》："《州志》曰：'今嘉禾南十里有宋家山，旧云是其地也。按宋家山在油涵村对岸油涵铺

---

① 谭其骧：《马王堆汉墓出土地图所说明的几个历史地理问题》，原载《文物》1975 年第 6 期，今据作者文集《长水集》下册，第 255 页；周世荣：《马王堆古地图有关问题研究》，载湖南省博物馆编：《马王堆汉墓研究》，湖南人民出版社 1981 年版，第 331 页；国家文物局主编：《中国文物地图集·湖南分册》，图版第 148—149 页、简介第 343 页。

② 谭其骧：《马王堆汉墓所出土地图所说明的几个历史地理问题》，原载《文物》1975 年第 6 期，今据作者文集《长水集》下册，第 256 页；周世荣：《马王堆古地图有关问题研究》，载湖南省博物馆编：《马王堆汉墓研究》，第 331 页；国家文物局主编：《中国文物地图集·湖南分册》，图版第 150—151 页、简介第 353 页；龙军：《蓝山县发现汉代南平城故址》，《光明日报》2013 年 1 月 19 日第 4 版。

南端二里许,其下里许为新桥头……亭有礓柱,委壑尚遗。'"今姑从之。其地在今嘉禾县车头镇井洞村。并参下条。

126[3] 钟亭 《水经》及郦注并载,但所指似乎不同。《水经》似以今舜水-钟水-春陵水为钟水,而以今灌水(车溪水)-春陵水为滩水;郦注似以今毛俊河为钟水,而以今舜水为桂水,并视经文"灌水"为"桂水"之误。如郦注所示,则宋渚亭、钟亭所在与南平县极近,就《水经》记载城邑之详细程度而言显得并不协调,故此处不取郦氏之说,单就《水经》所示来推定两亭所在。宋渚亭宜在今嘉禾县南境,如上条所言。钟亭则当在今春陵、钟两水交汇处附近,今权定于桂阳县春陵江镇马鞍坪。

126-1 灌水 今车溪水。参上条。

126[4] 魏宁县 郦注:"魏宁,故阳安也。晋太康元年改曰晋宁。县在桂阳郡东一百二十里。……桂水无出县东理,盖县邑流移,今古不同故也。"苏仙桥晋简1-2:"晋宁令周系。治晋宁城,周匝一里二百卅步,高一丈五尺,在郡东,去郡一百卅里。"①是晋宁县在桂阳郡(今郴州市)东,去钟水甚远无疑。不过《宋书·州郡志》湘州桂阳太守:"晋宁令,汉顺帝永和元年立,曰汉宁,吴改曰阳安,晋武帝太康元年改曰晋宁。"该县数易其名,确实存在很大的迁址的可能,而且《水经》所称的"魏宁"一名,并不见载于该县的沿革之中,当然这最可能是作《水经》者遥改,但并不能排除是另一史籍失载之县的可能。故郦氏此处以"县邑流移,今古不同"来解释,实是谨慎妥当之说。《舆地纪胜·桂阳军·古迹》:"晋宁县城,在平阳县北三十里。"宋平阳县治今桂阳县城区,准之地望,此城正在春陵水(钟水)西侧,可当《水经》魏宁县所在。今权定于桂阳县仁义镇三都村。

126-2 湘 即湘水,今湘江。见121。

127. 耒水

今耒水。

---

① 湖南省文物考古研究所、郴州市文物处:《湖南郴州苏仙桥遗址发掘简报》,载《湖南考古辑刊》第八辑,岳麓书社2009年版,第93—117页。

127.1 耒水出桂阳郴县南山,又北过其县之西,又北过便县之西,又西北过耒阳县之东,又北过酃县东,北入于湘。

【释地】

127[1] 郴县 郦注承经而言。县治在今湖南省郴州市区。

127(1) 郴县南山 今骑田岭。

127[2] 便县 郦注承经而言。苏仙桥晋简1-1:"便令谈隆。治便城,周匝一里十五步,高一丈五尺,在郡北,去郡一百廿里。"①《太平广记·苏仙公》:"母曰:'便县去此(郴县)百二十里,道途径崄。'"是便县在桂阳郡郡治郴县(今郴州)北一百二十里。康熙《郴州总志·郴州古迹》:"旧便县,在永兴县治东南隅。"盖是。其地即今永兴县城区。

127[3] 耒阳县 郦注有。县治在今耒阳市区。

127[4] 酃县 郦注:"酃县故治,西北去临承县一十五里。"《寰宇记》衡州:"今衡阳县东十二里故酃城是也。"据《湘水注》,临承县治今衡阳市区,亦宋衡阳县治。准之地望,《水经》酃县即治今衡阳市东郊酃县故城遗址。②

127-1 湘 即湘水,今湘江。见121。

【考说】

《水经》耒水,以今郴江-便江为源,今耒水正源则为沤江。

128. 洣水

今洣水。

128.1 洣水出茶陵县上乡,西北过其县西,又西北过攸县南,又西北过阴山县南,又西北入于湘。

【释地】

128[1] 茶陵县 郦注有。亦写作"荼陵县"。《寰宇记》衡州茶

---

① 湖南省文物考古研究所、郴州市文物处:《湖南郴州苏仙桥遗址发掘简报》,载《湖南考古辑刊》第八辑,第93—117页。

② 国家文物局主编:《中国文物地图集·湖南分册》,图版第80—81页、简介第110页。

陵县：" 汉旧县，属长沙国。……今攸县东一百四十里茶陵故城是汉理所。" 嘉靖《茶陵州志·古迹》："茶王城，在州东五十里，汉封定王之子䜣为茶陵侯，居此。" 宋攸县、明茶陵州治即今攸县、茶陵县，今茶陵县火田镇莲溪村有茶王城遗址①，准之地望，即《水经》茶陵县治所在。

128[2] 上乡 今址无确考，当在今炎陵县境。

128[3] 攸县 郦注有。据郦注，县故城当在攸水（今攸水）西北流折西南之处之南岸，即今攸县网岭镇一带。《元和志》衡州攸县："西南至州陆路三百四十五里。"州即衡州，治今衡阳市。《清一统志·长沙府·古迹》："攸县故城，在今攸县东……五代梁时徙今治，而故城废。"是唐时县治尚在汉旧址，如《元和志》所示，在今攸县东北。今攸县网岭镇罗家坪村传为攸县故城所在②，疑即汉唐故治，若然，则郦注时攸水似当流经村北，与今流路不同。

128[4] 阴山县 郦注有。《清一统志·长沙府·古迹》："阴山故城，在攸县西北六十里。" 今攸县西浊江旧名阴山江，阴山故城当在其侧。今桃水镇附近有汉晋墓群多所③，疑即阴山故城所在。

128-1 湘 即湘水，今湘江。见121。

129．漉水

今渌水。

129.1 漉水出醴陵县东漉山，西过其县南，屈从县西西北流，之漉浦，注入于湘。

【释地】

129[1] 醴陵县 郦注承经而言。今醴陵市板杉镇古城村有东

---

① 湖南省茶陵县地方志编纂委员会：《茶陵县志》，中国文史出版社1993年版，第597页。
② 湖南省攸县地方志编纂委员会编：《攸县志（1871—1949）》（内部本），第50页。
③ 国家文物局主编：《中国文物地图集·湖南分册》，图版第72—73页、简介第81页。

汉时期"醴陵故城"遗址①，应即《水经》醴陵县治所在。

129(1) 漉山 今江西萍乡杨岐山。

129(2) 漉浦 当是漉水入湘处之湘水港汊，今不见。

【考说】

郦注："余谓漉、渌声相近，后人藉便，以渌为称，虽翁陵名异，而即麓是同。"是郦注时，该水已名渌水。

130. 浏水

今浏阳河。

130.1 浏水出临湘县东南浏阳邑，西北过其县，东北与涝溪水合。西入于湘。

【释地】

130[1] 临湘县 见121[9]。

130[2] 浏阳邑 郦注承经而言。《清一统志·长沙府·古迹》："浏阳故城，在今浏阳县东。"今浏阳市东郊城隍庙一带传为县旧治所在，疑即其址。②

130-1 涝溪水 今捞刀河。《水经》时期，"浏水河口段是从今捞刀河河口段注入湘水的"③，故涝溪水为浏水支流。

130-2 湘 即湘水，今湘江。见121。

【考说】

浏水东北流而会涝溪水，说明浏水在今长沙市区先折向东北，再会涝溪水，其流路与今天恒向西北流的浏阳河有比较大的区别。

131. 渭水

今汨罗江。

---

① 国家文物局主编：《中国文物地图集·湖南分册》，图版第70—71页、简介第73页。

② 湖南省浏阳县地方志编委会编纂：《浏阳县志》，中国城市出版社1994年版，第60页。

③ 张修桂：《〈水经注〉洞庭湖水系校注与复原（上篇）》，载《历史地理》第二十八辑，第1—32页。

131.1 濜水出豫章艾县,西过长沙罗县西,又西至累石山,入于湘水。

【释地】

131[1] 艾县 郦注承经而言。康熙《江西通志·古迹·南昌府》:"古艾城。……今县西一百里龙坪岗有艾城存焉。"今江西修水古市镇旧名古城岭①当即其地,此即《水经》艾县所在。

131[2] 罗县 见121[10]。

131(1) 累石山 今汨罗市磊石山。汨罗江仍于此入湘江。

131-1 湘水 今湘江。见121。

第四节 扬州诸水篇

132. 赣水

今赣江。

132.1 赣水出豫章南野县,西北过赣县东,又西北过庐陵县西,又东北过石阳县西,又东北过汉平县南,又东北过新淦县西,又北过南昌县西,又北过彭泽县西,北入于江。

【释地】

132[1] 南野县 郦注有。县治当即今江西大余池江镇寨上村之汉代故城遗址。②

132[2] 赣县 郦注有。《寰宇记》虔州:"汉高祖六年,使灌婴略定江南,始为灌县,立城以防赵佗,今州西南益浆溪故城是也。"益浆溪即今上犹江,参之郦注记载,汉赣县城当在今上犹江汇入章水处附近,即今赣州市南康区凤岗镇一带。

132[3] 庐陵县 郦注有,但不载其确址。《寰宇记》吉州太和

---

① 修水县地名委员会办公室编:《江西省修水县地名志》(内部本),第139页。

② 张小平:《大余县发现西汉南野古城址》,《江西历史文物》1984年第2期。

县:"西昌故城,在县西三里。按《舆地志》云:'汉时为庐陵县,属豫章。后改为西昌县。'""庐陵故城在县西北三十里。按《舆地志》云:'后汉兴平元年分豫章置庐陵郡。晋太康中移郡于石阳。故城尚存。'"是《寰宇记》载有两庐陵故城,观《寰宇记》引《舆地志》之说明可知,其一为汉庐陵县及后世西昌县城,其一为汉末孙吴庐陵郡城。《水经》所指自当为前者。宋太和县治在今泰和县城区,今泰和县西南郊、赣江南岸高城村有汉代城址一座,面积达23万平方米,分内外城①,其址恰与《寰宇记》所载庐陵县故城相符,应即见载于《水经》之汉庐陵县故城遗址。②

132[4] 石阳县 郦注承经而言。《寰宇记》吉州吉水县:"石阳故城在县东北三十里。"宋吉水县治即今址,准之地望,《水经》石阳县当即今吉水县醪桥镇固洲村之石阳古城遗址。③

132[5] 汉平县 郦注有。《寰宇记》袁州新喻县:"废吴平县在县东一百一里。后汉时置为汉平县,隋(按:此字误,当作'吴')改为吴平县。"崇祯《清江县志·沿革》:"吴平故城在今西南境三十余里,近栖梧山。或曰吴平故城在思贤乡金城寺,土城遗迹尚在。"同书《古迹》则专取后说。又同书《都坊》:"思贤乡。在县西南境。秦《志》云,宋治平三年割新喻思贤乡增隶清江。实隋以前吴平县地也,吴平城故址在焉。"同书《寺观》:"金城寺。在二都,距城六十里……周遭土郭,传即吴平县废基。"按:清江县思贤乡既系北宋中期自新喻县割来,则宋初乡地尚属新喻,是此志所载可与《寰宇记》载废吴平县在新喻(治今新余市区)东相合,可以判断吴平(汉平)故城就在此中。其地即今樟树市中洲乡门楼村之吴平故城遗址。④

---

① 徐长青、余江安、肖用桁:《江西泰和白口汉城勘察记》,《南方文物》2003年第1期。
② 并参曲英杰:《水经注城邑考》,第667—672页。
③ 江西省吉水县地名办公室编:《江西省吉水县地名志》(内部本),第302页。
④ 清江县地名领导小组办公室编:《江西省清江县地名志》(内部本),第232页。

132[6] 新淦县 郦注有。《寰宇记》吉州新淦县："故县城,去县六十里。汉之理所,隋开皇十年移于今理,此城遂废。""废新淦县城。按《舆地志》云:'汉时南昌都尉所理之城。王莽改曰偶亭。'隋开皇十年隶庐陵郡,移于今理。此城今废,在县北一百二十里。"两说似有不同。《舆地纪胜·临江军·古迹》:"废新淦县。……今《清江志》有废古新淦县城,在清江县东三十五里,为清江镇。意若即此城也。"隆庆《临江府志·古迹·清江县》:"废新淦城。在清江镇。新淦移治南市村,城废为镇,即今樟树镇。"宋新淦县治今新干县城区,樟树镇即今樟树市区,此地与《寰宇记》所载两址似并不相应,然无他据可辨证,而且今樟树市区确实有汉代遗存发现①,故今仍从《清江志》《临江府志》之说,定《水经》新淦县治于今樟树市区。

132[7] 南昌县 郦注有。县治在今南昌市区。②

132[8] 彭泽县 郦注有。《元和志》江州都昌县："彭泽故城,在县北四十五里。"《寰宇记》江州彭泽县："马当山,在古县北一百二十里。"南康军都昌县:"彭泽城,在县西北一百二十五里。"唐都昌县治今都昌县蔡岭镇洞门村,宋县则治今址,马当山今名同,在彭泽县马当镇,则汉彭泽县只能在今湖口县城山镇、均桥镇一带。今通常认为汉晋彭泽县治在湖口县均桥镇柳德昭村③,其处有土城遗址④,地望亦与史籍所载相合,宜是。

132-1 江 即大江,今长江。见104。

133. 庐江水

今秋浦江。

133.1 庐江水出三天子都,北过彭泽县西,北入于江。

---

① 饶惠元:《江西清江县的古遗址、古墓葬》,《文物参考资料》1955年第6期。
② 曲英杰:《水经注城邑考》,第680—690页。
③ 参江西省湖口县地名办公室编印:《江西省湖口县地名志》(内部本),第227页;吴国富:《东晋彭泽县城地址考》,《九江学院学报(社会科学版)》2012年第3期。
④ 江西省湖口县志编纂委员会:《湖口县志》,江西人民出版社1992年版,第662页。

【释地】

133(1) 三天子都　今黄山。参 134(1)。

133[1] 彭泽县　见 132[8]。

133-1 江　即大江,今长江。见 104。

【考说】

庐江水之指称较为模糊,向有异说,或指为青弋江、鄱江等。陈怀荃考证《汉志》分江水,判秋浦江为庐江水①,信而有征,今从。

134. 浙江水

今新安江-富春江-钱塘江。

　　134.1 浙江水出三天子都,北过余杭,东入于海。

【释地】

134(1) 三天子都　今黄山。山为新安江之发源,主峰又名天都,宜当三天子都。②

134[1] 余杭　即余杭县。县治在今浙江省杭州市余杭区余杭镇。③

第五节　交州暨西陲诸水篇

135. 斤南水

今左江。

　　135.1 斤南水出交阯龙编县,东北至郁林领方县,东注于郁。

【释地】

135[1] 龙编县　县治在今越南河内市以东。今越南北宁省顺

---

① 陈怀荃:《〈汉志〉分江水考释》,载《历史地理》第三辑,上海人民出版社 1983 年版,第 160—165 页。

② 陈怀荃:《〈汉志〉分江水考释》,载《历史地理》第三辑,第 160—165 页。

③ 《大清一统志·杭州府·古迹》"余杭故城"条。

城县清姜社有陇溪城址,有可能是龙编县故城。①

135[2] 领方县　见 111[3]。

136—155. 日南郡水

　　容容,夜,繡,湛,乘,牛渚,须无,无濡,营进,皇无,地零,侵黎,无会,重濑,夫省,无变,由蒲,王都,融,勇外,此皆出日南郡西,东入于海。

【释地】

136-155[1] 日南郡　领域大致相当于今越南广平省、广治省、承天-顺化省。

【考说】

《汉志》郁林郡临尘县:"又有侵离水,行七百里。"郦注:"侵离水出广州晋兴郡,郡以太康中分郁林置。东至临尘,入郁。"杨守敬、熊会贞以今明江当侵离水,此可与《汉志》、郦注合。然《水经》谓侵黎水在日南郡,显与此不同。此或因《水经》作者误以南陲诸水皆归于日南郡,又或日南郡确别有一侵黎水。

郦道元正是由于认识到侵离水不在日南郡,方将此二十水改注为"江以南至日南郡",欲弥合之。

余水皆无考,但一日南郡恐难容如此多的河流,故郦注似仍值得参考。

156. 弱水

今山丹河-黑河。

　　156.1 弱水出张掖删丹县西北,至酒泉会水县,入合黎山腹。

【释地】

156[1] 删丹县　县治即今山丹县治。

---

① 郭声波:《越南地名中的古代遗痕》,《暨南学报(哲学社会科学版)》2013 年第 1 期;韦伟燕、Dang Hong Son:《越南北宁省陇溪汉唐时期城址》,《大众考古》2018 年第 4 期。

156[2] 会水县 县治即今金塔县金塔镇西古城城址。①

156(1) 合黎山 今山名同。

【考说】

今黑河至金塔县,入巴丹吉林沙漠,为季节河而常无水。《水经》载弱水至合黎山而止,正是因弱水至此而无水的一种忠实记载。

157. 黑水

今无对应河流。

> 157.1 黑水出张掖鸡山,南流至燉煌,过三危山,南流入于南海。

【释地】

157[1] 张掖 即张掖郡。领域大致相当于今甘肃省张掖市、金昌市及内蒙古阿拉善盟西境。

157(1) 鸡山 确址无考。黑水出其山而南流入敦煌,则山当在敦煌北。姑以今甘肃肃北之马鬃山当之,其地近张掖北境。

157[2] 燉煌 即敦煌郡。领域大致相当于今甘肃省酒泉市西境。

157(2) 三危山 今山名同。

157-1 南海 指南方之海,由于黑水并不存在,故南海亦不能指实。

【考说】

《水经》黑水,祖述《禹贡》。关于黑水之存在与否、所指为何,历代学者多有讨论。② 就《水经》而言,在今敦煌地区找不到这样一条自北而南流的河流,而更加不可能有从此处逆上青藏高原而南流入海之河流,所以只能说《水经》"黑水"并不存在,只是受到《禹贡》的影响而立篇而已。

---

① 李并成:《西汉酒泉郡若干县城的调查与考证》,《西北史地》1991年第3期。

② 参魏幼红:《〈禹贡〉"黑水"地望研究综述》,《中国史研究动态》2002年第9期。

附表一 《水经》与战国秦汉各载水文献所收录河流对照表①

河流	《水经》	《禹贡》	《职方》	《五藏山经》	《海内东经·附篇》	《汉书·地理志》	《说文·水部》
河水[塔里木河·黄河]	○	●	○	○	○	○	○
漳水[漳河]	○(浊漳水)	○(衡漳)	○	○	○	○(浊漳水)	○
恒水[横河]	○	○					

① 说明:本表将《水经》所载诸水与《尚书·禹贡》《周礼·职方》《山海经》《汉书·地理志》《说文解字·水部》等典籍中所载诸水进行对照。凡各书中提及之水,皆列目,并于其后以"[]"括注今名;若各典籍中该水之名有异,则以较常见之名列目,而在有异名之典籍的相应栏中以"()"括注别名。各水相应行各列中以适当的符号表示该书是否载有此水。以○表示该书叙及之水,△表示《水经》中别叙之水,河流别名及《禹贡山水泽地所在》所见之水,●表示《禹贡·导水》列目之水。

(续表)

河流	《水经》	《禹贡》	《职方》	《五藏山经》	《海内东经·附篇》	《汉书·地理志》	《说文·水部》
卫水[渭水河]	○	○				○	
济水[大清河]	○	●（涉）	○		○	○（沇水）	○（涻）
菏水	△						○
灉		○					
沮		○					
潩水		○	○				○（湿水）
潍水	○	○				○（维水）	○
淄水[淄河]	○	○				○（甾水）	
汶水[大汶河]	○	○				○	○
淮水[淮河]	○	●	○		○	○	○
沂水[沂河]	○	○	○			○	○

附表一 《水经》与战国秦汉各载水文献所收录河流对照表

(续表)

河流	《水经》	《禹贡》	《职方》	《五藏山经》	《海内东经·附篇》	《汉书·地理志》	《说文·水部》
泗水[泗河]	○	○	○		○	○	○
江水[岷江—长江]	○(大江)	●	○(三江)	○	○(大江·北江·南江)	○(江水·中江·南江)	
汉水[汉水]	○(沔水)	●		○	○	○(东汉水·沔水)	○(汉水·沔水·沰水)
沱	△(池)	○				○	
潜水[巴江—渠江]	○	○	○			○	○(濳水)
荥水		○	○				
波水		○					
伊水[伊河]	○	○		○		○	
瀍水[瀍河]	○	○				○	
洞水	○	○		○		○	○

(续表)

河流	《水经》	《禹贡》	《职方》	《五藏山经》	《海内东经·附篇》	《汉书·地理志》	《说文·水部》
黑水	○	●					
桓水	○	○				○	
渭水[渭河]	○	●	○	○	○	○	○
弱水[山丹河-黑河]	○	●		○	○	○	○(溺水)
绛水	○	○				○	
泾水[泾河]	○	○	○	○	○	○	○
漆水[洞渠河-漆水河]	○	○		○	○	○	○
沮水[石川河]	○	○				○	○(沮水)
沣水[沣河]	○	○				○(酆水)	
漾水[西汉水-嘉陵江]	○	○				○(羕水)	○

(续表)

河流	《水经》	《禹贡》	《职方》	《五藏山经》	《海内东经·附篇》	《汉书·地理志》	《说文·水部》
澶水[澶水]	○	○				○	
沇水[濮河]	○（济水）	●			○（温水）	○	○
颍水[颍河]	○		○		○	○	○
湛水[湛河]	○		○				○
溠水[溠水]			○				
卢水[卢河]			○				
沭水[沭河]	○		○			○（沐水）	○
洴水[黑河]	○		○	○（苔水）		○（芮水）	
洛水[北洛河]	○		○	○		○	○
时水	△		○			○	
汾水[汾河]	○		○	○	○	○	○

(续表)

河流	《水经》	《禹贡》	《职方》	《五藏山经》	《海内东经·附篇》	《汉书·地理志》	《说文·水部》
潞水	○						○
滹池水[滹沱河]	○		○	○（滹沱水）	○（滹沱水）	○（滹池河）	
滱水[唐河]	○		○（呕夷）	○		○（滱河）	
沫水[拒马河]	○（巨马河）		○			○	
易水[易水河]	○		○			○	
浙江[新安江-钱塘江]	○（浙江水）					○（浙江水）	○（浙水）
庐江水[秋浦江]	○					○	
湘水[湘江]	○				○	○	
渽水[大渡河]	○（沫水）				○（潆水）	○	○（溅水）
汝水[北汝河-汝河]	○			○	○	○	○

附表一 《水经》与战国秦汉各载水文献所收录河流对照表

(续表)

河流	《水经》	《禹贡》	《职方》	《五藏山经》	《海内东经·附篇》	《汉书·地理志》	《说文·水部》
白水[刁河]	○					○	
沅水[清水江—沅江]	○				○	○	○
赣水[赣江]	○				○	○(湖汉水)	
郁水[右江—郁江]	○				○	○	
溱水[武水—北江]	○				○(肆水)	○(溱水)	○
洭水[连江]	○				○(湟水)	○(汇水)	○
沁水[沁河]	○				○	○	○
溹水[辽河]	○(大辽水)					○(大辽水)	
泲水[铜峪河]	○					○(沂水)	○
霸水[灞河]	△					○	

（续表）

河流	《水经》	《禹贡》	《职方》	《五藏山经》	《海内东经·附篇》	《汉书·地理志》	《说文·水部》
滴水[滴河-皂河]						○	
杜水[漆水河]						○	
沂水[千河]						○	○
斜水[石头河]						○	
褒水[褒河]						○	
灌水[宏农河]						○	
清水[白河]	○			○（济水）		○（育水）	○
洱水				○		○	
谷水[涧河]	○					○	
丹水[丹江]	○					○	
黄水[黄水河]						○	
鞠水[丹水河]						○	

(续表)

河流	《水经》	《禹贡》	《职方》	《五藏山经》	《海内东经·附篇》	《汉书·地理志》	《说文·水部》
甲水[金钱河]	○					○	
晋水[晋祠泉水]	○					○	
绵曼水[绵河]	○					○	
清漳水[清漳河]				○		○	○
沾水[浙河]						○	
绝水[丹河]						○	
丹水	○					○	
洪水[洪河]	○			○		○	○
洹水[洹河]	○					○（洹水）	○
汤水[汤河]	○					○	○
羑水[羑河]	○					○（㶏水）	
汲水							○

（续表）

河流	《水经》	《禹贡》	《职方》	《五藏山经》	《海内东经·附篇》	《汉书·地理志》	《说文·水部》
滚荡渠[贾鲁河·涡河]	○					○（狼汤渠）	
溴水[清溴河]	○					○	○（溴水）
潩水						○	
鲁渠水						○	
濮渠水						○	○（濮水）
睢水	○					（睢水）	
涓水[双洎河]	○			○		○	○
潩水[堂河]				○（视水）		○	○
澦水[汝河]	○					○	○
溱水[沙河]	○					○	○

(续表)

河流	《水经》	《禹贡》	《职方》	《五藏山经》	《海内东经·附篇》	《汉书·地理志》	《说文·水部》
昆水[灰河]						○	
漳水[漳河]	○			○		○	○
夏水	○					○	
夷水[清江]	○					○	
沅水[洛溪河]						○	○
油水[浠水]	○					(繇水)	○
决水[史河]	○					○	○
灌水[灌河]						○	○
沘水[淠河]	○					○	
夏肥水[西肥河]						○	
屯氏河[卫河-南运河]						○	

(续表)

河流	《水经》	《禹贡》	《职方》	《五藏山经》	《海内东经·附篇》	《汉书·地理志》	《说文·水部》
清河水	○（淇水·清河）					○	
枸洞水	○（淇水·白沟）					○	
白渠水	○（淇水·白沟）					○	
潦水	○（洛水）					○	○（浚水）
沮水						○	
凌水[凌河]						○	○
大白渠水						○	
济水[渌河]						○（石济水）	○
诸水[马河]						○（诸水）	○
滋水[磁河]	○				○		

附表一 《水经》与战国秦汉各载水文献所收录河流对照表

(续表)

河流	《水经》	《禹贡》	《职方》	《五藏山经》	《海内东经·附篇》	《汉书·地理志》	《说文·水部》
鸣犊河						○	
张甲河						○	
桃水[北拒马河]						○	
垣水[胡良河]						○	
笃马河[马颊河]						○	
涞水[黄沟河]	○					○	○
洽水[浚河]						○	○
如水[乌河]						○	
德会水[孝妇河]						○	
马车渎水						○	
浊水[阳河]						○	○
洋水[弥河]	○ (巨洋水)			○ (钩水)		○	○

(续表)

河流	《水经》	《禹贡》	《职方》	《五藏山经》	《海内东经·附篇》	《汉书·地理志》	《说文·水部》
溉水[庚河]						○	○
吕洋水[白洋河-清洋河]						○	
沽水[大沽河]						○	
丹水[丹河]						○	
汶水[潍汶河]	○					○	
治水[治河]						○	
根艾水[洋河]						○	
胶水[胶河-北胶莱河]	○					○	
久台水[芦河]						○	
夜头水						○	
折象水[洪凝河]						○	

(续表)

河流	《水经》	《禹贡》	《职方》	《五藏山经》	《海内东经·附篇》	《汉书·地理志》	《说文·水部》
桐水						○	
游水						○	
潘水						○	
柯水[曾峨江]						○	
谷水[衢江]						○	
渠水[余姚江]						○	
天门水[鄞江]						○	
武林水						○	○（泠水）
清水[水阳江]						○	
分江水						○	
淮水[徽水]						○	
鄱水[昌江]						○	

(续表)

河流	《水经》	《禹贡》	《职方》	《五藏山经》	《海内东经·附篇》	《汉书·地理志》	《说文·水部》
余水[信江]						○	
修水[修水]						○	
豫章水[章水]						○	
盱水[抚河]						○	
蜀水[锦江]						○	
南水[袁水]						○	
彭水[桃江]						○	
耒水[耒水]	○					○	
舂水[舂陵水]						○	
浙水[浙水]						○	
康谷水[洛清江]						○	
潭水[融江]	△					○	○
沅水[沅阳河]						○	

(续表)

河流	《水经》	《禹贡》	《职方》	《五藏山经》	《海内东经·附篇》	《汉书·地理志》	《说文·水部》
辰水[锦江]						○	
序水[㴲水]						○	
酉水[酉水]						○	
满水[满江]	○					○	
资水[资水]	○					○	
旬水[洵河]						○	
池水[冷水河]						○	
淮水	△					○	
筑水[南河]	○					○	
沮水[沮河]	○			(雎水)		○	
蚕谷水[牧马河]	○ (涂水)					○	
在谷水[?]						○	

(续表)

河流	《水经》	《禹贡》	《职方》	《五藏山经》	《海内东经·附篇》	《汉书·地理志》	《说文·水部》
驰水[梓潼江]	○（梓潼水）					○	
雒水[湔江-沱江]	△（洛水）					○	
绵水[绵远河]	○					○	
洛水[洛江]	○					○	
小江						○	
仆千水[南河-蒲江河]						○	
大渡水[青衣江]						○	
邛水[荥经河]						○	
湔水[沱江]	△（洛水）					○	○
鲜水[力丘河]						○	
若水[雅砻江]	○					○	

(续表)

河流	《水经》	《禹贡》	《职方》	《五藏山经》	《海内东经·附篇》	《汉书·地理志》	《说文·水部》
温水[洛安江]	○					○	○
黔水[湄江]						○	
符黑水[南广河]	△					○	
大涉水[赤水河]	△(鳛部水)					○	
延江水[六冲河-乌江]	○					○	
汉水[三岔河]						○	
绳水[金沙江]						○	
孙水[安宁河]						○	
仆水[元江]						○	
迷水[潇湘江]						○	
桥水[海口河]						○	
涂水[牛栏江]						○	○
即水[绿汁江]						○	

(续表)

河流	《水经》	《禹贡》	《职方》	《五藏山经》	《海内东经·附篇》	《汉书·地理志》	《说文·水部》
贪水[直力河]						○	
周水[怒江]						○	
类水[漕涧河]						○	
毋血水[龙川江]						○	
桥水[曲江]						○	
河水[龙洞河]						○	
劳水[把边江-黑水河]						○	
温水[南盘江]	○					○	
鳖水[湘江]						○	
刚水[都柳江]						○	
豚水[北盘江]						○	
糜水[红河]						○	
壶水[盘龙河-明江]						○	

（续表）

河流	《水经》	《禹贡》	《职方》	《五藏山经》	《海内东经·附篇》	《汉书·地理志》	《说文·水部》
文象水[西洋江]						○	
卢唯水						○	
耒铜水						○	
伐水						○	
容毋水						○	
不曹河[后河一州河]						○	
氐道水						○	
羌水[白龙江]	○					○	
洮水[洮河]	△					○	○
西汉水[嘉陵江]						○	
乌亭逆水[庄浪河]						○	
浩亹水[大通河]						○	
洞水						○	

(续表)

河流	《水经》	《禹贡》	《职方》	《五藏山经》	《海内东经·附篇》	《汉书·地理志》	《说文·水部》
离水[大夏河]						○	
湟水[湟水]						○	○
谷水[石羊河]						○	
松陵水[古浪河]							
千金渠						○	
羌谷水[黑河]						○	
呼蚕水[北大河]						○	
藉端水[疏勒河]						○	
氏置水[党河]						○	
灌水						○	
乌水[清水河]						○	
河沟						○	
泥水[马莲河]						○	

(续表)

河流	《水经》	《禹贡》	《职方》	《五藏山经》	《海内东经·附篇》	《汉书·地理志》	《说文·水部》
圜水[牤牛河]						○	
白渠水						○	
荒干水[大黑河]						○	
㶟水[桑干河-永定河]	○					○（治水）	○
于延水[洋河]						○	
祁夷水[壶流河]	○					○	
泒河[大沙河]	○					○（从河）	
㶟余水[温榆河]	○					○（温余水）	
阳乐水[红河]						○	
沽水[白河-潮白河]	○（沽河）					○	○

附表一 《水经》与战国秦汉各载水文献所收录河流对照表 | 433

(续表)

河流	《水经》	《禹贡》	《职方》	《五藏山经》	《海内东经·附篇》	《汉书·地理志》	《说文·水部》
渝水						○	
浭水[漆河]						○	
湿水[沙河]						○	○
榆水[大凌河西支]						○	
龙鲜水[陡河]						○	
封大水[菅河-陡河]						○	
绫虚水[沙河]						○	
夷水						○	
参柳水[孟克河]						○	
玄水[青龙河]						○	
濡水[滦河]	○					○	
卢水[沙河]						○	
渝水[大凌河]						○	

(续表)

河流	《水经》	《禹贡》	《职方》	《五藏山经》	《海内东经·附篇》	《汉书·地理志》	《说文·水部》
唐就水[小凌河]						○	
候水[柞牛河]						○	
下官水[沙河]						○	
揭石水[急流河]						○	
宾水[饮马河]						○	
大梁水[太子河]						○	
室伪水[汤河]						○	
沛水[大宁江]						○	○
小辽水[浑河]	○					○(辽水)	
南苏水[苏子河]						○	
马訾水[鸭绿江]						○	
盐难水[浑江]						○	

(续表)

河流	《水经》	《禹贡》	《职方》	《五藏山经》	《海内东经·附篇》	《汉书·地理志》	《说文·水部》
泿水[大同江]	○					○	○
带水[临津江]						○	
列水[汉江]						○	
朱涯水[水口河]						○	
斤南水[左江]	○					○	
侵离水[明江]	○					○	
周水[龙江]						○	
雚水[黑水河]						○	
㨛水[清水河]						○	
合水[大湟江]						○	
牢水[新兴江]						○	
西卷水[石瀚河]						○	

附表一 《水经》与战国秦汉各载水文献所收录河流对照表 | 437

(续表)

河流	《水经》	《禹贡》	《职方》	《五藏山经》	《海内东经·附篇》	《汉书·地理志》	《说文·水部》
牛首水[沁河]						○	
渴水[沙河-南溏河]	○					○(渠水)	○
蓼水[牛尾河]						○	
泷水[七里河-顺水河]						○(冯水)	○
列葭水						○	
斯浚水						○	
徐水[瀑河]						○	
卢水[苩泉河-府河]						○	
蒲水[蒲阳河]						○	
泲水[泲水河]						○	
博水[九龙河]						○	

(续表)

河流	《水经》	《禹贡》	《职方》	《五藏山经》	《海内东经·附篇》	《汉书·地理志》	《说文·水部》
厚池别水						○	
厚池别河						○	
获水[亮河]						○	
女水						○	
涡水[涡河]						○	○（涡水）
获水						○	
南梁水[城漯河]	△（漯水）					○	○（漯水）
渠水[里运河]						○	
如豁水[汉河]						○	
涞水[沫水]	○					○（泥水）	
庐水[泸水]						○	

附表一 《水经》与战国秦汉各载水文献所收录河流对照表 | 439

(续表)

河流	《水经》	《禹贡》	《职方》	《五藏山经》	《海内东经·附篇》	《汉书·地理志》	《说文·水部》
沫水							○
沫水[大渡河]	○						○
淹水[金沙江]	○						○
涝水[鸦砻江]	△						○
涂水[涂河]	○						○
滇水							○
深水[潇水]	○						○
湘水[汨罗江]	○						○
溜水							○
慭水							○
漳水							○
溧水							○
沋水[洣河]	○			○			○

(续表)

河流	《水经》	《禹贡》	《职方》	《五藏山经》	《海内东经·附篇》	《汉书·地理志》	《说文·水部》
淑水[玉带河]							○
溳水[溳河]	○						○
浑水[白露河]							○
渥水[奎旺河]	○						○
澺水[沙河]	○（鸿水）						○（鸿水）
泄水[汊河]	○						○
漕水[黄水河]	○						○
凌水				○			○
泺水							○
洍水							○
漳渊水							○
泒水[沙河]							○

(续表)

河流	《水经》	《禹贡》	《职方》	《五藏山经》	《海内东经·附篇》	《汉书·地理志》	《说文·水部》
涞水[涞水河]	○						○
湿水[都柳江-西江东江·韩江]	○			○			
湍水[湍河]	○						
文水[文峪河]	○						
原公水[峪道河]	○						
洞过水[潇河]	○						
清水[卫河]	○						
圣水[夹括河-大石河]	○						
鲍丘水[潮河]	○						
甘水[甘水河]	○						
阴沟水[惠济河-包河-涂河]	○						

(续表)

河流	《水经》	《禹贡》	《职方》	《五藏山经》	《海内东经·附篇》	《汉书·地理志》	《说文·水部》
睢水[濉河]	○						
豚子河	○						
汶水[潍汶河]	○						○
均水[老鹳河-丹江]	○						
粉水[北河]	○						
沘水[淠阳河-唐河]	○						
潦水[逶水]	○						
蕲水	○						
肥水[东淝河]	○						
施水[南淝河]	○						
存水[北盘江]	○						
叶榆河[礼社江]	○						
连水[涟水河]	○						

（续表）

河流	《水经》	《禹贡》	《职方》	《五藏山经》	《海内东经·附篇》	《汉书·地理志》	《说文·水部》
钟水[钟水-舂陵水]	○						
漉水[渌水]	○						
浏水[浏阳河]	○						
日南郡水(除侵黎水外)	○						
商河	△						
千金渠	△						
芒水[黑河]	△						
洮水[洮水]	△						
涓涓水[城澥河]	△						
堵水[堵水]	△						
盐水[大宁河]	△						
湧水	△						
利水	△						

(续表)

河流	《水经》	《禹贡》	《职方》	《五藏山经》	《海内东经·附篇》	《汉书·地理志》	《说文·水部》
邻水[龙江]	△						
沕水[泑水]	△						
微水[新墙河]	△						
灌水[车溪水]	△						

附表二 《水经注》各主要版本所见经注区分情况对照表[①]

卷	篇	各本中之《水经》文字	残宋本	大典本	陈本	冯校藏本	杨本	黄本	注笺	项本	王峻校本	赵抄校本	全五校	全七校	全改本	全校重本	全校订本	赵注释本	戴考次本	戴校殿本	戴注疏本	今定
一	河水	昆仑墟在西北		○	○	○	○	○	○	○	○	○	○			○	○	○	○	○	○
		去嵩高五万里地之中也		○	○	○	○	○	○	○	○	△	○			○	○	○	○	○	○
		其高万一千里		○	○	○	○	○	○	○	○	△	○			○	○	○	○	○	○
		河水		○	○	○	○	○	○	○	○	△	○			○	○	○	○	○	○
		出其东北陬		○	○	○	○	○	○	○	○	△				○	○	○	○	○	○
		屈从其东南流入于渤海		○	○	○	○	○	○	○	○	△	○			○	○	○	○	○	○
		又出海外南至积石山下有石门河水冒以西南流														○					○

[①] 说明:本表列举各《水经注》版本中所有曾经被判为《水经》文字的文句,文本以《水经注疏》为准,并于其后列诸本中此句为经文或注文的情况。在相应栏下,○表示该本以该句为经文,×表示该本以该句为注文,△表示该本底本以该句为经文但该本明确圈定,阴影表示该本无此句。

（续表）

卷	篇	各本中之《水经》文字	残宋本	大典本	陈藏本	冯校本	杨本	黄本	吴本	项注笺本	王峻校本	赵抄本	全五校	全七校	全改本	全童校	赵校订	全定本	赵注释	戴考次	戴校本	戴殿本	注疏	今定
二	河水	又南入葱岭山又从葱岭出而东北流		○	○	○	○	○	○	○	○	○	○	○		○	○	○	○	○	○	○	○	○
		河水又西迳罽宾国北		○	○	○	○	○	○	○	×	○	×	×		×	×	×	×		×	×	×	×
		河水又西迳月氏国南		○	○	○	○	○	○	○	×	○	○	×		×	×	×	×		×	×	×	×
		又西迳安息国南		○	○	○	○	○	○	○	×	○	×	×		×	×	×	×		×	×	×	×
		河水与蜒罗跂踆稀水同注雷翥海		○	○	○	○	○	○	○	×	○	△	×		×	×	×	×		×	×	×	×
		又西迳四大塔北			○	○	○	○	○	○	×	○	×	×		×	×	×	×		×	×	×	×
		又西迳捷陀卫国北		○	○	○	○	○	○	○	×	○	×	×		×	×	×	×		×	×	×	×
		河水又西迳皮山国北			○	○	○	○	○	○	×	○	×	×		×	×	×	×		×	×	×	×
		其一源出于阗国南山北流与葱岭河合东注蒲昌海		○	○	○	○	○	○	○	○	○	○	○		○	○	○	○	○	○	○	○	○
		河水又东与于阗河合		○	○	○	○	○	○	○	×	○	×	×		×	×	×	×		×	×	×	×
		又西北流注于河		○	○	○	○	○	○	○	×	○	×	×		×	×	×	×		×	×	×	×
		南河又东迳于阗国北		×	×	×	×	×	×	×	×	○	△	×		×	×	×	×		×	×	×	×
		南河又东北迳扜弥国北		×	×	×	×	×	×	×	×	○	△	×		×	×	×	×		×	×	×	×
		南河又东迳精绝国北		×	×	×	×	×	×	×	×	○	△	×		×	×	×	×		×	×	×	×

附表二 《水经注》各主要版本所见经注区分情况对照表

(续表)

卷	篇	各本中之《水经》文字	残宋本	大典本	陈冯校本	杨本	黄本	注笺	项本	王岐校本	赵抄本	全五校	全七校	全改本	全重校	赵校订本	全定本	赵注释	戴考次	戴校本	戴殿本	注疏	今定
二	河水	南河又东迳且末国北		○	○	○	○	○	○	×	○	△	×		×	×	×	×		×	×	×	×
		又东右会阿耨达大水			×	○	○	○	○	×	○	△						×			×	×	×
		北河又东北流分为二水枝河出焉北河自疏勒迳流南河之北		○	○	○	○	○	○	×	○	△	×		×	×	×	×		×	×	×	×
		枝河又东迳莎车国南			○	○	○	○	○	×	○	△						×			×	×	×
		枝河又东迳温宿国南		○	○	○	○	○	○	×	○	△	×		×	×	×	×		×	×	×	×
		北河又东迳姑墨国南			○	○	○	○	○	×	○	△	×		×	×	×	×		×	×	×	×
		河水又东迳注宾城南又东迳楼兰城南而东注		○	○	○	○	○	○	×	○	△	×		×	×	×	×		×	×	×	×
		河水又东注于泑泽			○	○	○	○	○	×	○	△						×			×	×	×
		又东入塞过敦煌酒泉张掖郡南		○	○	○	○	○	○	○	○	○	○		○	○	○	○	○	○	○	○	○
		河水自河由又东迳西海郡南		○	○	○	○	○	○	×	○	△	×		×	×	×	×		×	×	×	×
		河水又东迳允川而历大榆小榆谷北		○	○	○	○	○	○	×	○	△	×		×	×	×	×		×	×	×	×

（续表）

卷	篇	各本中之《水经》文字	残宋本	大典本	陈藏本	冯校本	杨本	黄本	吴本	注笺	项本	王峻校	赵抄本	全五校	全七校	全改本	全重校	赵校订	全定本	赵注释	戴考次	戴校本	戴殿本	注疏	今定
二	河水	又东过陇西河关县北洮水从东南来流注之		○	○	○	○	○	○	○	○	×	○	△	○		○	○	○	○		○	○	○	○
		河水又北流入西平郡界左合二川南流入河又东北济川水注之		○	○	○	○	○	○	○	○	×	○	△	×		×	×	×	×		×	×	×	×
		河水东又北迳浇河故城北		○	○	○	○	○	○	○	○	×	○	△	×		×	×	×	×		×	×	×	×
		河水又东北迳黄川城南左合北谷水		○	○	○	○	○	○	○	○	×	○	△	×		×	×	×	×		×	×	×	×
		河水又东北迳石城南又合乌头川水		○	○	○	○	○	○	○	○	×	○	△	×		×	×	×	×		×	×	×	×
		河水又东迳广连城北		○	○	○	○	○	○	○	○	×	○	△	×		×	×	×	×		×	×	×	×
		河水又东迳邯川城南		○	○	○	○	○	○	○	○	×	○	△	×		×	×	×	×		×	×	×	×
		河水又东迳临溪水注之		○	○	○	○	○	○	○	○	×	○	△	×		×	×	×	×		×	×	×	×
		河水又东迳临津城北白土城南		○	○	○	○	○	○	○	○	×	○	△	×		×	×	×	×		×	×	×	×
		河水又东左会白土川水		○	○	○	○	○	○	○	○	×	○	△	×		×	×	×	×		×	×	×	×

（续表）

卷	篇	各本中之《水经》文字	残宋本	大典本	陈藏本	冯校本	杨本	黄本	吴本	笺注	项本	王峻校本	赵抄本	全五校	全七校	全改本	全董校	赵校订本	全定注释	戴考次	戴校本	戴殿本	注疏	今定
二	河水	河水又东北会两川右合二水		○	○	○	○	○	○	○	○	×	○	△	×		×	×	×		×	×	×	×
		河水又东得野亭南		○	○	○	○	○	○	○	○	×	△	△	×		×	×	×		×	×	×	×
		河水又东历凤林北		○	○	○	○	○	○	○	○	×	△	△	×		×	×	×		×	×	×	×
		河水又东与湟水合		○	○	○	○	○	○	○	○	×	△	△	×		×	×	×		×	×	×	×
		河水又迳左南城南		○	○	○	○	○	○	○	○	×	△	△	×		×	×	×		×	×	×	×
		大河又东迳赤岸北		○	○	○	○	○	○	○	○	×	△	△	×		×	×	×		×	×	×	×
		又东过金城允吾县北	○	○	○	○	○	○	×	○	×	○	○	△	○		○	○	○	○	○	○	○	○
		河水又东迳石城南		○	○	○	○	○	×	○	×	○	○	△	×		×	×	×		×	×	×	×
		河水又东南迳金城县故城北		○	○	○	○	○	×	○	×	○	○	△	×		×	×	×		×	×	×	×
		又东过榆中县北	○	○	○	○	○	○	○	○	○	○	○	△	○		○	○	○	○	○	○	○	○
		又东北过天水北界	○	○	○	○	○	○	○	○	○	○	○	△	○		○	○	○	○	○	○	○	○
		又东北过武威媪围县东	○	○	○	○	○	○	○	○	○	○	○	△	○		○	○	○	○	○	○	○	○
		又东北过天水勇士县北	○	○	○	○	○	○	○	○	○	○	○	△	○		○	○	○	○	○	○	○	○

（续表）

卷	篇	各本中之《水经》文字	残宋本	大典本	陈藏本	冯校本	杨本	黄本	吴本	注笺	项本	王峻校	赵抄本	全五校	全七校	全改本	全重校	赵校订	全定本	赵注释	戴考次	戴校本	戴殿本	注疏	今定
二	河水	又东北过安定北界麦田山	▓	○	○	○	○	○	○	○	○		○		○	○	▓	○	○	○	○	○	○	○	○	○
二	河水	河水东北流迳安定祖厉县故城北	▓	○	○	○	○	○	○	○	○	×	○	△	×	▓	×	×	×	×	▓	×	×	×	×
二	河水	河水又北迳麦田城西又北与麦田泉水合	▓	○	○	○	○	○	○	○	○	×	○	△	×	▓	×	×	×	×	▓	×	×	×	×
二	河水	河水又东北迳麦田山西合	▓	○	○	○	○	○	○	○	○	×	○	△	×	▓	×	×	×	×	▓	×	×	×	×
二	河水	河水又东北迳于黑城北又东北高平川水注之	▓	○	○	○	○	○	○	○	○	×	○	△	×	▓	×	×	×	×	▓	×	×	×	×
二	河水	河水又东北迳昫卷县故城西	▓	○	○	○	○	○	○	○	○	×	○	△	×	▓	×	×	×	×	▓	×	×	×	×
三	河水	河水又北过北地富平县西	▓	○	○	○	○	○	○	○	○		○		○	○	▓	○	○	○	○	○	○	○	○	○
三	河水	河水又北迳富平县故城西	▓	○	○	○	○	○	○	○	○	×	○	△	×	▓	×	×	×	×	▓	×	×	×	×

(续表)

卷	篇	各本中之《水经》文字	残宋本	大典本	陈藏本	冯校本	杨校本	黄本	吴本	项注笺本	王峻校本	赵抄本	全五校	全七校	全改本	全重校	赵校订	全定本	赵注释	戴考次	戴校本	戴殿本	注疏	今定
三	河水	河水又北有博胥律镇城		○	○	○	○	○	○	○	×	○	△	×		×	×	×	×		×	×	×	×
		河水又迳典农城东		○	○	○	○	○	○	○	×	○	△	×		×	×	×	×		×	×	×	×
		河水又北迳典农城东		×	○	○	○	○	○	○	×	○	△	×		×	×	×	×		×	×	×	×
		河水又东北迳廉县故城东		○	○	○	○	○	○	○	×	○	△	×		×	×	×	×		×	×	×	×
		河水又北与枝津合		○	○	○	○	○	○	○	×	○	△	×		×	×	×	×		×	×	×	×
		河水又东北迳浑怀障西		○	○	○	○	○	○	○	×	○	×	×		×	×	×	×		×	×	×	×
		河水又东北历石崖山西		○	○	○	○	○	○	○	○	○	○	○		○	○	○	○	○	○	○	○	○
		又北过朔方临戎县西		脱	○	○	○	○	○	○	×	○	△	×		×	×	×	×		×	×	×	×
		河水又东北迳临戎县故城西		○	○	○	○	○	○	○	×	○	×	×		×	×	×	×		×	×	×	×
		河水又北有枝渠东出谓之铜口东迳沃野县故城南		○	○	○	○	○	○	○	×	○	×	×		×	×	×	×		×	×	×	×
		河水又北屈而为南河出焉河水又北迳西溢于窳浑县故城东		○	○	○	○	○	○	○	×	○	△	×		×	×	×	×		×	×	×	×

（续表）

卷	篇	各本中之《水经》文字	残宋本	大典本	陈藏本	冯校本	杨本	黄本	吴本	戋笺	项本	王峻校本	赵抄本	全五校	全七校	全改本	全董校	赵校订本	全定本	赵注释	戴考次	戴校本	戴殿本	疏流注	今定
三	河水	屈从县北东流		×	×	×		×	×	×	×	×	×	×	○		○	○	○	○	○	○	○	○	○
		河水又屈而东流为北河		○	○	○	○	○	○	○	○	×	○	△	×		×	×	×		×	×	×	×	×
		东迳高阙南		×	×	×	○	×	×	×	×	×	×	×								○	○	○	○
		至河目县西		○	○	○	○	○	○	○	○	×	○	△	○		○	○	○	○	○	○	○	○	○
		河水自临河县东迳阳山南		○	○	○	○	○	○	○	○	×	○	△	×		×	×	×		×	×	×	×	×
		河水又东迳马阴山西		○	○	○		○	○	○	○	×	×	×	×		×	×	×		×	×	×	×	×
		河水又东南迳朔方县故城东北		○	○	×		×	×	×	○	○	×	△	○		○	○	○	○	○	○	○	○	○
		屈南过五原西安阳县南		○	○	○	○	○	○	○	○	○	○	×	○		○	○	○		○	○	○	○	○
		河水自朔方东转迳渠搜县故城北		○	○	○		○	○	○	○	×	×	△	×		×	×	×		×	×	×	×	×
		屈东过九原县南		○	○	○	○	○	○	○	○	○	○	×	○		○	○	○	○	○	○	○	○	○
		河水又东迳成宜县故城南		○	○	×		×	×	×	○	×	×	×	×		×	×	×		×	×	×	×	×
		河水又东迳原亭城南		○	○	○		○	○	○	○	×	×	×	×		×	×	×		×	×	×	×	×
		河水又东迳宜梁县之故城南		○	○	○		○	○	○	○	×	×	×	×		×	×	×		×	×	×	×	×

附表二 《水经注》各主要版本所见经注区分情况对照表（续表）

卷	篇	各本中之《水经》文字	残宋本	大典本	陈藏本	冯校本	杨本	黄本	吴本	项本	王峻校	赵抄本	全五校	全七校	全改本	全重校	赵校订	全定本	赵注释	戴考次	戴校本	戴殿本	注流	今定
三	河水	河水又东迳副阳城南		○	○	○	○	○	○	○	×	○	○	×		×	×	×	×	○	×	×	×	×
		又东过临沃县南		○	○	○	○	○	○	○	○	○	×	○		○	○	○	○		○	○	○	○
		河水又东枝津出焉河水又东流石门水南注之			○	○	○	○	○	○	×	○	×	×		×	×	×	×		×	×	×	×
		河水又东迳稠阳县故城南		○	○	○	○	○	○	○	×	○	×	×		×	×	×	×	○	×	×	×	×
		河水又东迳塞泉城南而东注			○	○	○	○	○	○	×	○	○	×		×	×	×	×		×	×	×	×
		又东过云中桢陵县南又东过沙南县北从县东屈南过沙陵县西		○	○	○	○	○	○	○	○	○	×	○		○	○	○	○	○	○	○	○	○
		河水屈而南流白渠水注之			○	○	○	○	○	○	×	○	×	×		×	×	×	×		×	×	×	×
		河水南入横陵县西北			○	○	○	○	○	○	×	○	×	×		×	×	×	×		×	×	×	×
		又南过赤城东又南迳定襄桐过县西		○	○	○	○	○	○	○	○	○	×	○		○	○	○	○	○	○	○	○	○
		河水于二县之间济有君子之名			○	○	○	○	○	○	×	○	×	×		×	×	×	×		×	×	×	×

（续表）

卷	篇	各本中之《水经》文字	残宋本	大典本	陈藏本	冯校本	杨本	黄本	吴本	注笺	项本	王峻校本	赵抄本	全五校	全七校	全改本	全重校	赵校订	全定本	赵注释	戴考次	戴校本	戴殿本	注疏	今定
三	河水	河水又东南左合一水		○	○	○	○	○	○	○	○	×	○	×	×		×	×	×	×		×	×	×	×
		河水又南树颓水注之		○	○	○	○	○	○	○	○	×	○	×	×		×	×	×	×		×	×	×	×
		河水又南太罗水注之		○	○	○	○	○	○	○	○	×	○	×	×		×	×	×	×		×	×	×	×
		河水又右得湳水口		○	○	○	○	○	○	○	○	×	○	△	×		×	×	×	×	○	×	×	×	×
		又南过河圁阳县东		○	○	○	○	○	○	○	○	○	○	○	○		○	○	○	○		○	○	○	○
		河水又东端水入焉		○	○	○	○	○	○	○	○	×	○	×	×		×	×	×	○		×	×	×	×
		河水又东南诸次水入焉		○	○	○	○	○	○	○	○	×	○	×	○		×	×	×	×	○	○	○	○	○
		河水又南汤水注之		○	○	○	○	○	○	○	○	×	○	△	×		×	×	×	×		×	×	×	×
		又南过离石县西		○	○	○	○	○	○	○	○	○	○	○	○		○	○	○	○		○	○	○	○
		奢延水注之		○	○	○	○	○	○	○	○	×	○	×	○		×	×	×	×	○	○	○	○	○
		河水又南陵水注之		○	○	○	○	○	○	○	○	×	○	×	×		×	×	×	×		×	×	×	×
		河水又南得离石水口		○	○	○	○	○	○	○	○	×	○	×	○		×	×	×	×	○	×	×	×	×
		又南过中阳县西		○	○	○	○	○	○	○	○	○	○	○	○		○	○	○	○		○	○	○	○
		中阳县故城在东东翼汾水隔岭重山		○	○	○	○	×	○	○	×	×	○	×	×		×	×	×	×		×	×	×	×
		又南过土军县西		○	○	○	○	○	○	○	○	○	○	○	○		○	○	○	○	○	○	○	○	○
		河水又南合契水		○	○	○	○	○	○	○	○	×	○	×	×		×	×	×	×		×	×	×	×

（续表）

卷	篇	各本中之《水经》文字	残宋本	大典本	陈藏本	冯校本	杨本	黄本	吴本	项本	注笺	王峻校本	赵抄本	全五校	全七校	全改本	全重校	赵校订	全定本	赵注释	戴考次	戴校本	戴殿本	注疏	今定
三		河水又南得大蛇水	○	○	○	○	○	○	○	○	○	×	○	×	×		×	×	×	×		×	×	×	×
		河水又南右纳辱水	○	○	○	○	○	○	○	○	○	×	○	×	×		×	×	×	×		×	×	×	×
		又南过上郡高奴县东	○	○	○	○	○	○	○	○	○	○	○	○	○		○	○	○	○	○	○	○	○	○
		河水又南蒲川水出石楼山南迳蒲城东	○	○	○	○	○	○	○	○	○	×	○	×	×		×	×	×	×		×	×	×	×
四	河水	又南过河东北屈县西	○	○	○	○	○	○	○	○	○	○	○	○	○		○	○	○	○	○	○	○	○	○
		河水又南得鲤鱼洞		○	○	○	○	○	○	○	○	×	○	△	×		×	×	×	×		×	×	×	×
		河水又南羊求水入焉		○	○	○	○	○	○	○	○	×	○	×	×		×	×	×	×		×	×	×	×
		河水又南为采桑津		○	○	○	○	○	○	○	○	×	○	×	×		×	×	×	×		×	×	×	×
		又南过皮氏县西		○	○	○	○	○	○	○	○	○	○	○	○		○	○	○	○	○	○	○	○	○
		河水又南合蒲水		○	○	○	○	○	○	○	○	×	○	△	×		×	×	×	×		×	×	×	×
		河水又南黑水		○	○	○	○	○	○	○	○	×	○	×	×		×	×	×	×		×	×	×	×
		河水又南丹水西南		○	○	○	○	○	○	○	○	×	○	×	×		×	×	×	×		×	×	×	×
		河水又至南崞谷傍		○	○	○	○	○	○	○	○	×	○	×	×		×	×	×	×		×	×	×	×
		河水又南洛水自猎山枝分东派东南注于河		○	○	○	○	○	○	○	○	×	○	×	×		×	×	×	×		×	×	×	×

(续表)

卷	篇	各本中之《水经》文字	残宋本	大典本	陈藏本	冯校本	杨本	黄本	吴本	项注笺	王峻校本	王赵抄本	全五校	全七校	全改本	全重校	赵校订	全定本	赵注释	戴考次	戴校本	戴殿本	注疏	今定
四	河水	又南出龙门口汾水从东来注之		○	○	○	○	○	○	○	○	○	△	○		○	○	○	○	○	○	○	○	○
		河水又南右合畅谷水		○	○	○	○	○	○	○	×	○	×	×		×	×	×	×		×	×	×	×
		河水又南迳梁山原东		○	○	○	○	○	○	○	○	○	△	○		×	×	×	×		×	×	×	×
		河水又南迳崌谷水注之		○	○	○	○	○	○	○	×	○	×	×		×	×	×	×		×	×	×	×
		河水又南右合陶渠水		○	○	○	○	○	○	○	○	○	△	○		×	×	×	×		×	×	×	×
		河水又南徐水注之		○	○	○	○	○	○	○	×	○	×	×		×	×	×	×	○	×	×	×	×
		河水又南迳子夏石室		○	○	○	○	○	○	○	○	○	△	○		○	○	○	○		○	○	○	○
		又南过汾阴县西		○	○	○	○	○	○	○	×	○	×	×		○	×	○	×	○	×	○	×	×
		河水又迳邻阳城东		○	○	○	○	○	○	○	○	○	△	○		×	×	×	×		×	×	×	×
		河水又南迳陶城西		○	○	○	○	○	○	○	×	○	×	×		×	×	×	×		×	×	×	×
		又南过蒲坂县西		○	○	○	○	○	○	○	○	○	△	○		○	○	○	○		○	○	○	○
		河水又南迳雷首山西		○	○	○	○	○	○	○	×	○	×	×		×	×	×	×		×	×	×	×
		又南涑水注之		○	○	○	○	○	○	○	○	○	△	○		×	×	×	×		×	×	×	×
		又南至华阴潼关渭水从东西注之		○	○	○	○	○	○	○	×	○	×	○		○	○	○	○	○	○	○	○	○
		河水历船司空与渭水会		○	○	○	○	○	○	○	○	○	△	×		×	×	×	×		×	×	×	×

（续表）

卷	篇	各本中之《水经》文字	残宋本	大典本	陈藏本	冯校本	杨本	黄本	吴本	注笺	项本	王峻校本	王赵抄本	全五校	全七校	全改本	全重校	赵校订本	全定本	赵注释	戴考次	戴校本	戴殿本	注疏	今定
四	河水	河水又东北玉涧水注之		○	○	○	○	○	○	○	○	×	○	×	×		×	×	×	×		×	×	×	×
		河水又东迳阌乡城北东与全鸠涧水合		○	○	○	○	○	○	○	○	×	○	×	×		×	×	×	×		×	×	×	×
		又东过河北县南		○	○	○	○	○	○	○	○	×	○	△	○		×	○	○	×	○	○	○	○	○
		河水又东永洞水注之		○	○	○	○	○	○	○	○	×	○	×	×		×	×	×	×		×	×	×	×
		河水自河北城南东迳芮城		○	○	○	○	○	○	○	○	×	○	×	×		×	×	×	×		×	×	×	×
		河水右合槃涧水		○	○	○	○	○	○	○	○	×	○	△	×		×	×	×	×		×	×	×	×
		河水又东迳湖县故城北		○	○	○	○	○	○	○	○	×	○	△	×		×	×	×	×		×	×	×	×
		河水又东合柏谷水		○	○	○	○	○	○	○	○	×	○	△	×		×	×	×	×		×	×	×	×
		河水又东合门水		○	○	○	○	○	○	○	○	×	○	×	×		×	×	×	×		×	×	×	×
		又东过陕县北		○	○	○	○	○	○	○	○	×	○	△	○		×	○	○	×	○	○	○	○	○
		又西迳陕县故城南		○	○	○	○	○	○	○	○	×	○	×	×		×	×	×	×		×	×	×	×
		又东过大阳县南		○	○	○	○	○	○	○	○	×	○	△	○		×	○	○	×	○	○	○	○	○
		河水又东迳大阳县故城南		○	○	○	○	○	○	○	○	×	○	×	×		×	×	×	×		×	×	×	×

458 | 《水经》文本研究与地理考释

（续表）

卷	篇	各本中之《水经》文字	残宋本	大典本	陈藏本	冯校本	杨本	黄本	吴本	项注笺本	王峻校本	赵抄本	全五校	全七校	全改本	全董校	赵校订本	全定本	赵注释	戴考次	戴校本	戴殿本	注疏	今定
四	河水	河水又东沙河水注之		○	○	○	○	○	○	○	×	○	×	×		×	×	×	×	○	×	○	×	×
		又东过砥柱间		○	○	○	○	○	○	○	○	○	△	○		○	○	○	○		○	○	○	○
		河之右则崤水注之		○	○	○	○	○	○	○	×	○	△	×		×	×	×	×		×	×	×	×
		河水又东千嵜之水注焉		○	○	○	○	○	○	○	×	○	△	○		×	×	×	×		×	○	×	×
		又东过平阴县北清水从西北来注之		○	○	○	○	○	○	○	○	○	○	○		○	○	○	○	○	○	○	○	○
		河水又东与教水合		○	○	○	○	○	○	○	×	○	×	×		×	×	×	×		×	×	×	×
		河水又东与畛水合		○	○	○	○	○	○	○	×	○	×	×		×	×	×	×		×	×	×	×
		河水又东合庸之水		○	○	○	○	○	○	○	×	○	×	×		×	×	×	×		×	×	×	×
五	河水	河水又东迳平阴县北			○	○	○	○	○	○	○	○	○	○	○	○	○	○	○	○	○	○	○	○
		河水西会湅水			○	○	○	○	○	○	○	○	△	○	×	○	○	○	○	○	○	○	○	○
		又东至邓		○	○	○	○	○	○	○	×	○	×	×		×	×	×	×		×	×	×	×
		又东过平县北湛水从北来注之		○	○	○	○	○	○	○	×	○	×	×	×	×	×	×	×		×	×	×	×
		河水又东迳河阳县故城南			○	○	○	○	○	○	×	○	×	×	×	×	×	×	×		×	×	×	×
		河水右迳临平亭北		○	○	○	○	○	○	○	×	○	×	×	×	×	×	×	×		×	×	×	×

附表二 《水经注》各主要版本所见经注区分情况对照表 | 459

（续表）

卷	篇	各本中之《水经》文字	残宋本	大典本	陈藏本	冯校本	杨校本	黄本	吴本	注笺	项本	王峻校本	赵抄本	全五校	全七校	全改本	全重校	赵校订	全定本	赵注释	戴考次	戴校本	戴殿本	今定疏
五	河水	河水又东迳洛阳县北		○	○	○	○	○	○	○	○	×	○	△	×	×	×	×	×	×		×	×	×
		河水又东迳平县故城北		○	○	○	○	○	○	○	○	×	○	△	×	×	×	×	×	×		×	×	×
		河水又东迳浢水入焉		○	○	○	○	○	○	○	○	○	○	△	×	×	×	×	×	×		×	×	×
		又东湳水注焉		○	○	○	○	○	○	○	○	○	○	△	×	×	×	×	×	×		×	×	×
		又东过巩县北		○	○	○	○	○	○	○	○	○	○	△	○	○	○	○	○	○	○	○	○	○
		洛水从县西北流注之		○	○	○	○	○	○	○	○	○	○	△	○	○	○	○	○	○	○	○	○	○
		又东过成皋县北济水从北来注之		○	○	○	○	○	○	○	○	○	○	△	○	○	○	○	○	○	○	○	○	○
		河水右迳黄马坂北		○	○	○	○	○	○	○	○	×	○	△	×	×	×	×	×	×		×	×	×
		河水又东迳旃门坂北		○	○	○	○	○	○	○	○	×	○	△	×	×	×	×	×	×		×	×	×
		河水又东迳成皋大伾山下		○	○	○	○	○	○	○	○	○	○	△	×	×	×	×	×	×		×	×	×
		河水南对玉门		○	○	○	○	○	○	○	○	×	○	△	×	×	×	×	×	×		×	×	×
		河水又东合汜水		○	○	○	○	○	○	○	○	×	○	△	×	×	×	×	×	×		×	×	×
		河水又东迳板城北		○	○	○	○	○	○	○	○	×	○	△	×	×	×	×	×	×		×	×	×
		河水又东迳五龙坞北		○	○	○	○	○	○	○	○	×	○	△	×	×	×	×	×	×		×	×	×

（续表）

卷	篇	各本中之《水经》文字	残宋本	大典本	陈藏本	冯校本	杨本	黄本	吴本	注笺	项本	王峻校本	赵抄本	全五校	全七校	全改本	全重校	赵校订	全定本	赵注释	戴考次	戴校本	戴殿本	注疏	今定
五	河水	又东过荥阳县浚仪渠出焉		○	○	○	○	○	○	○	○	○	○	△	○	○	○	○	○	○	○	○	○	○	○
		河水又东北迳卷之扈亭北			○	○	○	○	○	○	○	×	○	×	×	×	×	×	×	×		×	×	×	×
		河水又东迳八激堤北			○	○	○	○	○	○	○	×	○	×	×	×	×	×	×	×		×	×	×	×
		河水又东迳卷县北			○	○	○	○	○	○		×	○	×	×	×	×	×	×	×		×	×	×	×
		河水又东北迳赤岸固北而东北注			○	○	○	○	○	○	○	×	○	△	×	×	×	×	×	×		×	×	×	×
		又东北过武德县东沁水从西北来注之		○	○	○	○	○	○	○	○	○	○	△	○	○	○	○	○	○	○	○	○	○	○
		东至酸枣县西濩水东出焉			○	○	○	○	○	○	○	×	○	△	×	×	×	×	×	×		×	×	×	×
		河水又东北通谓之延津			○	○	○	○	○	○	○	×	○	×	×	×	×	×	×	×		×	×	×	×
		河水过燕县北淇水自北来注之		○	○	○	○	○	○	○	○	×	○	△	×	×	×	×	○	○		×	×	○	×
		河水又东淇水入焉			○	○	○	○	○	○	○	×	○	△	×	×	×	×	×	×		×	×	×	×
		又东迳遮害亭南			○	○	○	○	○	○	○	×	○	△	×	○	○	○	×	×		×	×	×	×

(续表)

卷	篇	各本中之《水经》文字	残宋本	大典本	陈藏本	冯校本	杨本	黄本	注笺本	项本	王峻校本	赵抄本	全五校	全七校	全改本	全重校本	赵校订本	全定本	赵注释	戴考次	戴校本	戴殿本	注疏	今定
五	河水	河水又东右迳渭台城北		○	○	○	○	○	○	○	×	×	×	×	×	×	×	×	×		×	×	×	×
		又东北过黎阳县南		○	○	○	○	○	○	○	○	○	○	○	○	○	○	○	○	○	○	○	○	○
		河水自津东北迳凉城县		○	○	○	○	○	○	○	×	×	×	×	×	×	×	×	×		×	×	×	×
		河水又东北迳伍子胥南		○	○	○	○	○	○	○	×	×	×	×	×	×	×	○	×		×	×	×	×
		河水又东北为长寿津		×	×	×	×	×	×	×	×	×	×	×	×	×	×	×	×		×	×	×	×
		河之故渎出焉		○	○	○		○	○	○	×	△	×	△	×	×	×	○	×		×	×	×	×
		故渎东北迳咸城西		○	×	×	×	×	×	×	×	×	×	×	×	×	×	×	×		×	×	×	×
		故渎东迳繁阳县故城东		○	○	○	○	○	○	○	×	×	×	×	×	×	×	○	×		×	×	×	×
		北迳阴安县故城西		○	○	○	○	○	○	○	×	×	×	×	×	×	×	○	×		×	×	×	×
		故渎又东北迳昌乐县故城东		○	○	○	○	○	○	○	×	×	×	×	×	×	×	○	×		×	×	×	×
		故渎又东北迳平邑郭西		○	○	○	○	○	○	○	×	△	×	×	×	×	×	○	×		×	×	×	×
		又东北迳无盐县故城西北而至沙邱堰		○	○	○	○	○	○	○	×	△	×	×	×	×	×	○	×		×	×	×	×
		至于大陆北播为九河		○	○	○	○	○	○	○	○	○	○	○	○	○	○	○	○		○	○	○	○

（续表）

今定	注疏	戴殿本	戴校本	戴考次	赵注释	全定本	赵校订	全重校	全改本	全七校	全五校	赵抄本	王峻校	项本	注笺	灵本	黄本	杨本	冯校本	陈藏本	大典本	残宋本	各本中之《水经》文字	篇	卷
×	×			░	○	○	○	○	○	○	△		×	○	○		○	○	○	○	○	░	河之故渎自沙丘堰南分屯氏河出焉	河水	五
×	×	×	×	░	×	×	×	×	×	×	×	○	△	×	×		○	○	○	○	×	░	河水故渎东北迳于县故城西又迳贝邱县北		
×	×	×	×	░	×	×	×	×	×	×	×	○	×	○	○	○	○	○	○	○	○	░	大河故渎又东迳贝邱县故城南		
×	×	×	×	░	×	×	×	×	×	×	×	○	×	○	○	×	×	×	×	×	×	░	大河故渎又东迳甘陵县故城南		
×	×	×	×	░	×	×	×	×	×	×	×	○	×	×	×	×	×	░	×	×	×	░	大河故渎又东迳亭城县南又东迳平晋城南		
×	×	×	×	░	×	×	×	×	×	×	×	○	×	×	×	×	×	░	×	×	×	░	大河故渎又东迳灵县故城南		
×	×	×	×	░	×	×	×	×	×	×	×	○	×	×	×	×	×	×	×	×	×	░	河水故渎又东迳鄃县城东		
×	×	×	×	░	×	×	×	×	×	×	×	○	×	○	○	○	○	○	○	○	○	░	大河故渎又东迳平原县故城西而北北绝屯氏三渎北迳绎幕县故城东北西流迳平原县故城西		

（续表）

卷	篇	各本中之《水经》文字	残宋本	大典本	陈藏本	冯校本	杨本	黄本	戋笺	项本	王峻校本	赵抄本	全五校	全七校	全改本	全重校	赵校订	全定本	赵注释	戴考次	戴校本	戴殿本	注疏	今定
五	河水	大河故渎又北迳脩县故城东又北迳安陵县西		○	○	○	○	○	○	○	×	○	×	×	×	×	×	×	×		×	×	×	×
		大河故渎北出为屯氏河迳馆陶县东北出		○	○	○	○	○	○	○	×	○	×	×	×	×	×	×	×		×	×	×	×
		屯氏故渎水之东又东屯氏别河出屯氏故渎又东北迳信城县张甲河出焉		○	×	×		×	×	○	×	○	△	×	○	○	○	○	×		×	×	×	×
		左渎又北经城东缘城西又迳南宫县西北注绛渎右迳广宗县故城南又东北迳界城亭北又东北迳长乐郡枣强县故城东		○	○	○	○	○	○	○	×	○	△	×	×	×	×	×	×		×	×	×	×
		又东北迳广川县与绛渎故道合又东北迳广川县故城南城西又东迳棘津亭南		○	○	○	○	○	○	○	×	○	△	×	×	×	×	×	×		×	×	×	×
		张甲故渎又东北至脩县东会清河		○	○	○	○	○	○	○	×	○	△	×	×	×	×	×	×		×	×	×	×

（续表）

卷	篇	各本中之《水经》文字	残宋本	大典本	陈藏本	冯校本	杨本	黄本	吴本	注笺	项本	王峻校	赵抄本	全五校	全七校	全改本	全重校	赵校订	全定本	赵注释	戴考次	戴校本	戴殿本	注疏	今定
五	河水	屯氏别河又东枝津出焉东迳至信成县故城南又东迳清阳县故城南清河郡北		○	○	○	○	○	○	○	○	×	○	△	×	×	×	×	×	×		×	×	×	×
		又东北迳陵乡又东南迳武城县故城南又东迳东阳县故城南		○	○	○	○	○	○	○	○	×	○	△	×	×	×	×	×	×		×	×	×	×
		屯氏别河又东北迳清河郡南又东北迳清河故城西		○	○	○	○	○	○	○	○	×	○	△	×	×	×	×	×	×		×	×	×	×
		又东北迳绎幕县南分为二渎		×	×	×	×	×	×	×	×	×	×	△	×	×	×	×	×	×		×	×	×	×
		屯氏别河北渎东迳绎幕县故城南东北迳平原县绝大河故渎又东北出至安陵县遂绝		○	○	○	○	○	○	○	○	×	○	△	×	×	×	×	×	×		×	×	×	×
		屯氏别河北渎又东北迳重平县故城南		○	○	○	○	○	○	○	○	×	○	△	×	×	×	×	×	×		×	×	×	×

（续表）

今定	注疏	戴殿本	戴校本	戴考次	赵注释	全定本	赵校订	全重校	全改本	全七校	全五校	赵抄本	王峻校	项本	注笺	吴本	黄本	杨本	冯校本	陈藏本	大典本	残宋本	各本中之《水经》文字	篇	卷
×	×	×	×		×	×	×	×	×	×	△	○	×	○	○	○	○	○	○	○	○		屯氏别河北渎又东入阳信县今无水又东为咸河东北流迳阳信县故城北	河水	五
×	×	×	×	×		×	×	×	×	×	△	○	×	○	○	○	○	○	○	○	○		屯氏别河南渎自平原县绝大河故渎又迳平原县故城北		
×	×	×	×			×	×	×	×	×	×	○	×	○	○	○	○	○	○	○	○		枝津东会南河		
											△												南渎又东北千平原界		
×	×	×	×			×	×	×	×	×	×	○	×	○	○	○	○	○	○	○	○		又有枝渠右出至安德县遂绝		
×	×	×	×			×	×	×	×	×	△	○	×	○	○	○	○	○	○	○	○		屯氏别河南渎自平原县北首受大河故渎东出亦通谓之鸣马河		
×	×	×	×			×	×	×	×	×	×	○	×	○	○	○	○	○	○	○	○		东北迳安德县故城西又东北迳临齐城南裕		

（续表）

卷	篇	各本中之《水经》文字	残宋本	大典本	陈藏本	冯校本	杨本	黄本	吴本	注笺本	项本	王峻校本	赵抄本	全五校	全七校	全改本	全重校	赵校订本	全定本	赵注释	戴考次	戴校本	戴殿本	注疏	今定
五	河水	又屈迳其城东故渎广四十步		○	○	○	○	○	○	○	○	×	×	×	×	×	×	×	×	×		×	×	×	×
		又东北迳重邱县故城西		○	○	○	○	○	○	○	○	×	×	△	×	×	×	×	×	×		×	×	×	×
		又东北迳平昌县故城北		○	○	○	○	○	○	○	○	×	○	○	×	×	×	×	×	×		×	×	×	×
		又迳般县故城北		○	○	○	○	○	○	○	○	×	○	×	×	×	×	×	×	×		×	×	×	×
		东迳乐陵县故城北		○	○	○	○	○	○	○	○	×	○	○	×	×	×	×	×	×		×	×	×	×
		又东北迳阳信县故城南东北入海		○	○	○	○	○	○	○	○	×	○	○	×	×	×	×	×	×		×	×	×	×
		屯氏河故渎自别河东迳甘陵之信乡县故城南		○	○	○	○	○	○	○	○	×	○	○	×	×	×	×	×	×		×	×	×	×
		屯氏故渎又东迳甘陵县故城北又东北迳灵县北又东北迳鄃县与鸣犊河故渎合		○	○	○	○	○	○	○	○	×	○	△	×	×	×	×	×	×		×	×	×	×
		上承大河故渎于灵县南											×	×											

（续表）

卷	篇	各本中之《水经》文字	残宋本	大典本	陈藏本	冯校本	杨本	黄本	灵本	注笺	项本	王峻校本	赵抄本	全五校	全七校	全改本	全重校	赵校订本	全定本	赵注释	戴考次	戴校本	戴殿本	注疏	今定
五	河水	东北迳灵县东入鄃县而北合屯氏渎								○	○	×	×	×	×	×	×	×	×	×		×	×	×	×
		屯氏渎兼鸣犊之称也又东迳鄃县故城北东北合大河故渎谓之鸣犊口十三州志曰鸣犊河东北至脩入屯氏考渎则不至也		○	○	○	○	○	○	×	×	×	×	×	×	×	×	×	×	×		×	×	×	×
		又东北过卫国县南又东北过濮阳县北鄃子河出焉		○	○	○	○	○	○	○	○	○	○	△	○	○	○	○	○	○	○	○	○	○	○
		河水东迳铁邱南		○	○	○	○	○	○	○	○	×	○	×	×	×	×	×	×	×		×	×	×	×
		河水东北流过濮阳县北为濮阳津		○	○	○	○	○	○	○	○	×	○	×	×	×	×	×	×	×		×	×	×	×
		河水又东北迳卫国县南东为郭口津河水又东迳郭城县北		○	○	○	○	○	○	○	○	×	○	×	×	×	×	×	×	×		×	×	×	×
		河水又东北迳范县之秦亭西		○	○	○	○	○	○	○	○	×	○	×	×	×	×	×	×	×		×	×	×	×

（续表）

卷	篇	各本中之《水经》文字	残宋本	大典本	陈藏本	冯校本	杨本	黄本	吴本	注笺本	项本	王峻校本	赵抄本	全五校	全七校	全改本	全重校	全校订本	全定本	赵注释	戴考次	戴校本	戴殿本	注疏	今定
五	河水	河水又东北迳委粟津	○	○	○	○	○	○	○	○	○	×	○	×	×	×	×	×	×	×		×	×	×	×
		左会浮水故渎	○	○	○	○	○	○	○	○	○	×	○	○	○	×	×	×	×	○		×	×	×	×
		故渎东绝大河故渎东迳五鹿之野		○	○	○	○	○	○	○	○	×	○	○	○	×	×	×	×	○		×	×	×	×
		浮水故渎又东南迳卫国邑		○	○	○	○	○	○	○	○	×	○	×	×	×	×	×	×	×		×	×	×	×
		又东迳卫国县故城南		○	○	○	○	○	○	○	○	×	○	○	○	×	×	×	×	○		×	×	×	×
		古斟观										×	×	×	×	×	×	×	×	×		×	×	×	×
		浮水故渎又东迳河牧城而东北出	○	○	○	○	○	○	○	○	○	×	○	×	×	×	×	×	×	×		×	×	×	×
		又东北入东武阳县东入河	○	○	○	○	○	○	○	○	○	×	○	△	×	○	×	×	×	×		×	×	×	×
		又有漯水出焉			○	○	○	○	○	○	○	○	×	△	○	×	○	○	○	○		×	×	×	×
		河水又东迳武阳县东范县西而东北流也	○	○	○	○	○	○	○	○	○	×	○	×	×	×	×	○	○	○		×	×	×	×
		又东北过东阿县北	○	○	○	○	○	○	○	○	○	○	○	○	○	×	○	○	○	○	○	○	○	○	○

（续表）

卷	篇	各本中之《水经》文字	残宋本	大典本	陈藏本	冯校本	杨本	黄本	吴本	注笺	项本	王峻校本	赵抄本	全五校	全七校	全改本	全重校	赵校订本	全定本	赵注释	戴考次	戴校本	戴殿本	注疏	今定
五	河水	河水于范县北流为仓亭津		○	○						×	×	○	×	×	×	×	×	×	×		×	×	×	×
		河水右历柯泽		○	○	○	○	○	○	○	×	×	○	×	×	×	×	×	×	×		×	×	×	×
		迳东阿县故城西而东北出流注			○	○	○	○	○	○	×	×	○	×	×	×	×	×	×	×		×	×	×	×
		又东北过茌平县西		○	○	○	○	○	○	○	○	×	○	×	○	○	○	○	○	○	○	○	○	○	○
		河水自邓里渠东北迳昌乡亭北又东北迳碻磝城西			○	○	○	○	○	○	○	×	○	×	×	×	×	×	×	×		×	×	×	×
		河水又东北与邓里渠合水上承大河于东阿县西东迳东阿县故城北		○	○	○	○	○	○	○	○	×	○	×	×	×	×	×	×	×		×	×	×	×
		又东北迳临邑县与将渠合又北迳茌平县东临邑县故城北流入于河河水又东北流迳四渎津			○	○	○	○	○	○	○	×	○	×	×	×	×	×	×	×		×	×	×	×
		又东北过高唐县东		○	○	○	○	○	○	○	○	×	△	○	×	○	○	○	○	○	○	○	○	○	○

(续表)

卷	篇	各本中之《水经》文字	残宋本	大典本	陈藏本	冯校本	杨校本	黄本	吴本	戈注	项本	王峻校	赵抄本	全五校	全七校	全改本	全重校	赵校订	全定本	赵注释	戴考次	戴校本	戴殿本	注疏	今定
五	河水	漯水又东北迳清河县故城北		○	○	○	○	○	○	○	○	×	○	×	×	×	×	×	×	×		×	×	×	×
		漯水又东北迳乡城东南又东北迳博平县		○	○	○	○	○	○	○	○	×	○	×	×	×	×	×	×	×		×	×	×	×
		右与黄沟同注川泽		○	○	○	○	○	○	○	○	×	○	×	×	×	×	×	×	×		×	×	×	×
		东迳文乡城南又南迳王城北		○	○	○	○	○	○	○	○	×	○	×	×	×	×	×	×	×		×	×	×	×
		黄沟又东北流左与漯水隐覆势镇河陆东出于高唐县大河右迤东注漯水矣		○	○	○	○	○	○	○	○	×	○	×	×	×	×	×	×	×		×	×	×	×
		漯水又东北迳援县故城西	○	○	○	○	○	○	○	○	○	×	○	×	×	×	×	×	×	×		×	×	×	×
		漯水又东北迳高唐县故城东	○	○	○	○	○	○	○	○	○	×	○	×	×	×	×	×	×	×		×	×	×	×
		漯水又东北迳漯阴县故城北	○	○	○	○	○	○	○	○	○	×	○	×	×	×	×	×	×	×		×	×	×	×
		漯水又东北迳著县故城南又东北迳崔氏城北	○	○	○	○	○	○	○	○	○	×	○	×	×	×	×	×	×	×		×	×	×	×

（续表）

卷	篇	各本中之《水经》文字	残宋本	大典本	陈藏本	冯校本	杨本	黄本	灵注笺本	项本	王峻校	赵抄本	全五校	全七校	全改本	全重校	赵校订本	全定本	赵注释	戴考次	戴校本	戴殿本	注疏	今定
五	河水	漯水又东北迳东朝阳县故城南	○	○	○	○	○	○	○	○	×	○	×	×	×	×	×	×	×		×	×	×	×
		漯水又东迳汉徽君伏生墓南	○	○	○	○	○	○	○	○	×		×	×	×	×	×	×	×		×	×	×	×
		漯水又东迳邹平县故城北	○	○	○	○	○	○	○	○	×		×	×	×	×	×	×	×		×	×	×	×
		又东北迳东邹城北	○	○	○	○	○	○	○	○	×		×	×	×	×	×	×	×			×	×	×
		漯水又东北迳建信县故城间	○	○	○	○	○	○	○	○	×		×	×	×	×	×	×	×		×	×	×	×
		漯水又东北迳千乘县二城间	○	○	○	○	○	○	○	○	×		×	×	×	×	×	×	×		×	×	×	×
		又东北为马常坑	○	○	○	○	○	○	○	○	×		△	×	○	×	×	×	×	○	○	○	○	○
		又东北过杨墟县东商河出焉	○	○	○	○	○	○	○	○	×		△	×	×	×	×	×	×	○	○	○	○	○
		商河又北迳平原县东又迳安德县故城南又迳平昌县故城南又东迳般县故城南又东迳乐陵县故城南	○	○	○	○	○	○	○	○	×		×	×	×	×	×	×	×		×	×	×	×

（续表）

卷	篇	各本中之《水经》文字	残宋大典本	陈藏本	冯校本	杨本	黄本	吴本	注笺	项本	王峻校	赵抄本	全五校	全七校	全改本	全重校	赵校订	全定本	赵注释	戴考次	戴校本	戴殿本	注流	今定
五	河水	商河又东迳朸乡县故城南	○	○	○	○	○	○	○	○	×	○	×	×	×	×	×	×	×		×	×	×	×
		沙沟水注之	○	○	○	○	○	○	○	○	×	○	×	×	×	×	×	×	×		×	×	×	×
		商河又东北流迳马领城西北流屈而东注南迳城东		○	○	○	○	○	○	○	×	○	×	×	×	×	×	×	×		×	×	×	×
		商河又东北迳富平县故城北	○	○	○	○	○	○	○	○	×	○	×	×	×	×	×	×	×		×	×	×	×
		商河又分为二南水谓之长丛沟	○	○	○	○	○	○	○	○	×	○	×	×	×	×	×	×	×		×	×	×	×
		北水世又谓之百薄渎	○	○	○	○	○	○	○	○	×	○	×	×	×	×	×	×	×		×	×	×	×
		河水又东北迳过高唐县东											×	○	○	○	○	○						
		大河又东北迳高唐县故城西	○	○	○	○	○	○	○	○	×	○	×	×	×	×	×	×	×		×	×	×	×
		大河又北迳张公城临侧河湄	○	○	○	○	○	○	○	○	×	○	×	×	×	×	×	×	×		×	×	×	×
		河水又北迳平原县故城东	○	○	○	○	○	○	○	○	×	○	△	×	×	×	×	×	×		×	×	×	×

（续表）

卷	篇	各本中之《水经》文字	残宋本	大典本	陈藏本	冯校本	杨本	黄本	吴本	注笺	项本	王峻校本	赵抄本	全五校	全七校	全改本	全重校	赵校订	全定本	赵注释	戴考次	戴校本	戴殿本	注疏	今定
五	河水	大河右溢世谓之甘枣沟	○	○	○	○	○	○	○	○	○	×	○	×	×	×	×	×	×	×		×	×	×	×
		故渎又东北历长隄迳漯阴县北	○	○	○	○	○	○	○	○	○	×	○	○	×	×	×	×	×	×		×	×	×	×
		河水又东北迳阳阿县故城西	○	○	○	○	○	○	○	○	○	×	○	×	×	×	×	×	×	×		×	×	×	×
		又东北过漯阴县北	○	○	○	○	○	○	○	○	○	○	×	×	○	○	○	○	○	○	○	○	○	○	○
		河水自平原左迳安德城东而北为鹿角津东北迳般县东陵枋乡至厌次县故城南为厌次河	○	○	○	○	○	○	○	○	○	×	○	×	×	×	×	×	×	×		×	×	×	×
		河水右迳漯阴县故城北	○	○	○	○	○	○	○	○	○	×	○	△	×	×	×	×	×	×		×	×	×	×
		河水又东北为漯沃津	○	○	○	○	○	○	○	○	○	×	○	△	×	×	×	×	×	×		×	×	×	×
		河水又东迳千乘城北	○	○	○	○	○	○	○	○	○	×	○	△	×	×	×	×	×	×		×	×	×	×
		又东北过蓼城县北又东北过甲下邑济水从西来注之又东北入于海	○	○	○	○	○	○	○	○	○	○	○	△	○	○	○	○	○	○	○	○	○	○	○

（续表）

卷	篇	各本中之《水经》文字	残宋本大典本	陈藏本	冯校本	杨本	黄本	吴注笺本	项本	王峻校本	赵抄校本	全五校	全七校	全改本	全重校	赵校订	全定本	赵注释	戴考次	戴校本	戴殿本	注疏流	今定
五	河水	河水又东分为二水枝津东迳甲下城南东南历马常玩注济	○	○	○	○	○	○	○	×	×	×	×	×	×	×	×	×		×	×	×	×
六	汾水	汾水出太原汾阳县北管涔山	○	○	○	○	○	○	○	○	○	△	○	△	○	○		○	○	○	○	○	○
六	汾水	东南过晋阳县东晋水流注之	○	○	○	○	○	○	○	○	○	△	○	△	○	○		○	○	○	○	○	○
六	汾水	又南洞过水从东来注之	○	○	○	○	○	○	○	○	○	△	○	△	○	○		○	○	○	○	○	○
六	汾水	又南过大陵县东	○	○	○	○	○	○	○	○	○	△	○	△	○	○		○	○	○	○	○	○
六	汾水	又南过平陶县东水流从西来流注之	○	○	○	○	○	○	○	○	○	△	○	△	○	○		○	○	○	○	○	○
六	汾水	又南过冠爵津	○	○	○	○	○	○	○	○	○	△	○	△	○	○		○	○	○	○	○	○
六	汾水	又南入河东界又南过永安县西	○	○	○	○	○	○	○	○	○	△	○	△	○	○		○	○	○	○	○	○
六	汾水	历唐城东	×	×	×		×	○	○	×	×	×	×	×	×	×		×	○	×	×	×	×
六	汾水	又南过杨县东	○	○	○	○	○	○	○	○	○	△	○	△	○	○		○	○	○	○	○	○
六	汾水	西南过高梁邑西	○	○	○	○	○	○	○	○	○	△	○	△	○	○		○	○	○	○	○	○

（续表）

卷	篇	各本中之《水经》文字	残宋本	大典本	陈藏本	冯校本	杨本	黄本	吴本 注笺	项本	王峻校本	赵抄本	全五校	全七校	全改本	全重校	赵校订	全定本	赵注释	戴考次	戴校本	戴殿本	注疏	今定
六	汾水	又南过平阳县东	○	○	○	○	○	○	○	○	○	○	△	○	△	○	○	▨	○	○	○	○	○	○
六	汾水	又南过临汾县东	○	○	○	○	○	○	○	○	○	○	△	○	△	○	○	▨	○	○	○	○	○	○
六	汾水	又屈从县南西流	○	○	○	○	○	○	○	○	○	○	△	○	△	○	○	▨	○	○	○	○	○	○
六	汾水	又西南过长修县南	○	○	○	○	○	○	○	○	○	○	△	○	△	○	○	▨	○	○	○	○	○	○
六	汾水	又西南过皮氏县南	○	○	○	○	○	○	○	○	○	○	△	○	△	○	○	▨	○	○	○	○	○	○
六	汾水	又西至汾阴县北西注于河	○	○	○	○	○	○	○	○	○	○	△	○	△	▨	○	▨	○	○	○	○	○	○
六	涑水	涑水出河东绛县东浍交东高山	○	○	○	○	○	○	○	○	○	○	△	○	△	▨	○	▨	○	○	○	○	○	○
六	涑水	西过其县南	○	○	○	○	○	○	○	○	○	○	△	○	△	▨	○	▨	○	○	○	○	○	○
六	涑水	又西南过虎谷南	○	○	○	○	○	○	○	○	○	○	△	○	△	▨	○	▨	○	○	○	○	○	○
六	涑水	又西至王泽注于汾水	○	○	○	○	○	○	○	○	○	○	△	○	△	▨	○	▨	○	○	○	○	○	○
六	湅水	涑水出河东闻喜县东山黍葭谷	○	○	○	○	○	○	○	○	○	○	△	○	△	○	○	▨	○	○	○	○	○	○
六	湅水	西过周阳邑南	○	○	○	○	○	○	○	○	○	○	△	○	△	○	○	▨	○	○	○	○	○	○
六	湅水	又西南过其县南	○	○	○	○	○	○	○	○	○	○	△	○	△	○	○	▨	○	○	○	○	○	○

（续表）

卷	篇	各本中之《水经》文字	残宋本	大典本	陈藏本	冯校本	杨本	黄本	吴本注笺	项本	王峻校	赵抄本	全五校	全七校	全改本	全重校	赵校订	全定本	赵注释	戴考次	戴校本	戴殿本	注疏	今定
六	涑水	又西南过安邑县西	○	○	○	○	○	○	○	○	○	○	△	○	△		○		○	○	○	○	○	○
	涑水	又南过解县东又西南注于张阳池	○	○	○	○	○	○	○	○	○	○	△	○	△		○		○	○	○	○	○	○
	文水	文水出大陵县西山文谷东到其县屈南到平陶县东北东入于汾	○	○	○	○	○	○	○	○	○	○	△	○	△		○		○	○	○	○	○	○
	原公水	原公水出兹氏县西羊头山东过其县北	○	○	○	○	○	○	○	○	○	○	△	○	△		○		○	○	○	○	○	○
	原公水	又东入于汾	○	○	○	○	○	○	○	○	○	○	△	○	△		○		○	○	○	○	○	○
	洞过水	洞过水出沾县北山	○	○	○	○	○	○	○	○	○	○	△	○	△		○		○	○	○	○	○	○
	洞过水	西过榆次县南又西到晋阳县南	○	○	○	○	○	○	○	○	○	○	△	○	△		○		○	○	○	○	○	○
	洞过水	西入于汾										○	△	×	△		○		×	○	×	○	○	○
	晋水	出晋水下口者也	○																					○
	晋水	晋水出晋阳县西悬瓮山	○	○	○	○	○	○	○	○	○	○	△	○	△		○		○	○	○	○	○	○
	晋水	东又过其县南又东入于汾水	○	○	○	○	○	○	○	○	○	○	△	○	△		○		○	○	○	○	○	○

附表二 《水经注》各主要版本所见经注区分情况对照表

卷	篇	各本中之《水经》文字	残宋本	大典本	陈藏本	冯校本	杨本	黄本	灵注笺	项本	王峻校本	赵抄本	全五校	全七校	全改本	全重校	赵校订	全定本	赵注释	戴考次	戴校本	戴殿本	注疏	今定
六	湛水	湛水出河内轵县西北山	○	○	○	○	○	○	○	○	○	○	△	○	△		○		○	○	○	○	○	×
		东过其县北又东过波县之北	○	○	○	○	○	○	○	○	○	○	△	○	△		○		○	○	○	○	○	×
		又东过毋辟邑南	○	○	○	○	○	○	○	○	○	○	△	○	△		○		○	○	○	○	○	×
		又东南当平阴县之东北南入于河	○	○	○	○	○	○	○	○	○	○	△	○	△		○		○	○	○	○	○	×
七	济水	济水出河东垣县东王屋山为沇水	○	○	○	○	○	○	○	○	○	○	△	○	△		○		○	○	○	○	○	×
		又东至温县西北为济水	○	○	○	○	○	○	○	○	○	○	△	○	△		○		○	○	○	○	○	×
		又东过其县北	○	○	○	○	○	○	○	○	○	○	△	○	△		○		○	○	○	○	○	×
		屈从县东南流过巩西又南当巩县北南入于河	○	○	○	○	○	○	○	○	○	○	△	○	△		○		○	○	○	○	○	×
		与河合流又东过成皋县北	○	○	○	○	○	○	○	○	○	○	△	○	△		○		○	○	○	○	○	×
		又东过荥阳县北又东至砾溪南东出荥泽北	○	○	○	○	○	○	○	○	×	○	△	○	△		○		○	○	×	○	○	×
		济水又东迳西广武城北	○	○	○	○	○	○	○	○	○	○	○	○	○		○		○	○	○	○	○	○

（续表）

卷	篇	各本中之《水经》文字	残宋本大典本	陈藏本	冯校本	杨本	黄本	吴本	戋注项本	王峻校	赵抄本	全五校	全七校	全改本	全重校	赵校订	全定本	赵注释	戴考次	戴校本	戴殿本	注疏流	今定
七	济水	济水又东迳广武城北	○	○	○	○	○	○	○	×	○	×	×	×		×		×		×	×	×	×
		济水又东迳敖山北	○	○	○	○	○	○	○	×	○	×	×	×		×		×		×	×	×	×
		济水又东合荥渎	○	○	○	○	○	○	○	×	○	×	×	×		×		×		×	×	×	×
		济水又东迳荥阳县北	○	○	○	○	○	○	○	×	○	×	×	×		×		×		×	×	×	×
		济水又东南砾石溪水注之	○	○	○	○	○	×	○	×	○	×	×	×		×		×		×	×	×	×
		济水又东索水注之	×	○	○	○	○	○	○	×	○	×	×	×		×		×		×	×	×	×
		济水又东荥泽北	○	○	○	○	○	○	○	×	○	△	○	○		○		○	○	○	○	○	○
		又东迳阳武县南	×	○	○	○	○	○	×	×	○	×	×	×		×		×		×	×	×	×
		济水又东北流南济也迳阳武县故城南	○	○	○	○	○	○	○	×	○	×	×	×		×		×		×	×	×	×
		济水又东迳封邱县南	○	○	○	○	○	○	○	×	○	×	×	×		×		×		×	×	×	×
		济水又东迳东昬县故城北	○	○	○	○	○	○	○	×	○	×	×	×		×		×		×	×	×	×
		济水又东迳济阳县故城南	○	○	○	○	○	○	○	×	○	×	×	×		×		×		×	×	○	○
		又东过封邱县北北济也								×	○	△	刪	○		×		○	○	×	×	○	×

（续表）

卷	篇	各本中之《水经》文字	残宋本	大典本	陈藏本	冯校本	杨本	黄本	吴本	注笺	项本	王峻校	赵抄本	全五校	全七校	全改本	全重校	赵校订本	全定本	赵注释	戴考次	戴校本	戴殿本	注疏	今定
七	济水	济水又东迳原武县故城南	○	○	○	○	○	○	○	○	○	×	○	×	×	×		×		×		×	×	×	×
		济渎又东迳酸枣县之乌巢泽北	○	○	○	○	○	○	○	○	○	×	○	×	×	×		×		×		×	×	×	×
		又东过平邱县南 北济也	○	○	○	○	○	○	○	○	○	○	△	△	○	○		○		○	○	○	○	○	○
		济水者									○	删		×	×	×		×		×		×	×	×	×
		又东过济阳县北 北济也	○	○	○	○	○	○	○	○	○	×		△	○	○		○		○	○	○	○	○	○
		又东过冤朐县南又东过定陶县南 南济也									○	删		删	删	×		×		×		×	×	×	×
		济水又东北河水东出焉	○	○	○	○	○	○	○	○	○	×		△	○	○		○		○		○	○	○	○
		济水又东迳秦相魏冉冢南			○	○	○	○	○	○	○	×		×	×	×		×		×		×	×	×	×
		济水又东北迳定陶恭王陵南			○	○	○	○	○	○	○	×		×	×	×		×		×		×	×	×	×

（续表）

卷	篇	各本中之《水经》文字	残宋本	大典本	陈藏本	冯校本	杨本	黄本	吴本	注疏戴本	项本	王峻校	赵抄本	全五校	全七校	全改本	全重校	赵校订	全定本	赵注释	戴考次	戴校本	戴殿本	注疏	定今
七	济水	济水又东北迳定陶县故城南	○	○	○	○	○	○	○	×	○	×	○	×	×	×		×		×	○	×	×	×	×
八	济水	又屈从县东北流	○	○	○	○	○	○	○	○	○	○	○	△	○	○		○		○	○	○	○	○	○
八	济水	南济也	○	○	○	○	○	×	×	○	○	×	○	△	×	○		×		×		×	×	×	×
八	济水	又东至乘氏县西分为二	○	○	○	○	○	○	○	○	○	○	○	△	○	○		○		○	○	○	○	○	○
八	济水	其一水东南流其一水从县东北流入巨野泽	×	×	×	×		×	×	×	×	×	○	△	○	×		×		×		×	×	×	×
八	济水	南为菏水北为济渎	×	×	×	×		×	×	×	×	×	○	×	×	×		○		○		×	×	×	×
八	济水	迳乘氏县与济渠渠合	×	×	×	×	○	×	×	×	×	×	○	×	×	×		×		×		×	×	×	×
八	济水	北济自济阳县北东北迳煮枣城南	×	×	×	×	○	×	×	×	×	×	○	×	×	×		×		×		×	×	×	×
八	济水	北济又东北迳冤朐县故城北	○	○	○	○	○	×	×	×	×	×	○	△	×	○		×		×		×	×	×	×
八	济水	又东北与濮水合	○	○	○	○	○	○	○	×	○	○	○	×	×	○		×		×		×	×	×	×
八	济水	济水故渎又东北合洪水	×	×	×	×		×	×	×	×	×	○	△	×	×		×		×		×	×	×	×
八	济水	又东北过寿张县西界安民亭南汶水从东北来注之	○	○	○	○	○	○	○	○	○	○	○	△	○	○		○		○	○	○	○	○	○

卷	篇	各本中之《水经》文字	残宋本	大典本	陈藏本	冯校本	杨本	黄本	吴注本	项本	王峻校本	赵抄本	全五校	全七校	全改本	全重校	赵校订本	全定本	赵注释	戴考次	戴校本	戴殿本	注疏	今定
八	济水	济水又北迳朐城西	○	○	○	○	○	○	○	○	×	○	×	×	×		×		×		×	×	×	×
		济水又北迳徽乡东	○	○	○	○	○	○	○	○	×	○	×	×	×		×		×		×	×	×	×
		又北过须昌县西	○	○	○	○	○	○	○	○	○	○	○	○	○		○		○	○	○	○	○	○
		济水又北迳鱼山东左合马颊水			○	○	○	○	○	○	×	○	×	×	×		×		×		×	×	×	×
		济水自鱼山北迳清亭东			○	○	○	○	○	○	×	○	×	×	×		×		×		×	×	×	×
		又北过谷城县西			○	○	○	○	○	○	○	○	○	○	○		○		○	○	○	○	○	○
		济水又北迳周首亭西			○	○	○	○	○	○	×	○	×	×	×		×		×		×	×	×	×
		又北过临邑县东			○	○	○	○	○	○	×	○	△	×	×		×		×		×	×	×	×
		济水又东北迳平阴城西			○	○	○	○	○	○	○	○	○	○	○		○		○	○	○	○	○	○
		济水又东北至垆苗城西			○	○	○	○	○	○	×	○	×	×	×		×		×		×	×	×	×
		又东北过卢县北			○	○	○	○	○	○	×	○	×	×	×		×		×		×	×	×	×
		济水又迳卢县故城北			○	○	○	○	○	○	○	○	△	×	×		×		×		×	×	×	×
		济水又东北与中川水合			○	○	○	○	○	○	×	○	×	×	×		×		×		×	×	×	×
		济水又东北右会玉水			○	○	○	○	○	○	×	○	×	×	×		×		×		×	×	×	×
		济水又东北泺水入焉			○	○	○	○	○	○	×	○	×	×	×		×		×		×	×	×	×
		济水又东北华不注山			○	○	○	○	○	○	×	○	×	×	×		×		×		×	×	×	×

（续表）

卷	篇	各本中之《水经》文字	残宋本	大典本	陈藏本	冯校本	杨本	黄本	吴本	注笺本	项本	王峻校本	赵抄本	全五校本	全七校	全改本	全重校	赵校订本	全定本	赵注释	戴考次	戴校本	戴殿本	注疏	今定
八	济水	又东北过台县北	○	○	○	○	○	○	○	○	○	○	○	×	○	○		○		○	○	○	○	○	○
		济水又东北合芹沟水	○	○	○	○	○	○	○	○	○	×	×	×	×	×		×		×		×	×	×	×
		又东北过菅县南	○	○	○	○	○	○	○	○	○	○	×	×	○	○		○		○	○	○	○	○	○
		又东北过梁邹县北	○	○	○	○	○	○	○	○	○	○	○	×	○	×		○		○		○	○	○	○
		又东北过临济县南	○	○	○	○	○	○	○	○	○	○	×	×	○	×		○		○		○	○	○	○
		济水又东北迆为渊渚谓之平州玩		○	○	○	○	○	○	○	○	×	×	×	×	×		×		×		×	×	×	×
		济水又东北迳乐安县故城南	○	○	○	○	○	○	○	○	○	×	×	×	×	×		×		×		×	×	×	×
		又东北过利县西	○	○	○	○	○	○	○	○	○	○	○	×	○	○		○		○	○	○	○	○	○
		又东北过甲下邑入于河	○	○	○	○	○	○	○	○	○	○	○	△	○	○		○		○	○	×	×	○	○
		又东北入海	○	○	○	○	○	○	○	○	○	○	○	△	○	○		○		○	○	○	○	○	×
		其一水东南流者过乘氏县南	○	○	○	○	○	○	○	○	○	○	○	△	○	○		○		○	○	○	○	○	○
		又东过昌邑县北	○	○	○	○	○	○	○	○	○	○	○	△	○	○		○		○	○	○	○	○	○
		又东过金乡县南	○	○	○	○	○	○	○	○	○	○	○	△	○	○		○		○	○	○	○	○	○
		又东过东缗县北	○	○	○	○	○	○	○	○	○	○	○	△	○	○		○		○	○	○	○	○	○

（续表）

卷	篇	各本中之《水经》文字	残宋本	大典本	陈藏本	冯校本	杨本	黄本	吴本	项注笺本	王峻校本	赵抄校本	全五校	全七校	全改本	全重校	赵校订	全定本	赵注释	戴考次	戴校本	戴殿本	今定注疏
八	济水	济水又东迳汉平秋将军扶沟侯淮阳朱鲔冢	○	○	○	○	○	○	○	○	×	○	×	×	×		×		×		×	×	×
八	济水	又东过方与县北为济水		○	○	○	○	○	○	○	○	○	△	○	○		○		○	○	○	○	○
八	济水	济水东迳重乡城南		○	○	○	○	○	○	○	○	○	×	×	×		×		×		×	×	×
八	济水	济水又东过湖陆县南东入于泗水		○	○	○	○	○	○	○	○	○	△	○	○		○		○	○	○	○	○
八	济水	又东南过沛县东北		○	○	○	○	○	○	○	○	○	△	○	×		○		○	○	○	○	○
八	济水	又东南过留县北		○	○	○	○	○	○	○	○	○	△	○	○		○		○		○	○	○
八	济水	又东过彭城县北淮水从西来注之		○	○	○	○	○	○	○	×	○	×	○	×		○		○		○	×	×
八	济水	济水又南迳彭城县故城东		○	○	○	○	○	○	○	×	○	△	○	○		○		○		×	×	○
八	济水	又东南过徐县北		○	○	○	○	○	○	○	○	○	△	○	○		○		○	○	○	○	○
八	济水	又东至下邳睢陵县南入于淮		○	○	○	○	○	○	○	○	○	△	○	○		○		○	○	○	○	○
九	清水	清水出河内修武县之北黑山			○	○	○	○	○	○	○	○	△	○	△		○		○	○	○	○	○

（续表）

卷	篇	各本中之《水经》文字	残宋本	大典本	陈藏本	冯校本	杨本	黄本	灵本	注笺	项本	王峻校本	赵抄本	全五校	全七校	全改本	全重校	赵校订本	全赵定本	赵注释	戴考次	戴校本	戴殿本	注疏	今定
九	清水	东北过获嘉县北	○	○	○	○	○	○	○	○	○	○	○	△	○	△		○		○	○	○	○	○	○
		又东过汲县北	○	○	○	○	○	○	○	○	○	○	○	△	○	△		○		○	○	○	○	○	○
		又东入于河	○	○	○	○	○	○	○	○	○	○	○	△	○	△		○		○	○	○	○	○	○
	沁水	沁水出上党涅县谒戾山		○	○	○	○	○	○	○	○	○	○	△	○	△		○		○	○	○	○	○	○
		南过谷远县东又南过陭氏县东		○	○	○	○	○	○	○	○	○	○	△	○	△		○		○	○	○	○	○	○
		又南过阳阿县东		○	○	○	○	○	○	○	○	○	○	△	○	△		○		○	○	○	○	○	○
		又南出山过沁水县北		○	○	○	○	○	○	○	○	○	○	×	○	△		○		○	○	○	○	○	○
		又东过野王县北		○	○	○	○	○	○	○	○	○	○	△	○	△		○		○	○	○	○	○	○
		又东过周县北		○	○	○	○	○	○	○	○	○	○	△	○	△		○		○	○	○	○	○	○
		又东过怀县之北		○	○	○	○	○	○	○	○	○	○	△	○	△		○		○	○	○	○	○	○
		又东过武德县南又东南至荥阳县北东入于河		○	○	○	○	○	○	○	○	○	○	△	○	△		○		○	○	○	○	○	○
	湛水	湛水出河内隆虑县西大号山		○	○	○	○	○	○	○	○	○	○	△	○	△		○		○	○	○	○	○	○

(续表)

卷	篇	各本中之《水经》文字	残宋本	大典本	陈藏本	冯校本	杨本	黄本	吴本注笺	项本	王峻校本	赵抄本	全五校	全七校	全改本	全重校	全校订本	全定本	赵注释	戴考次	戴校本	戴殿本	注疏	今定
九	淇水	东过内黄县南为白沟	○	○	○	○	○	○	○	○	○	○	△	○	△	○	○		○	○	○	○	○	○
		屈从县东北与洹水合	○	○	○	○	○	○	○	○	○	○	○	○	△	○	○		○	○	○	○	○	○
		又东北过馆陶县北又北过清渊县西		○	○	○	○	○	○	○	○	○	△	○	△	○	○		○	○	○	○	○	○
		又东北过广宗县东为清河		○	○	○	○	○	○	○	○	○	○	○	△	○	○		○	○	○	○	○	○
		又东北过东武城县西		○	○	○	○	○	○	○	○	○	△	○	△	○	○		○	○	○	○	○	○
		又北过广川县东		○	○	○	○	○	○	○	○	○	○	○	△	○	○		○	○	○	○	○	○
		又东北过修县南又东北过东光县西		○	○	○	○	○	○	○	○	○	△	○	△	○	○		○	○	○	○	○	○
		又东北过南皮县西		○	○	○	○	○	○	○	○	○	○	○	△	○	○		○	○	○	○	○	○
		又东北过浮阳县西		○	○	○		○	○	○	○	○	△	○	△	○	○		○	○	○	○	○	○
		又东北过灭邑北		○	○	○	○	○	○	○	×	○	○	○	△	○	×		○	○	○	×	○	○
		浅水出焉													△					○	○	×	○	○
		又东北过乡邑南		○	○	○	○	○	○	○	×	○	△	○	△	○	○		○	○	○	×	○	○
		又东北过穷河邑南		○	○	○	○	○	○	○	○	○	△	○	△	○	○		○	○	○	○	○	○
		又东北过漂榆邑入于海		○	○	○	○	○	○	○	○	○	○	○	△	○	○		○	○	○	○	○	○

（续表）

卷	篇	各本中之《水经》文字	残宋本	大典本	陈藏本	冯校本	杨本	黄本	吴本	戋注	项本	王峻校本	赵抄本	全五校	全七校	全改本	全重校	赵校订	全定本	赵注释	戴考次	戴校本	戴殿本	注疏	今定
九	汤水	汤水出河内汤阴县西山东		○	○	○	○	○		○	○	○	○	△	○	△		○		○	○	○	○	○	○
九	汤水	又东北至内黄县入于黄泽		○	○	○	○	○		○	○	○	○	△	○	△		○		○	○	○	○	○	○
九	洹水	洹水出上党泫氏县		○	○	○	○	○		○	○	○	○	△	○	△		○		○	○	○	○	○	○
九	洹水	东过隆虑县北		○	○	○	○	○		○	○	○	○	△	○	△		○		○	○	○	○	○	○
九	洹水	又东北出山过邺县南		○	○	○	○	○		○	○	○	○	△	○	△		○		○	○	○	○	○	○
九	洹水	又东北出内黄县东入于白沟		○	○	○	○	○		○	○	○	○	△	○	△		○		○	○	○	○	○	○
十	浊漳水	浊漳水出上党长子县西发鸠山		○	○	○	○	○		○	○	○	○	△	○	△		○		○	○	○	○	○	○
十	浊漳水	东过其县南		○	○	○	○	○		○	○	×	○	△	○	△		○		○	○	○	○	○	○
十	浊漳水	屈从县东北流		○	○	○	○	○		○	○	○	○	△	○	△		○		○	○	○	○	○	○
十	浊漳水	又东过壶关县北		○	○		○	○		○	○	○	○	△	○	△		○		○	○	○	○	○	○
十	浊漳水	又东北过屯留县南		○	○	○	○	○		○	○	○	○	△	○	△		○		○	○	○	○	○	○

（续表）

卷	篇	各本中之《水经》文字	残宋本	大典本	陈藏本	冯杨校本	黄本	灵注笺本	项本	王赵校本	赵抄本	全五校	全七校	全改本	全重校	赵校订本	全校定本	赵注释	戴考次	戴校本	戴殿本	注疏	今定
十	浊漳水	潞县北	○	○	○	○															○	○	○
		又东过武安县	○	○	○	○	○	○	○	○	○	△	○	△		○		○	○	○	○	○	○
		又东出山过邺县西	○	○	○	○	○	○	○	○	○	△	○	△				○	○	○	○	○	○
		又东过列人县南	○	○	○	○	○	○	○	○	○	△	○	△				○	○	○	○	○	○
		又东北过斥漳县南	○	○	○	○	○	○	○	○	○	△	○	△				○	○	○	○	○	○
		又东北过曲周县东北过巨鹿县东		○	○	○	○	○	○	○	○	△	○	△				○	○	○	○	○	○
		又东过堂阳县西		○	○	○	○	○	○	○	○	△	○	△				○	○	○	○	○	○
		又东北过扶柳县北又东北过信都县西		○	○	○	○	○	○	○	○	△	○	△				○	○	○	○	○	○
		又东北过下博县之西		○	○	○	○	○	○	○	○	△	○	△				○	○	○	○	○	○
		又东北过阜城县北又东北至昌亭与滹池河会		○	○	○	○	○	○	○	○	△	○	△				○	○	○	○	○	○

（续表）

卷	篇	各本中之《水经》文字	残宋本	大典本	陈藏本	冯校本	杨校本	黄本	吴本	注笺	项本	王峻校本	王赵抄本	全五校	全七校	全改本	全重校	赵校订	全定本	赵注释	戴考次	戴校本	戴殿本	注流	今定
十	浊漳水	又东北至乐成陵县别出北		○	○	○	○	○	○		○	○	○	△	○	△		○		○	○	○	○	○	○
		又东北过成平县南合清河		○	○	○	○	○	○		○	○	○	△	○	△		○		○	○	○	○	○	○
		又东北过章武县西又东北过平舒县南东入海		○	○	○	○	○	○		○	○	○	△	○	△		○		○	○	○	○	○	○
	清漳水	清漳水出上党沽县西北少山大		○	○	○	○	○	○		○	○	○	△	○	△		○		○	○	○	○	○	○
		东至涉县西屈从县南		○	○	○	○	○	○		○	○	○	△	○	△		○		○	○	○	○	○	○
		东至武安县南泰誉邑入于浊漳		○	○	○	○	○	○		○	○	○	△	○	△		○		○	○	○	○	○	○
十一	易水	易水出涿郡故安县阎乡西山		○	○	○	○	○	○		○	○	○	△	○	△		○		○	○	○	○	○	○
		东过范阳县南又东过容城县南		○	○	○	○	○	○		○	○	○	△	○	△		○		○	○	○	○	○	○

(续表)

卷	篇	各本中之《水经》文字	残宋本	大典本	陈藏本	冯校本	杨本	黄本	注笺	项本	王峻校本	赵抄本	全五校	全七校	全改本	全重校	赵校订	全定本	赵注释	戴考次	戴校本	戴殿本	注疏	今定
十一	易水	又东过安次县南		○	○	○	○	○	○	○	○	○	△	○	△		○		○	○	○	○	○	○
		又东过泉州县南东入于海		○	○	○	○	○	○	○	○	○	△	○	△		○		○	○	○	○	○	○
	滱水	滱水出代郡灵邱县高氏山			○	○	○	○	○	○	○	○	△	○	△		○		○	○	○	○	○	○
		东南过广昌县南			○	○	○	○	○	○	○	○	△	○	△		○		○	○	○	○	○	○
		又东南过中山上曲阳县北恒水从西来注之			○	○	○	○	○	○	○	○	△	○	△		○		○	○	○	○	○	○
		又东过唐县南			○	○	○	○	○	○	○	○	△	○	△		○		○	○	○	○	○	○
		又东过安喜县南			○	○	○	○	○	○	○	○	△	○	△		○		○	○	○	○	○	○
		又东过安国县北			○	○	○	○	○	○	○	○	△	○	△		○		○	○	○	○	○	○
		又东过博陵县南			○	○	○	○	○	○	○	○	△	○	△		○		○	○	○	○	○	○
		又东北入于易			○	○	○	○	○	○	○	○	△	○	△		○		○	○	○	○	○	○
十二	圣水	圣水出上谷			○	○	○	○	○	○	○	○	△	○	△		○		○	○	○	○	○	○
		东过良乡县南			○	○	○	○	○	○	○	○	△	○	△		○		○	○	○	○	○	○
		又东过长乡县北			○	○	○	○	○	○	○	○	△	○	△		○		○	○	○	○	○	○

（续表）

今定	注疏	戴殿本	戴校本	戴考次	赵注释	全定本	赵校订	全重校	全改本	全七校	全五校	赵抄本	王峻校	项注笺	吴本	黄本	杨本	冯校本	陈藏本	大典本	残宋本	各本中之《水经》文字	篇	卷
○	○	○	○	○	○		○		△	○	△	○	○	○	○	○	○	○	○	○		又东过安次县南东入于海	圣水	十二
○	○	○	○	○	○		○		△	○	△	○	○	○	○	○	○	○	○	○		巨马河出代郡广昌县涞山	巨马水	十二
○	○	○	○	○	○		○		△	○	△	○	○	○	○	○	○	○	○	○		东过逎县北	巨马水	十二
○	○	○	○		○		○		△	○	△	×	○	○	○	○	○	○	○	○		又东南过容城县北	巨马水	十二
×	×	×	×		×		×		△	×	△	×	×	×	×	×	×	×	×	×		又东南至泉州县西南入八丈沟又南	巨马水	十二
○	○	○	○	○	×		○		△	○	△	×	×	○	○	○	○	○	○	○		又东过勃海东平舒县东入于海	巨马水	十二
○	○	○	○	○	○		○		△	○	△	○	×	×	○	○	○	○	○	○		漯水出雁门阴馆县东北过代郡桑干县南	漯水	十三
○	○	○	○	○	○		○		△	○	△	○	○	○	○	○	○	○	○	○		又东过涿鹿县北	漯水	十三
○	○	○	○	○	○		○		△	○	△	○	○	○	○	○	○	○	○	○		又东南出山	漯水	十三
○	○	○	○	○	○		○		△	○	△	○	○	○	○	○	○	○	○	○		过广阳蓟县北	漯水	十三
○	○	○	○	○	○		○		△	○	△	○	○	○	○	○	○	○	○	○		又东至渔阳雍奴县西入笥沟	漯水	十三

附表二　《水经注》各主要版本所见经注区分情况对照表（续表）

卷	篇	各本中之《水经》文字	残宋本	大典本	陈藏本	冯校本	杨本	黄本	吴本	笺注项本	王峻校本	赵抄本	全五校	全七校	全改本	全重校	赵校订	全定本	赵注释	戴考次	戴校本	戴殿本	注疏	今定
十四	漯余水	漯余水出上谷居庸关东		○	○	○	○	○	○	○	○	○	△	○	△		○		○	○	○	○	○	○
十四	漯余水	东流过军都县南又东流过蓟县北		○	○	○	○	○	○	○	○	○	△	○	△		○		○	○	○	○	○	○
十四	漯余水	又北屈东南至狐奴县西南入于沽河		○	○	○	○	○	○	○	○	○	△	○	△		○		○	○	○	○	○	○
十四	沽河	沽河从塞外来		○	○	○	○	○	○	○	○	○	△	○	△		○		○	○	○	○	○	○
十四	沽河	南过渔阳狐奴县北西南漯余水合为沽河		○	○	○	○	○	○	○	○	○	△	○	△		○		○	○	○	○	○	○
十四	沽河	又东南至雍奴县西为笥沟		○	○	○	○	○	○	○	○	○	△	○	△		○		○	○	○	○	○	○
十四	沽河	又东至泉州县与清河合东入于海清河者派河尾也		○	○	○	○	○	○	○	○	○	△	○	△		○		○	○	○	○	○	○
十四	鲍丘水	鲍邱水从塞外来南过渔阳县东		○	○	○	○	○	○	○	○	○	△	○	△		○		○	○	○	○	○	○
十四	鲍丘水	又南过潞县西		○	○	○	○	○	○	○	○	○	△	○	△		○		○	○	○	○	○	○
十四	鲍丘水	又南至雍奴县北屈东入于海		○	○	○	○	○	○	○	○	○	△	○	△		○		○	○	○	○	○	○

(续表)

卷	篇	各本中之《水经》文字	残宋本	大典本	陈藏冯校本	杨本	黄本	注笺本	项本	王峻校本	赵抄本	全五校	全七校	全改本	全重校	赵校订本	全定本	赵注释	戴考次	戴校本	戴殿本	注疏	今定
十四	濡水	濡水从塞外来东南过辽西令支县北		○	○				○	○	○	△	○	△		○		○	○	○	○	○	○
		又东南过海阳县西南入于海		○	○				○	○	○	△	○	△		○		○	○	○	○	○	○
	大辽水	大辽水出塞外卫白平山东南入塞过辽东襄平县西		○	○				○	○	○	△	○	△		○		○	○	○	○	○	○
		又东南过房县西		○	○				○	○	○	△	○	△		○		○	○	○	○	○	○
		又东南过安市县西南入于海		○	○				○	○	○	△	○	△		○		○	○	○	○	○	○
	小辽水	又玄菟高句丽县有辽山小辽水所出		○	○				○	○	○	△	○	△		○		○	○	○	○	○	○
		西南至辽队县入于大辽水也		○	○				○	○	○	△	○	△		○		○	○	○	○	○	○
	浿水	浿水出乐浪镂方县东南过临浿县东入于海		○	○				○	○	○	△	○	△		○		○	○	○	○	○	○

（续表）

卷	篇	各本中之《水经》文字	残宋本	大典本	陈藏本	冯校本	杨本	黄本	吴注笺本	项本	王峻校本	赵抄本	全五校	全七校	全改重校	全校订	赵注释定全本	戴考次	戴校本	戴殿本	注疏	今定
十五	洛水	洛水出京兆上洛县灌举山	—	○	○	○	○	○	○	○	○	○	△	○	—	○	—	○	○	○	○	○
		洛水又东尸水注之	—	○	○	○	○	○	○	○	×	○	△	×	—	×	—	—	×	×	×	×
		洛水又东得乳水	—	○	○	○	○	○	○	○	×	○	△	×	—	×	—	—	×	×	×	×
		水又东会于龙余之水	—	○	○	○	○	○	○	○	×	○	△	×	—	×	—	—	×	×	×	×
		洛水又东门水出焉	—	○	○	○	○	○	○	×	○	○	○	×	—	×	—	—	×	×	×	×
		洛水又东逕熊耳山北	—	○	○	○	○	×	×	×	×	○	×	×	—	×	—	—	×	×	×	×
		禹贡所谓导洛	—	—	○	○	○	—	—	—	—	○	○	—	—	—	—	—	—	—	—	—
		东北过卢氏县南	—	○	○	○	○	○	○	○	○	○	△	×	—	○	—	○	○	○	○	○
		洛水逕鸣渠关北	—	—	○	○	○	○	○	×	×	○	△	×	—	×	—	—	×	×	×	×
		洛水又东逕卢氏县故城南	—	—	○	○	○	○	×	×	×	○	△	×	—	×	—	—	×	×	×	×
		洛水东与高门水合	—	○	○	○	○	○	○	×	×	○	△	×	—	×	—	—	×	×	×	×
		洛水又东松阳溪水注之	—	—	○	○	○	○	○	×	×	○	△	×	—	×	—	—	×	×	×	×
		洛水又东库谷水注之	—	○	○	○	○	○	○	×	×	○	△	×	—	×	—	—	×	×	×	×
		又东北过蠡城邑之南	—	○	○	○	○	○	○	○	○	○	△	×	×	×	—	○	○	○	○	○
		又东过阳市邑南又东北过于父邑之南	—	○	○	○	○	○	○	○	○	○	△	×	×	○	—	○	○	○	○	○

（续表）

卷	篇	各本中之《水经》文字	残宋本	大典本	陈藏本	冯校本	杨本	黄本	吴本	项注笺本	王峻校本	赵抄本	全五校	全七校	全改本	全重校	赵校订	全定本	赵注释	戴考次	戴校本	戴殿本	注疏	今定
十五	洛水	洛水又东渠谷		○	○	○	○	○	○	○	×	○	△	×	×		×		×	○	×	×	×	×
		又东北过宜阳县南		○	○	○	○	○	○	○	○	○	○	○	○		○		○		○	○	○	○
		洛水又东迳宜阳县故城南		○	○	○	○	○	○	○	×	○	△	×	×		×		×		×	×	×	×
		又东北出散关南		○	○	○	○	○	○	○	○	○	○	○	○		○		○	○	○	○	○	○
		洛水又东枝渎左出焉		○	○	○	○	○	○	○	×	○	△	×	×		×		×		×	×	×	×
		又东北过洛阳县南		○	○	○	○	○	○	○	○	○	○	○	○		○		○	○	○	○	○	○
		又东过洛阳县南伊水从西来注之		○	○	○	○	○	○	○	○	○	○	○	○		○		○		○	○	○	○
		又东过偃师县南		○	○	○	○	○	○	○	○	○	○	○	○		○		○		○	○	○	○
		洛水又北阳渠水注之		○	○	○	○	○	○	○	×	○	△	×	×		×		×		×	×	×	×
		洛水又东迳鞏城北又东罗水注之		○	○	○	○	○	○	○	○	○	○	○	○		○		○	○	○	○	○	○
		又东北过巩县东北入于河		○	○	○	○	○	○	○	○	○	○	○	○		○		○		○	○	○	○
		洛水又东北流入于河		○	○	○	○	○	○	○	×	○	△	×	×		×		×		×	×	×	×
	伊水	伊水出南阳鲁阳县西蔓渠山		○	○	○	○	○	○	○	○	○	△	○	△		○		○		○	○	○	○

（续表）

卷	篇	各本中之《水经》文字	残宋本	大典本	陈藏本	冯校本	杨本	黄本	灵本	注笺	项本	王峻校本	赵抄本	全五校	全七校	全改本	全重校	全校订本	全定本	赵注释	戴考次	戴校本	戴殿本	注疏	今定
十五	伊水	东北过郭落山		○	○	○	○	○	○	○	○	○	○	△	○	△				○	○	○	○	○	○
		又东北过陆浑县南		○	○	○	○	○	○	○	○	○	○	△	○	△				○	○	○	○	○	○
		王母涧水注之												△												○
		又东北过新城县南		○	○	○	○	○	○	○	○	○	○	△	○	△				○	○	○	○	○	○
		又东北过伊阙中		○	○	○	○	○	○	○	○	○	○	△	○	△				○	○	○	○	○	○
		又东北至洛阳县南北入于洛		○	○	○	○	○	○	○	○	○	○	△	○	△				○	○	○	○	○	○
	渡水	渡水出河南谷城县北山		○	○	○	○	○	○	○	○	○	○	△	○	△				○	○	○	○	○	○
		东与千金渠合		○	○	○	○	○	○	○	○	○	○	△	○	△				○	○	○	○	○	○
		又东过洛阳县南又东过偃师县又东入于洛		○	○	○	○	○	○	○	○	○	○	△	○	△				○	○	○	○	○	○
	渡水	洞水出新安县南白石山		○	○	○	○	○	○	○	○	○	○	△	○	△				○	○	○	○	○	○
		东南入于洛		○	○	○	○	○	○	○	○	○	○	△	○	△				○	○	○	○	○	○
十六	谷水	谷水出宏农渑池县南墦冢林谷阳谷		○	○	○	○	○	○	○	○	○	○	△	○	△				○	○	○	○	○	○
		东北过谷城县北		○	○	○	○	○	○	○	○	○	○	△	○	△				○	○	○	○	○	○
		又东过河南县北东南入于洛		○	○	○	○	○	○	○	○	○	○	○	○	△				○	○	○	○	○	○

（续表）

卷	篇	各本中之《水经》文字	残宋大典本	陈藏本	冯校本	杨校本	黄本	吴本	戈注本	项本	王岐校本	赵抄本	全五校	全七校	全改本	全重校	赵校订本	全定本	赵注释	戴考次	戴校本	戴殿本	疏注	今定
十六	甘水	甘水出宏农宜阳县鹿蹄山				○	○	○	○	○	○	○	△	△			○		○	○	○	○	○	○
		东北至河南县南北入洛	○	○		○	○	○	○	○	○	○	△	△			○		○	○	○	○	○	○
	漆水	漆水出扶风杜阳县俞山东北入千渭				○	○	○	○	○	○	○	△	△			○		○	○	○	○	○	○
	汧水	汧水出京兆盩厔县西北入干漏				○	○	○	○	○	○	○	△	△			○		○	○	○	○	○	○
	沮水	沮水出北地直路县东过冯翊祋祤县北东入千洛				○	○	○	○	○	○	○	△	△			○		○	○	○	○	○	○
十七	渭水	渭水出陇西首阳县渭首亭南鸟鼠山				○	○	○	○	○	○	○	△	○			○		○	○	○	○	○	○
		东北过襄武县北				○	○	○	○	○	○	○	△	○			○		○	○	○	○	○	○
		又东过獂道县南				○	○	○	○	○	○	○	△	○			○		○	○	○	○	○	○
		又东过冀县北				○	○	○	○	○	○	○	△	○			○		○	○	○	○	○	○
		又东过上邽县				○	○	○	○	○	○	○	△	○			○		○	○	○	○	○	○
		又东过陈仓县西				○	○	○	○	○	○	○	△	○			○		○	○	○	○	○	○
		又东至美阳县西雍水从北来注之																		○				
		又东过郿县南																		○				

（续表）

卷	篇	各本中之《水经》文字	残宋本	大典本	陈藏本	冯校本	杨本	黄本	吴注笺本	项本	王峻校	赵抄本	全五校	全七校	全改本	全重校	赵校订本	全定本	赵注释	戴考次	戴校本	戴殿本	注疏	今定
十八		又东过武功县北	—	○	○	○	○	○	○	○	○	○	△	○	—	○	—	—	○	○	○	○	○	○
		又东芒水从南来流注之	—	○	○	○	○	○	○	○	×	○	△	○	—	○	—	—	○	○	○	○	○	○
十九	渭水	渭水又东过槐里县南又东涝水从南来注之	—	○	○	○	○	○	○	○	○	○	○	○	—	○	—	—	○	○	○	○	○	○
		渭水又东北迳黄山宫南	—	—	○	○	○	○	○	○	×	×	×	○	—	×	—	—	×	—	×	×	×	×
		就水注之	—	—	○	○	○	○	○	○	×	×	×	○	—	×	—	—	×	—	×	×	×	×
		渭水又东合甲溪水	—	—	○	○	○	○	○	○	×	×	×	○	—	×	—	—	×	—	×	×	×	×
		渭水又东迳槐里县故城南	—	—	○	○	○	○	○	○	×	×	×	○	—	×	—	—	×	—	×	×	×	×
		渭水又东合甘水	○	○	○	○	○	○	○	○	×	×	×	○	—	×	—	—	×	○	×	×	×	×
		又东丰水从南来注之	—	○	○	○	○	○	○	○	×	×	△	○	—	×	—	—	×	—	×	×	×	×
		渭水又东北与鄗水合	—	○	○	○	○	○	○	○	×	×	△	○	—	×	—	—	×	—	×	×	×	×
		渭水又东北迳渭城南	—	○	○	○	○	○	○	○	×	×	△	○	—	×	—	—	×	○	×	×	○	○
		而沣水注之	—	○	○	○	○	○	○	○	×	×	△	○	—	×	—	—	×	—	×	×	×	×
		又东过长安县北	—	○	○	○	○	○	○	○	×	×	△	○	—	○	—	—	○	—	○	○	○	○
		渭水又东与沴水枝津合	—	○	○	○	○	○	○	○	×	×	△	○	—	×	—	—	×	—	×	×	×	×
		渭水又东迳长安城北	—	○	○	○	○	○	○	○	×	×	△	○	—	×	—	—	×	—	×	×	×	×

（续表）

卷	篇	各本中之《水经》文字	残宋本	大典本	陈藏本	冯校本	杨本	黄本	吴本	注笺	项本	王峻校本	赵抄本	全五校	全七校	全改本	全重校	赵校订本	全定本	赵注释	戴考次	戴校本	戴殿本	注疏	今定
十九	渭水	又东过霸陵县北霸水从县西北流注之		○	○	○	○	○	○	○	○	○	○	○	○	○		○		×	○	○	○	○	○
		又东过郑县北		○	○	○	○	○	○	○	○	○	△	△	○	○		○		×	○	○	○	○	○
		又东过华阴县北		○	○	○	○	○	○	○	○	○	△	△	○	○		○		×	○	○	○	○	○
		东入于河		○	○	○	○	○	○	○	○	○	△	△	○	○		○		○	○	○	○	○	○
二十	漾水	漾水出陇西氐道县嶓冢山东至武都沮县为汉水		○	○	○	○	○	○	○	○	○	○	△	○	△		○		○	○	○	○	○	○
		又东南至广魏白水县西与汉水合		○	○	○	○	○	○	○	○	○	○	△	○	△		○		○	○	○	○	○	○
		又东南至葭萌县东北与羌水合		○	○	○	○	○	○	○	○	○	○	△	○	△		○		○	○	○	○	○	○
		又东南过巴郡阆中县		○	○	○	○	○	○	○	○	○	○	△	○	△		○		○	○	○	○	○	○
		又东南过江州县东南入于江		○	○	○	○	○	○	○	○	○	○	△	○	△		○		○	○	○	○	○	○
	丹水	丹水出京兆上洛县西北冢岭山		○	○	○	○	○	○	○	○	○	○	△	○	△		○		○	○	○	○	○	○
		东南过其县南		○	○	○	○	○	○	○	○	○	○	△	○	△		○		○	○	○	○	○	○
		又东南过商县南又东南至于丹水县入于均		○	○	○	○	○	○	○	○	○	○	△	○	△		○		○	○	○	○	○	○

附表二 《水经注》各主要版本所见经注区分情况对照表（续表）

卷	篇	各本中之《水经》文字	残宋本	大典本	陈藏本	冯校本	杨本	黄本	吴本	注笺	项本	王峻校本	赵抄本	全五校	全七校	全改本	全重校	赵校订	全定本	赵注释	戴考次	戴校本	戴殿本	注疏	今定
二十一	汝水	汝水出河南梁县勉乡西天息山		○	○	○	○	○	○	○	○	○	○	△	○	△		○		○	○	○	○	○	○
		东南过其县北		○	○	○	○	○	○	○	○	○	○	△	○	△		○		○	○	○	○	○	○
		又东南过颍川郏县南		○	○	○	○	○	○	○	○	○	○	△	○	△		○		○	○	○	○	○	○
		又东南过定陵县北		○	○	○	○	○	○	○	○	○	○	△	○	△		○		○	○	○	○	○	○
		又东南过郾县北		○	○	○	○	○	○	○	○	○	○	△	○	△		○		○	○	○	○	○	○
		又东南过汝南上蔡县西		○	○	○	○	○	○	○	○	○	○	△	○	△		○		○	○	○	○	○	○
		又东南过平舆县南		○	○	○	○	○	○	○	○	○	○	△	○	△		○		○	○	○	○	○	○
		又东至原鹿县南入于淮		○	○	○	○	○	○	○	○	○	○	△	○	△		○		○	○	○	○	○	○
二十二	颍水	颍水出颍川阳城县西北少室山		○	○	○	○	○	○	○	○	○	○	△	○	△		○		○	○	○	○	○	○
		东南过其县南		○	○	○	○	○	○	○	○	○	○	△	○	△		○		○	○	○	○	○	○
		又东南过阳翟县北		○	○	○	○	○	○	○	○	○	○	△	○	△		○		○	○	○	○	○	○
		又东南过颍阳县西又东南过颍阴县西南		○	○	○	○	○	○	○	○	○	○	△	○	△		○		○	○	○	○	○	○

（续表）

卷	篇	各本中之《水经》文字	残宋本	大典本	陈藏本	冯校本	杨本	黄本	吴本	注笺	项本	王峻校本	赵抄本	全五校	全七校	全改本	全重校	全校订	全定本	赵注释	戴考次	戴校本	戴殿本	注疏	今定
二十二	颍水	又东南过临颍县南又东南过汝南濦强县北濦水从河南密县东流注之		○	○	○	○	○	○	○	○	○	○	△	○	△		○			○	○	○	○	○
		又东过西华县北		○	○	○	○	○	○	○	○	○	○	△	○	△		○			○	○	○	○	○
		又南过女阳县北		○	○	○	○	○	○	○	○	○	○	△	○	△		○			○	○	○	○	○
		又东南过颍县北濦水从西来流注之		○	○	○	○	○	○	○	○	○	○	△	○	△		○			○	○	○	○	○
		又东南至新阳县北滚汤渠水从西北来注之		○	○	○	○	○	○	○	○	○	○	△	○	△		○			○	○	○	○	○
		又东南至慎县东南入于淮		○	○	○	○	○	○	○	○	○	○	△	○	△		○			○	○	○	○	○
	洧水	洧水出河南密县西南马领山		○	○	○	○	○	○	○	○	○	○	△	○	△		○			○	○	○	○	○
		东南过其县南		○	○	○	○	○	○	○	○	○	○	△	○	△		○			○	○	○	○	○
		又东过郏县南渭水从西北来注之		○	○	○	○	○	○	○	○	○	○	△	○	△		○			○	○	○	○	○
		又东南过长社县北		○	○	○	○	○	○	○	○	○	○	△	○	△		○			○	○	○	○	○
		又东南过新汲县东北		○	○	○	○	○	○	○	○	○	○	△	○	△		○			○	○	○	○	○

（续表）

卷	篇	各本中之《水经》文字	残宋本	大典本	陈藏本	冯校本	杨本	黄本	灵本注笺	项本	王峻校本	赵抄本	全五校	全七校	全改本	全重校订本	赵校订本	全定本	赵注释	戴考次本	戴校本	戴殿本	今定注疏
二十二	清水	又东南过茅城邑之东北		○	○	○	○	○	○	○	○	○	△	○	△	○	○		○	○	○	○	○
		又东过习阳城西折入于颍			○	○	○	○	○	○	○	○	△	○	△	○	○		○	○	○	○	○
	溟水	溟水出河南密县大騩山			○	○	○	○	○	○	○	○	△	○	△	○	○		○	○	○	○	○
		东南入于颍			○	○	○	○	○	○	○	○	△	○	△	○	○		○	○	○	○	○
	滑水	滑水出郏县西北平地			○	○	○	○	○	○	○	○	△	○	△	○	○		○	○	○	○	○
		东过其县北又东南过其县东南又南入于清水			○	○	○	○	○	○	○	○	△	○	△	○	○		○	○	○	○	○
	渠	渠出荥阳北河东南过中牟县之北		○	○	○	○	○	○	○	○	○	△	○	△	○	○		○	○	○	○	○
		又东至波仪县			○	○	○	○	○	○	○	○	△	○	△	○	○		○	○	○	○	○
		又屈南至扶沟县北			○	○	○	○	○	○	○	○	△	○	△	○	○		○	○	○	○	○
		其一水南东南过陈县也			○	○	○	○	○	○	○	○	△	○	△	○	○		○	○	○	○	○
		又东南至南汝南新阳县北			○	○	○	○	○	○	○	○	△	○	△	○	○		○	○	○	○	○
		又东南过山桑县北			○	○	○	○	○	○	○	○	△	○	△	○	○		○	○	○	○	○
		又东南过龙亢县南			○	○	○	○	○	○	○	○	△	○	△	○	○		○	○	○	○	○
		又东南过又城县西南入于淮		○	○	○	○	○	○	○	○	○	△	○	△	○	○		○	○	○	○	○

（续表）

卷	篇	各本中之《水经》文字	残宋本	大典本	陈藏本	冯校本	杨本	黄本	吴本	戴注本	项本	王峻校本	赵抄本	全五校	全七校	全改本	全重校	全校订本	全定本	赵注释	戴考次	戴校本	戴殿本	注流	今定
二十三	阴沟水	阴沟水出河南阳武县蒗荡渠		○	○		○			○	○	○	○	△	○	△		○		○	○	○	○	○	○
		东南至沛为涡水		○	○		○			○	○	○	○	△	○	△		○		○	○	○	○	○	○
		又东南至下邳淮陵县入于淮		○	○		○			○	○	○	○	△	○	△		○		○	○	○	○	○	○
	汳水	汳水出阴沟于浚仪县北		○	○		○			○	○	○	○	△	○	△		○		○	○	○	○	○	○
		又东至梁郡蒙县为获水余波南入睢阳城中		○	○		○			○	○	○	○	△	○	△		○		○	○	○	○	○	○
	濉水	濉水出汳水于梁郡蒙县北		○	○		○			○	○	○	○	△	○	△		○		○	○	○	○	○	○
		又东过萧县南		×	×		×			×	×	×	○	×	×	△				○	○	○	○	○	○
		睢水北流注之		×	×		×			×	×	×	○	×	×	△				○	○	○	○	○	○
二十四		又东至彭城县北东入于泗		○	○		○			○	○	○	○	△	○	△		○		○	○	○	○	○	○
		东至睢阳县南		○	○		○			○	○	○	○	△	○	△		○		○	○	○	○	○	○
		又东过相县南屈从城北东流当萧县南入于淮		○	○		○			○	○	○	○	△	○	△		○		○	○	○	○	○	○

（续表）

卷	篇	各本中之《水经》文字	残宋本	大典本	陈藏本	冯校本	杨本	黄本	吴注笺本	项本	王峻校本	赵抄本	全五校	全七校	全改本	全重校	全校订本	全定本	赵注释	戴考次	戴校本	戴殿本	注疏	今定
二十四	瓠子河	瓠子河出东郡濮阳县北河		○	○	○	○	○	○	○	○	○	△	○	△		○		○	○	○	○	○	○
		东至济阴句阳县为新沟		○	○	○	○	○	○	○	○	○	△	○	△		○		○	○	○	○	○	○
		又东北过廪邱县为濮水		○	○	○	○	○	○	○	○	○	△	○	△		○		○	○	○	○	○	○
		又北过东郡范县东北为济渠与将渠合		○	○	○	○	○	○	○	○	○	△	○	△		○		○	○	○	○	○	○
		又东北过东阿县东		○	○	○	○	○	○	○	○	○	△	○	△		○		○	○	○	○	○	○
		又东北过临邑县西又东北过在平县东为邓里渠		○	○	○	○	○	○	○	○	○	△	○	△		○		○	○	○	○	○	○
		又东北过祝阿县为济渠		○	○	○	○	○	○	○	○	○	△	○	△		○		○	○	○	○	○	○
		又东至梁邹县西分为二		○	○	○	○	○	○	○	○	○	△	○	△		○		○	○	○	○	○	○
		其东北者为济河其东北又东北至济西临河东时水入于海时水东至临淄县西屈南过泰山华不注山东又南至费县东入于沂									○						○						○	○
	汶水	汶水出泰山莱芜县原山西南过其县南		○			○	○	○	○	○	○	△	○	△		○		○	○	○	○	○	○

（续表）

卷	篇	各本中之《水经》文字	残宋本	大典本	陈藏本	冯校本	杨本	黄本	吴本	注笺	项本	王峻校本	赵抄本	全五校	全七校	全改本	全重校	赵校订本	全定本	赵注释	戴考次	戴校本	戴殿本	注流	今定
二十四	汶水	又东南过奉高县北		○	○	○	○	○	○	○	○	○	○			△		○		○	○	○	○	○	○
		屈从县西南流		○	○	○	○	○	○	○	○	○	○	△	△	△		○		○	○	○	○	○	○
		过博县西北		○	○	○	○	○	○	○	○	○	○	△	△	△		○		○	○	○	○	○	○
		又西南过蛇丘县南		○	○	○	○	○	○	○	○	○	○	△	△	△		○		○	○	○	○	○	○
		又西南过刚县北		○	○	○	○	○	○	○	○	○	○	△	△	△		○		○	○	○	○	○	○
		又西南过东平章县南		○	○	○	○	○	○	○	○	○	○	△	△	△		○		○	○	○	○	○	○
		又南南过无盐县南又西南过寿张县北又西南至安民亭入于济					○	○	○	○	○	○	○			△		○		○	○	○	○	○	○
二十五	泗水	泗水出鲁卞县北山西南过鲁县北		○	○	○	○	○	○	○	○	○	○	△	△	△		○		○	○	○	○	○	○
		又西南过瑕丘县东屈从县东南流湛水从东来注之		○	○	○	○	○	○	○	○	○	○	△	△	△		○		○	○	○	○	○	○
		又西南过平阳县西		○	○	○	○	○	○	○	○	○	○	△	△	△		○		○	○	○	○	○	○
		又南过高平县西洸水从西北来流注之		○	○	○	○	○	○	○	○	○	○	△	△	△		○		○	○	○	○	○	○
		又南过方与县东		○	○	○	○	○	○	○	○	○	○	△	△	△		○		○	○	○	○	○	○

（续表）

卷	篇	各本中之《水经》文字	残宋本	大典本	陈藏本	冯校本	杨本	黄本	吴注笺本	项本	王峻校本	赵抄本	全五校	全七校	全改本	全重校	赵校订本	全定本	赵注释	戴考次	戴校本	戴殿本	注疏	今定
二十五	泗水	济水从西来流注之		○	○	○	○	○	○	○	○	○	△	○	△	○	○		○	○	○	○	○	○
		又屈东南过湖陆县南涓涓水从东北来流注之		○	○	○	×	○	○	○	○	○	△	○	△	○	○		×	×	○	○	×	×
		又南过沛县东		○	○	○	○	○	○	○	○	○	△	○	△	○	○		○	○	○	○	○	○
		又东迳山阳郡																						
		又东南过彭城县东北		○	○	○	×	○	○	○	○	×	×	×	△	×	×		×	×	○	○	×	×
		又东南过吕县南		○	○	○	○	○	○	○	○	○	△	○	△	○	○		○	○	○	○	○	○
		又东南过下邳县西		○	○	○	○	○	○	○	○	○	△	○	△	○	○		○	○	○	○	○	○
		又东南入于淮		○	○	○	○	○	○	○	○	○	△	○	△	○	○		○	○	○	○	○	○
	沂水	沂水出泰山盖县艾山			○	○	○	○	○	○	○	○	△	○	△	○	○		○	○	○	○	○	○
		南过琅邪临沂县东又南过开阳县东			○	○	○	○	○	○	○	○	△	○	△	○	○		○	○	○	○	○	○
		又东过襄贲县东屈从县西南流又屈过郯县西		○	○	○	○	○	○	○	○	○	△	○	△	○	○		○	○	○	○	○	○
		又南过良城县西南又过下邳县西南入于泗			○	○	○	○	○	○	○	○	△	○	△	○	○		○	○	○	○	○	○
	洙水	洙水出泰山盖县临乐山		○	○	○	○	○	○	○	○	○	△	○	△	○	○		○	○	○	○	○	○
		西南至下县入于泗		○	○	○	○	○	○	○	○	○	△	○	△	○	○		○	○	○	○	○	○

（续表）

卷	篇	各本中之《水经》文字	残宋本	大典本	陈藏本	冯校本	杨本	黄本	吴本	注笺	项本	王峻校本	赵抄本	全五校	全七校	全改本	全重校	赵校订本	全定本	赵注释	戴考次	戴校本	戴殿本	注疏	今定
二十六	沭水	沭水出琅邪东莞县西北山		○	○	○	○	○	○				○	△	○	△		○		○		○	○	○	○
		东南过其县东		○	○	○	○	○	○				○	△	○	△		○		○		○	○	○	○
		又东南过莒县东		○	○	○	○	○	○				○	△	○	△		○		○		○	○	○	○
		又南过阳都县东入于沂		○	○	○	○	○	○				○	△	○	△		○		○		○	○	○	○
	巨洋水	巨洋水出朱虚县泰山北		○		○	○	○	○				○	△	○	△		○		○		○	○	○	○
		过其县西		○	○	○	○	○	○				○	△	○	△		○		○		○	○	○	○
		又北过临朐县东		○	○	○	○	○	○				○	△	○	△		○		○		○	○	○	○
		又北过剧县西		○	○	○	○	○	○				○	△	○	△		○		○		○	○	○	○
		又东北过寿光县西		○	○	○	○	○	○				○	△	○	△		○		○		○	○	○	○
		又东北入于海		○	○	○	○	○	○				○	△	○	△		○		○		○	○	○	○
	淄水	淄水出泰山莱芜县原山		○	○	○	○	○	○				○	△	○	△		○		○		○	○	○	○
		东北过临淄县东		○	○	○	○	○	○				○	△	○	△		○		○		○	○	○	○
		又东过利县东		○	○	○	○	○	○				○	△	○	△		○		○		○	○	○	○
		又东北入于海		○	○	○	○	○	○				○	△	○	△		○		○		○	○	○	○
	汶水	汶水出朱虚县泰山		○	○	○	○	○	○				○	△	○	△		○		○		○	○	○	○
		北过其县东		○	○	○	○	○	○				○	△	○	△		○		○		○	○	○	○
		又北过淳于县西又东北入于潍		○	○	○	○	○	○				○	△	○	△		○		○		○	○	○	○

(续表)

卷	篇	各本中之《水经》文字	残宋本	大典本	陈藏本	冯校本	杨本	黄本	吴注笺本	项本	王峻校本	赵抄本	全五校	全七校	全改本	全重校	赵校订	全定本	赵注释	戴考次	戴校本	戴殿本	注疏	今定
二十六	潍水	潍水出琅邪箕县		○	○	○	○	○	○	○	○	○	△	○	△		○		○	○	○	○	○	○
		东北过东武县西		○	○	○	○	○	○	○	○	○	△	○	△		○		○	○	○	○	○	○
		又北过平昌县东		○	○	○	○	○	○	○	○	○	△	○	△		○		○	○	○	○	○	○
		又北过高密县西		○	○	○	○	○	○	○	○	○	△	○	△		○		○	○	○	○	○	○
		又北过淳于县东		○	○	○	○	○	○	○	○	○	△	○	△		○		○	○	○	○	○	○
		又东北过都昌县东		○	○	○	○	○	○	○	○	○	△	○	△		○		○	○	○	○	○	○
		又东北入于海		○	○	○	○	○	○	○	○	○	○	○	○		○		○	○	○	○	○	○
	胶水	胶水出黔陬县胶山北过其县西		○	○	○	○	○	○	○	○	○	△	○	△		○		○	○	○	○	○	○
		又北过夷安县东		○	○	○	○	○	○	○	○	○	△	○	△		○		○	○	○	○	○	○
		又北过当利县西北入于海		○	○	○	○	○	○	○	○	○	○	○	○		○		○	○	○	○	○	○
二十七	沔水	沔水出武都沮县东狼谷中		○	○	○	○	○	○	○	○	○	○	○	○		○		○	○	○	○	○	○
		沔水又东南迳沮水戍而东南流注汉曰沮口		○	○	○	○	○	○	○	×	×	×	×	×		×		×		×	×	×	×
		沔水又东迳白马戍南浕水入焉		○	○	○	○	○	○	○	×	×	△	×	×		×		×		×	×	×	×
		沔水又东迳武侯垒南		○	○	○	○	○	○	○	×	×	△	×	×		×		×		×	×	×	×

（续表）

卷	篇	各本中之《水经》文字	残宋本	大典本	陈藏本	冯校本	杨本	黄本	吴本	注笺	项本	王峻校本	赵抄本	全五校	全七校	全改本	全重校	赵校订本	全定本	赵注释	戴考次	戴校本	戴殿本	注疏	今定
二十七	沔水	沔水又东迳沔阳故城南	○	○	○	○	○	○	○		○	×	○	△	×	×		×		×		×	×	×	×
		沔水又东迳西乐城北		○	○	○	○	○	○	○	○	×	○	△	×	×		×		×		×	×	×	×
		汉水又东得度口水		○	○	○	○	○	○	○	○	×	○	△	×	×		×		×		×	×	×	×
		汉水又东黄沙水左注之		○	○	○	○	○	○	○	○	×	○	△	×	×		×		×		×	×	×	×
		汉水又东合褒水		○	○	○	○	○	○	○	○	○	○	○	○	○		○		○	○	○	○	○	○
		汉水又东迳汉庙堆下		○	○	○	○	○	○	○	○	×	○	△	×	×		×		×		×	×	×	×
		东过南郑县南		○	○	○	○	○	○	○	○	○	○	○	○	○		○		○		○	○	○	○
		汉水又东得长柳渡			○	○	○	○	○	○	○	×	○	△	×	×		×		×		×	×	×	×
		汉水又左会文水			○	○	○	○	○	○	○	○	○	○	○	○		○		○		○	○	○	○
		汉水又东黑水注之			○	○	○	○	○	○	○	×	○	△	×	×		×		×		×	×	×	×
		又东过城固县南又东过魏兴安阳县南涔水出自旱山北注之		○	○	○	○	○	○	○	○	○	○	○	○	○		○		○		○	○	○	○
		汉水又东至漮南与洛谷水合		○	○	○	○	○	○	○	○	×	○	△	×	×		×		×		×	×	×	×
		汉水又东迳小城固南			○	○	○	○	○	○	○	×	○	△	×	×		×		×		×	×	×	×
		汉水又东迳石门滩			○	○	○	○	○	○	○	×	○	△	×	×		×		×		×	×	×	×

（续表）

卷	篇	各本中之《水经》文字	残宋本	大典本	陈藏本	冯校本	杨本	黄本	灵本	注笺	项本	王峻校本	赵抄本	全五校	全七校	全改本	全重校	全赵校订本	全定本	赵注释	戴考次	戴校本	戴殿本	注疏	今定
二十七	沔水	汉水又东迳妫虚滩		○	○	○	○	○	○	○	○	×	○	△	×	×		×		×		×	×	×	×
		汉水又东迳猴径滩		○	○	○	○	○	○	○	○	×	○	△	×	×		×		×		×	×	×	×
		汉水又东迳大小黄金南		○	○	○	○	○	○	○	○	×	○	△	×	×		×		×		×	×	×	×
		汉水又东合遽陵溪口		○	○	○	○	○	○	○	○	×	○	△	×	×		×		×		×	×	×	×
		汉水又东合羊水		○	○	○	○	○	○	○	○	×	○	△	×	×		×		×		×	×	×	×
		汉水又东历救头		○	○	○	○	○	○	○	○	×	○	△	×	×		×		×		×	×	×	×
		汉水又东直水		○	○	○	○	○	○	○	○	×	○	△	×	×		×		×		×	×	×	×
		汉水又东直城南			○	○	○	○	○	○	○	×	○	△	×	×		×		×		×	×	×	×
		汉水又东迳晋昌郡之宁都县南		○	○	○	○	○	○	○	○	○	○	△	○	○		○		○	○	○	○	○	○
		汉水又东迳鱼腩谷口		○	○	○	○	○	○	○	○	×	○	△	×	×		×		×		×	×	×	×
		又东过西城县南			○	○	○	○	○	○	○	○	○	△	×	×		○		○		○	○	○	○
		汉水又东右得大势		○	○	○	○	○	○	○	○	×	○	△	×	×		×		×		×	×	×	×
		汉水右对月谷口		○	○	○	○	○	○	○	○	×	○	△	×	×		×		×		×	×	×	×
		汉水又东迳西城县故城南		○	○	○	○	○	○	○	○	×	○	△	×	×		×		×		×	×	×	×
		汉水又东为鳡端		○	○	○	○	○	○	○	○	×	○	△	×	×		×		×		×	×	×	×
		汉水又东合旬水		○	○	○	○	○	○	○	○	×	○	△	×	×		×		×		×	×	×	×

（续表）

卷	篇	各本中之《水经》文字	残宋大典本	陈藏本	冯校本	杨本	黄本	吴本	项本	注变	王峻校本	赵抄本	全五校	全七校	全改本	全重校	赵校订	全定本	赵注释	戴考次	戴校本	戴殿本	注疏流	今定
二十七		汉水又东迳木兰寨南		○	○	○	○	○	○	○	×	○	△	×	×		×		×		×	×	×	×
		汉水又东左得育溪		○	○	○	○	○	○	○	×	○	△	×	×		×		×		×	×	×	×
		汉水又东迳魏兴郡之锡县故城北		○	○	○	○	○	○	○	×	○	×	×	×		×		×		×	×	×	×
		汉水又东历姚方		○	○	○	○	○	○	○	×	○	△	×	×		×		×		×	×	×	×
二十八	沔水	又东过堵阳县堵水出自上粉县北流注之	○	○	○	○	○	○	○	○	○	○	○	○	○		○		○	○	○	○	○	○
		又东过郧乡南	○	○	○	○	○	○	○	○	○	○	○	○	○		○		○	○	○	○	○	×
		汉水又东迳郧乡县故城南		○	○	○	○	○	○	○	×	○	○	×	×		×		×		×	○	×	×
		汉水又东迳琵琶谷口	○	○	○	○	○	○	○	○	○	○	○	○	○		○		○	○	○	○	○	○
		汉水又东北流又东南屈东当县东北		○	○	○	○	○	○	○	×	○	△	×	×		×		×		×	○	×	×
		汉水东为沧子潭		○	○	○	○	○	○	○	×	○	△	×	×		×		×		×	×	×	×
		汉水又东南迳武当县故城北		○	○	○	○	○	○	○	×	○	△	×	×		×		×		×	×	×	×
		汉水又东平阳川水注之		○	○	○	○	○	○	○	×	○	△	×	×		×		×		×	×	×	×

（续表）

卷	篇	各本中之《水经》文字	残宋本大典本	陈藏本	冯校本	杨本	黄本	吴注笺本	项本	王峻校本	赵抄本	全五校	全七校	全改本	全重校	赵校订本	全定本	赵注释	戴考次	戴校本	殿本	注疏	今定
二十八	沔水	沔水又东南迳武当县故城东	○	○	○		○	○	○	×	○	△	×	×		×		×		×	×	×	×
		又东曾水注之		×	×		×	×	×	×	×	×	×	×		×		×		×	×	×	×
		又东又东迳龙梁山下		○	○		○	○	○	○	○	△	○	○		○		○	○	○	○	○	○
		又东南迳涉都县东北		×	×		×	×	×	×	×	△	×	×		×		×	○	×	×	×	×
		又东南过酂县之西南		×	×		×	×	×	×	×	×	×	○		×		×	○	×	×	×	×
		又南迳谷城东又南过阴县之西		○	○		○	○	○	○	○	△	○	○		○		○		○	○	○	○
		沔水又东南得洛溪口		×	×		×	×	×	×	×	×	×	×		×		×		×	×	×	×
		又南过筑阳东		○	○		○	○	○	○	○	△	○	○		○		○	○	○	○	○	○
		筑水出自房陵县东过其县南流注之	×	×	×		×	×	×	×	×	×	×	×		×		×		×	×	×	×
		又东迳穀城南		×	×		×	×	×	×	×	×	×	×		×		×		×	×	×	×
		沔水又东迳筑阳县东		○	○		○	○	○	○	○	△	○	○		○		○	○	○	○	○	○
		又东过山都县东北		○	○		○	○	○	○	○	△	○	○		○		○		○	○	○	○
		沔水又东迳乐山北		×	×		×	×	×	×	×	×	×	×		×		×		×	×	×	×
		沔水又东迳隆中		×	×		×	×	×	×	×	△	×	×		×		×		×	×	×	×

（续表）

卷	篇	各本中之《水经》文字	残宋本	大典本	陈藏本	冯校本	物校本	黄本	吴本	项本	注笺	王峻校本	赵抄本	全五校	全七校	全改本	全重校	赵校订	全定本	赵注释	戴考次	戴校本	戴殿本	注流	今定
二十九	沔水	沔水又东过襄阳县北		○	○	○	○	○	○	○	○	○	○	△	○	○		○		○		○	○	○	○
		沔水又东合檀溪水		○	○	○	○	○	○	○	○	×	○	△	×	×		×		×		×	×	×	×
		沔水又迳平鲁城南		○	○	○	○	○	○	○	○	×	○	△	×	×		×		×		×	×	×	×
		又从县东屈西南清水从北来注之		○	○	○	○	○	○	○	○	○	○	△	○	○		○		○	○	○	○	○	○
		沔水中有鱼梁州		○	○	○	○	○	○	○	○	×	○	×	×	×		×		×		×	×	×	×
		沔水又迳桃林亭东		○	○	○	○	○	○	○	○	×	○	△	×	×		×		×		×	×	×	×
		沔水又南迳蔡洲		○	○	○	○	○	○	○	○	×	○	×	×	×		×		×		×	×	×	×
		沔水又东迳邑城北		○	○	○	○	○	○	○	○	×	○	△	×	×		×		×		×	×	×	×
		沔水又东合洞口		○	○	○	○	○	○	○	○	×	○	×	×	×		×		×		×	×	×	×
		又东过中卢县东淮水自房陵县淮山东流注之		○	○	○	○	○	○	○	○	○	○	○	○	○		○		○	○	○	○	○	○
		沔水又东南流迳黎丘故城西		○	○	○	○	○	○	○	○	×	○	△	×	×		×		×		×	×	×	×
		又南过邔县东北		○	○	○	○	○	○	○	○	○	○	△	×	×		○		○	○	○	○	○	○
		沔水又南得木里水会		○	○	○	○	○	○	○	○	×	○	△	×	×		×		×		×	×	×	×

附表二 《水经注》各主要版本所见经注区分情况对照表 | 513

(续表)

今定	注疏	戴殿本	戴校本	戴考次	赵注释	全定本	赵校订	全重校	全改本	全七校	全五校	赵抄本	王峻校	项本	注笺	吴本	黄本	杨本	冯校本	陈藏本	大典本	残宋本	各本中之《水经》文字	篇	卷
○	○	○	○	○	○		○		○	×	△	○	○	×		○	○	○	○	○	○		又南过宜城县东夷水出自房陵县东流注之		
×	×	×	×		×		×		×	×	△	○	×	×		○	○	○	○	○	○		沔水又迳鄀县故城南		
×	×	×	×		×		×		×	×	△	○	×	×		○	○	○	○	○	○		沔水又东教水注之		
○	○	○	○	○	○		○		○	×	○	○	×	×		○	○	○	○	○	○		沔水又东南与白水合		
×	×	×	×		×		×		×	×	△	×	×	×		×	×	○	×	×	×		又东过荆城东		
×	×	○	×		○		×		×	×	△	○	×	×		○	○	○	○	○	○		沔水自荆城东南流迳当阳县之章山东	沔水	二十九
×	×	×	×		×		×		×	×	△	○	×	×		○	○	○	○	○	○		沔水又东右会权口		
×	×	×	×		×		×		×	×	△	○	×	×		○	○	○	○	○	○		沔水又东南与阳口合		
○	○	○	○	○	○		○		○	×	○	○	○	×		○	○	○	○	○	○		又东南迳江夏云杜县东夏水从西来注之		
×	×	×	×		×		×		×	×	△	○	×	×		○	○	○	○	○	○		沔水又东迳左桑		
×	×	×	×		×		×		×	×	△	○	×	×		○	○	○	○	○	○		沔水又东合巨亮水口		
×	×	×	×		×		×		×	×	△	○	×	×		○	○	○	○	○	○		沔水又东得合驿口		
×	×	×	×		×		×		×	×	△	○	×	×		○	○	○	○	○	○		沔水又东谓之横桑		
×	×	×	×		×		×		×	×	△	○	×	×		○	○	○	○	○	○		沔水又东谓之郑公潭		

（续表）

卷	篇	各本中之《水经》文字	残宋本	大典本	陈藏本	冯校本	杨本	黄本	吴本	戴注笺	项本	王峻校	赵抄本	全五校	全七校	全改本	全重校	赵校订	全定本	赵注释	戴考次	戴校本	戴殿本	注疏	今定
二十九	沔水	沔水又东得死沔		○	○	○	○	○	○	○	○	×	○	△	×	×		×		×		×	×	×	×
		沔水又东与力口合		○	○	○	○	○	○	○	○	×	○	△	×	×		×		×		×	×	×	×
		沔水又东南涢水入焉		○	○	○	○	○	○	○	○	×	○	△	×	×		×		×		×	×	×	×
		沔水又东迳沌阳县北		○	○	○	○	○	○	○	○	×	○	△	×	×		×		×		×	×	×	×
		又南至江夏沙羡县北入于江		○	○	○	○	○	○	○	○	○	○	○	×	○		○		○	○	○	○	○	○
		沔水与江合流又东过彭蠡泽		○	○	○	○	○	○	○	○	○	○	△	×	○		○		○	○	○	○	○	○
		又东北出居巢县南	○	○	○	○	○	○	○	○	○	○	○	○	×	○		○		○	○	○	○	○	○
		又东过牛诸县南又东至石城县	○	○	○	○	○	○	○	○	○	○	○	○	×	○		○		○		○	○	○	○
		分为二其一东北流其一又过毗陵县北为北江	×	×	×	×	○	○	×	×	×	×	×	△	×	×		×		×		×	×	×	×
		江水自石城东出迳吴国南为南江	×	×	×	×	○	○	×	×	×	×	×	○	×	×		×		×		×	×	×	×
		南江又东与贵长池水合	○	○	○	○	○	○	○	○	○	×	×	△	×	×		×		×		×	×	×	×

（续表）

卷	篇	各本中之《水经》文字	残宋本	大典本	陈藏本	冯校本	杨本	黄本	吴本	注笺	项本	王峻校	赵抄本	全五校	全七校	全改本	全重校	赵校订	全定本	赵注释	戴考次	戴校本	戴殿本	注疏	今定
二十九	沔水	南江又东迳宣城之临城县南		○	○	○	○	○	○	○	○	×	○	△	○	×		×		×		×	×	×	×
		南江又东与桐水合		○	○	○	○	○	○	○	○	×	○	△	×	×		×		×		×	×	×	×
		南江又东迳宁国县南		○	○	○	○	○	○	○	○	×	○	△	×	×		×		×		×	×	×	×
		南江又东北为长渎历湖口		○	○	○	○	○	○	○	○	×	○	△	×	×		×		×		×	×	×	×
		东则松江出焉		○	○	○	○	○	○	○	○	○	○	△	×	×		×		×		×	×	×	×
		江水奇分谓之三江口		○	○	○	○	○	○	○	○	○	○	○	○	×		○		○		○	○	○	○
		又东至会稽余姚县东入于海		○	○	○	○	○	○	○	○	×	○	○	×	×		×		○		×	×	×	×
		江水又东迳黄桥下		○	○	○	○	○	○	○	○	×	○	○	×	×		×		×		×	×	×	×
		江水又东迳余姚县故城南		○	○	○	○	○	○	○	○	×	○	○	×	×		×		×		×	×	×	×
		江水又东注于海		○	○	○	○	○	○	○	○	○	○	○	○	×		○		○		○	○	○	○
	潜水	潜水出巴郡宕渠县		○	○	○	○	○	○	○	○	△	○	○	○	△		○		○	○	○	○	○	○
		又南入于江		○	○	○	○	○	○	○	○	△	○	○	○	△		○		○	○	○	○	○	○
	涔水	涔水出郦县北芬山南流过其县东又南过冠军县东		○	○	○	○	○	○	○	○	△	○	○	○	△		○		○	○	○	○	○	○

（续表）

卷	篇	各本中之《水经》文字	残宋本	大典本	陈藏本	冯校本	杨本	黄本	吴本	注笺	项本	王峻校本	王赵抄本	全五校	全七校	全改本	全重校	赵校订	全定本	赵注释	戴考次	戴校本	戴殿本	注疏	今定
二十九	淯水	又东过白牛邑南		○	○	○	○	○	○	○	○	△	○	○	○	△	○		○	○	○	○	○	○
		又东南至新野县		○	○	○	○	○	○	○	○	△	○	○	○	△	○		○	○	○	○	○	○
		东入于清		×	○		○	○	○	○	○	△	○	△	○	△			○	○	○	○	○	○
	均水	均水出析县北山南流过其县之东		○	○		○	○	○	○	○	△	○	△	○	△	○		○	○	○	○	○	○
		又南当涉都邑北南入于沔		○	○		○	○	○	○	○	△	○	△	○	△	○		○	○	○	○	○	○
	粉水	粉水出房陵县东流过郢邑南		○	○		○	○	○	○	○	△	○	△	○	△	○		○	○	○	○	○	○
		又东过谷邑南东入于沔		×	○		○	○	○	○	○	△	○	△	○	△	○		○	○	○	○	○	○
	白水	白水出朝阳县西东流过其县南		○	○		○	○	○	○	○	△	○	△	○	△	○		○	○	○	○	○	○
		又东至新野县东入于清		×	○		○	○	○	○	○	△	○	△	○	△			○	○	○	○	○	○
	比水	比水出比阳县北太胡山东南流过其县南泄水从南来注之		○	○		○	○	○	○	○	△	○	△	○	△	○		○	○	○	○	○	○
		又西至新野县南入于清		○	○		○	○	○	○	○	△	○	△	○	△	○		○	○	○	○	○	○

附表二 《水经注》各主要版本所见经注区分情况对照表

（续表）

卷	篇	各本中之《水经》文字	残宋本	大典本	陈藏本	冯校本	杨本	黄本	吴本	注笺	项本	王峻校	赵抄本	全五校	全七校	全改本	全重校	赵校订	全定本	赵注释	戴考次	戴校本	戴殿本	注疏	今定
三十	淮水	淮水出南阳平氏县胎簪山东北过桐柏山	▓	○	○	○	○	○	○	○	○	○	○	△	○	▓	▓	○	▓	○	○	○	○	○	○
		淮水又东迳义阳县	▓	○	○	○	○	○	○	○	○	×	○	△	×	▓	▓	×	▓	×		×	×	×	×
		淮水又迳义阳县故城南	▓	○	○	○	○	○	○	○	○	×	○	△	×	▓	▓	×	▓	×		×	×	×	×
		东过江夏平春县北	▓	○	○	○	○	○	○	○	○	○	○	△	○	▓	▓	○	▓	○	○	○	○	○	○
		淮水又东油水注之	▓	○	○	○	○	○	○	○	○	×	○	△	×	▓	▓	×	▓	×		×	×	×	×
		淮水又东北与大木水合	▓	○	○	○	○	○	○	○	○	×	○	△	×	▓	▓	×	▓	×		×	×	×	×
		淮水又东北流去会湖水	▓	○	○	○	○	○	○	×	×	×	○	×	×	▓	▓	×	▓	×		×	×	×	×
		僾川西南出穷溪得其源也	▓	○	×	×	○	○	○	○	○	×	○	△	×	▓	▓	×	▓	×		×	×	×	×
		淮水又东迳安阳县故城南	▓	○	○	○	○	○	○	○	○	×	○	△	×	▓	▓	×	▓	×		×	×	×	×
		淮水又东得沭口水	▓	○	○	○	○	○	○	○	○	○	○	△	○	▓	▓	○	▓	○	○	○	○	○	○
		又东过新息县南	▓	○	○	○	○	○	○	○	○	×	○	△	×	▓	▓	×	▓	×		×	×	×	×
		淮水又东迳浮光山北	▓	○	○	○	○	○	○	○	○	×	○	△	×	▓	▓	×	▓	×		×	×	×	×

（续表）

卷	篇	各本中之《水经》文字	残宋本	大典本	陈藏本	冯校本	杨本	黄本	灵本	注笺本	项本	王峻校本	赵抄本	全五校	全七校	全改本	全重校	全校订本	全定本	赵注释	戴考次	戴校本	戴殿本	注疏	今定
三十	淮水	淮水又东右合壁水		○	○	○	○	○	○	○	○	×	△	×	×	×		×		×		×	×	×	×
		淮水又东北申陂枝水注之		○	○	○	○	○	○	○	○	×	△	×	×	×		×		×		×	×	×	×
		淮水又东迳淮阴亭北又东迳白城南		○	○	○	○	○	○	○	○	×	△	×	×	×		×		×		×	×	×	×
		淮水又东迳长陵戍南又东青陂水注之		○	○	○	○	○	○	○	○	×	△	×	×	×		×		×		×	×	×	×
		淮水又东北合黄水		○	○	○	○	○	○	○	○	×	△	×	×	×		×		×		×	×	×	×
		又东过期思县北		○	○	○	○	○	○	○	○	○	△	○	○	○		○		○	○	○	○	○	○
		淮水又东北濄水注之		○	○	○	○	○	○	○	○	×	△	×	×	×		×		×	○	×	×	×	×
		东过原鹿县南汝水从西北来注之		○	○	○	○	○	○	○	○	○	△	○	○	○		○		○	○	○	○	○	○
		又东过庐江安丰县东北决水从北来注之		○	○	○	○	○	○	○	○	○	△	○	○	○		○		○	○	○	○	○	○
		淮水又东谷水入焉		○	○	○	○	○	○	○	○	×	△	×	×	×		×		×		×	×	×	×
		淮水又东北左会润水		○	○	○	○	○	○	○	○	×	△	×	×	×		×		×		×	×	×	×

(续表)

卷	篇	各本中之《水经》文字	残宋本	大典本	陈藏本	冯校本	杨本	黄本	吴本	注笺	项本	王峻校本	赵抄本	全五校	全七校	全改本	全重校	赵校订	全定本	赵注释	戴考次	戴校本	戴殿本	注疏	今定
三十	淮水	淮水又东北芍水入焉		○	○	○	○	○	○	○	○	×	○	△	×	×		×		×		×	×	×	×
		又东北至九江寿县丙沘水泄水合北注之又东颍水从西北来流注之		○	○	○	○	○	○	○	○	○	○	○	○	○		○		○		○	○	○	○
		淮水又东流与颍口会东南迳仓陵北又东北流迳寿春县故城西		○	○	○	○	○	○	○	○	×	○	×	×	×		×		×		×	×	×	×
		淮水又东北左合椒水		○	○	○	○	○	○	○	○	×	○	△	×	×		×		×		×	×	×	×
		又东过寿县北肥水从县北流注之		○	○	○	○	○	○	○	○	○	○	△	○	○		○		○		○	○	○	○
		淮水又北迳山峡中谓之硖石		○	○	○	○	○	○	○	○	×	○	×	×	×		×		×		×	×	×	×
		淮水又北迳莫邪山西		○	○	○	○	○	○	○	○	×	○	△	×	×		×		×		×	×	×	×
		又东过当涂县北涡水从西北来注之		○	○	○	○	○	○	○	○	×	○	△	×	×		×		×		×	×	○	○
		淮水又东北豪水注之		○	○	○	○	○	○	○	○	×	○	△	×	×		×		×		×	×	×	×

(续表)

卷	篇	各本中之《水经》文字	残宋本大典本	陈藏本马校本	杨本	黄本	吴本	项本注笺	王峻校本	赵沙本	全五校	全七校	全改本	全重校	赵校订本	全定本	赵注释	戴考次	戴校本	戴殿本	注疏	今定
三十	淮水	淮水又北沙水注之	×	○	○	○	○	○	×	○	△	×	×		×		×	○	×	○	×	×
		又东过钟离县北	○	○	○	○	○	○	○	○	△	○	○		○		○	○	○	○	○	○
		淮水又东迳夏丘县南	○	○	○	○	○	○	×	○	△	×	×		×		×		×	×	×	×
		淮水又东迳浮山	○	○	○	○	○	○	×	○	△	×	×		×		×		×	×	×	×
		淮水又东迳徐县南历洞水注之	○	○	○	○	○	○	×	○	△	×	×		×		×		×	×	×	×
		淮水又东池水注之	○	○	○	○	○	○	×	○	△	×	×		×		×		×	×	×	×
		淮水又东蕲水注之	○	○	○	○	○	○	×	○	△	×	×		×		×		×	×	×	×
		淮又东历客山迳盱眙县故城南	○	○	○	○	○	○	×	○	△	×	×		×		×		×	×	×	×
		又东北至下邳淮阴县西洞水从西北东流注之	○	○	○	○	○	○	○	○	△	○	○		○		○	○	○	○	○	○
		又东过淮阴县北中渎水出白马湖东北注之	○	○	○	○	○	○	○	○	△	○	○		○		○	○	○	○	○	○
		又东两小水流注之	○	○	○	○	○	○	○	○	△	○	○		○		○	○	○	○	○	○
		又东至广陵淮浦县入于海	○	○	○	○	○	○	○	○	△	○	○		○		○	○	○	○	○	○

（续表）

卷	篇	各本中之《水经》文字	残宋本	大典本	陈藏本	冯校本	杨本	黄本	吴本	注笺	项本	王峻校	赵抄本	全五校	全七校	全改本	全重校	赵校订	全定本	赵注释	戴考次	戴校本	戴殿本	戴注疏	今定
三十一	潕水	潕水出南阳鲁阳县西之尧山		○	○	○	○	○	○	○	○	○	○	△	○	△		○		○	○	○	○	○	○
		东北过颍川定陵县西北，又东过郾县南东入于汝		○	○	○	○	○	○	○	○	○	○	△	○	△		○		○	○	○	○	○	○
	清水	清水出南阳弘农卢氏县攻离山东南过宛阳西鄂县西北又东过宛县南		○	○	○	○	○	○	○	○	○	○	△	○	△		○		○	○	○	○	○	○
		又屈南过清阳县东		○	○	○					○	○	○	△	○	△		○		○	○	○	○	○	○
		又南过新野县西		○	○	○			○		○	○	○	△	○	△		○		○	○	○	○	○	○
		又西过邓县东		○	○	○					○	○	○	△		△		○		○	○	○	○	○	○
		南入于沔		○	○	○			○		○	○	○	△	○	△		○		○	○	○	○	○	○
	溵水	溵水出溵强县南泽中东入颍		○	○	○	○	○		○	○	○	○	△	○	△		○		○	○	○	○	○	○
	瀙水	瀙水出汝南吴房县北入于汝		○	○	○	○	○		○	○	○	○	△	○	△		○		○	○	○	○	○	○

（续表）

卷	篇	各本中之《水经》文字	残宋本	大典本	陈藏本	冯校本	杨本	黄本	吴本	笺注本	项本	王峻校	赵抄本	全五校	全七校	全改本	全重校	赵校订	全定本	赵注释	戴考次	戴校本	戴殿本	注流	今定
三十二	濄水	濄水出沂阴县东上界山		○	○	○	○	○	○	○	○	○	○	△	○	△		○		○	○	○	○	○	○
		东过覊房县南又东过灉阳县南		○	○	○	○	○	○	○	○	○	○	△	○	△		○		○	○	○	○	○	○
		又东过上蔡县南东入汝		○	○	○	○	○	○	○	○	○	○	△	○	△		○		○	○	○	○	○	○
	沂水	沂水出沂阴县西北扶予山东过真县南		○	○	○	○	○	○	○	○	○	○	△	○	△		○		○	○	○	○	○	○
		又东过西平县北		○	○	○	○	○	○	○	○	○	○	△	○	△		○		○	○	○	○	○	○
		又东过郾县南		○	○	○	○	○	○	○	○	○	○	△	○	△		○		○	○	○	○	○	○
		又东过定颍县北东入于汝		○	○	○	○	○	○	○	○	○	○	△	○	△		○		○	○	○	○	○	○
	溵水	溵水出蔡阳县		○	○	○	○	○	○	○	○	○	○	△	○	△		○		○	○	○	○	○	○
		东南过隋县西		○	○	○	○	○	○	○	○	○	○	△	○	△		○		○	○	○	○	○	○
		又南过江夏安陆县西		○	○	○	○	○	○	○	○	○	○	△	○	△		○		○	○	○	○	○	○
		又东南入于夏		○	○	○	○	○	○	○	○	○	○	△	○	△		○		○	○	○	○	○	○

（续表）

卷	篇	各本中之《水经》文字	残宋大典本	陈藏本	冯校本	杨本	黄本	吴本	注笺	项本	王峻校	赵抄本	全五校	全七校	全改本	全重校	赵校订	全定本	赵注释	戴考次	戴校本	戴殿本	注疏	今定
三十二	淠水	淠水出江夏平春县西		○		○	○	○			○	○	△	○	△		○		○	○	○	○	○	○
		南过安陆入于颍		○		○	○	○			○	○	△	○	△		○		○		○	○	○	○
	蕲水	蕲水出江夏蕲春县北山		○		○	○	○			○	○	△	○	△		○				○	○	○	○
		南过蕲县西		○		○	○	○			○	○	△	○	△		○				○	○	○	○
	决水	又南至蕲口南入于江		○		○	○	○			○	○	△	○	△		○				○	○	○	○
		决水出庐江零娄县南大别山		○		○	○	○			○	○	△	○	△		○				○	○	○	○
		北过其县东		○		○	○	○			○	○	△	○	△		○				○	○	○	○
		又北过安丰县东		○		○	○	○			○	○	△	○	△		○				○	○	○	○
		又北入于淮		○		○	○	○			○	○	△	○	△		○				○	○	○	○
	沁水	沁水出庐江灊县西南霍山东北		○		○	○	○			○	○	△	○	△		○				○	○	○	○
		东北过六县东		○		○	○	○			○	○	△	○	△		○				○	○	○	○
		北入于淮		○		○	○	○			○	○	△	○	△		○				○	○	○	○

（续表）

卷	篇	各本中之《水经》文字	残宋本	大典本	陈藏本	冯校本	杨本	黄本	灵本	项笺注本	王峻校本	赵抄本	全五校	全七校	全改本	全重校	赵校订本	全定本	赵注释	戴考次	戴校本	戴殿本	注疏	今定
三十二	泄水	泄水出博安县		○	○	○	○	○	○	○	○	○	△	○	△		○		○	○	○	○	○	○
		北过芍陂西与沈水合		○	○	○	○	○	○	○	○	○	△	○	△		○		○	○	○	○	○	○
		西北入于淮		○	○	○	○	○	○	○	○	○	△	○	△		○		○	○	○	○	○	○
	肥水	肥水出九江成德县广阳乡西		○	○	○	○	○	○	○	○	○	△	○	△		○		○	○	○	○	○	○
		北过其县西北入芍陂		○	○	○	○	○	○	○	○	○	△	○	△		○		○	○	○	○	○	○
		又北过寿春县东		○	○	○	○	○	○	○	○	○	△	○	△		○		○	○	○	○	○	○
		北入于淮		○	○	○	○	○	○	○	○	○	△	○	△		○		○	○	○	○	○	○
	施水	施水亦从广阳乡肥水别东南入于湖		○	○	○	○	○	○	○	○	○	△	○	△		○		○	○	○	○	○	○
	沮水	沮水出汉中房陵县景山东南过临沮县界		○	○	○	○	○	○	○	○	○	△	○	△		○		○	○	○	○	○	○
		又东南过枝江县南入于江		○	○	○	○	○	○	○	○	○	△	○	△		○		○	○	○	○	○	○

附表二 《水经注》各主要版本所见经注区分情况对照表（续表）

卷	篇	各本中之《水经》文字	残宋本	大典本	陈藏本	冯校本	杨本	黄本	吴本	注笺	项本	王峻校本	赵抄本	全五校	全七校	全改本	全重校	赵校订	全定本	赵注释	戴考次	戴校本	戴殿本	注疏	今定
三十二	漳水	漳水出临沮县东荆山东南过蓼亭又东过章乡南		○	○	○	○	○	○	○	○	○	○	△	○	△		○		○	○	○	○	○	○
		又南至枝江县北乌扶邑入于沮		○	○	○	○	○	○	○	○	○	○	△	○	△		○		○	○	○	○	○	○
	夏水	夏水出江津于江陵县东南		○		○	○	○	○	○	○	○	○	△	○	△		○		○	○	○	○	○	○
		又东过华容县南		○	○	○	○	○	○	○	○	○	○	△	○	△		○		○	○	○	○	○	○
		又东至江夏云杜县入于沔		○	○	○	○	○	○	○	○	○	○	△	○	△		○		○	○	○	○	○	○
	羌水	羌水出羌中参狼谷		○	○	○	○	○	○	○	○	○	○	△	○	△		○		○	○	○	○	○	○
		又东南至广魏白水与汉水合又南至东南过巴郡阆中县又南至垫江县东南入于江		○	○	○	○	○	○	○	○	○	○	△	○	△		○		○	○	○	○	○	○
	浩水	浩水出广魏浩县西北		○	○	○	○	○	○	○	○	○	○	△	○	△		○		○	○	○	○	○	○
		南至小广魏与梓潼水合		○	○	○	○	○	○	○	○	○	○	△	○	△		○		○	○	○	○	○	○

（续表）

卷	篇	各本中之《水经》文字	残宋本	大典本	陈藏本	冯校本	杨本	黄本	注笺	项本	王峻校	赵抄本	全五校	全七校	全改本	全重校	赵校订	全定本	赵注释	戴考次	戴校本	戴殿本	注疏	今定
三十二	梓潼水	梓潼水出其县北界西南入于涪		○	○	○	○	○	○	○	○	△	△	○	△		○		○	○	○	○	○	○
三十二	涪水	又西南至小广魏南入于垫江		○	○	○	○	○	○	○	○	△	△	○	△		○		○	○	○	○	○	○
三十三	江水	涪水出广汉中南郭县东南旱山北至安阳县南入于沔		○	○	○	○	○	○	○	○	△	△	○	△		○		○	○	○	○	○	○
三十三	江水	岷山在蜀郡氐道县大江所出东南过其县北		○	○	○	○	○	○	○	○	○	○	○	○		○		○	○	○	○	○	○
三十三	江水	江水自天彭阙东迳汶关		×	×	×	×	×	×	×	×	○	○	○	×		×		×		×	×	×	×
三十三	江水	江水又迳汶江道		○	×	×	×	×	×	×	×	○	△	○	×		×		×		×	×	×	×
三十三	江水	又有湔水入焉		×	×	×	×	×	×	×	×	○	○	○	×		×		×		×	×	×	×
三十三	江水	江水又东别为沱		×	×	×	×		×	×	×	○	△	○	×		×		×		×	×	×	×
三十三	江水	江水又历都安县		×	×	×	×	×	×	×	×	○	○	○	×		×		×		×	×	×	×
三十三	江水	又东南过犍为武阳县青衣水沔水从西南来合而注之		○	○	○	○	○	○	○	○	○	○	○	○		○		○	○	○	○	○	○

（续表）

卷	篇	各本中之《水经》文字	残宋本	大典本	陈藏本	冯校本	杨本	黄本	吴本	注笺	项本	王峻校本	赵抄本	全五校	全七校	全改本	全重校	赵校订本	全定本	赵注释	戴考次	戴校本	戴殿本	注疏	今定
三十三	江水	又东南过棘道县北若水淹水合从西来注之又东谐水北流注之		○	○	○	○	○	○	○	○	○	○	○	○	○		○		○	○	○	○	○	○
		江水又与符黑水合		○	○	○	○	○	○	○	○	×	×	×	×	×		×		×		×	×	×	×
		又东过江阳县南洛水从三危山东过广魏洛县南东南注之		○	○	○	○	○	○	○	○	○	○	△	○	○		○		○	○	○	○	○	○
		江水迳汉安县北		○	○	○	○	○	○	○	○	×	×	×	×	×		×		×		×	×	×	×
		江水东迳槃石滩又迳大附滩		○	○	○	○	○	○	○	○	×	×	×	×	×		×		×		×	×	×	×
		又东过符县北邪东南鳛部水从符关东北注之		○	○	○	○	○	○	○	○	○	○	○	○	○		○		○	○	○	○	○	○
		又东北至巴郡江州县东强水涪水汉水白水名渠水合南流注之		○	○	○	○	○	○	○	○	○	○	○	○	○		○		○	○	○	○	○	○
		又东至棘县西延水从牂柯郡西北流屈注之		○	○	○	○	○	○	○	○	○	○	○	○	○		○		○	○	○	○	○	○

（续表）

卷	篇	各本中之《水经》文字	残宋本	大典本	陈藏本	冯校本	杨本	黄本	吴本	笺注	项本	王峻校	赵抄本	全五校	全七校	全改本	全重校	赵校订	全定本	赵注释	戴考次	戴校本	戴殿本	注疏	今定
三十三	江水	又迳东望峡东历平都		○	○	○	○	○	○	○	○	×	○	×	×	×		×		×		×	×	×	×
		江水右迳虎须滩		○	○	○	○	○	○	○	○	×	○	×	×	×		×		×		×	×	×	×
		江水又东临江县南		○	○	○	○	○	○	○	○	×	○	×	×	×		×		×		×	×	×	×
		江水又东得黄华水口		○	○	○	○	○	○	○	○	×	○	×	×	×		×		×		○	×	×	×
		左迳石城南		○	○	○	○	○	○	○	○	×	○	×	×	×		×		×		×	×	×	×
		又东至平洲		○	○	○	○	○	○	○	○	×	○	×	×	×		×		×		×	×	×	×
		又东迳溇溱历和滩又东迳界坛		×	×	×	×	×	×	×	×	×	○	×	×	×		×		×		×	×	×	×
		东过鱼复县南夷水出焉		○	○	○	○	○	○	○	○	○	○	○	○	○		○		○	○	○	○	○	○
		江水又东右将龟溪口		○	○	○	○	○	○	○	○	×	○	×	×	×		×		×		×	×	×	×
		江水又东会南北集渠		○	○	○	○	○	○	○	○	×	○	×	×	×		×		×		×	×	×	×
		江水又东迳泛溪口		○	○	○	○	○	○	○	○	×	○	×	×	×		×		×		×	×	×	×
		江水又东迳石龙		○	○	○	○	○	○	○	○	×	○	×	×	×		×		×		×	×	×	×
		又东迳羊肠虎臂滩		○	○	○	○	○	○	○	○	×	○	×	×	×		×		×		×	×	×	×

（续表）

卷	篇	各本中之《水经》文字	残宋本	大典本	陈藏本 冯校本	杨本	黄本	吴本	注笺 项本	王峻校	赵抄本	全五校	全七校	全改本	全重校	赵校订本	全定本	赵注释	戴考次	戴校本	戴殿本	注疏	今定
三十三	江水	江水又东水注之		○	○	○	○	○	○	○	×	○	△	×	×		×		×		×	×	×	×
		江水又东迳朐忍县故城南		○	○	○	○	○	○	○	×	○	×	×	×		×		×		×	×	×	×
		江水又东迳瞿巫滩		○	○	○	○	○	○	○	×	○	△	×	×		×		×		×	×	×	×
		江水又东迳鱼阳滩		○	○	○	○	○	○	○	×	○	△	×	×		×		×		×	×	×	×
		江水又东鱼复县之故陵		○	○	○	○	○	○	○	×	○	△	×	×		×		×		×	×	×	×
		江水又东为落牛滩迳故陵北			○	○	○	○	○	○	×	○	△	×	×		×		×		×	×	×	×
		江水又东右迳夜清而东历朝阳道口		○	○	○	○	○	○	○	×	○	△	×	×		×		×		×	×	×	×
		江水又东迳新市里南		○	○	○	○	○	○	○	×	○	△	×	×		×		×		×	×	×	×
		江水又东右合阳元水		○	○	○	○	○	○	○	×	○	△	×	×		×		×		×	×	×	×
		江水又东迳南乡峡东安音南		○	○	○	○	○	○	○	×	○	△	×	×		×		×		×	×	×	×
		江又东迳诸葛亮图垒南		○	○	○	○	○	○	○	×	○	△	×	×		×		×		×	×	×	×

（续表）

卷	篇	各本中之《水经》文字	残宋本	大典本	陈藏本	冯校本	杨本	黄本	吴本	项笺注本	王峻校本	赵抄本	全五校	全七校	全改本	全重校	赵校订	全定本	赵注释	戴考次	戴校本	戴殿本	注疏	今定
三十三		江水又东迳赤岬城西		○	○	○	○	○	○	○	×	○	△	×	×		×	×	×		×	×	×	×
		江水又东迳鱼复县故城南		○	○	○	○	○	○	○	×	○	△	×	×		×	×	×		×	×	×	×
		江水又东迳广溪峡		○	○	○	○	×	×	○	×	○	△	×	×		×	×	×		×	×	×	×
三十四	江水	又东出江关入南郡界	○	○	○	○	○	○	○	○	×	○	△	○	×		○	×	○	○	○	○	○	○
		江水自关东迳弱关扞关		×	×	×	×	×	×	○	×	○	△	×	×		×	×	×		×	×	×	×
		又东过巫县南盐水从县东南流注之	○	○	○	○	○	○	○	○	○	○	△	○	×		○	×	○	○	○	○	○	○
		江水又东迳乌飞水注之	○	×	×	×	×	×	×	○	×	○	△	×	×		×	×	×		×	×	×	×
		江水又东迳巫县故城南	○	○	○	○	○	○	○	○	×	○	△	×	×		×	×	×		×	×	×	×
		江水又东迳巫溪水注之	○	×	×	×	×	×	×	○	×	○	△	×	×		×	×	×		×	×	×	×
		江水又东迳巫峡	○	○	○	○	○	○	○	○	×	○	△	×	×		×	×	×		×	×	×	×
		江水又历东峡迳新崩滩	○	×	×	×	×	×	×	○	×	○	△	×	×		×	×	×		×	×	×	×
		江水又东迳石门滩	○	×	×	×	×	×	×	○	×	○	△	×	×		×	×	×		×	×	×	×
		又东过秭归县之南	○	○	○	○	○	○	○	○	○	○	△	○	×		○	×	○	○	○	○	○	○

附表二 《水经注》各主要版本所见经注区分情况对照表

（续表）

卷	篇	各本中之《水经》文字	残宋本	大典本	陈藏本	冯校本	杨本	黄本	灵本	项注笔本	王峻校本	赵抄本	全五校	全七校	全改本	全重校	赵校订本	全定本	赵注释	戴考次	戴校本	戴殿本	注疏	今定
三十四	江水	江水又东迳城北	○	○	○	○	○	○	○	○	×	○	△	×	×		×		×		×	×	×	×
		江水又东迳爰城南	○	○	○	○	○	○	○	○	×	○	△	×	×		×		×		×	×	×	×
		江水又东迳归乡县故城北	○	○	○	○	○	○	○	○	×	○	△	×	×		×		×		×	×	×	×
		江水东迳信陵县	○	○	○	○	○	○	○	○	×	○	△	×	×		×		×		×	×	×	×
		又东过夷陵县南	○	○	○	○	○	○	○	○	○	○	△	○	×	○	○	○	○	○	○	○	○	○
		江水历峡东迳宜昌县之揷灶下	○	○	○	○	○	○	○	○	×	○	△	×	×		×		×		×	×	×	×
		江水又东迳流头滩	○	○	○	○	○	○	○	○	×	○	△	×	×		×		×		×	×	×	×
		江水又东迳宜昌县北	○	○	○	○	○	○	○	○	×	○	△	×	×		×		×		×	×	×	×
		江水又东迳狼尾滩而历人滩	○	○	○	○	○	○	○	○	×	○	△	×	×		×		×		×	×	×	×
		江水又东迳黄牛山	○	○	○	○	○	○	○	○	×	○	△	×	×		×		×		×	×	×	×
		江水又东迳西陵峡	○	○	○	○	○	○	○	○	×	○	△	×	×		×		×		×	×	×	×
		江水历禹断江南	○	○	○	○	○	○	○	○	×	○	△	×	×		×		×		×	×	×	×

（续表）

卷	篇	各本中之《水经》文字	残宋本	大典本	陈藏冯校本	杨本	黄本	吴本	项笺注本	王峻校本	赵抄本	全五校	全七校	全改本	全重校	全赵校订本	赵注释	戴考次	戴校本	戴殿本	注疏本	今定
三十四	江水	江水出峡东南流迳故城洲	○	○	○	○	○	○	○	×	○	△	×	×			×		×	×	×	×
		江水又东迳故城北	○	○	○	○	○	○	○	×	○	△	×	×			×		×	×	×	×
		江水又东迳白鹿岩	○	○	○	○	○	○	○	×	○	△	×	×			×		×	×	×	×
		江水又东历荆门虎牙之间	○	○	○	○	○	○	○	×	○	△	×	×			×		×	×	×	×
		又东南过夷道县北夷水从佷山县南东北注之	○	○	○	○	○	○	○	○	○	○	○	○			○	○	○	○	○	○
		又东过枝江县南	×	×	×	×	×	×	○	○	×	○	○	○			○	○	○	○	○	○
		沮水从北来注之	×	×	×		×	×	×	×	×	△	×	×			×		×	×	×	×
		江水又东迳上明城北	○	○	○	○	○	○	○	○	○	△	×	×			×	○	×	×	×	×
		江水又东会沮口	○	○	○	○	○	○	○	○	○	△	×	×			×		×	×	×	○
		又南过江陵县南	○	○	○	○	○	○	○	×	○	△	×	×			×		×	×	×	○
		江水又东迳燕尾州	○	○	○	○	○	○	○	×	○	△	×	×			×		×	×	×	×
		江水又东得马牧口	○	○	○	○	○	○	○	×	○	△	×	×			×		×	×	×	×
		江水又东迳江陵县故城南	○	○	○	○	○	○	○	×	○	△	×	×			×		×	×	×	×

（续表）

卷	篇	各本中之《水经》文字	残宋本	大典本	陈藏本	冯校本	杨本	黄本	注笺本	王峻校本	赵抄本	全五校	全七校	全改本	全重校	赵校订本	全定本	赵注释	戴考次	戴枝本	戴殿本	注疏	今定
三十四		江水又东迳郡城南	○	○	○	○	○	○	○	×	○	△	×	×		×		×		×	×	×	×
		江水又东得豫章口	○	○	○	○	○	○	○	×	○	△	×	×		×		×		×	×	×	×
三十五	江水	又东至华容县西夏水出焉		○	○	○	○	○	○	○	○	○	○	○		○		○	○	○	○	○	○
		又东南当华容县南涌水出焉		○	○	○	○	○	○	○	○	○	○	○		○		○	○	○	○	○	○
		江水又东涌水注之		○	○	○	○	○	○	○	×	×	×	×		×		×		×	×	×	×
		江水又迳南平郡孱陵县之乐乡城北		○	○	○	○	○	○	○	×	△	×	×		△		△	○	○	×	×	×
		又东南油水从西南来注之		○	○	○	○	○	○	×	○	△	○	×		△		×		○	○	○	○
		又东右合油口		○	○	○	○	○	○	○	×	×	×	×		×		×		×	×	×	×
		又东迳公安县北		○	○	○	○	○	○	○	×	×	×	×		×		×		×	×	×	×
		江水左会高口		○	○	○	○	○	○	○	×	×	×	×		×		×		×	×	×	×
		江水又东得故市口		○	○	○	○	○	○	○	×	×	×	×		×		×		×	×	×	×
		江水又右迳杨歧山北		○	○	○	○	○	○	○	×	×	×	×		×		×		×	×	×	×

(续表)

卷	篇	各本中之《水经》文字	残宋本	大典本	陈藏本	冯校本	杨本	黄本	吴本	注笺	项本	王峻校本	赵抄本	全五校	全七校	全改本	全重校	赵校订	全定本	赵注释	戴考次	戴校本	戴殿本	注疏	今定
三十五	江水	大江又东左合子夏口		○	○	○	○	○	○	○	○	×	○	△	×	×		×		×		×	×	×	×
		大江又东左得溠合水口		○	○	○	○	○	○	○	○	×	○	×	×	×		×		×		×	×	×	×
		大江右得龙穴水口		○	○	○	○	○	○	○	○	×	○	△	×	×		×		×		×	×	×	×
		江水自龙巢而东得俞口		○	○	○	○	○	○	○	○	×	○	×	×	×		×		×		×	×	×	×
		又东得清扬土坞二口		○	○	○	○	○	○	○	○	×	○	△	×	×		×		×		×	×	×	×
		大江右迳石首山北又东迳㵎要		○	○	○	○	○	○	○	○	×	○	△	×	×		×		×		×	×	×	×
		江水左得饭筐上口		○	○	○	○	○	○	○	○	×	○	△	×	×		×		×		×	×	×	×
		江水又右得上澶浦		○	○	○	○	○	○	○	○	×	○	×	×	×		×		×		×	×	×	×
		江水又东迳竹町南		○	○	○	○	○	○	○	○	×	○	×	×	×		×		×		×	×	×	×
		又东至长沙下隽县北澧水沅水合东流注之		○	○	○	○	○	○	○	○	○	○	○	○	○		○		○	○	○	○	○	○
		湘水从南来注之		○	○	○	○	○	○	○	○	○	○	○	○	○		○		○	○	○	○	○	○
		江水又东左得二夏浦		○	○	○	○	○	○	○	○	×	○	△	×	×		×		×		×	×	×	×

附表二　《水经注》各主要版本所见经注区分情况对照表

（续表）

卷	篇	各本中之《水经》文字	残宋本	大典本	陈藏本	冯校本	杨本	黄本	吴注笺本	项本	王峻校本	赵抄本	全五校	全七校	全改本	全重校	全赵校订本	全定本	赵注释	戴考次	戴校本	戴殿本	注疏	今定
三十五	江水	又东迳彭城口	○	○	○	○	○	○	○	○	×	○	△	×	×		×		×		×	×	×	○
		江水自彭城矶东迳如山北	○	○	○	○	○	○	○	○	×	○	△	×	×		×		×		×	×	×	○
		江水左迳白螺山南	○	○	×	○	○	○	○	○	×	○	△	×	×		×		×		×	×	×	○
		右历鸭兰矶北	○	×	○	×		○	○	×	×	○	○	×	×		×		×		×	×	×	○
		江水左迳上乌林南	○	○	○	○	○	○	○	○	×	○	△	×	×		×		×		×	×	×	○
		江水又东得子练口	○	○	○	○	○	○	○	○	×	○	△	×	×		×		×		×	×	×	○
		江水左得中阳水口又东得白沙口	○	○	○	○	○	○	○	×	×	○	△	×	×		×		×		×	×	×	○
		江水又东右得聂口	○	○	○	○	○	○	○	○	×	○	△	×	×		×		×		×	×	×	○
		江水左迳百人山南	○	○	○	○	○	○	○	○	×	○	△	×	×		×		×		×	×	×	○
		江水东迳大军山南	○	○	○	○	○	○	○	○	×	○	△	×	×		×		×		×	×	×	○
		江水又东迳小军山南	○	○	○	○	○	○	○	○	×	○	△	×	×		×		×		×	×	×	○
		江水又东迳鸡翅山北	○	○	○	○	○	○	○	○	×	○	△	×	×		×		×		×	×	×	○
		又东北至江夏沙羡县西北沔水从北来注之		○	○	○	○	○	○	○	○	○	○	○	○		○		○		○	○	○	○

(续表)

卷	篇	各本中之《水经》文字	残宋大典本	陈藏本	冯校本	杨本	黄本	吴本	项注笺	项本	王峻校本	赵抄本	全五校	全七校	全改本	全重校	赵校订	全定本	赵注释	戴考次	戴校本	戴殿本	注疏	今定
三十五	江水	江水又东迳叹父山南对叹州	○	○	○	○	○	○	○	○	×	○	△	×	×		×		×		×	×	×	×
		江水又东迳鲁山南	○	○	○	○	○	○	○	○	×	○	△	×	×		×		×		×	×	×	×
		江水左得湖口									×	×	○	×	×		×		×		×	×	×	×
		水通大湖									×	○	○	×	×		×		×		×	×	×	×
		又东合浥口	○	○	○	○	○	○	○	○	×	○	○	×	×		×		×		×	×	×	×
		水上承浥水于安陆县而东迳浥阳县北东南流注于江									×	○	○	×	×		×		×		×	×	×	×
		江水又东湖水自北南注谓之嘉吴江									×	×	○	×	×		×		○		×	×	×	×
		之右岸顿得二夏浦北对东城洲西浦侧有雍伏戍江之左岸东会龙骧水口出北山蛮中江之有武水上通安陆水之延头									×	×	×	×	×		×		×		×	×	×	×

（续表）

卷	篇	各本中之《水经》文字	残宋本	大典本	陈藏本	冯校本	杨本	黄本	吴注笺本	项本	王峻校本	赵抄本	全五校	全七校	全改本	全重校	赵校订	全定本	赵注释	戴考次	戴校本	戴殿本	注疏	今定
三十五	江水	江水东迳若城南		○	○	○	○	○	○	○	×	△	×	×	×		×		×		×	×	×	×
		又东过郝县南		○	○	○	○	○	○	○	○	△	○	○	○		○		○	○	○	○	○	○
		江水右迳黎矶北		○	○	○	○	○	○	○	×	△	×	×	×		×		×		×	×	×	×
		江水又东迳郝县故城南		○	○	○	○	○	○	○	○	△	○	○	○		○		○	○	○	○	○	○
		鄂县北		○	○	○	○	○	○	○	×	△	×	×	×		×		×		×	×	×	×
		江水右得樊口		○	○	○	○	○	○	○	×	△	×	×	×		×		×		×	×	×	×
		江水又左迳赤鼻山南		○	○	○	○	○	○	○	×	△	×	×	×		×		×		×	×	×	×
		又东迳西阳郡南		○	○	○	○	○	○	○	×	△	×	×	×		×		×		×	×	×	×
		郡治即西阳县也		○	○	○	○	○	○	○	×	△	×	×	×		×		×		×	×	×	×
		江之右岸有鄂县故城		○	○	○	○	○	○	○	×	△	×	×	×		×		×		×	×	×	×
		江水左则巴水注之		○	○	○	○	○	○	○	×	△	×	×	×		×		×		×	×	×	×
		又东迳扶县故城南		○	○	○	○	○	○	○	×	△	×	×	×		×		×		×	×	×	×
		东会希水口		○	○	○	○	○	○	○	×	△	×	×	×		×		×		×	×	×	×
		出灊县霍山西麓山北有灊县故城		○	○	○	○	○	○	○	×	△	×	×	×		×		×		×	×	×	×

（续表）

卷	篇	各本中之《水经》文字	残宋本	大典本	陈藏本	冯校本	杨本	黄本	吴灵本	笺注本	项本	王峻校本	赵抄本	全五校	全七校	全改本	全重校	赵校订	全定本	赵注释	戴考次	戴校本	戴殿本	注疏	今定
三十五	江水	大江右岸有反里口安乐浦		○	○	○	○	○	○	○	○	×	○	△	×	×		×		×		×	×	×	×
		江水左得赤水浦		○	○	○	○	○	○	○	○	×	○	△	×	×		×		×		×	×	×	×
		江水又东迳阳山南		○	○	○	○	○	○	○	○	×	○	△	×	×		×		×		×	×	×	×
		江水又东迳西陵县故城南		○	○	○	○	○	○	○	○		○	△	×	×		×		×		×	×	×	×
		江水东历孟家溠		○	○	○	○	○	○	○	○	×	○	△	×	×		×		×		×	×	×	×
		江之右岸有黄石山水迳其北		○	○	○	○	○	○	○	○	×	○	×	×	×		×		×		×	×	×	×
		又东过新春县南新水从北东注之		○	○	○	○	○	○	○	○	○	○	△	○	○		○		○		○	○	○	○
		又东过下雉县北利水从东陵西南注之		○	○	○	○	○	○	○	○	○	○	△	○	○		○		○		○	○	○	○
		又东左得青林口		○	○	○	○	○	○	○	○	×	○	△	×	×		×		×		×	×	×	×
三十六	青衣水	青衣水出青衣县西蒙山东与沫水合也		○	○	○	○	○	○	○	○	○	○	△	○	△		○		○		○	○	○	○
		至犍为南安县入于江		○	○	○	○	○	○	○	○	○	○	△	○	△		○		○		○	○	○	○

附表二 《水经注》各主要版本所见经注区分情况对照表 (续表)

卷	篇	各本中之《水经》文字	残宋本	大典本	陈藏本	冯校本	杨本	黄本	吴本	注笺	项本	王峻校本	赵抄本	全五校	全七校	全改本	全重校	赵校订	全定本	赵注释	戴考次	戴校本	戴殿本	注疏	合定
三十六	恒水	桓水出蜀郡岷山西南行羌中入于南海		○	○	○	○	○	○	○	○	○	○	△	○	△		○		○	○	○	○	○	○
	若水	若水出蜀郡旄牛徼外东南至故关为若水也		○	○	○	○	○	○	○	○	○	○	△	○	△		○		○	○	○	○	○	○
		又南过越巂卬都县西南至会无县淹水东南流注之		○	○	○	○	○	○	○	○	○	○	△	○	△		○		○	○	○	○	○	○
		又东北至犍为朱提县西为泸江水		○	○	○	○	○	○	○	○	○	○	△	○	△		○		○	○	○	○	○	○
		又东北至僰道县入于江		○	○	○	○	○	○	○	○	○	○	△	○	△		○		○	○	○	○	○	○
	沫水	沫水出广柔徼外		○	○	○	○	○	○	○	○	○	○	△	○	△		○		○	○	○	○	○	○
		东南过越巂牛县北又东至犍为南安		○	○	○	○	○	○	○	○	○	○	△	○	△		○		○	○	○	○	○	○
		东北与青衣水合		○	○	○	○	○	○	○	○	○	○	△	○	△		○		○	○	○	○	○	○
		东入于江																							

(续表)

卷	篇	各本中之《水经》文字	残宋本	大典本	陈藏本	冯校本	杨本	黄本	吴本	项注笺本	王峻校本	赵抄本	全五校	全七校	全改本	全重校	赵校订	全定本	赵注释	戴考次	戴校本	戴殿本	注疏	今定
三十六	延江水	延江水出犍为南广县又东至牂柯鳖县又东屈北流		○	○	○	○	○	○	○	○	○	△		△		○		○	○	○	○	○	○
		至巴郡涪陵县注更始水		○	○	○	○	○	○	○	○	○	△		△		○		○	○	○	○	○	○
		又东至武陵酉阳县入于酉水		○	○	○	○	○	○	○	○	○	△		△		○		○	○	○	○	○	○
		酉水东南至沅陵县入于沅		○	○	○	○	○	○	○	○	○	△		△		×		×	○	○	×	○	○
	存水	存水出犍为		○	○	○	○	○	○	○	○	○	△		△		○		○	○	○	○	○	○
		东南至牂柯定周县为周水		○	○	○	○	○	○	○	○	○	△		△		○		○	○	○	○	○	○
		又东北至潭中县注于潭		○	○	○	○	○	○	○	○	○	△		△		○		○	○	○	○	○	○
	温水	温水出牂柯夜郎县		○	○	○	○	○	○	○	○	○	△		△		○		○	○	○	○	○	○
		东至郁林广郁县		○	○	○	○	○	○	○	○	○	△		△		○		○	○	○	○	○	○
		又东至领方县东与斤南水合		○	○	○	○	○	○	○	○	○	△		△		○		○	○	○	○	○	○
		东北入于郁		○	○	○	○	○	○	○	○	○	△		△		○		○	○	○	○	○	○

（续表）

卷	篇	各本中之《水经》文字	残宋本	大典本	陈藏本	冯校本	杨本	黄本	戋注笺	项本	王峻校本	赵抄本	全五校	全七校	全改本	全重校	全赵校订本	全赵定本	赵注释	戴考次	戴校本	戴殿本	注疏	今定
三十七	淹水	淹水出越巂嵩邃久县徼外		○	○	○	○	○	○	○	○	○	△	○	△		○			○	○	○	○	○
		东南至蜻岭县		○	○	○	○	○	○	○	○	○	△	○	△		○			○	○	○	○	○
		又东过姑复县南东入于若水		○	○	○	○	○	○	○	○	○	△	○	△		○			○	○	○	○	○
	叶榆河	益州叶榆河出其县北界		○	○	○	○	○	○	○	○	○	△	○	△		○			○	○	○	○	○
		屈从县东北流											△	○	△		○			○	○	○	○	○
		过不韦县		○	○	○	○	○	○	○	○	○	△	○	△		○			○	○	○	○	○
		东南出益州界		○	○	○	○	○	○	○	○	○	△	○	△		○			○	○	○	○	○
		入牂柯郡西随县北为西随又东出进桑关		○	○	○	○	○	○	○	○	○	△	○	△		○			○	○	○	○	○
		过交阯		○	○	○	○	○	○	○	○	○	△	○	△		○			○	○	○	○	○
	夷水	夷水出巴郡鱼复县江		○	○	○	○	○	○	○	○	○	△	○	△		○			○	○	○	○	○
		东南过佷山县南		○	○	○	○	○	○	○	○	○	△	○	△		○			○	○	○	○	○
		又东过夷道县北		○	○	○	○	○	○	○	○	○	△	○	△		○			○	○	○	○	○
		东入于江		○	○	○	○	○	○	○	○	○	△	○	△		○			○	○	○	○	○

（续表）

卷	篇	各本中之《水经》文字	残宋本	大典本	陈藏本	冯校本	杨本	黄本	吴本	注笺	项本	王峻校本	赵抄本	全五校	全七校	全改本	全重校	赵校订	全定本	赵注释	戴考次	戴校本	戴殿本	注疏	今定
三十七	油水	油水出武陵孱陵县西界		○	○	○	○	○	○	○	○	○	○	△	○	△		○		○	○	○	○	○	○
		东过其县北		○	○	○	○	○	○	○	○	○	○	△	○	△		○		○	○	○	○	○	○
		又东北入于江		○	○	○	○	○	○	○	○	○	○	△	○	△		○		○	○	○	○	○	○
	澧水	澧水出武陵充县西历山东过其县南		○	○	○	○	○	○	○	○	○	○	△	○	△		○		○	○	○	○	○	○
		又东过零阳县之北		○	○	○	○	○	○	○	○	○	○	△	○	△		○		○	○	○	○	○	○
		又东过作唐县北		○	○	○	○	○	○	○	○	○	○	△	○	△		○		○	○	○	○	○	○
		又东至长沙下隽县西北东入于江		○	○	○	○	○	○	○	○	○	○	△	○	△		○		○	○	○	○	○	○
	沅水	沅水出牂牁且兰县为旁沟水又东至镡城县为沅水		×	×	×		×	×	○	○	×	○		○	△		○		○	○	×	×	×	×
		东迳无阳县		×	×	×	×	×	×	×	×	×	○	△	○	△		○		○	○	×	×	×	×
		又东北过临沅县南		○	○	○	○	○	○	○	○	○	○	△	○	△		○		○	○	○	○	○	○
		又至长沙下隽县西北入于江		○	○	○	○	○	○	○	○	○	○	△	○	△		○		○	○	○	○	○	○

附表二 《水经注》各主要版本所见经注区分情况对照表（续表）

今定	注疏	戴殿本	戴校本	戴考次	赵注释	全定本	赵校订	全重校	全改本	全七校	全五校	赵抄本	王峻校本	项本	注笺	吴本	黄本	杨本	冯校本	陈藏本	大典本	残宋本	各本中之《水经》文字	篇	卷
○	○	○	○	○	○		○		△	○	△	○	○	○	○	○	○	○	○	○	○		浪水出武陵镡城县北界沅水谷	浪水	三十八
○	○	○	○	○	○		○		△	○	△	○	○	○	○	○	○	○	○	○	○		南至郁林潭中县与邻水合		
○	○	○	○	○	○		○		△	○	△	○	○	○	○	○	○	○	○	○	○		又东至苍梧猛陵县为郁溪		
○	○	○	○	○	○		○		△	○	△	○	○	○	○	○	○	○	○	○	○		又东至高要县为大水		
○	○	○	○	○	○		○		△	○	△	○	○	○	○	○	○	○	○	○	○		又东至南海番禺县西分为二其一南入于海		
○	○	○	○	○	×		×		×	×	×	×	×	×	×	×	×		×	×	×		其一又东过县东南入于海		
○	○	○	○	○	×		×		△	×	×	×	×	×	×	×	×	×	×	×	×		其余水又东至龙川为涅水屈北入员水		
○	○	○	○	○	○		○		△	○	○	○	○	○	○	○	○	○	○	○	○	○	员水又东南一千五百里入南海		
○	○	○	○	○	○		○		△	○	○	○	○	○	○	○	○	○	○	○	○	○	资水出零陵都梁县路山	资水	
○	○	○	○	○	○		○		△	○	○	○	○	○	○	○	○	○	○	○	○	○	东北过夫夷县		
○	○	○	○	○	○		○		△	○	○	○	○	○	○	○	○	○	○	○	○	○	又东北过邵陵县北		
○	○	○	○	○	○		○		△	○	○	○	○	○	○	○	○	○	○	○	○	○	又东北过益阳县北		

（续表）

卷	篇	各本中之《水经》文字	残宋本	大典本	陈藏本	冯校本	杨校本	黄本	吴本	注笺	项本	王峻校本	赵抄本	全五校	全七校	全改本	全重校	赵校订	全定本	赵注释	戴考次	戴校本	戴殿本	注疏	今定
三十八	资水	又东与沅水合于湖中东北入于江也	○	○	○	○	○	○	○	○	○	○	○	○	○	△		○		○	○	○	○	○	○
	涟水	涟水出连道县西		○	○	○	○	○	○	○	○	○	○	△	○	△		○		○	○	○	○	○	○
		资水之别		○	○	○	○	○	○	○	○	○	○	×	×	△		×		×	○	○	○	○	○
		东北过湘县南又东北至临湘县西南东入于湘		○	○	○	○	○	○	○	○	○	○	△	○	△		○		○	○	○	○	○	○
	湘水	湘水出零陵始安县阳海山		○	○	○	○	○	○	○	○	○	○	△	○	△		○		○	○	○	○	○	○
		东北过零陵县东	○	○	○	○	○	○	○	○	○	○	○	△	○	△		○		○	○	○	○	○	○
		又东北过洮阳东	○	○	○	○	○	○	○	○	○	○	○	△	○	△		○		○	○	○	○	○	○
		又东北过泉陵县西	○	○	○	○	○	○	○	○	○	○	○	△	○	△		○		○	○	○	○	○	○
		又东北过重安县东北过酃县西承水从东南来注之	○	○	○	○	○	○	○	○	○	○	○	△	○	△		○		○	○	○	○	○	○
		又东北过阴山县西况水从东南来注之又北过醴陵县西瀝水从东注之	○	○	○	○	○	○	○	○	○	○	○	△	○	△		○		○	○	○	○	○	○

（续表）

卷	篇	各本中之《水经》文字	残宋本	大典本	陈藏本	冯校本	杨本	黄本	吴本	注笺	项本	王峻校本	赵抄本	全五校	全七校	全改本	全重校	赵校订	全定本	赵注释	戴考次	戴校本	戴殿本	注疏	今定
三十八	湘水	又北过临湘县西浏水从县西北流注之	○	○	○	○	○	○	○	○	○	○	○	△	○	△		○		○	○	○	○	○	○
		又北泠水从西南来注之		○	○	○	○	○	○	○	○	○	○	△	○	△		○		○	○	○	○	○	○
		又北过罗县西㵋水从东来流注之		○	○	○	○	○	○	○	○	○	○	△	○	△		○		○	○	○	○	○	○
		又北过下隽县西微水从东流注之		○	○	○	○	○	○	○	○	○	○	△	○	○		○		○	○	○	○	○	○
		又北至巴丘山入于江		○	○	○	○	○	○	○	○	○	○	○	○	○		○		○	○	○	○	○	○
	灕水	灕水亦出阳海山		○	○	○	○	○	○	○	○	○	○	△	○	△		○		○	○	○	○	○	○
		南过苍梧荔浦县		○	○	○	○	○	○	○	○	○	○	△	○	△		○		○	○	○	○	○	○
		又南至广信县入于郁水		○	○	○	○	○	○	○	○	○	○	△	○	△		○		○	○	○	○	○	○
	溱水	溱水出桂阳临武县南绕城西北屈东流		○	○	○	○	○	○	○	○	○	○	△	○	△		○		○	○	○	○	○	○
		东至曲江县安聂邑东屈西南		○	○	○	○	○	○	○	○	○	○	○	○	○		○		○	○	○	○	○	○

（续表）

卷	篇	各本中之《水经》文字	残宋本	大典本	陈藏本	冯校本	杨本	黄本	吴本	笺注	项本	王峻校	赵抄本	全五校	全七校	全改本	全重校	赵校订	全定本	赵注释	戴考次	戴校本	戴殿本	注疏	今定
三十八	溱水	过浈阳县出洭浦关与桂水合	○	○	○	○	○	○	○	○	○	○	○	△	○	△		○		○	○	○	○	○	○
		南入于海	○	○	○	○	○	○	○	○	○	○	○	△	○	△		○		○	○	○	○	○	○
	洭水	洭水出桂阳县卢聚	○	○	○	○	○	○	○	○	○	○	○	△	○	△		○		○	○	○	○	○	○
		东南过含洭县	○	○	○	○	○	○	○	○	○	○	○	△	○	△		○		○	○	○	○	○	○
		南出洭浦关为桂水	○	○	○	○	○	○	○	○	○	○	○	△	○	△		○		○	○	○	○	○	○
三十九	深水	深水出桂阳卢聚	○	○	○	○	○	○	○	○	○	○	○	△	○	△		○		○	○	○	○	○	○
		西北过零陵营道县南又东北过营浦县南又西北过泉陵县西北七里至燕室丘入于湘		○	○	○	○	○	○	○	○	○	○	△	○	△		○		○	○	○	○	○	○
	钟水	钟水出桂阳南平县都山北过其县东又东北过宋渚亭又北过钟亭与灌水合	○	○	○	○	○	○	○	○	○	○	○	△	○	△		○		○	○	○	○	○	○
		又北过魏宁县之东	○	○	○	○	○	○	○	○	○	○	○	△	○	△		○		○	○	○	○	○	○

（续表）

卷	篇	各本中之《水经》文字	残宋本	大典本	陈藏本	冯校本	杨本	黄本	注笺灵本	项本	王峻校本	赵抄本	全五校	全七校	全改本	全重校	赵校订	全定本	赵注释	戴考次	戴校本	戴殿本	注疏	今定
三十九	钟水	又东北入于湘	○						○	○	○	○	△	○	△		○			○	○	○	○	○
	耒水	耒水出桂阳郴县南山		○	○	○	○	○	○	○	○	○	△	○	△		○			○	○	○	○	○
		又北过其县之西		○	○	○	○		○	○	○	○	△	○	△		○			○	○	○	○	○
		又北过便县之西		○	○	○	○		○	○	○	○	△	○	△		○			○	○	○	○	○
		又西北过耒阳县之东		○	○	○	○		○	○	○	○	△	○	△		○			○	○	○	○	○
		又北过酃县东		○	○	○	○		○	○	○	○	△	○	△		○			○	○	○	○	○
		北入于湘							○	○	○	○	△	○	△		○			○	○	○	○	○
	洣水	洣水出茶陵县上乡西北过其县西		○	○	○	○		○	○	○	○	△	○	△		○			○	○	○	○	○
		又西北过攸县南		○	○	○	○		○	○	○	○	△	○	△		○			○	○	○	○	○
		又西北过阴山县南		○	○	○	○		○	○	○	○	△	○	△		○			○	○	○	○	○
		又西北入于湘							○	○	○	○	△	○	△		○			○	○	○	○	○
	漉水	漉水出醴陵县东漉山西过其县南		○	○	○	○		○	○	○	○	△	○	△		○			○	○	○	○	○

（续表）

卷	篇	各本中之《水经》文字	残宋本	大典本	陈藏本	冯校本	杨本	黄本	吴注戴本	项本	王峻校	赵抄本	全五校	全七校	全改本	全重校	赵校订	全定本	赵注释	戴考次	戴校本	戴殿本	注疏	今定
三十九	浍水	屈从县西西北流至浍浦注入于湘	○	○	○		○	○		○	○	○	△	○	△		○		○	○	○	○	○	○
	浏水	浏水出临湘县东南浏阳县西北过其县东北与浏水合	○	○	○		○	○		○	○	○	△	○	△		○		○	○	○	○	○	○
		西入于湘	○										△	○	△		○		○		○	○	○	○
	潭水	潭水出豫章艾县		○	○		○	○		○	○	○	△	○	△		○		○		○	○	○	○
		西过长沙罗县西	○										△	○	△		○		○		○	○	○	○
		又西至累石山入于湘水	○	○	○		○	○		○	○	○	△	○	△		○		○		○	○	○	○
	赣水	赣水出豫章南野县西北过赣县东		○	○		○	○		○	○	○	△	○	△		○		○		○	○	○	○
		又西北过庐陵县西	○	○	○		○	○		○	○	○	△	○	△		○		○		○	○	○	○
		又东北过石阳县西	○	○	○		○	○		○	○	○	△	○	△		○		○		○	○	○	○
		又东北过汉平县南又东北过新淦县西	○	○	○		○	○		○	○	○	△	○	△		○		○		○	○	○	○

(续表)

卷	篇	各本中之《水经》文字	残宋本	大典本	陈藏冯校本	杨本	黄本	灵注笺本	项本	王峻校本	赵抄本	全五校	全七校	全改本	全重校	赵校订本	全定本	赵注释	戴考次	戴校本	戴殿本	注疏	今定
三十九	赣水	又北过南昌县西	○	○	○	○	○	○	○	○	○	△	○	△		○		○	○	○	○	○	○
		又北过彭泽县西	○	○	○	○	○	○	○	○	○	△	○	△		○		○	○	○	○	○	○
	庐江水	北入江	○	○	○	○	○	○	○	○	○	△	○	△		○		○	○	○	○	○	○
		庐江水出三天子都北过彭泽县西北入于江		○	○	○	○	○	○	○	○	△	○	△		○		○	○	○	○	○	○
四十	浙江水	浙江水出三天子都	○	○	○	○	○	○	○	○	○	△	○	△		○		○	○	○	○	○	○
		北过余杭东入于海		○	○	○	○	○	○	○	○	△	○	△		○		○	○	○	○	○	○
	斤江水	斤江水出交阯龙编县东北至郁林郡林颁方县东注于郁	○	○	○	○	○	○	○	○	○	△	○	△		○		○	○	○	○	○	○
	日南郡水	容容夜縞谍秉牛诸	○	○	○	○	○	○	○	×	×	○	△	○	△		○		○	○	○	○	○	○
		须无无滥营进皇无地零侵黎	○	○	○	×	○	○	×	×	×	○	△	○	△		○		○	○	○	○	○	○

（续表）

卷	篇	各本中之《水经》文字	残宋本	大典本	陈藏本	冯校本	杨本	黄本	吴本	注戕本	项本	王峻校本	赵抄本	全五校	全七校	全改本	全重校	赵校订	全定本	赵注释	戴考次	戴校本	戴殿本	注流	今定
四十	日南郡水	无会重濑夫省无变由蒲王都融勇外	○	○	○	○	○	○	○	○	○	×	○	△	○	△		○		○	○	○	○	○	○
		此皆出日南郡西东入于海				×			×	×	×	×	×	×	×	×		×		×		×	×	×	×
		容容水在南垂名之以次转北也	○	○	○	○	○	○	○	○	○	×	○	○	○	○		○		○	○	○	○	○	○
		右三十水从江已南至日南郡也	○			○			○	○	○	×	○	○	○	○		○		○	○	○	○	○	○
	禹贡山水泽地所在	嵩高为中岳在颍川阳城县西北	○	○	○	○			○	○	○	○	○	○	○	○		○		○	○	○	○	○	○
		泰山为东岳在泰山博县西北	○	○	○	○			○	○	○	○	○	○	○	○		○		○	○	○	○	○	○
		霍山为南岳在庐江潘县西南	○	○	○	○			○	○	○	○	○	○	○	○		○		○	○	○	○	○	○
		华山为西岳在弘农华阴县西南	○	○	○	○			○	○	○	○	○	○	○	○		○		○	○	○	○	○	○
		雷首山在河东蒲坂县东南	○	○	○	○			○	○	○	○	○	○	○	○		○		○	○	○	○	○	○

（续表）

卷	篇	各本中之《水经》文字	残宋本	大典本	陈藏本	冯校本	杨本	黄本	吴本注笺	项本	王峻校本	赵抄本	全五校	全七校	全改本	全重校	赵校订本	全定本	赵注释	戴考次	戴校本	戴殿本	今定注疏
四十	禹贡山水泽地所在	砥柱山在河东大阳县东河中	○	○	○	○	○	○	○	○	○	○	○	○	○		○		○	○	○	○	○
		王屋山在河东垣县东北也	○	○	○	○	○	○	○	○	○	○	○	○	○		○		○	○	○	○	○
		太行山在河内野王县西北	○	○	○	○	○	○	○	○	○	○	○	○	○		○		○	○	○	○	○
		恒山为北岳在中山上曲阳县西北		○	○	○	○	○	○	○	○	○	○	○	○		○		○	○	○	○	○
		碣石山在辽西临渝县南水中也	○	○	○	○	○	○	○	○	○	○	○	○	○		○		○	○	○	○	○
		析城山在河东濩泽县西南		○	○	○	○	○	○	○	○	○	○	○	○		○		○	○	○	○	○
		太岳山在河东永安县	○	○	○	○	○	○	○	○	○	○	○	○	○		○		○	○	○	○	○
		壶口山在河东北屈县东南	○	○	○	○	○	○	○	○	○	○	○	○	○		○		○	○	○	○	○
		龙门山在河东皮氏县西	○	○	○	○	○	○	○	○	○	○	○	○	○		○		○	○	○	○	○
		梁山在冯翊夏阳县西北河上	○	○	○	○	○	○	○	○	○	○	○	○	○		○		○	○	○	○	○
		荆山在冯翊怀德县南	○	○	○	○	○	○	○	○	○	○	○	○	○		○		○	○	○	○	○
		岐山在扶风美阳县西北	○	○	○	○	○	○	○	○	○	○	○	○	○		○		○	○	○	○	○

（续表）

卷	篇	各本中之《水经》文字	残宋本	大典本	陈藏本	冯校本	杨本	黄本	吴本	笺注	项本	王峻校本	赵抄本	全五校	全七校	全改本	全重校	赵校订	全定本	赵注释	戴考次	戴校本	戴殿本	注疏	今定
卷四十	禹贡山水泽地所在	汧山在扶风汧县之西也	○	○	○	○	○	○	○	○	○	○	○	○	○	○		○		○	○	○	○	○	○
		陇山																							×
		终南山敦物山在扶风武功县西南也	○	○	○	○	○	○	○	○	○	○	○	○	○	○		○		○	○	○	○	○	○
		西顷山在陇西临洮县西南	○	○	○	○	○	○	○	○	○	○	○	○	○	○		○		○	○	○	○	○	○
		嶓冢山在陇西氐道县之南	○	○	○	○	○	○	○	○	○	○	○	○	○	○		○		○	○	○	○	○	○
		鸟鼠同穴山在陇西首阳县西南	○	○	○	○	○	○	○	○	○	○	○	○	○	○		○		○	○	○	○	○	○
		积石在陇西河关县西南		○	○	○	○	○	○	○	○	○	○	○	○	○		○		○	○	○	○	○	○
		都野泽在武威县东北	○	○	○	○	○	○	○	○	○	○	○	○	○	○		○		○	○	○	○	○	○
		合离山在酒泉会水县东北	○	○	○	○	○	○	○	○	○	○	○	○	○	○		○		○	○	○	○	○	○
		流沙地在张掖居延县东北		○	○	○	○	○	○	○	○	○	○	○	○	○		○		○	○	○	○	○	○
		三危山在敦煌县南	○	○	○	○	○	○	○	○	○	○	○	○	○	○		○		○	○	○	○	○	○
		朱圉山在天水冀县南	○	○	○	○	○	○	○	○	○	○	○	○	○	○		○		○	○	○	○	○	○
		岷山在蜀郡湔氐道西	○	○	○	○	○	○	○	○	○	○	○	○	○	○		○		○	○	○	○	○	○

（续表）

卷	篇	各本中之《水经》文字	残宋本	大典本	陈藏本	冯校本	杨本	黄本	灵本注笺	项本	王峻校本	赵抄本	全五校	全七校	全改本	全重校	全校订本	赵注释	戴考次	戴校本	戴殿本	注疏	今定
卷四十	禹贡山水泽地所在	熊耳山在弘农卢氏县南	○	○	○	○	○	○	○	○	○	○	○	○	○			○		○	○	○	○
		荆山在南郡临沮县东北	○	○	○	○	○	○	○	○	○	○	○	○	○			○		○	○	○	○
		内方山在江夏竟陵县东北	○	○	○	○	○	○	○	○	○	○	○	○	○			○		○	○	○	○
		大别山在庐江安丰县西南		○	○	○	○	○	○	○	○	○	○	○	○			○		○	○	○	○
		外方山嵩高是也		○	○	○	○	○	○	○	○	○	○	○	○			○		○	○	○	○
		桐柏山在南阳平氏县东南		○	○	○	○	○	○	○	○	○	○	○	○			○		○	○	○	○
		陪尾山在江夏安陆县东北		○	○	○	○	○	○	○	○	○	○	○	○			○		○	○	○	○
		衡山在长沙湘南县南	○	○	○	○	○	○	○	○	○	○	○	○	○			○		○	○	○	○
		九江地在长沙下隽县西北																○					○
		云梦泽在南郡华容县之东		○		○		○		○	○	○	○					○		○	○		○
		东陵地在庐江金兰县西北			○		○		○					○				○				○	○
		敷浅原地在豫章历陵县西南		○	○	○	○	○	○	○	○	○	○	○	○			○	○	○	○	○	○
		彭蠡泽在豫章彭泽县北													○			○					○

（续表）

卷	篇	各本中之《水经》文字	残宋本	大典本	陈藏本	冯校本	杨本	黄本	吴注本	项本	王峻校本	赵抄本	全五校	全七校	全改本	全重校	赵校订	全定本	赵注释	戴考次	戴校本	戴殿本	注疏	今定
四十	禹贡山水泽地所在	中江在丹阳芜湖县南东至会稽阳羡县入于海																			○	○	○	○
		震泽在吴县南五十里	○	○	○	○	○	○	○		○	○	○	○	○		○		○	○	○	○	○	○
		北江在毗陵北界东入于海																				○	○	○	○
		峄山在下邳县之西	○	○	○	○	○	○	○		○	○	○	○	○		○		○	○	○	○	○	○
		湖山在东海祝其县南也	○	○	○	○	○	○	○		○	○	○	○	○		○		○	○	○	○	○	○
		陶丘在济阴定陶县之西南	○	○	○	○	○	○	○		○	○	○	○	○		○		○	○	○	○	○	○
		荷泽定陶县东																				○	○	○	○
		雷泽在济阴成阳县西北																				○	○	○	○
		菏水在山阳湖陆县南												○								○	○	○	○
		蒙山在太山蒙阴县西南												○								○	○	○	○
		大野泽在山阳巨野县东北												○								○	○	○	○
		大邳地在河南成皋县北												○								○	○	○	○

（续表）

卷	篇	各本中之《水经》文字	残宋本	大典本	陈藏本	冯校本	杨本	黄本	吴本	注笺	项本	王峻校本	赵抄本	全五校	全七校	全改本	全重校	赵校订本	全定本	赵注释	戴考次	戴校本	戴殿本	注疏	今定
四十	禹贡山水泽地所在	明都泽在梁郡睢阳县东北													○							○	○	○	○
		孟州池水在蜀郡汶江县西南其一在郫县西南皆还入江		○	○	○	○	○	○	○	○	○	○	○	○	○		○		○	○	○	○	○	○
		荆州池水在南郡枝江县	○																						
		三溠池在南郡邔县之北		○	○	○	○	○	○	○	○	○	○	○	○	○		○		○	○	○	○	○	○
		右禹贡山水泽地所在凡六十		○	○	○	○	○	○	○	○	○	○	○	○	○		○			○	○	○	○	○

参 考 文 献

一、古籍

(一) 各版本《水经》及《水经注》

《水经注》,北京图书馆出版社《中华再造善本》影印宋刊残本,2003年。(残宋本)
《水经注》,江苏广陵古籍刻印社影印《永乐大典》本,1998年。(《大典》本)
《水经注》,明抄本,中国国家图书馆藏海盐朱希祖旧藏。
《水经注》,明抄本,中国国家图书馆藏铁琴铜剑楼旧藏。
《明钞本水经注》,国家图书馆出版社《国学基本典籍丛刊》影印稽瑞楼旧藏明抄本,2008年。
[明]陈仁锡校:《水经注》,明崇祯七年《奇赏斋古文汇编》刻本。(陈本)
[明]冯舒校:《水经注》,明抄本,日本静嘉堂文库藏皕宋楼旧藏。
[明]黄省曾刊:《水经注》,中国书店影印明嘉靖十三年刻本,2012年。(黄本)
[明]谭元春校:《水经注》,明崇祯二年严忍公刻本。(谭本)
[明]唐顺之辑:《水经》,《荆川稗编》,明万历九年刻本。(唐本)
[明]吴琯、陆弼校:《水经注》,明万历文枢堂刻本。(吴本)
[明]杨慎辑:《水经》,明正德十三年盛夔刻本。(杨本)
[明]朱谋㙔笺:《水经注笺》,明万历四十三年李长庚刻本。(《注笺》本)
[明]朱谋㙔笺,[清]何焯校:《水经注笺》,明万历四十三年李长庚刻本。
[明]朱谋㙔笺,王国维批校,赵万里过录:《王国维批校水经注笺》,中华书局影印明万历四十三年李长庚刻本,2014年。
[清]戴震辑:《水经考次》,《戴震全书》,黄山书社1995年版。(《考次》本)
[清]戴震校:《水经注》,清乾隆四十二年微波榭刻《戴震遗书》本。(戴本)
[清]戴震等校:《水经注》,清乾隆三十九年武英殿聚珍本。(殿本)
[清]戴震等校,陈桥驿点校:《水经注》,上海古籍出版社1990年版。
[清]董祐诚说:《水经注图说残稿》,《水经注图(外二种)》,中华书局影印同治

八年成都重刻本 2009 年版。(《图说本》)

[清]孔继涵释:《水经释地》,清光绪六年会稽章氏重刊本。

[清]全祖望校,[清]王梓材录:《全祖望校王梓材抄本水经注》,《全祖望校水经注稿本合编》影印原抄本,中华全国图书馆文献缩微复制中心 1996 年版。(七校本)

[清]全祖望、赵一清校:《水经注》,清康熙五十四年项绚刻本,南京图书馆藏。(南京本)

[清]全祖望校:《水经注重校本》,上海图书馆藏。(重校本)

[清]沈炳巽订:《水经注集释订讹》,清乾隆四十三年文渊阁《四库全书》本。(《订讹》本)

[清]沈钦韩疏:《水经注疏证》,稿本,南京图书馆藏。(《疏证》本)

[清]王峻校:《水经注》,清康熙五十四年项绚刻本,复旦大学图书馆藏。(王峻本)

[清]王先谦校:《合校水经注》,中华书局影印光绪十八年思贤讲舍原刻本 2009 年版。(《合校》本)

[清]赵一清录,[清]全祖望校:《五校水经注》,《全祖望校水经注稿本合编》影印原稿本,中华全国图书馆文献缩微复制中心 1996 年版。(赵抄本、《五校》本)

[清]项绚刊:《水经注》,清康熙五十四年刻本。(项本)

[清]杨希闵校:《水经注汇校》,清光绪七年刻本。(《汇校》本)

[清]张匡学释:《水经注释地》,清嘉庆二年上池书屋刻本。

[清]赵一清释:《水经注释》,清乾隆五十一年小山堂刻本。(《注释》本)

[清]赵一清刊误:《水经注笺刊误》,清乾隆五十一年小山堂刻本。(《刊误》本)

陈桥驿校释:《水经注校释》,杭州大学出版社 1999 年版。(《校释》本)

陈桥驿校证:《水经注校证》,中华书局 2007 年版。(《校证》本)

李晓杰等校释:《水经注校笺图释·渭水流域诸篇》,复旦大学出版社 2017 年版。

李晓杰等校释:《水经注校笺图释·汾水涑水流域诸篇》,科学出版社 2020 年版。

杨守敬、熊会贞疏:《水经注疏》,科学出版社影印旧抄本 1956 年版。

杨守敬、熊会贞疏:《杨熊合撰水经注疏》,台湾中华书局影印旧稿本 1971 年版。

杨守敬、熊会贞疏,段熙仲点校,陈桥驿复校:《水经注疏》,江苏古籍出版社1989年版。

杨守敬、熊会贞疏,谢承仁、侯英贤整理:《水经注疏》,湖北人民出版社、湖北教育出版社1997年版。(《注疏》本)

杨守敬、熊会贞疏:《京都大学藏钞本水经注疏》,辽海出版社影印京都大学藏旧抄本2011年版。

杨守敬、熊会贞疏:《水经注疏(台北定稿本)》,凤凰出版社影印旧稿本2014年版。

(二) 其他古籍

[汉]班固撰,[唐]颜师古注:《汉书》,中华书局1959年版。

[汉]班固撰,[唐]颜师古注,[清]王先谦补注,上海师范大学古籍整理研究所整理:《汉书补注》,上海古籍出版社2008年版。

[汉]孔安国传,[唐]孔颖达正义:《尚书正义》,《十三经注疏(清嘉庆刊本)》,中华书局2009年版。

[汉]司马迁撰,[南朝宋]裴骃集解,[唐]司马贞索隐,[唐]张守节正义:《史记》,中华书局2013年版。

[汉]王充著,张宗祥校注,郑绍昌标点:《论衡校注》,上海古籍出版社2010年版。

[汉]许慎撰,[清]段玉裁注,许惟贤整理:《说文解字注》,凤凰出版社2007年版。

[汉]郑玄注,[唐]贾公彦疏:《周礼注疏》,《十三经注疏(清嘉庆刊本)》,中华书局2009年版。

[晋]常璩撰,任乃强校注:《华阳国志校补图注》,上海古籍出版社1987年版。

[晋]陈寿撰,[南朝宋]裴松之注:《三国志》,中华书局1959年版。

[晋]郭璞注,[宋]邢昺疏:《尔雅注疏》,《十三经注疏(清嘉庆刊本)》,中华书局2009年版。

[东魏]魏收:《魏书》,中华书局1974年版。

[南朝宋]范晔撰,[唐]李贤注:《后汉书》,中华书局1965年版。

[梁]沈约:《宋书》,中华书局1974年版。

[梁]萧绎撰,许逸民校笺:《金楼子校笺》,中华书局2011年版。

[梁]萧子显:《南齐书》,中华书局1972年版。

［陈］顾野王著，顾恒一等辑注：《舆地志辑注》，上海古籍出版社 2011 年版。
［唐］杜宝撰，辛德勇辑校：《大业杂记辑校》，三秦出版社 2006 年版。
［唐］杜祐撰，王文锦等点校：《通典》，中华书局 1988 年版。
［唐］房玄龄等：《晋书》，中华书局 1974 年版。
［唐］李吉甫撰，贺次君点校：《元和郡县图志》，中华书局 1983 年版。
［唐］李吉甫撰，陈仲夫点校：《唐六典》，中华书局 1992 年版。
［唐］李泰撰，贺次君辑校：《括地志辑校》，中华书局 1980 年版。
［唐］魏徵等：《隋书》，中华书局 1973 年版。
［唐］徐坚等：《初学记》，中华书局 1962 年版。
［唐］许嵩撰，张忱石点校：《建康实录》，中华书局 1986 年版。
［后晋］刘昫等：《旧唐书》，中华书局 1975 年版。
［宋］晁公武撰，孙猛校证：《郡斋读书志校证》，上海古籍出版社 2011 年版。
［宋］陈振孙撰，徐小蛮、顾美华点校：《直斋书录解题》，上海古籍出版社 1987 年版。
［宋］乐史撰，王文楚等点校：《太平寰宇记》，中华书局 2007 年版。
［宋］李昉等撰：《太平御览》，中华书局 1960 年版。
［宋］李昉等编：《太平广记》，中华书局 1961 年版。
［宋］欧阳忞著，李勇先、王小红校注：《舆地广记》，四川大学出版社 2003 年版。
［宋］欧阳修等：《新唐书》，中华书局 1975 年版。
［宋］司马光：《资治通鉴》，中华书局 1956 年版。
［宋］宋敏求撰，辛德勇、郎洁点校：《长安志》，三秦出版社 2013 年版。
［宋］王象之撰，李勇先校点：《舆地纪胜》，四川大学出版社 2005 年。
［宋］王尧臣等编次，［清］钱东垣等辑释：《崇文总目》，《丛书集成》初编，中华书局 1985 年版。
［宋］王应麟著，［清］翁元圻等注，栾保群、田松青、吕宗力校点：《困学纪闻》，上海古籍出版社 2008 年版。
［宋］姚宽撰，孔凡礼点校：《西溪丛语》，中华书局 1997 年版。
［宋］朱长文撰，金菊林校点：《吴郡图经续记》，江苏古籍出版社 1999 年版。
［宋］祝穆撰，［宋］祝洙增订，施和金点校：《方舆胜览》，中华书局 2003 年版。
［元］孛兰肸等撰，赵万里校辑：《元一统志》，中华书局 1963 年版。
［元］苏天爵：《国朝文类》，《四部丛刊》初编，商务印书馆 1932 年版。
［元］于钦撰，刘敦愿、宋百川、刘伯勤校释：《齐乘校释》，中华书局 2012 年版。

[明]焦竑撰,顾思点校:《玉堂丛语》,中华书局1981年版。
[明]李贤等撰:《大明一统志》,三秦出版社1990年版。
[明]宋濂等:《元史》,中华书局1976年版。
[明]陶宗仪等编:《说郛三种》,上海古籍出版社1988年版。
[明]杨慎:《升庵文集》,《杨升庵丛书》,天地出版社2002年版。
[清]陈澧:《陈澧集》,上海古籍出版社2008年版。
[清]戴震:《戴震文集》,中华书局1980年版。
[清]戴震:《戴震全书》,黄山书社1995年版。
[清]顾祖禹撰,贺次君、施和金点校:《读史方舆纪要》,中华书局2005年版。
[清]郝懿行笺疏:《山海经笺疏》,浙江人民美术出版社2013年版。
[清]胡渭著,邹逸麟整理:《禹贡锥指》,上海古籍出版社1996年版。
[清]蒋作锦:《东原考古录》,《中国稀见地方史料集成》第11册,学苑出版社2010年版。
[清]李元:《蜀水经》,巴蜀书社1985年版。
[清]刘锡信:《潞城考古录》,《丛书集成初编》,中华书局1985年版。
[清]穆彰阿、潘锡恩等纂修:《大清一统志》,上海古籍出版社2008年版。
[清]钱大昕著,方诗铭、周殿杰校点:《廿二史考异》附《三史拾遗》《诸史拾遗》,上海古籍出版社2004年版。
[清]钱曾著,管庭芬、章钰校证:《读书敏求记校证》,上海古籍出版社2007年版。
[清]吴增仅:《三国郡县表》,《二十五史补编》,开明书店1937年版。
[清]吴增仅:《三国郡县表》,《二十五史补编》,开明书店1937年版。
[清]徐松辑,高敏点校:《河南志》,中华书局1994年版。
[清]叶圭绶撰,王汝涛等点注:《续山东考古录》,山东文艺出版社1997年版。
[清]周寿昌:《汉书注校补》,中华书局1985年版。
袁珂校注:《山海经校注》,北京联合出版公司2014年版。
正德《光化县志》,《天一阁藏明代方志选刊》,上海古籍书店1981年版。
嘉靖《临朐县志》,明嘉靖刻本。
嘉靖《范县志》,明嘉靖刻本。
嘉靖《蕲州志》,《天一阁藏明代方志选刊》,上海古籍书店1981年版。
嘉靖《茶陵州志》,《天一阁藏明代方志选刊续编》,上海书店1990年版。
万历《慈利县志》,《天一阁藏明代方志选刊》,上海古籍书店1981年版。

万历《襄阳府志》,明万历刻本。
崇祯《清江县志》,明崇祯刻本。
顺治《曲周县志》,《中国地方志集成·河北府县志辑》,上海书店出版社 2006 年版。
康熙《曹州志》,清康熙十三年刻后印本。
康熙《茌平县志》,《中国方志丛书》,成文出版社 1976 年版。
康熙《景州志》,《稀见中国地方志汇刊》,中国书店 1992 年版。
康熙《全州志》,《稀见中国地方志汇刊》,中国书店 1992 年版。
康熙《泰安州志》,《中国地方志集成·山东府县志辑》,凤凰出版社 2006 年版。
康熙《渭源县志》,《中国地方志集成·甘肃府县志辑》,凤凰出版社 2008 年版。
康熙《江西通志》,《中国地方志集成·省志辑》,凤凰出版社 2009 年版。
康熙《三水县志》,《咸阳经典旧志稽注》,三秦出版社 2010 年版。
康熙《淳化县志》,《咸阳经典旧志稽注》,三秦出版社 2010 年版。
康熙《荔浦县志》,《中国地方志集成·广西府县志辑》,凤凰出版社 2014 年版。
雍正《陕西通志》,清文渊阁《四库全书》本。
乾隆《柳州县志》,《中国方志丛书》,成文出版社 1961 年版。
乾隆《汾州府志》,《中国地方志集成·山西府县志辑》,凤凰出版社 2005 年版。
乾隆《直隶邠州志》,《咸阳经典旧志稽注》,三秦出版社 2010 年版。
乾隆《江南通志》,《中国地方志集成·省志辑》,凤凰出版社 2011 年版。
乾隆《庆远府志》,《中国地方志集成·广西府县志辑》,凤凰出版社 2014 年版。
嘉庆《怀远县志》,清嘉庆二十四年刊本。
嘉庆《萧县志》,清嘉庆刊本。
嘉庆《合肥县志》,《中国方志丛书》,成文出版社 1985 年版。
道光《遵义府志》,《中国地方志集成·贵州府县志辑》,巴蜀书社 2006 年版。
道光《伊阳县志》,《中国地方志集成·河南府县志辑》,上海书店出版社 2013 年版。
同治《衡阳县志》,《中国方志丛书》,成文出版社 1970 年版。
同治《慈利县志》,《中国方志丛书》,成文出版社 1976 年版。
同治《远安县志》,《中国地方志集成·湖北府县志辑》,江苏古籍出版社 2001 年版。
同治《崇阳县志》,《中国地方志集成·湖北府县志辑》,江苏古籍出版社 2001 年版。

同治《湘乡县志》,《湖湘文库·甲编》,岳麓书社 2009 年版。
光绪《宜阳县志》,《中国方志丛书》,成文出版社 1968 年版。
光绪《邵阳县志》,《中国方志丛书》,成文出版社 1975 年版。
光绪《扶沟县志》,《中国方志丛书》,成文出版社 1976 年版。
光绪《光化县志》,《中国地方志集成·湖北府县志辑》,江苏古籍出版社 2001 年版。
光绪《兴国州志》,《中国地方志集成·湖北府县志辑》,凤凰出版社 2001 年版。
光绪《定兴县志》,《中国地方志集成·河北府县志辑》,上海书店出版社 2006 年版。
光绪《柘城县志》,《中国地方志集成·河南府县志辑》,上海书店出版社 2013 年版。
民国《孟县志》,《中国方志丛书》,成文出版社 1973 年版。
民国《渭源县志》,《中国地方志集成·甘肃府县志辑》,凤凰出版社 2008 年版。
民国《林县志》,《中国地方志集成·河南府县志辑》,上海书店出版社 2013 年版。
[朝鲜]丁若镛撰,金诚镇编,郑寅普、安在鸿校:《与犹堂全书》,新朝鲜社 1936 年版。

二、近人及今人论著

(一) 专著

陈怀荃:《黄牛集》,安徽教育出版社 2000 年版。
陈健梅:《孙吴政区地理研究》,岳麓书社 2008 年版。
陈隆文:《郑州历史地理研究》,中国社会科学出版社 2011 年版。
陈桥驿:《水经注研究》,天津古籍出版社 1985 年版。
陈桥驿:《水经注研究二集》,山西人民出版社 1987 年版。
陈桥驿:《郦学新论》,山西人民出版社 1992 年版。
陈桥驿:《水经注研究四集》,杭州出版社 2003 年版。
陈桥驿:《水经注论丛》,浙江大学出版社 2008 年版。
陈桥驿:《〈水经注〉地名汇编》,中华书局 2012 年版。
陈识仁:《〈水经注〉与北魏史学》,花木兰文化出版社 2008 年版。
陈守忠:《河陇史地考述》,兰州大学出版社 1993 年版。
方国瑜:《中国西南历史地理考释》,中华书局 1987 年版。

后晓荣:《秦代政区地理》,社会科学文献出版社 2009 年版。
胡阿祥、孔祥军、徐成:《中国行政区划通史·三国两晋南朝卷》,复旦大学出版社 2014 年版。
胡适著,欧阳哲生编:《胡适文集》,北京大学出版社 1998 年版。
胡适:《胡适全集》,安徽教育出版社 2003 年版。
蒋天枢:《全谢山先生年谱》,商务印书馆 1930 年版。
孔祥军:《三国政区地理研究》,花木兰文化出版社 2012 年版。
李长傅:《开封历史地理》,商务印书馆 1958 年版。
李晓杰:《东汉政区地理》,山东教育出版社 1999 年版。
李宗侗:《李宗侗文史论集》,中华书局 2011 年版。
鲁西奇:《城墙内外:古代汉水流域城市的形态与空间结构》,中华书局 2011 年版。
马孟龙:《西汉侯国地理》,上海古籍出版社 2013 年版。
钱林书:《续汉书郡国志汇释》,安徽教育出版社 2007 年版。
曲英杰:《史记都城考》,商务印书馆 2007 年版。
曲英杰:《水经注城邑考》,中国社会科学出版社 2013 年版。
史念海:《史念海全集》,人民出版社 2013 年版。
谭其骧主编:《中国历史地图集》,中国地图出版社 1982 年版。
谭其骧:《长水集》,人民出版社 1987 年版。
谭其骧:《长水集续编》,人民出版社 1994 年版。
王国维:《王国维全集》,浙江教育出版社、广东教育出版社 2012 年版。
王明珂:《华夏边缘——历史记忆与族群认同》,允晨文化实业股份有限公司 1997 年版。
王晓琨:《战国至秦汉时期河套地区古代城址研究》,社会科学文献出版社 2014 年版。
魏晋贤:《甘肃省沿革地理论稿》,兰州大学出版社 1991 年版。
吴承洛:《中国度量衡史》,商务印书馆 1957 年版。
吴天任:《郦学研究史》,艺文印书馆 1991 年版。
谢鸿喜:《〈水经注〉山西资料辑释》,山西人民出版社 1990 年版。
徐少华:《周代南土历史地理与文化》,武汉大学出版社 1994 年版。
晏昌贵:《丹江口水库区域历史地理研究》,科学出版社 2007 年版。
张传玺:《秦汉问题研究》,北京大学出版社 1995 年版。

张锡彤、王钟翰、贾敬颜等:《〈中国历史地图集〉释文汇编·东北卷》,中央民族学院出版社1988年版。
张修桂:《龚江集》,复旦大学出版社2014年版。
张修桂:《中国历史地貌与古地图研究》,社会科学文献出版社2006年版。
张之:《安阳考释——殷邺安阳考证集》,新华出版社1997年版。
赵永复:《水经注通检今释》,复旦大学出版社1985年版。
中国古籍总目编纂委员会编:《中国古籍总目·史部》,中华书局、上海古籍出版社2009年版。
中国古籍总目编纂委员会编:《中国古籍总目·丛书部》,中华书局、上海古籍出版社2009年版。
《中国河湖大典》编纂委员会编著:《中国河湖大典·海河卷》,中国水利水电出版社2013年版。
《中国河湖大典》编纂委员会编著:《中国河湖大典·淮河卷》,中国水利水电出版社2010年版。
《中国河湖大典》编纂委员会编著:《中国河湖大典·黄河卷》,中国水利水电出版社2014年版。
《中国河湖大典》编纂委员会编著:《中国河湖大典·长江卷》,中国水利水电出版社2013年版。
《中国河湖大典》编纂委员会编著:《中国河湖大典·珠江卷》,中国水利水电出版社2013年版。
中国科学院《中国自然地理》编辑委员会:《中国自然地理·历史自然地理》,科学出版社1982年版。
周振鹤:《西汉政区地理》,人民出版社1987年版。
周振鹤:《汉书地理志汇释》,安徽教育出版社2006年版。
周振鹤、李晓杰:《中国行政区划通史·总论、先秦卷》,复旦大学出版社2009年版。
周振鹤、李晓杰、张莉:《中国行政区划通史·秦汉卷》,复旦大学出版社2016年版。
邹逸麟、张修桂主编:《中国历史自然地理》,科学出版社2013年版。

(二) 论文
曹桂岑:《楚都陈城考》,《中原文物》1981年特刊。

曹瑞民:《微山湖底有一座古城》,《治淮》1994年第2期。
常文鹏:《代郡桑干城考》,《河北北方学院学报(社会科学版)》2010年第1期。
常征:《〈水经〉作者及其成书年代》,《中国水利》1983年第6期。
陈长安:《邙山北魏墓志中的洛阳地名及相关问题》,《中原文物》1987年特刊(总第7期)。
陈怀荃:《〈水经·蒗荡渠〉及〈阴沟水〉篇补正》,《安徽师范学院学报》1957年第2期。
陈怀荃:《〈汉志〉分江水考释》,载《历史地理》第三辑,上海人民出版社1983年版。
陈隆文:《古苏国地望及其疆域问题》,《史学月刊》2002年第9期。
陈隆文:《虎牢关变迁蠡测》,《中原文物》2009年第5期。
陈守忠:《允吾、金城、榆中、勇士等古城址考》,载《历史地理》第十一辑,上海人民出版社1993年版。
陈守忠:《两汉允吾、金城再考》,《西北师大学报(社会科学版)》1998年第3期。
陈伟:《古徐国故城新探》,《东南文化》1995年第1期。
陈有忠:《许昌城址考》,《中原文物》1985年第1期。
陈有忠:《历史上的新旧虎牢关》,《郑州大学学报(哲学社会科学版)》1986年第4期。
陈致远:《常德古城建城史考述》,《武陵学刊》1997年第5期。
聪喆:《左南、白土两地考》,《青海民族学院学报(社会科学版)》1988年第4期。
崔陈:《川滇古道宜宾地区境内几处遗迹考述》,《四川文物》1991年第2期。
崔思棣、崔恒生:《古巢国地望考辨》,《安徽大学学报(哲学社会科学版)》1984年第4期。
但昌武:《汉初上郡东界考辨》,载《历史地理》第三十八辑,复旦大学出版社2019年版。
范三畏:《"甘谷"县名的深层文化意蕴——兼考旧县址之位置》,《西北史地》1995年第1期。
方孝廉:《隋开通济渠与洛河改道》,《考古》1999年第1期。
方西生:《楚章华台遗址地望初探》,《中原文物》1989年第4期。
封厚江:《古孟陵小考》,载政协苍梧县委员会、法制提案文史学习委员会编:《苍梧文史》第十辑,内部发行,1996年。
葛奇峰:《战国魏大梁城平面布局新探》,《中原文物》2012年第4期。

管致中:《潼关天险考证》,《渭南师专学报(社会科学版)》1999 年第 3 期。
郭建设:《焦作先秦古城考》,载河南省文物考古协会编:《河南文物考古论集(二)》,中州古籍出版社 2000 年版。
郭建中、车日格:《黄河包头段沿岸汉代古城考》,《内蒙古文物考古》2007 年第 1 期。
郭声波:《越南地名中的古代遗痕》,《暨南学报(哲学社会科学版)》2013 年第 1 期。
韩嘉谷:《天津平原的西汉县治和相关历史》,《天津社会科学》1983 年第 4 期。
韩嘉谷:《漂榆邑地望辨析》,《天津社会科学》1986 年第 3 期。
韩嘉谷:《〈水经注〉与天津地理》,载《历史地理》第二十一辑,上海人民出版社 2006 年版。
贺慧:《雕阴城城址考察》,载《秦汉研究》第八辑,陕西人民出版社 2014 年版。
侯仁之、俞伟超:《乌兰布和沙漠的考古发现和地理环境的变迁》,《考古》1973 年第 2 期。
侯卫东:《"荥泽"的范围、形成与消失》,载《历史地理》第二十六辑,上海人民出版社 2012 年版。
后晓荣:《〈汉书·地理志〉脱漏九县补考》,《中国历史地理论丛》2012 年第 4 期。
黄盛璋:《关于湖北宜城楚皇城遗址及其相关问题》,《江汉学报》1963 年第 9 期。
黄学超:《汉唐汾阳县城及汉羊肠仓址考述》,《晋阳学刊》2012 年第 6 期。
黄学超:《湖南地区若干汉代城聚地望新考》,载《中国方舆研究》第一辑,科学出版社 2017 年版。
荆三林:《荥阳故城遗址沿革考附论冶铁遗址的年代问题》,《郑州大学学报(哲学社会科学版)》1978 年第 4 期。
李并成:《西汉酒泉郡若干县城的调查与考证》,《西北史地》1991 年第 3 期。
李健超:《被遗忘了的古迹——汉成帝昌陵、汉傅太后陵、汉霸陵城初步调查记》,《人文杂志》1981 年第 3 期。
李晓杰:《东汉下邳国、阜陵国领域变迁考》,载《历史地理》第十五辑,上海人民出版社 1999 年版。
李晓杰、黄学超、杨长玉等:《〈水经注〉汾水流域诸篇校笺及水道与政区复原》,《历史地理》第二十六辑,上海人民出版社 2012 年版。

李逸友:《内蒙古史迹丛考》,载《内蒙古文物考古文集》第二辑,中国大百科全书出版社1997年版。

李银德:《汉代楚国(彭城国)都城彭城考》,载《中国古都研究》第十七辑,三秦出版社2001年版。

李珍:《汉代零陵县治考》,《广西民族研究》2004年第2期。

梁莉莉:《保靖县西水沿岸古文化遗址古墓葬调查发掘概述》,《湘西文史资料》1994年第1期。

刘满:《西北黄河古渡考(一)》,《敦煌学辑刊》2005年第1期。

刘纬毅:《平阳城与白马城》,《山西师大学报(社会科学版)》1990年第3期。

刘纬毅:《〈中国历史地图集〉山西部分商榷》,《山西师大学报(社会科学版)》2001年第1期。

刘筱红:《巢国考》,《华中师范大学学报(哲学社会科学版)》1987年第2期。

鲁西奇:《广西所出南朝买地券考释》,载周长山、林强主编:《历史·环境与边疆——2010年中国历史地理国际学术研讨会论文集》,广西师范大学出版社2012年版。

罗火金:《古濲关考》,《中原文物》2006年第5期。

罗开玉:《秦汉三国湔氐道、湔县考——兼论川西北的开发序例及其氐人诸题》,《四川师院学报》1985年第3期。

罗树凡:《"湔氐道"的范围和治地》,《天府新论》1985年第6期。

吕叔桐、牛丽红:《古代榆中考》,《兰州学刊》1985年第2期。

马孟龙:《荆州松柏汉墓简牍所见"显陵"考》,《复旦学报(社会科学版)》2015年第3期。

马孟龙:《西汉归德、中阳、西都地望新考——以张家山汉简〈二年律令·秩律〉为中心》,《陕西师范大学学报(哲学社会科学版)》2020年第2期。

孟森:《禹贡山水泽地所在篇中之熊耳山》,《禹贡》1937年第7卷第6、7合期。

孟万忠:《古地图与现代空间数据的河道变迁研究——以清代潇河为例》,《测绘科学》2011年第2期。

孟洋洋:《西汉北地郡属县治城考》,《西夏研究》2016年第2期。

牛继清:《东汉时期安徽行政建制沿革》,《淮北煤炭师范学院学报(哲学社会科学版)》2007年第6期。

钮仲勋:《芍陂水利的历史研究》,《史学月刊》1965年第4期。

秦文生:《荥阳故城新考》,《中原文物》1983年特刊。

裘真:《鄂东古邾城遗址辨略——兼说邾城的历史沿革》,《黄冈师专学报(社会科学版)》1996年第3期。

邵立均、刘树芬:《莒国故城说略》,载中国先秦史学会、政协莒县委员会编:《莒文化研究文集》,山东人民出版社2002年版。

石超艺:《〈水经·浊漳水注〉错简与脱文考》,载《历史地理》第二十辑,上海人民出版社2004年版。

石泉:《古代曾国-随国地望初探》,《武汉大学学报(哲学社会科学版)》1979年第1期。

石泉:《古邓国、邓县考》,《江汉论坛》1980年第3期。

史党社、任建库:《槐里犬丘与秦人早期历史相关的一点线索》,《文博》2006年第6期。

史念海:《论济水和鸿沟》,《陕西师范大学学报(哲学社会科学版)》1982年第1、2、3期。

史念海:《直道和甘泉宫遗迹质疑》,《中国历史地理论丛》1988年第3期。

史念海:《汉代零陵郡始安县城址刍议》,《中国历史地理论丛》1998年第3期。

史念海:《郑韩故城溯源》,《中国历史地理论丛》1998年第4期。

苏海洋:《秦国邽县故城考》,《天水师范学院学报》2006年第6期。

孙靖国:《晋冀北部地区汉代城市分布的地理特征》,载《中国社会科学院历史研究所学刊》第七集,商务印书馆2011年版。

谭其骧:《马王堆汉墓出土地图所说明的几个历史地理问题》,《文物》1975年第6期。

王建中:《南阳宛城建置考》,载《楚文化研究论集》第四集,河南人民出版社1994年版。

王尚义:《历史时期文峪河的变迁及水利事业的开发》,《山西水利·水利史志专辑》1987年第2期。

王守春:《〈水经注〉中〈注〉否〈经〉之考释》,载《历史地理》第十四辑,上海人民出版社1998年版。

王先福、余桥:《襄阳地区汉代南阳郡治所属县初考》,《江汉考古》2014年第3期。

王心源、何慧、钱玉春等:《从环境考古角度对古居巢国的蠡测》,《安徽师范大学学报(自然科学版)》2005年第1期。

王彦辉:《秦汉时期的乡里控制与邑、聚变迁》,《史学月刊》2013年第5期。

王燕玉:《西汉牂柯郡十七县今地辨》,《贵州民族研究》1980年第1期。
魏坚、郝园林:《秦汉九原-五原郡治的考古学观察》,《中国历史地理论丛》2012年第4期。
魏幼红:《〈禹贡〉"黑水"地望研究综述》,《中国史研究动态》2002年第9期。
吴国富:《东晋彭泽县城地址考》,《九江学院学报(社会科学版)》2012年第3期。
吴宏岐:《汉番禺城故址新考》,《中国历史地理论丛》2006年第3期。
吴文涛:《戾陵堰、车箱渠所在位置及相关地物考辨》,《北京社会科学》2012年第5期。
吴镇烽:《秦晋两省东汉画像石题记集释——兼论汉代圜阳、平周等县的地理位置》,《考古与文物》2006年第1期。
武秀:《谈兖州近年出土的四件文物及其对"李白在兖州"研究的实证》,载武秀主编:《李白在兖州》,山东友谊出版社1995年版。
辛德勇:《汉武帝"广关"与西汉前期地域控制的变迁》,《中国历史地理论丛》2008年第2期。
徐少华:《〈水经注·丹水篇〉错简考订——兼论古析县、丹水县的地望》,《中国历史地理论丛》1988年第4期。
徐少华:《〈水经注〉所载鲁阳关水及相关地理考述》,载《历史地理》第二十五辑,上海人民出版社2011年版。
许成:《宁夏秦汉时期富平县旧址考》,《宁夏史志研究》1986年第1期。
许齐平:《射桥古城考》,《中原文物》1995年第2期。
薛方昱:《中国最早设置的邽、冀二县考》,《西北史地》1998年第1期。
荀德麟:《淮阴故城考略》,《江苏地方志》2013年第3期。
闫德亮:《顿国历史与地理考论》,《史学月刊》2010年第10期。
晏昌贵:《里耶秦简牍所见郡县名录》,载《历史地理》第三十辑,上海人民出版社2014年版。
杨焕新:《略谈隋唐东都宫城、皇城和东城的几个问题》,载《汉唐与边疆考古研究》第一辑,科学出版社1994年版。
杨兴茂、张鹏娟:《汉县媪围城址考》,《兰州学刊》1992年第2期。
杨萧杨:《〈山海经·中山经〉河洛地区山川考述》,《历史地理研究》2020年第1期。
杨肇清:《原城考》,载《河南文物考古论集》,河南人民出版社1996年版。

原丰、李永乐:《徐州地区汉代城址的发现与研究》,载中国社会科学院考古研究所、徐州博物馆编:《汉代陵墓考古与汉文化》,科学出版社2016年版。

张本昀、吴国玺:《全新世洛阳盆地的水系变迁研究》,《信阳师范学院学报(自然科学版)》2006年第4期。

张传玺:《从鲜于璜籍贯说到两汉雍奴故城》,载《环境变迁研究》第一辑,海洋出版社1984年版。

张多勇:《从居延E·P·T59·582汉简看汉代泾阳县、乌氏县、月氏道城址》,《敦煌研究》2008年第2期。

张红星:《托克托县云中古城相关问题初探》,《内蒙古文物考古》2004年第2期。

张慧芝:《明清时期潇河河道迁徙原因分析》,《中国历史地理论丛》2005年第2期。

张新斌:《"宁新中"地名与地望考辨》,《河南师范大学学报(哲学社会科学版)》1993年第2期。

张修桂:《〈水经·江水注〉枝江-武汉河段校注与复原(上篇)》,载《历史地理》第二十三辑,上海人民出版社2008年版。

张修桂:《〈水经·江水注〉枝江-武汉河段校注与复原(下篇)》,载《历史地理》第二十四辑,上海人民出版社2010年版。

张修桂:《〈水经·沔水注〉襄樊-武汉河段校注与复原——附〈夏水注〉校注与复原(上篇)》,载《历史地理》第二十五辑,上海人民出版社2011年版。

张修桂:《〈水经·沔水注〉襄樊-武汉河段校注与复原——附〈夏水注〉校注与复原(下篇)》,载《历史地理》第二十六辑,上海人民出版社2012年版。

张修桂:《〈水经注〉洞庭湖水系校注与复原(上)》,载《历史地理》第二十八辑,上海人民出版社2013年版。

张修桂:《〈水经注〉洞庭湖水系校注与复原(下)》,载《历史地理》第二十九辑,上海人民出版社2014年版。

张郁:《汉朔方郡河外五城》,《内蒙古文物考古》1997年第2期。

张泽栋:《云梦"楚王城"古城址初探》,《江汉考古》1990年第2期。

钟凤年:《水经著作时代之研究》,《齐鲁学报》1941年第1期。

钟凤年作,刘乃中参订:《评我所见的各本〈水经注〉》,《社会科学战线》1979年第2期。

周宏伟:《湘西里耶盆地诸古城遗址的历史身份考索》,载《湖南省博物馆馆刊》

第七辑,岳麓书社 2011 年版。
周世荣:《马王堆古地图有关问题研究》,载《古地图论文集》,文物出版社 1975 年版。
周维衍:《河南西峡县古城遗址的考证》,《考古》1961 年第 8 期。
周曰琏:《古代青衣江上游的郡县建置与西南丝绸之路》,《四川文物》1991 年第 6 期。
周运中:《汉代县治考·江淮篇》,载《秦汉研究》第四辑,陕西人民出版社 2010 年版。
周振鹤:《西汉县城特殊职能探讨》,载《历史地理研究》第一辑,复旦大学出版社 1986 年版。
周振鹤:《中国古代撰写水经的传统》,载《历史地理》第八辑,上海人民出版社 1990 年版。
朱圣钟:《〈水经注〉所载土家族地区若干历史水文地理问题考释》,《中央民族大学学报(哲学社会科学版)》2002 年第 6 期。
朱士光:《论〈水经注〉对漕(溱)水之误注兼论〈水经注〉研究的几个问题》,《史学集刊》2009 年第 1 期。
祝培坤、王仁康:《山西部分县的沿革及县治变迁考》,《地名知识》1981 年第 4、5 期。
祝鹏:《读〈水经注〉洭水篇札记》,《社会科学》1981 年第 5 期。
祝鹏:《读〈水经注〉溱水篇札记》,载朱东润、李俊民、罗竹风主编:《中华文史论丛》第四辑,上海古籍出版社 1981 年版。

(三) 学位论文

何世和:《〈水经注〉方位词研究》,辽宁师范大学硕士学位论文,2011 年。
吕朋:《〈水经注〉校笺——以〈泗水〉、〈沂水〉、〈沭水〉等篇为中心》,复旦大学硕士学位论文,2013 年。
王东:《〈水经注〉词汇研究》,四川大学博士学位论文,2003 年。
王勇:《〈水经注疏〉校札》,南京师范大学硕士学位论文,2006 年。
周媛:《河流主导的浚县古代城市发展》,郑州大学硕士学位论文,2011 年。

三、考古文物资料

安志敏、林寿晋:《一九五四年秋季洛阳西郊发掘简报》,《考古通讯》1955 年第

5 期。

常兴照:《郯城县郯国故城遗址》,载《中国考古学年鉴 1991》,文物出版社 1992 年版。

陈昌远:《古息国考辨》,《史学月刊》1990 年第 6 期。

陈久恒:《"隋唐东都城址的勘查和发掘"续记》,《考古》1978 年第 6 期。

崔圣宽、蔡友振、李胜利等:《山东定陶县灵圣湖汉墓》,《考古》2012 年第 7 期。

丁邦钧:《寿春城考古的主要收获》,《东南文化》1991 年第 2 期。

段鹏琦:《汉魏洛阳故城》,文物出版社 2009 年版。

杜玉生、肖淮雁、钱国祥:《北魏洛阳外廓城和水道的勘查》,《考古》1993 年第 6 期。

防城考古工作队:《山东费县防故城遗址的试掘》,《考古》2005 年第 10 期。

高天麟、慕容捷、荆志淳等:《河南商丘县东周城址勘查简报》,《考古》1998 年第 12 期。

郭宝钧:《洛阳古城勘察简报》,《考古通讯》1955 年第 1 期。

郭宝钧:《洛阳西郊汉代居住遗迹》,《考古通讯》1956 年第 1 期。

国家文物局主编:《中国文物地图集·河南分册》,中国地图出版社 1991 年版。

国家文物局主编:《中国文物地图集·湖南分册》,湖南地图出版社 1997 年版。

国家文物局主编:《中国文物地图集·陕西分册》,西安地图出版社 1998 年版。

国家文物局主编:《中国文物地图集·云南分册》,云南科学技术出版社 2001 年版。

国家文物局主编:《中国文物地图集·湖北分册》,西安地图出版社 2002 年版。

国家文物局主编:《中国文物地图集·天津分册》,中国大百科全书出版社 2002 年版。

国家文物局主编:《中国文物地图集·山西分册》,中国地图出版社 2006 年版。

国家文物局主编:《中国文物地图集·山东分册》,中国地图出版社 2007 年版。

国家文物局主编:《中国文物地图集·江苏分册》,中国地图出版社 2008 年版。

国家文物局主编:《中国文物地图集·北京分册》,科学出版社 2008 年版。

国家文物局主编:《中国文物地图集·辽宁分册》,西安地图出版社 2009 年版。

国家文物局主编:《中国文物地图集·四川分册》,文物出版社 2009 年版。

国家文物局主编:《中国文物地图集·宁夏回族自治区分册》,文物出版社 2010 年版。

国家文物局主编:《中国文物地图集·重庆分册》,文物出版社 2010 年版。

国家文物局主编:《中国文物地图集·甘肃分册》,测绘出版社2011年版。
国家文物局主编:《中国文物地图集·河北分册》,文物出版社2013年版。
韩嘉谷:《渤海湾西岸古文化遗址调查》,《考古》1965年第2期。
河北省文物研究所编:《燕下都》,文物出版社1996年版。
河南省博物馆、《中国冶金史》编写组:《汉代叠铸——温县烘范窑的发掘和研究》,文物出版社1978年版。
河南省博物馆登封工作站:《一九七七年上半年告成遗址的调查发掘》,《河南文博通讯》1977年第2期。
河南省博物馆登封工作站:《一九七七年下半年告成遗址的调查发掘》,《河南文博通讯》1978年第1期。
河南省博物馆登封工作站:《一九七八年上半年告成遗址的调查发掘》,《河南文博通讯》1978年第3期。
河南省文物局编:《河南省文物志》,文物出版社2009年版。
杨权喜:《当阳季家湖楚城遗址》,《文物》1980年第10期。
湖北省文物考古研究所、十堰市博物馆、郧县博物馆:《南水北调工程丹江口水库郧县淹没区考古调查》,《江汉考古》1996年第2期。
湖南省文物考古研究所、郴州市文物处:《湖南郴州苏仙桥遗址发掘简报》,载《湖南考古辑刊》第八辑,岳麓书社2009年版。
湖南省文物考古研究所:《二十年风云激荡 两千年沉寂后显真容》,《中国文物报》2013年12月6日第6版。
华向荣、刘幼铮:《静海县西钓台古城址的调查与考证》,《天津社会科学》1983年第4期。
黄冈市博物馆等编著:《罗州城与汉墓》,科学出版社2000年版。
黄冈市博物馆、湖北省文物总店编著:《蕲春罗州城——2001年发掘报告》,科学出版社2007年版。
纪烈敏:《天津军粮城海口汉唐遗迹调查》,《考古》1993年第2期。
蒋赞初:《鄂城六朝考古散记》,《江汉考古》1983年第1期。
李储森:《山东高密城阴城调查简报》,《考古与文物》1991年第5期。
李绍曾:《期思古城遗址调查》,《中原文物》1983年特刊。
李兴盛、刑黄河:《清水河县拐子上古城调查》,《内蒙古文物考古》1991年第1期。
梁明燊:《广东连江口发现汉代遗址》,《考古》1964年第8期。

刘东亚:《阳翟故城的调查》,《中原文物》1991 年第 2 期。
刘建华:《张家口地区战国时期古城址调查发现与研究》,《文物春秋》1993 年第 4 期。
龙军:《蓝山县发现汉代南平城故址》,《光明日报》2013 年 1 月 19 日第 4 版。
洛阳市文物管理局编著:《洛阳大遗址研究与保护》,文物出版社 2009 年版。
洛阳市文物局、洛阳市白马寺汉魏故城文物保管所:《汉魏洛阳故城研究》,科学出版社 2000 年版。
马怡、张荣强主编:《居延新简释校》,天津古籍出版社 2013 年版。
马永强、盛之翰、高伟等:《江苏徐海地区汉代城址调查简报》,《东南文化》2014 年第 5 期。
裘锡圭主编:《长沙马王堆汉墓简帛集成》,中华书局 2014 年版。
饶惠元:《江西清江县的古遗址、古墓葬》,《文物参考资料》1955 年第 6 期。
山东省文物考古研究所、山东省博物馆、济宁地区文物组等编:《曲阜鲁国故城》,齐鲁书社 1982 年版。
山东省文物考古研究所:《山东章丘市汉东平陵故城遗址调查》,载《考古学集刊》第 11 辑,中国大百科全书出版社 1997 年版。
山东省文物考古研究所编著:《临淄齐故城》,文物出版社 2013 年版。
山西省考古研究所侯马工作站编:《晋都新田》,山西人民出版社 1996 年版。
沈仲常、陈显丹:《四川广汉发现的东汉雒城遗迹》,《中国考古学会第五次年会论文集》,文物出版社 1988 年版。
四川省文物考古研究院:《四川渠县城坝遗址 2005 年发掘简报》,《四川文物》2006 年第 4 期。
四川省文物考古研究院:《岷江中下游考古调查简报》,《四川文物》2007 年第 2 期。
宋岩泉、陈希法:《郯国故城考古初论》,载杨玉金主编:《郯文化研究》,山东海天国际文化传播有限公司 2002 年版。
孙培基:《天津南郊巨葛庄战国遗址和墓葬》,《考古》1965 年第 1 期。
太原市文物考古研究所编:《晋阳古城》,文物出版社 2005 年版。
陶正刚、叶学明:《古魏城和禹王古城调查简报》,《文物》1962 年第 4、5 期。
王仁湘、郭德维、程欣仁:《湖北宜城楚皇城勘查简报》,《考古》1980 年第 2 期。
王子今、周苏平、焦南峰:《陕西丹凤商邑遗址》,《考古》1989 年第 7 期。
韦伟燕、Dang Hong Son:《越南北宁省陇溪汉唐时期城址》,《大众考古》2018 年第 4 期。

吴业恒、马占山、郭改委等:《河南省宜阳县南留古城东城墙发掘简报》,《洛阳考古》2017年第4期。

向桃初:《慈利白公城遗址》,载《中国考古学年鉴1994》,文物出版社1997年版。

徐少华:《息国铜器及其历史地理分析》,《江汉考古》1991年第2期。

徐淑彬:《山东沂阳都故城考古调查》,《东南文化》1993年第1期。

徐长青、余江安、肖用桁:《江西泰和白口汉城勘察记》,《南方文物》2003年第1期。

薛金度、胡秉华:《山东泗水·兖州考古调查简报》,《考古》1965年第1期。

杨富斗:《山西万荣县发现古城遗址》,《考古》1959年第4期。

叶学明、陈光:《北京市窦店古城调查与试掘报告》,《考古》1992年第8期。

云南省文物考古研究所:《隆阳汉庄古城址勘探发掘报告》,载杨红斌主编:《大理民族文化研究论丛》第四辑,民族出版社2010年版。

张春龙、胡平生、李均明:《湖南张家界古人堤简牍释文与简注》,《中国历史文物》2003年第2期。

张春龙、胡平生、李均明:《湖南张家界古人堤遗址与出土简牍概述》,《中国历史文物》2003年第2期。

张德光:《山西洪洞古城的调查》,《考古》1963年第10期。

张彦煌、徐殿魁:《山西夏县禹王城调查》,《考古》1963年第9期。

张小平:《大余县发现西汉南野古城址》,《江西历史文物》1984年第2期。

赵安杰:《战国宜阳故城调查简报》,《中原文物》1988年第3期。

中国历史博物馆考古调查组、河南省博物馆登封工作站、河南省登封县文物保管所:《河南登封阳城遗址的调查与铸铁遗址的试掘》,《文物》1977年第12期。

中国社会科学院考古研究所编著:《中国考古学·秦汉卷》,中国社会科学出版社2010年版。

中国社会科学院考古研究所等编:《邺城考古发现与研究》,文物出版社2014年版。

中国社会科学院考古研究所三峡工作队、重庆市文物局:《巫山古城遗址发掘报告》,载重庆市文物局、重庆市移民局编:《重庆库区考古报告集(2000卷·上)》,科学出版社2007年版。

中国社会科学院考古研究所四川工作队:《丝绸之路河南道沿线的重要城址》,载刘庆柱主编:《考古学集刊》第13集,中国大百科全书出版社2000年版。

周口地区文化局:《扶沟古城初步勘查》,《中原文物》1983 年第 2 期。
周正义主编:《北京地区汉代城址的调查与研究》,北京燕山出版社 2009 年版。

四、新修地方史志资料

安徽省地方志编纂委员会编:《安徽省志·文物志》,方志出版社 1998 年版。
安徽省地方志编纂委员会编:《安徽省志·建置沿革志》,方志出版社 1999 年版。
安徽省嘉山县文化局编:《嘉山县文物志》,内部印刷,1989 年。
安徽省界首县文化局:《界首县文物志》,内部印刷,1987 年。
安徽省六安县文化局编:《六安县文化志》,安徽省出版总社 1988 年版。
保山市文化志编纂委员会:《保山市文化志》,国际文化出版公司 1991 年版。
大理市人民政府编:《云南省大理市地名志》,内部印刷,1990 年。
范凤驰、郑兴广、郑凤章:《泊头历史遗迹》,东方出版社 2010 年版。
肥城县地名委员会办公室编:《山东省肥城县地名志》,内部印刷,1988 年。
何福添主编:《龙川文史》第七辑《广东历史文化名城·龙川佗城》,政协龙川县文史资料研究委员会 1991 年版。
河北省冀县地名办公室:《河北省冀县地名资料汇编》,内部印刷,1983 年。
河北省曲周县地方志编纂委员会编:《曲周县志》,新华出版社 1997 年版。
河北省曲周县地名办公室:《河北省曲周县地名资料汇编》,内部印刷,1984 年。
河北省永年县地名委员会:《永年县地名志》,内部印刷,1984 年。
衡水地区地名办公室编:《衡水地名志》,河北省地名办公室 1985 年版。
湖北省阳新县地名领导小组:《阳新县地名志》,内部印刷,1985 年。
湖南省茶陵县地方志编纂委员会编:《茶陵县志》,中国文史出版社 1993 年版。
湖南省浏阳县地方志编委会编纂:《浏阳县志》,中国城市出版社 1994 年版。
湖南省攸县地方志编纂委员会编:《攸县志(1871—1949)》,内部印刷,2002 年。
怀远县地名委员会:《安徽省怀远县地名录》,内部印刷,1986 年。
霍邱县地方志编纂委员会编:《霍邱县志》,中国广播电视出版社 1992 年版。
江西省湖口县地名办公室编印:《江西省湖口县地名志》,内部印刷,1986 年。
江西省湖口县志编纂委员会编纂:《湖口县志》,江西人民出版社 1992 年版。
江西省吉水县地名办公室编:《江西省吉水县地名志》,内部印刷,1987 年。
胶县地名委员会:《山东省胶县地名志》,内部印刷,1984 年。
景县志编纂委员会:《景县志》,天津人民出版社 1991 年版。

李俊主编:《封丘县文物志》,新乡市政府新闻出版办公室1991年版。
林县志编纂委员会:《林县志》,河南人民出版社1989年版。
临沂市地名办公室:《山东省临沂市地名志》,内部印刷,1986年。
龙固镇镇志办:《龙固镇镇志》,内部印刷,2010年。
鲁泽主编:《陇西史话》,甘肃文化出版社2008年版。
漯河市人民政府地名办公室:《漯河市地名志》,河南人民出版社1998年版。
孟县地名委员会办公室:《河南省孟县地名志》,内部印刷,1986年。
密县地名志编纂委员会:《河南省密县地名志》,陕西人民出版社1991年版。
南阳地区地方史志编纂委员会:《南阳地区志》,河南人民出版社1994年版。
内乡县地名办公室:《内乡县地名资料汇编》,内部印刷,1983年。
浦恩宇主编:《宣威县文物志》,云南民族出版社1990年版。
清江县地名领导小组办公室编:《江西省清江县地名志》,内部印刷,1984年。
三门峡市文化志编纂委员会编:《三门峡市文化志》,中州古籍出版社2007年版。
寿县地方志编纂委员会编:《寿县志》,黄山书社1996年版。
寿县地名办公室:《安徽省寿县地名录》,内部印刷,1991年。
王买金:《林州地名考释》,中国文化传播出版社,2012年。
温县志编纂委员会编:《温县志》,光明日报出版社1991年版。
五莲县地名委员会办公室:《山东省五莲县地名志》,海潮出版社1990年版。
《舞阳县地名志》编辑室:《河南省舞阳县地名志》,舞阳县人民政府地名办公室1989年版。
修水县地名委员会办公室编:《江西省修水县地名志》,内部印刷,1988年。
宜阳县地方史志办公室编:《宜阳县文物志》,中州古籍出版社2001年版。
颍上县地名委员会办公室:《安徽省颍上县地名录》,内部印刷,1987年。
郓城县地名委员会办公室:《山东省郓城县地名志》,山东省地图出版社1990年版。
张思青:《孟州史志丛话》,内部印刷,1999年。
政协苍梧县委员会、法制提案文史学习委员会编:《苍梧文史》第十辑,内部印刷,1996年。
钟祥县地名领导小组办公室:《湖北省钟祥县地名志》,内部印刷,1992年。

后　　记

　　本书是在我的同名博士学位论文的基础上修订完成的。

　　十余年前,我第一次读到《水经注》,立刻被其丰富的历史地理内容所吸引,每日沉醉其中,以查核其所记地名为最大乐事。自那以后,这部书便被我常置案头,时时翻检。当我得知世间有"历史地理"这门学科时,毫不犹豫地决定报考历史地理的研究生,同时,对《水经注》也倾注了更多的感情,乃至将这部三十余万字的巨著誊录一过。2009年,我进入复旦大学历史地理研究中心学习,也就自然而然地将研治《水经注》作为了我的首选研究方向。

　　对于我的这一意愿,导师李晓杰教授给予了全力的支持与鼓励。他在所开设的"历史地理要籍"课上,带领我们细读《水经注》的渭水部分,我在此过程中发现《渭水注》文本的一处问题,进而撰写了第一篇学术论文《〈水经·渭水注〉所载"新兴川水"校议》,后来得以发表,算是我研读《水经注》的最初一点成绩。

　　第二年,李师开设"《水经注》研读"课程,开始组织《水经注》的研读小组,专门对《水经注》的部分篇章进行精读,并以作出高水平的文本笺释及水道与政区复原为目标,坚持至今。我在研读小组中投入了很大的精力,使自己在《水经注》的研究中有了更多的心得。

　　与此同时,我不断在思考我的博士论文选题。单篇文章易写,但写一本专门研究《水经注》的博士论文却并非易事。我一直认为对《水经注》来说,具体而微的地理复原与提纲挈领式的专题研究缺一不可,所以在于研读小组中做具体复原的同时,也希望能够完成一篇能够做到对全书进行整体把握与探究的博士论文。经过几次的尝试与调整,我最终选择了《〈水经〉文本研究与地理考释》这一题目,并通过较长时间的积累与一段时间的集中撰写,将其完成。

博士学位论文完成后,我继续对文稿不断打磨,补充材料,更新观点,希望能够更加完善。兹蒙"复旦博学文库"支持,得由复旦大学出版社出版。

　　本书的撰成,首先要感谢授业恩师李晓杰教授的悉心指导。在学期间,李师对我关怀备至,授我知识与治学方法,在生活上亦常关心。在论文选题时,李师根据我的学术能力与兴趣,给予了充分的建议和莫大的鼓励。论文撰写过程中,他也十分关心论文的进展,时时给我良好的教益,为我提供材料、答疑解惑。书稿修订出版之际,他又慨然应允为本书作序。点点滴滴,深铭我心。

　　本书撰写和修改过程中,曾蒙张修桂先生、周振鹤先生关心与指点,并获北京大学李孝聪教授、武汉大学徐少华教授、上海交通大学刘统教授、上海师范大学汤勤福教授、华东师范大学章义和教授和复旦大学王振忠教授、王建革教授、安介生教授、傅林祥教授、邹振环教授、余欣教授提供宝贵意见,另承许多师友的鼓励与帮助,谨此一并致以诚挚谢意。

　　本书校订期间,江西上饶杨帆先生、广西柳州许晨先生曾提供良好修改建议,复旦史地所王伟杰、张若一、吴雪晶同学曾协助审校,亦谨表谢忱。

　　本书责编复旦大学出版社赵楚月女士为本书出版尽心尽责,中华地图学社王红燕女士为本书地图的审校奉献心力,这保证了本书的顺利付梓,在这里也要向她们表示衷心感谢。

黄学超
2021 年 8 月 20 日
于复旦大学

图书在版编目(CIP)数据

《水经》文本研究与地理考释/黄学超著. —上海：复旦大学出版社,2021.10
(复旦博学文库)
ISBN 978-7-309-15851-9

Ⅰ.①水… Ⅱ.①黄… Ⅲ.①古水道-历史地理-中国 ②《水经注》-研究 Ⅳ.①K928.4

中国版本图书馆 CIP 数据核字(2021)第 156749 号

《水经》文本研究与地理考释
黄学超　著
责任编辑/赵楚月
复旦大学出版社有限公司出版发行
上海市国权路 579 号　邮编：200433
网址：fupnet@fudanpress.com　http://www.fudanpress.com
门市零售：86-21-65102580　团体订购：86-21-65104505
出版部电话：86-21-65642845
江苏凤凰数码印务有限公司

开本 890×1240　1/32　印张 18.5　字数 497 千
2021 年 10 月第 1 版第 1 次印刷

ISBN 978-7-309-15851-9/K·766
审图号：GS(2021)3898 号
定价：78.00 元

如有印装质量问题,请向复旦大学出版社有限公司出版部调换。
版权所有　　侵权必究